U0015944

思想50

思想的力量：俯仰50

編輯委員會

總 編 輯：錢永祥

編輯委員：王智明、白永瑞、汪宏倫、林載爵
周保松、陳正國、陳宜中、陳冠中

聯絡信箱：reflexion.linking@gmail.com

網址：www.linkingbooks.com.tw/reflexion/

目次

「思想力量」在於「逆反思想」以敞開「共生空間」

「道術將為天下裂」，提醒了我們，「思想」有時也能成為災難的幫凶，甚至墮化成製造意識形態的元凶。當前國際局勢、兩岸局勢，正在形塑「去思想化」的威權威勢。

思想評論

關於目前以阿衝突（阿克薩洪水行動）的基本認知

雖然世界上的「政治正確」標準並不一定是相同的，中國的現況確實值得改。「民族團結」暗含著所有民族必須尊重政府的權利，而不是各個民族應當享受公平的社會地位。

離岸文化財中心：香港，台灣

台灣穩健的民主憲政，保障了社會文明開化進步的大方向不會被扭轉。而缺失民主憲政保障的香港，前此的社會文明開化進步的大方向急速轉偏。一個離岸文化財中心的流失，是另一個中心的輸入，台灣幸運也！

致讀者

日本戰後的「近代」之爭及中國迴響：

從丸山眞男、竹內好、子安宣邦、溝口雄三到孫歌[*]

榮 劍

引言 昭和咒語的形成——從「近代」到「近代的超克」

在日本編年史和思想史辭典中，「近代」這一詞彙應該是屬於被學術著作、新聞媒體和政治家們引用最多的詞彙之一。「近代」對於日本而言，既意味著「近世」德川時代的終結，也意味著以明治維新為起點的向世界現代文明秩序開放的歷史時代。「近代」既是一個以時間演變為導向的社會進化過程，也是以制度演變為導向的政治轉型過程，其間充滿著促使新舊時代轉變的重大思想政治變革。

按照內藤湖南的中國歷史分期概念和「唐宋變革」論，[1]以唐為

---

[*] 本文是作者正在撰寫的「世紀批判三書」第一部：《世紀的歧路：左翼共同體批判》下卷第一章的引言、第五節和結束語共同組成，因此，文章中的某些段落看起來有待展開，實際上在其他章節已有闡述，特此說明。

[1] 內藤湖南的中國歷史分期理論，將「開天闢地到後漢中期」稱為「上

終點的「中世」與以宋為起點的「近世」的重大時代差別在於：唐是「貴族政治時代」，君主純粹居於貴族的代表性地位；而宋是「君主獨裁時代」，在君主之下，官吏的地位分配到了一般庶民，允許機會均等了。[2]「唐宋變革」論的「近世」說，作為歷史尺度，也是作為文明尺度，衡量出處於「近世」的中國宋代，較之同一時期處在「中世」的歐洲，離「近代」更近。宮崎市定就認為：「如果說歐洲的近世大致始於西元13、14世紀，而東洋的近世則開始於10、11世紀的宋代，那麼，東洋在一段時期內所具有的先進性和領導性就不容否定。」[3]日本思想史權威源了圜也闡述過大致相同的看法。在他看來，德川三百年是一部「被推遲的近代」的歷史，在德川時代之前的安土、桃山時代，日本在精神層面上已經達到了與文藝復興時代的歐洲相差無幾的高度。[4]問題就在於，既然東洋的「近世」領先於歐洲的「中世」，日本的安土、桃山時代的精神狀態已達到了歐洲文藝復興的高度，包括資本主義因素在中國明清時期也有了長足的發展，[5]為何是歐洲而不是日本更不是中國，率先進入了「近

（續）

　　古時代」，將「五胡十六國到唐的中期」稱為「中世時代」，將「宋、元時代」稱為「近世時代前期」，將「明、清時代」稱為「近世時代後期」，並以此為尺度來確定日本的歷史分期，將與明清同期的德川時代視為日本的「近世」。參閱氏著，《中國史通論》，夏應元、錢婉約譯（北京：九州出版社，2018年2月），頁43-44。

2　參閱內藤湖南，《東洋文化史研究》，林曉光譯（北京：復旦大學出版社，2016年4月），頁105-107。

3　宮崎市定，《宮崎市定亞洲史論考》上，張學鋒、馬雲超等譯（上海：上海古籍出版社，2017年8月），頁259。

4　參閱源了圜，《德川思想小史》，郭連友譯（北京：外語教學與研究出版社，2009年11月），頁1-4。

5　中國明清時代的資本主義因素為何沒有發展出一個資本主義社會，這是中國史學研究的一個重大和長久的課題，相關研究成果層

代」？「近代」用歐洲的語言來表達，就是「現代」，也就是黑格
爾在其《歷史哲學》中所說的「現代」——「從18世紀末葉起的『現
代』」，其標誌性內容是啟蒙運動、宗教改革、法國大革命、英國
憲政運動。[6]或者如馬克思對「現代」所下的定義：一個「現代資產
階級」時代，其主要標誌是在生產力領域表現出驚人的創造力——
「資產階級在它的不到一百年的階級統治中所創造的生產力，比過
去一切世代創造的全部生產力還要多，還要大。」[7]歐洲自18世紀以
來創造的「現代」，徹底改變了中世紀持續上千年的世界面貌，「把
一切民族甚至最野蠻的民族都捲到文明中來了」（馬克思語）。東
洋的「近代」也不例外，它是以歐洲的「現代」為前提，在歐洲開
創的現代歷史進程中，日本從「近世」走向了「近代」。

（續）————————————

　　出不窮，有許多研究者都傾向於認為，從量化指標來看，明清資本
　　主義因素與英國不差上下。如美國歷史學家彭慕蘭在其所著《大分
　　流：中國、歐洲與現代世界經濟的形成》一書，就認為在19世紀歐
　　亞兩個大陸發生「大分流」之前，歐洲並不領先於亞洲，亞洲——
　　主要是中國和日本——在市場整合、技術水準、資本積累、人口增
　　長、勞動生產率、人均消費諸領域，並不落後於歐洲，而是處在和
　　歐洲大致相當的水準，甚至還在不少方面超過了歐洲。他把後來發
　　生的「歐洲奇蹟」即歐洲在不到一百年的時間裡迅速將亞洲甩在身
　　後的原因歸之於境外貿易、殖民地擴張和軍事財政主義。參閱氏
　　著，《大分流：中國、歐洲與現代世界經濟的形成》，黃中憲譯（北
　　京：北京日報出版社，2021年5月）。彭慕蘭的分析並非沒有道理，
　　但他顯然有意忽略了奠定「歐洲奇蹟」的更為深厚的制度與思想基
　　礎，歐洲的對外擴張引發的世界巨變其實是由歐洲開創的現代的和
　　文明的邏輯所支配，按照馬克思的說法，英國殖民主義不過就是推
　　動世界歷史變革的不自覺的工具。

6　　參閱黑格爾，《歷史哲學》，王造時譯（上海：上海書店出版社，
　　1999年），頁424。

7　　《馬克思恩格斯選集》第1卷（北京：人民出版社，1995），頁277。

　　「近代」作為日本歷史分期的時間概念，同時作為現代的文明的概念，從語義學上看，讓這一詞彙構成了能指與所指之間的內在歧義性。[8]當其指向基於時間序列的從「近世」向「近代」的演化時，

8　日本學者子安宣邦所著《何謂「現代的超克」》譯者董炳月在翻譯該書時，認為日語漢字「近代」是難以譯為現代漢語的詞彙之一，因為該詞在日語中既表示時間，也表示屬性，而漢語中的「近代」一詞只表示時間，「現代」一詞則有時間和屬性的雙重意義，「現代」既是五四以來的時間概念，也是指「現代性」。因此，譯者將日語「近代的超克」翻譯為漢語「現代的超克」。參閱子安宣邦，《何謂「現代的超克」》〈代譯後記〉（北京：生活・讀書・新知三聯書店，2018年6月），頁222。以我的閱讀經驗理解，「近代的超克」在中日思想界傳播已久，意思相對明確，互相交流並無障礙，用「近代的超克」可以保留一種歷史語境。本文亦是在「現代性」的意義上理解日本的「近代」，日本的近代問題實質就是現代性問題。「近代的超克」不宜翻譯為「現代的超克」，儘管「近代的超克」所說的「近代」就是指向「現代」。日本學者坂井洋史就認為，日本「近代」的概念具有非常明確的範疇，不僅僅是中立性的術語（study on modern），而且是一種自我指涉，經常採取自我批評性文化批判的姿態（以日本modernity的本質性局限為批評的對象，而反思規定當下自我的modernity及其現實表現，諸如政治和支持資本主義體制的制度），因此，他不能確定在中文裡面有無同樣的詞語。此外，他並不認為竹內好經常使用的「近代主義」這個詞和「現代主義」是同義語，在思想史上，「近代主義」可以定義為：擁護資本主義發展，將阻礙資本主義發展的任何事物都看作封建社會和思想的殘渣，主張去除這些殘渣，要求自由主義和個人主義。總之，他認為「近代」這個概念翻譯成中文「相當困難」──這一用語「含有特定的語感、意象和背景語境，在中國並沒有與之匹配的詞語。」而「近代主義」在竹內好的批判性詮釋下，則成為畸形的modern的表象。參閱坂井洋史，〈略談「竹內好」應該緩論〉，薛毅、孫曉忠編，《魯迅與竹內好》（上海：上海書店出版社，2008年10月），頁257。綜上考慮，應該在日語語境中使用「近代」和「近代的超克」這種特定表述，不宜直接翻譯為漢語「現代」和「現代的超克」。

「近代」較之於「近世」的進步性顯然是大多數人都無可置疑的，如同歐洲「現代」是對「中世紀」的重大進步一樣，是一個主觀上無法否定的自然歷史進程。當其指向基於文明演化序列的現代性標準時，「近世」向何種「近代」演進就會成為一個問題：是向「歐洲近代」演化嗎？為什麼不可以是「東洋近代」？有著自己獨特歷史傳統的日本和中國，為什麼必須按照歐洲的「現代」標準來構造自己的「近代」？對「近代」的困惑和質疑始終是「日本近代」一個揮之不去的問題。日本左翼知識人在昭和戰爭時期提出的「近代的超克」論，以及日本著名文學家竹內好（在戰後為「近代的超克」論平反，實質都是追問「歐洲近代」的歷史合法性與正當性，都是主張把「東洋近代」與「歐洲近代」進行切割，對「近代」的性質進行日本式的理解與表述。溝口雄三的「近代」概念具有代表性：

> 「近代」這一概念，本來是地區性的歐洲的概念，至多不過是他們歐洲人內部對舊時代而言的自我歌頌的概念。可是隨著歐洲自我膨脹到世界一樣大，不知不覺地就成了世界性的概念，這時，「近代」一詞甚至成了證明他們在世界史上的優越地位的指標。亞洲對此則或由抵抗而屈服，或由讚美而追隨，結果是被迫接受了這個概念。由於經過這樣的歷程，所以對亞洲來說，「近代」一詞不得不成為經歷種種屈折的概念。[9]

由上可見，「近代」在竹內好、溝口雄三為代表的左翼知識人的歷史敘事中，成了一個日本被歐洲和美國思想殖民的屈辱性概

9　溝口雄三，《中國前近代思想的演變》，索介然、龔穎譯（北京：中華書局，2005年5月），頁7。

念，它承載著日本在「歐洲近代」的影響下不斷喪失自我主體性的
悲情記憶，以及日本持續地試圖抵抗歐洲近代觀以創立日本近代觀
的種種努力。子安宣邦概括了這部分人心目中的「近代」的實質：
「此時『近代』是被作為日本的自我之外的、必須被超克的西洋的
『近代』來認識的」。[10]換言之，「近代」成了「歐洲近代」的同
義語，日本自明治維新以來直至昭和時期所進行的「近代」進程，
不過成了「歐洲近代」在亞洲的一個版本。竹內好之所以在戰後為
「近代的超克」論這一「昭和意識形態」（子安宣邦語）平反，是
因為在他看來，從質疑「歐洲近代」的觀念出發所形成的「近代的
超克」這一特定術語，相當於日本的一個「咒語」，既是詛咒「歐
洲近代」對亞洲的侵略與控制，也是詛咒日本因為走上了「歐洲近
代」之路而在太平洋戰爭中陷入了巨大失敗。這個咒語由於纏繞上
關於太平洋戰爭的夢魘般的不祥記憶，從而使得「每個人所思考的
『近代的超克』的意義內涵並不確定，彷彿亡靈一般難以把握」。[11]
因此，竹內好把「近代的超克」視為是日本近代史中難以逾越之難
關的凝縮：

> 復古與維新，尊王與攘夷，鎖國與開國，國粹與文明開化，東
> 洋與西洋，這些在傳統的基本軸線中所包含的對抗關係，到了
> 總體戰爭的階段，面對解釋永久戰爭的理念這個思想課題的逼

10　子安宣邦，《何謂「現代的超克」》，頁17。譯者將「近代」翻譯
　　成「現代」，此處我參照上條注釋，仍維持原著「近代」這一詞彙。
　　後續凡是引用該譯本時，均將書中「現代」一詞還原為「近代」。
11　竹內好，《近代的超克》，孫歌編，李冬木等譯（北京：生活‧讀
　　書‧新知三聯書店，2005年3月），頁292。

迫，而一舉爆發出來的，便是「近代的超克」的討論。[12]

　　日本何以會從「近代」走向「近代的超克」？在我看來，這恰恰就是日本「近代」轉型所面臨的最大問題，也是從明治到昭和時期以建設歐式現代國家為導向的近代化進程的重大歷史悖論，即從全面學習歐洲國家的先進制度起步（脫亞入歐），到不斷地與歐洲國家進行對抗（脫歐返亞），最後走向與英美的全面戰爭，在戰爭徹底失敗之後才從這個悖論中走了出來。「近代的超克」是以昭和「咒語」的形式將日本「近代」轉型的悖論集中地呈現出來：日本通過「近代」進程增強了國力，走上文明之途，改善了國際地位，融入了世界體系，從一個亞洲蕞爾小國一躍成為世界「五強」（美、英、法、義、日）之一，卻在取得了「近代」的巨大成果之後轉而走上了反對（超克）「近代」之路。「近代的超克」論無異於像是「近代」的「弒父」行為，是在反對「歐洲近代」的價值導向中為支援日本軍部法西斯主義發動對英美的戰爭而掀起的「思想戰」。日本著名文藝評論家小田切秀雄在戰後撰文指出，「近代的超克」已經被歷史證明是「軍國主義支配體制的『總體戰』之一個有機部分的『思想戰』之一翼」，「是擁護軍國主義的天皇制國家，為其提供理論根據甚至容忍、服從戰時體制的理由」，任何一個有良知的知識分子均應對昭和戰爭時期舉行的「近代的超克」座談會「懷著強烈的鄙視感覺」。[13]但是，對於竹內好來說，小田切秀雄對「近

---

12 同上書，頁354-355。

13 參閱小田切秀雄，〈關於「近代的超克」〉，轉引自竹內好，《近代的超克》，頁298-299。美國學者約翰‧W‧道爾在其著作中提到，小田切秀雄在戰後新日本文學會發行的月刊《新日本文學》的創刊號上發表文章，宣稱二十五位著名作家負有「戰爭罪責」，引起了

代的超克」的批判只是一種「意識形態裁決法」，是「以結果而論」，
並沒有從意識形態中剝離出應有的思想，在他看來：「『近代的超
克』的最大的遺產價值，不在於它是戰爭與法西斯主義的意識形態，
而在於它並未得以充當法西斯主義意識形態，它以思想之形成為志
向卻以思想之喪失而告終。」[14]因此，他要公開為「近代的超克」
平反，從這個戰後被人們公認為是「臭名昭著」的理論中拯救出值
得進一步闡釋的「思想」（他謂之「火中取栗」），那就是繼續堅
持「近代的超克」的立場，通過質疑明治以來以歐洲式近代為中心
的近代觀，包括質疑日本因為學習了歐洲式近代而成為亞洲的「優
等生」後所形成的「日本式近代」——將其斥為沒有抵抗的、外來
的（轉向型）、喪失了自我的、實際淪為西方殖民地的近代化之路，
進而把以魯迅和毛澤東為標誌的中國革命與中國式近代視為「東洋
近代」的理想模式，認為中國式近代才是真正抵抗歐洲近代的、內
生的（回心型）、自我獨立的亞洲近代化之路。

　　以中國、日本為代表的亞洲國家，的確在歷史傳統、社會構造、
國家形態和文化特徵上表現出與歐洲國家的顯著差別，但這些差別
是否一定在歐洲開創的「世界歷史」時代構成一種關於洲級「近代」
的根本性和對抗性衝突呢？按照竹內好的說法：「歐洲與東洋是對
立的概念，這如同近代的與封建的是對立概念一樣。」[15]這個判斷
顯然是一個意識形態的預設，並非是一個充足的事實判斷。在歐洲
首創的「現代」進程中的確充滿著歐洲國家對非歐洲國家的侵略、

（續）———————————————————
　　　大騷動。因此，就不難理解小田切秀雄對「近代的超克」論所表達
　　　出來的憤慨。參閱氏著，《擁抱戰敗：第二次世界大戰後的日本》，
　　　胡博譯（北京：生活・讀書・新知三聯書店，2008年9月），頁212。
　14　同上書，頁305。
　15　同上書，頁188。

剝削、殖民和文化改造，在客觀上也的確製造了歐洲與非歐洲國家的文明與他者的關係——歐洲被視為是文明的主體和象徵，而非歐洲國家則被視為是歐洲改造的對象。對歐洲向世界擴張並複製其制度模式的道德批判，自「現代」誕生以來在非歐洲國家始終不絕如縷，但人類歷史進程還是按照「現代」邏輯在世界範圍普遍蔓延。按照黑格爾的表述，現代世界是建築在英國人開創的工商業之上，「英國人擔任了偉大的使命，在全世界中作文明的傳播者；因為他們的商業精神驅使他們遍歷四海五洲，同各野蠻民族相接觸，創造新的欲望，提倡新的實業，而且是首先使各民族放棄不法橫行的生涯，知道私產應當尊重，接待外人應當友善，成立了這些為商業所必要的條件。」[16]馬克思比黑格爾更為準確地表達了英國現代資產階級的歷史使命，他在〈不列顛在印度統治的未來結果〉一文中明確寫道：

> 資產階級歷史時期負有為新世界創造物質基礎的使命：一方面要造成以全人類互相依賴為基礎的普遍交往，以及進行這種交往的工具，另一方面要發展人的生產力，把物質生產變成對自然力的科學統治。資產階級的工業和商業正在為新世界創造這些物質條件，正像地質變革創造了地球表層一樣。[17]

黑格爾和馬克思的上述觀點，或許可以被打上歐洲中心主義的標籤，他們在知識上和道德上對「東方專制主義」的蔑視也是顯而易見的。但是他們敘述的歷史進程和由此總結出來的進步主義歷史

---

16 黑格爾，《歷史哲學》，頁467。
17 《馬克思恩格斯選集》第1卷，頁773。

觀與文明觀，並非只是他們的理論想像，而是對起始於18世紀的、發端於歐洲的「現代」劇變的理論概括與總結，價值判斷總是基於事實判斷而來。對於歐洲侵入亞洲過程中給亞洲國家所帶來的災難性後果，馬克思從來是給予深深的同情，他在評論英國對印度的殖民統治時寫道：「從人的感情上來說，親眼看到這無數辛勤經營的宗法制的祥和無害的社會組織一個個土崩瓦解，被投入苦海，親眼看到它們的每個成員既喪失自己的古老形式的文明又喪失祖傳的謀生手段，是會感到難過的。」但是，他強調更應該看到的是，「英國在印度要完成雙重使命：一個是破壞的使命，即消滅舊的亞洲式的社會；另一個是重建的使命，即在亞洲為西方式的社會奠定物質基礎。」[18]馬克思關於印度歷史性社會變遷的事實判斷和價值判斷至今並未過時，印度獨立之後完成的憲政民主轉型，不正是英國殖民統治的「未來結果」嗎？

在歐洲向亞洲的擴張過程中，中國和日本差不多同時進入了時間意義上的「近代」，1840年中英鴉片戰爭標誌著中國「近代史」的開始，1868年明治維新則標誌著日本「近代」的開始。[19]中日兩國在各自的近代轉型中，與印度的命運明顯不同，既沒有淪為殖民地，也從來沒有喪失過國家主權，而是對來自於「西方的挑戰」作出了不同的反應，由此導致了大相徑庭的近代化結果。按照竹內好

18　《馬克思恩格斯選集》第1卷，頁765、772。

19　「近代」對於中國而言，只是一個時間概念，而不是一個屬性概念，史家普遍把1840年中英鴉片視為中國近代史的起點，將1919年五四運動視為中國現代史的起點。現代既是時間概念，標誌著一個新的時代的開始，也是屬性感念，標誌著現代化或現代性的制度轉型與制度建構。日本的「近代」在時間上與中國近代史同步，在屬性上與中國現代性同義。

的評價標準，中國對歐洲採取了更為「抵抗」的立場，而日本則是不斷地「轉向」，從「鎖國」轉向「開國」，從「攘夷」轉向「倒幕」，從「復古」轉向「維新」，從「國粹」轉向「文明」，最後是從「東洋」轉向「西洋」，確立了明治時期「脫亞入歐」的思想路線。正是在不斷的「轉向」中，日本成為了竹內好所說的學習歐洲近代的「優等生」。日本在1894年的甲午戰爭和1905年的日俄戰爭中一舉擊敗兩個老大帝國——中國和俄國，可以視為是日本近代化成功的重大標誌，亦可視為是日本實行歐式文明化的結果。福澤諭吉在1894年7月29日的《時事新報》上發表了題為〈日清戰爭是文野之戰〉的文章，明確提出了日清戰爭是文明與野蠻之戰的觀點，稱戰爭「雖然起於日清兩國之間，但尋其根源，則是謀求文明開化之進步與阻礙其進步者之間的戰爭」，戰爭「只以世界文明的進步為目的」。國粹主義者陸羯南也持相同的看法，他把清朝判定為「東洋之一大野蠻國」，認為甲午戰爭意味著「王師之勝敗乃是文明之勝敗也」。[20]徐中約的歷史學名著《中國近代史：1600-2000中國的奮鬥》在總結甲午戰爭清朝失敗的原因時，明確認為「日本當時已是一個現代國家，民族主義意識使政府和人民團結成一個統一的整體。」而中國「政體基本上仍處於中世紀式的，政府與人民各行其是。」[21]如此看來，日本在甲午戰爭中取得對中國的勝利，以及在日俄戰爭中取得對俄國的勝利，從時代的角度看，本質上是「近代」對「近世」或「中世」的勝利；從文明的角度看，本質上是文明對

---

20 轉引自梁棟樑主編，《近代以來日本的中國觀》，第一卷總論（南京：江蘇人民出版社，2012年6月），頁74。

21 徐中約，《中國近代史：1600-2000年中國的奮鬥》，計秋楓、朱慶葆譯，茅家琦、錢乘旦校（北京：世界圖書出版公司，2013年7月），頁253。

野蠻的勝利。梁啟超就是在中西和中日之間的文明比較中意識到了文明的重要性，他參照福澤諭吉的文明論首次在中國思想史上提出了「文明」的概念（1896）：

> 人之所以戰勝禽獸，文明之國所以戰勝野番，胥視此也……以今日中國視泰西，中國固為野蠻矣。以今之中國視苗黎猺獞及非洲之黑奴、墨州之紅人、巫來由之棕色人，則中國固文明也。以苗黎諸種人視禽獸，則彼諸種人固亦文明也。然則文明野番之界無定者也。以比較而成耳。[22]

任公一語道破文明之奧秘，離開了比較的視野，文明和野蠻何以分得清？人和禽獸又何以分得清？因此，日本和中國「近代」與否，文明與否，均是在與「泰西」（歐洲）的比較中才能顯示出來。否定了歐洲的近代觀和文明觀，日本的近代或中國的近代不就成了一個自我確認的時代了？「近代的超克」論把歐洲近代視為「超克」的對象，就是基於日本自我建構的「近代」標準，按照竹內好的說法，「東洋的近代」早已有之——

> 東洋在很早以前開始，歐洲尚未入侵之前，就產生了市民社會。市民文學的譜系可以追溯到宋（甚至唐代），特別是到了明代，就某一方面而言，市民權力的發展幾乎到了足以打造出與文藝復興時期相近的自由人類型的程度。[23]

22　轉引自石川禎浩，〈梁啟超與文明的視點〉，狹間直樹編，《梁啟超・明治日本・西方：日本京都大學人文科學研究所共同研究報告》（修訂版）（北京：社會科學文獻出版社，2012年1月），頁91。

23　竹內好，《近代的超克》，頁182。

　　正是從「東洋近代」的標準出發，竹內好提了「何謂近代」的問題，其實他還進一步追問了誰的近代——是「歐洲近代」還是「東洋近代」？他在戰後的一系列理論努力，都是旨在建立抵抗「歐洲近代」的「東洋近代」觀，並且在「對日本的近代與中國的近代的比較性思考」中將後者視為東洋近代的理想模式，因為在他看來，「近代」就是意味著抵抗，近代化的歷史就是抵抗的歷史，中國的近代真正代表著「東洋的抵抗」，所以，中國的近代才是東洋真正的近代。

　　從「近代」走向「近代的超克」，以及在戰後以竹內好為代表的知識人為「近代的超克」這一「昭和意識形態」招魂，繼續鼓吹抵抗歐洲的近代觀，顯然並不僅僅是昭和戰時和戰後的理論現象，而毋寧是從德川到昭和的思想政治演變的結果，強大的思想慣性背後實際上是由一股內在的民族主義精神動力在起著支配性作用，由此主導著明治維新以來的政治轉型在多重歷史關口不斷地發生與「近代」目標相背離的逆轉。從「脫亞入歐」到「脫歐返亞」，從「歐洲主義」到「亞洲主義」和「大東亞主義」，從「凡爾賽體制」到「東亞新秩序」和「東亞協同體」，從大正民主主義到昭和軍國主義，從重構「世界史哲學」和世界秩序到太平洋戰爭，這些重大的思想和政治轉折無不與民族主義的「東洋」近代觀和文明觀有著極為緊密的關聯。德川時代的民族意識覺醒，明治時代的民族主義政治與思想動員，大正時代的民族主義向國家主義的演變，昭和時代的國家主義向極端國家主義的質變，才是製造日本「近代」轉型悖論——從「近代」走向「近代的超克」——的根本原因。

一、丸山眞男對法西斯主義的批判

1945年8月15日正午，日本天皇向全日本廣播，宣布接受美英中三國促令日本投降之波茨坦公告，實行無條件投降，結束戰爭。9月2日，時任外相重光葵代表日本天皇和政府、陸軍參謀長梅津美治郎代表日軍大本營，在美軍「密蘇里號」戰列艦上簽署投降書。隨後而來的不僅是日本的戰後重建和新的國家政治秩序的建立，而且是要追究戰爭責任——究竟是哪些人應該對日本發動的既毀滅了自己也給他國造成了巨大災難的戰爭承擔責任？1946年5月3日，遠東國際軍事法庭在東京對日本二十八名甲級戰犯進行國際大審判，追究他們對中國和亞洲乃至全世界犯下的累累罪行。[24]按照美國學者大衛・貝爾加米尼的說法：「在挑選這些被告時做得小心謹慎，他們在法庭上的表現證明這樣做是有道理的，這二十八個男人將要承擔日本的驕傲、貪婪和殘忍所犯下的全部罪行。」[25]然而，實際情況卻大相逕庭，被控的所有甲級罪犯在法庭上均否認對他們的戰爭犯罪指控，他們普遍以國家職務行為和執行上級命令為由宣稱自己無罪。[26]被告中唯一的民間人士大川周明，在庭審時不僅無視控方

24　在被控的28名甲級罪犯中，有陸軍15人，海軍3人，文官9人，民間右翼分子1人（大川周明），其中7人被判絞刑，16人被判終身監禁，2人被判有期徒刑，因為病疾或是中途病死等原因免於起訴的3人。

25　大衛・貝爾加米尼，《天皇與日本國命：裕仁天皇引領的日本軍國之路》下，王紀卿譯（北京：民主與建設出版社，2016年10月），頁457。

26　「東京審判」和「紐倫堡審判」中都出現了同一種情況，那就是被告均以「不受法律制約的最高行動」和「依照上級命令」行事為理由來質疑審判的合法性與正義性。所謂「不受法律制約的最高行

證明其是同時代人中「罪孽最深重的罪人」的所有證據，否認對其作出的「軍事極端主義者的精神支柱」的指控，反而是指責東京審判是政治性的，「就像中世紀的宗教審判」。[27]因此，東京審判儘管在法律上和道義上都體現出正義對邪惡、文明對野蠻的終極審判，但是，更深層次的戰爭追責和反思還有待在理論上展開。

　　丸山真男可以說是在日本戰後「第一時間」裡首先展開對法西斯主義系統性批判的思想家，他撰寫的《現代政治的思想與行動》一書，收集了作者自第二次世界大戰後約十年間發表在雜誌上有重大反響的論文和評論，這些理論成果的一個重要主題就是展開對法西斯主義的批判，深刻追究「日本法西斯主義的思想及行動」得以

　　動」，是指一個主權國家不能對另一個主權國家提起訴訟，因為平等者之間無管轄權。而所謂「依照上級命令」行事，則將執行命令的個人行為視為職務行為，個人不應為此承當責任。漢娜·阿倫特深刻地質疑了這兩個理由：第一，「不受法律制約的最高行動」違背了人類最基本的正義感，因為國家主權並不是一個抽象的概念，在現實中受獨裁者掌控的國家主權實際上是一個「犯罪團夥」，因此，不能把國家犯罪視為合法和常規的國家行為與秩序。第二，「依照上級命令行事」即使在納粹德國時期也是違背相關法律的，因為這些法律全部認定，不得執行公然具有犯罪性質的命令，個人不能因為執行這類命令而享有免責的權利。但是，阿倫特還是承認，在紐倫堡審判之前，人類還沒有遇到過公然以上述兩個理由為自己辯護的罪犯，她撰寫的《艾希曼在耶路撒冷：一份關於平庸的惡的報告》一書，就是試圖從理論上揭示納粹時代的惡，「破壞了道德律令的根基，分裂了法律規範，踐踏了人性的判斷力。」參閱氏著，《艾希曼在耶路撒冷：一份關於平庸的惡的報告》，安尼譯（江蘇：譯林出版社，2017年1月），頁12-14。阿倫特在這方面的理論建樹為認識日本戰爭罪犯的犯罪性質以及追究國家制度的戰爭責任提供了重要的啟示。

27　參閱埃里克·賈菲，《逃脫東京審判：大川周明的奇異瘋狂》（北京：中國友誼出版公司，2016年8月），頁236。

形成的歷史根源和制度根源，其中的三篇文章具有奠基性意義。

　　第一篇文章是〈極端國家主義的邏輯與心理〉，發表於1946年——戰爭剛剛結束。丸山真男在該文中痛徹感受到了民族主義向國家主義的惡性發展給日本以及亞洲國家所帶來的災難性後果，他用「超國家主義」或「極端國家主義」概念來概括日本國家主義的思想特徵，認為近代國家普遍具有的國家主義與極端國家主義的重要區別在於，後者「極端」性充分體現在國家對外擴張和對內壓制的精神動力上。在丸山看來，歐洲近代國家的最大特色是「中性國家」的觀念，換言之，就是對真理、道德的價值判斷持中立的立場，國家主權的基礎置於不受價值取向影響的、純粹形式上的法律機構。然而，日本在明治以後近代國家的形成過程中從未顯示過這種國家主權的、技術上的中立性，相反，日本的國家主義無處不將自己的統治依據強加於某種內容的價值實體上，賦予國家主權以「君權神授」的性質，也就是將天皇制國體視為國家主權的唯一合法性來源。國家不僅在「國體」中壟斷了信仰和真善美的價值判斷，而且也壟斷了一切私人領域，個人的私事離開了國家的認可就沒有正當性。由此導致的結果是：「國家主權在壟斷了精神權威和政治權力後，國家行為（作為國體）便擁有了維護其正統性的獨有準繩。因此，國家的內政外交就可以不受超越國家意志的那種道義上的制約。」[28]正是基於倫理和權力相互滲透的關係，日本實際上成了一個「神權」國家，「整個國家秩序便呈現以天皇這一絕對的價值存在為中心的連鎖式結構，自上而下的統治依據是跟天皇的距離成正比的」。或者說，「從極端國家主義來看，天皇是權威的中心實體、

28　丸山真男，《現代政治的思想與行動》，陳力衛譯（北京：商務印書館，2018年3月），頁11。

道德的源泉之一」。[29]當把這一邏輯推向世界時，便催生出「萬邦各得其所」的世界政策，由「萬國宗主」的日本來確定各個國家所處的身分秩序，「天皇的威光照遍世界才具有世界史上的意義，其光芒無疑是以皇國武德之顯露而得以實現的。」[30]丸山真男由此揭示出極端國家主義的一個基本動向，那就是「天壤無窮」保障了價值取向的範圍不斷擴大，反過來說，「皇威武德」的擴張又加強了中心價值的絕對性，這種循環往復的過程自中日甲午戰爭至太平洋戰爭為止，一直呈螺旋式上升之勢。這意味著：「只有在以極端國家主義為一切基礎的國體喪失了其絕對性的今天，國民才可能真正成為自由的主體。」[31]從這個判斷出發，丸山真男把1945年8月15日這天，不僅視為給日本軍國主義打上句號，同時也視為將新的命運交給了日本國民。

　　第二篇文章是〈日本法西斯主義的思想及運動〉，1947年的一個講座文本，該文的重要性在於，在日本思想史上前所未有地展開對日本法西斯主義的全面批判。如前所述，作者在該文中劃分了日本法西斯主義運動的三個歷史階段，即法西斯主義的準備期（1919-1920年），其主要特徵是「民間右翼運動」；法西斯主義成熟期（1931-1936年），其主要特徵是民間右翼運動與軍部勢力相勾結，形成了急進的法西斯主義的全盛期；法西斯主義的完成期（1936-1945年），其主要特徵是自下而上的法西斯主義運動宣告終結，取而代之的是自上而下的國家統治的過程，法西斯主義成為國家意識形態和國家體制。正是從日本法西斯主義的演變進程中，丸

29　同上書，頁16。

30　丸山真男引述此話源自佐藤通次撰寫的《皇道哲學》，該書出版於1941年，參閱同上書，頁20。

31　同上書，頁21。

山真男比較了日本法西斯主義運動與德國、義大利法西斯主義運動
的異同之處,指出它們既共用世界法西斯主義意識形態的要素,比
如,排除個人主義的世界觀,反對議會政治中的自由主義政治表現,
主張對外膨脹,對軍備擴張和戰爭的讚美傾向,強調民族神話和國
粹主義,排斥全體主義下的階級鬥爭,等等;同時也指出了日本法
西斯主義運動與德國、義大利法西斯運動的重大差別,即前者是自
上而下的國家運動,後者則是依靠自下而上的革命重構國家權力。
「日本法西斯主義不是所謂『合理的』激進的崛起形式,而是從統
治機構內部中一步步合法地擴展。利用激進的法西斯主義的重重壓
力,並以此為武器強化由上而下的自我統治。」[32]質言之,日本法
西斯主義運動較之於德國、義大利法西斯運動,具有更為鮮明的極
端國家主義色彩,在自上而下的國家統治過程中,所有個人的作用
都被統一整合到國家的權力機器中,以致形成了日本特有的「不負
責任的體制」——從天皇到軍部分子均聲稱自己不該為戰爭承擔責
任,應該承擔責任的是「國家」,而誰能代表這個「國家」呢?由
此形成了國家與個人之間的悖論關係,如丸山真男在〈極端國家主
義的邏輯與心理〉一文中所言:

> 我國發動了這麼一場戰爭,卻至今沒有任何一個人能站出來承
> 認是自己發起了這場戰爭。大家都覺得是被什麼東西鬼使神
> 差,不由自主地舉國捲入到了戰爭的漩渦中去。這一令人震驚
> 的事實意味著什麼呢?我國的不幸不單是因寡頭勢力左右著國
> 家政治,更為不幸的是,這些寡頭勢力絲毫沒有這種意識和自
> 覺。各類寡頭均由只會惟命是從的個人所組成,同時,這些勢

---

32 同上書,頁65。

　　力本身即便成不了極端的權力，卻依附在絕對實體下各自相互
　　依託，構成一種並存的狀態……這使得主體的責任感更難以確
　　立。33

　　在不負責任的體制中，那些國家的決策者和執行者的精神狀態
會是怎樣的呢？這是丸山真男在第三篇文章〈軍國統治者的精神狀
態〉一文中試圖回答的問題。在他看來，生活於法西斯主義體制中
的狂熱主義者以及患有誇大妄想症的狂人們，不顧死活做出的選擇
不能再歸入外交、戰略之類的問題，而是應該把它們作為精神病理
學方面的問題來加以解釋，因為獨裁者做出的所有決策均不是理性
計算的結果。在日本東條內閣決定向美國正式開戰時，不要說所有
內閣成員都抱有極大的疑慮，即使東條英機本人也是持有一種「破
罐子破摔」的心理，用他自己的話來說：「人有時候必須要有閉著
眼睛從清水舞臺往下跳的決心」，這個著名的論斷讓遠東國際法庭
的法官和檢察官們大為驚詫，他們按照正常人的思維實在是不能理
解日本在進行對華戰爭的同時，居然敢進一步挑起對世界上兩個最
強大的國家美國和英國的戰爭，而完全罔顧日本與這兩個國家在國
家實力上的巨大差距，這個自殺式的戰爭決策只有在決策者完全瘋
狂的狀態下才可能做出。丸山真男精準地描述了軍國統治者的精神
狀態：

　　他們又都彷彿被某種看不見的力量驅使著，一邊懷著對失敗的
　　恐懼渾身哆嗦，同時又閉上眼睛勇往直前。如果說他們渴望戰
　　爭，此言不假；如果說他們想要迴避戰爭，又不由地選擇了戰

33　同上書，頁17。

爭的道路，這是事實的真相。他們不顧政治權力中所有的非計
畫性和非組織性，毫不猶豫地對準了戰爭的方向。[34]

　　儘管日本軍國主義分子扮演了戰爭瘋子的角色，他們的政治判
斷力和行為難以理喻或者違背常識，但是，在丸山真男看來，他們
與納粹領袖在精神特質上還是有著顯著的不同。納粹領袖本身都是
一些「無法無天」的人，是被正常社會意識所排斥的「異常人物」
的集合，而日本的戰爭罪犯，除了少數幾個，從整體上看，並非是
天生的精神異常者。如檢察官塔文納在指控他們時所說的那樣：「他
們一直被認為是國家的精英，被委任了國家的命運，是受國民堅定
信賴的真正的領袖人物。這些人知道善惡之別。可他們儘管十分瞭
解這種分別，卻自動選擇了惡，無視其義務……選擇了必然給數百
萬人帶來死與傷害……帶來破壞與仇恨的戰爭之路。」[35]正是這些
日本精英人物，共同參與了擴大戰爭的瘋狂決策，卻又在戰爭失敗
後完全否認自己應該承擔的責任。因此，丸山真男認為：「在這場
戰爭中包括被告在內的統治階層普遍地主體責任意識淡薄的原因，
要比把它歸為恬不知恥的狡辯、卑鄙下流的保身術等道德的層面更
加深刻。」[36]很顯然，道德的指控可以通過法律審判而得到部分實
現，但追問這些國家精英何以集體陷入瘋狂，則需要理論持續的批
判。
　　1958年，丸山真男對現代世界的右翼國家主義大致共通的思想
意識或者說精神傾向做了如下概括：

34　同上書，頁87。
35　轉引自同上書，頁90。
36　同上書，頁100。

（1）對國家的忠誠優先於任何其他形式的忠誠

（2）對平等和強調國際連帶的思想及宗教的憎恨

（3）對反戰和平運動的抵抗情緒和對「武德」的讚美

（4）對國家「使命」的謳歌

（5）呼籲保護國民的傳統和文化免遭外部勢力的邪惡影響

（6）一般重視義務勝於權利，強調秩序超過自由

（7）重視作為社會結合基本紐帶的家族和鄉土

（8）把一切人際關係用權威主義方式來編成的傾向

（9）「正統」國民宗教以及道德的確立

（10）對知識分子或自由職業者抱有警戒心和猜疑心的傾向，
　　　其理由是這些人容易變成破壞性思想傾向的普及者。[37]

　　丸山真男所概括的國家主義這十個特徵，在日本從明治維新到二戰的歷史進程中得到了充分體現，在政界、實業界、教育界以及黨派和社會團體等各個領域廣泛蔓延，以致幾乎所有國民包括知識分子均被國家主義的意識形態所裹挾而捲入到戰爭的洪流之中。丸山真男亦不能倖免，他在1944年完成《日本政治思想史研究》最後一章後被迫從軍，成為日本駐朝鮮派遣軍中的一名士兵；1945年，他應召赴廣島市宇品軍艦總部服兵役，在核彈襲擊中倖存，由此也成為親歷日本軍國主義大廈最後崩塌的一名現場見證者。戰後，丸山真男對國家主義無與倫比的批判，來源於深刻的理論反思和個人沉重的生命體驗。基本的理論建構在他從軍前已昭然若現，《日本政治思想史研究》的最後一個主題就是民族主義，確定這個主題的

37　丸山真男，《現代政治的思想與行動》，頁205-206。

問題意識是：「我想從明治以後nationalism的思想發展開始作為民族主義理論形成後又如何變質為國家主義這一觀點，對它加以把握。」[38]丸山真男緊緊抓住了從民族主義到國家主義再到極端國家主義這條自明治以來支配日本思想變遷的主線，由此揭示了日本走向法西斯主義體制的深層思想根源，為日本重建憲政民主制度掃清了最主要的思想障礙。

二、竹內好為「近代的超克」招魂

在國家主義的時代潮流和法西斯主義體制下，知識界、文學界、教育界和新聞界幾乎整體淪陷，他們中除了「極少數異端者」（丸山真男語）以外，大多數人都主動或被動地投入到為大東亞「聖戰」尋求正當性的戰車中，成為法西斯主義理論「總戰力」的一分子。竹內好在其中扮演了一個積極的角色，他在太平洋戰爭爆發之際撰寫的〈大東亞戰爭與吾等的決意〉一文，就像是一篇歡呼戰爭的宣言：

> 歷史被創造出來了！世界在一夜之間改變了面貌！……十二月八日，當宣戰的詔書頒布之時，日本國民的決意匯成一個燃燒的海洋。心情變得暢快了。人們無言地走到街頭，用親切的目光注視著自己的同胞。沒有什麼需要借助於語言來傳達。建國的歷史在一瞬間盡數閃現，那是不必明說的自明之事。

這場對英美的戰爭，是竹內好期待已久的事情，終於解脫了他

38　丸山真男，《日本政治思想史研究》，頁312。

對日本對華戰爭曾經抱有的歉疚心理——「我們日本是否是在東亞
建設的美名之下而欺凌弱小呢？！」現在他為「這樣的迂腐而羞
愧」，終於認識到「我們埋沒了聖戰的意義」——「在東亞建立新
秩序、民族解放的真正意義」。竹內好用文人的激情向日本國民宣
告：

> 看啊，一旦戰事展開，那堂堂的布陣，雄偉的規模，不正是促
> 使懦夫不得不肅然起敬的氣概嗎！這樣看來，在這一變革世界
> 史的壯舉之前，支那事變作為一個犧牲不是無法忍受的事情。
> 如我們曾經歷過的那樣，對於支那事變感受到道義的苛責，沉
> 湎於女裡女氣的感傷，從而忽略了前途大計，真是可憐的思想
> 貧困者。[39]

　　竹內好的這篇戰爭宣言，與同一時期召開的「世界史立場與日
本」座談會和「近代的超克」座談會，構成了當時三個最重要的思
想史事件。就它們從不同理論視角為「大東亞聖戰」提供正當性證
明而言，均可以視為是「昭和意識形態」的經典文本，理所當然地
在戰後被打上了「臭名昭著」的標誌。但是，在日本法西斯主義徹
底失敗之後，參與製造這三個思想史事件的主要人物都沒有站出來
為自己說過的那些可恥言論向國民道歉，更不必說對此進行深刻的
反省和自我批判。竹內好記述了他與丸山真男在聽到波茨坦宣言後
的不同反應：丸山真男從宣言中看到「基本的人權當得到尊重」一
句時，震動了，臉上洋溢出欣喜的笑容，卻因為當時的環境而拼命

39　竹內好，《近代的超克》，孫歌編，李冬木、趙京華、孫歌譯（北
　　京：生活・讀書・新知三聯書店，2005年3月），頁165-167。

抑制住自己的感情；而竹內好坦誠他對宣言沒有任何感覺，「即使
讀到了全文，大概也只會覺得與自己毫無關係，彷彿是遙遠的世界
裡發生的事情。」[40]兩人之所以對波茨坦宣言有迥然不同的反應，
很顯然是因為他們對戰爭性質的理解是基於完全不同的觀念。丸山
真男把「八·一五」這一日本投降日視為是日本新生的開始，國民
由此可能成為真正自由的主體；而竹內好則把「八·一五」視為是
「一個屈辱的事件。即是民族的屈辱，亦是我個人的屈辱。」[41]對
於他來說，日本的戰敗並不意味著日本國民的解放，日本作為統治
民族曾經橫行霸道，隨著戰敗又重新陷入在被統治的境地——日本
成了美國的殖民地。因此，竹內好是絕不會為他執筆撰寫的〈大東
亞戰爭與吾等的決意〉這篇「臭名昭著」的文章向國民道歉，或至
少心懷愧疚，[42]他仇恨美國的立場在戰爭結束前後沒有根本改變，
反而在戰後以完全不同於丸山真男的理論方式，展開一種基於日本
失敗的歷史的「抵抗」敘事，其要義是：

　　抵抗的歷史便是近代化的歷史，不經過抵抗的近代化之路是不

40　參閱同上書，頁227。

41　同上書，頁225。

42　孫歌在為竹內好提供「批判性」辯護時承認：「事實上，竹內好直
　　到戰後也沒有對他的這篇文字表示懊悔」，「因此通常它被視為竹
　　內好的一次『失足』，或者是竹內好對於日本浪漫派右翼立場的一
　　次認同。作為思想里程中的一個汙點，竹內好的對話夥伴試圖好意
　　地把它解釋為竹內好戰後自我反省的出發點。」「我所感興趣的，
　　是竹內好為什麼直到晚年都沒有對於這篇文字表示過懺悔和
　　隱瞞，相反，還主動地把它收進了1973年出版的評論集《日本與中
　　國之間》，他對於這篇文章的處理方式，難道僅僅是出於為後人保
　　留歷史真實的責任感嗎？」參閱氏著，《竹內好的悖論》（北京：
　　北京大學出版社，2005年2月），頁100-101。

存在的；日本的失敗是抵抗的結果，歐洲一步步地前進，東洋
則一步步地後退，後退是伴隨著抵抗的後退；經由抵抗而作用
於東洋時，失敗便成為決定性的，從失敗中自覺到了失敗，因
此，要重新定義失敗，重新建構抵抗的理論。[43]

　　按照竹內好的抵抗史觀，歐洲在向世界的擴張過程中，完成了
歐洲的自我解放，歐洲將其生產方式、社會制度以及與此相伴隨的
人的意識帶進了東洋，通過對東洋的入侵建立了東洋的歐洲發展模
式，並且產生了「美國這個逆種」。但是，到了19世紀後期，歐洲
的自我實現運動發生了質的變化，變化與東洋的抵抗緊密相關，由
此出現了三個抵抗世界：一是「作為物質性基礎的資本之矛盾將自
己導向否定資本本身的方向」──以俄國的抵抗形態表現出來，二
是原為歐洲殖民地的新大陸從歐洲獨立出來而超越了歐洲式的法
則，三是東洋的抵抗──「一面以歐洲為媒介一面超越它從而逐漸
產生出非歐洲的東西」。[44]總之，抵抗的理論是要在東洋（包括非
歐洲國家）與歐洲之間建立起一種模仿與「超克」關係，模仿是東
洋面對歐洲的侵略作出的被動反應，而「超克」則是東洋主動抵抗
並超越歐洲，乃至取代歐洲成為新的世界史的中心。
　　基於日本戰爭失敗的歷史前提，「東洋的抵抗」是否還存在就
成為竹內好需要解決的一個問題。他原來的構想是賦予日本解放東
亞的歷史使命──「把東亞解放到那個新秩序的世界之中去」，隨
著日本的戰敗，尤其是當日本在戰敗之後跟著美國後面亦步趨步，
已不再是一個抵抗國家了，此時，解放東亞的歷史使命該由誰來承

43　參閱竹內好，《近代的超克》，頁186。
44　參閱同上書，頁185。

擔？從1948年起，竹內好為在東洋建構一個新的抵抗主體，借助了
魯迅這個獨特的文化符號，實際上是按照自己的觀念來重新闡釋魯
迅的思想。他把魯迅視為東洋新的抵抗主體的象徵，認為魯迅的出
現具有改寫歷史的意義，也就是改寫原來由歐洲主導的近代化敘事
的意義。之所以賦予魯迅以抵抗者的身分，而不是繼續突顯其在1944
年出版的《魯迅》一書把魯迅塑造成一個「偉大的啟蒙者」的思想
形象，是因為作者既不滿意於日本式抵抗「歐洲近代」的失敗而重
走歐洲式近代道路的態勢，也不能認同美國占領下的日本所進行的
憲政轉型。於是，作為「東洋的抵抗」的代表——魯迅，被他憑空
想像為「東亞近代」的象徵性人物，用他自己的話來說：「我開始
用『東洋的抵抗』這一概括性的表現來思考，是因為我感到魯迅所
具有的那個東西在其他東洋諸國也存在，並認為由此大概可以推導
出東洋的一般性質。」[45]所謂「東洋的一般性質」，其實就是在東
洋與歐洲的對抗性關係中賦予東洋抵抗歐洲的使命。在他看來，魯
迅的存在一定是以激烈的抵抗為條件的社會。歐洲產生不了魯迅，
日本也產生不了魯迅，因為日本在戰敗之後已經趨於和歐洲同質
化，沒有從失敗中再次建立起抵抗的立場。

　　從魯迅的身上，竹內好看到的是中日兩國之間性質完全不同的
近代化之路，他在1948年發表的〈何謂近代——以日本與中國為例〉
一文，以「回心」和「轉向」這兩個不同概念來說明中日近代化之
路的重大差異，認為「轉向」這個現象是日本特殊性格的產物，即
日本為避免失敗而不斷地處在轉向之中，日本近代就是從轉向開
始，攘夷論者轉向開國論者，加藤弘之從民權論轉向進化論，包括
戰後日本從法西斯體制轉向美國體制。轉向被竹內好認定為「是在

45　同上書，頁196。

沒有抵抗的地方發生的現象」，轉向的結果是失去了自我的主體性。
而「回心」從表面上看與「轉向」相似，然而其方向是相反的：

> 轉向是向外運動，回心則向內運動。回心以保持自我而反映出
> 來，轉向則發生於自我放棄。回心以抵抗為媒介，轉向則沒有
> 媒介。發生回心的地方不可能產生轉向，反之亦然。轉向法則
> 所支配的文化與回心法則所支配的文化，在結構上是不同的。[46]

　　從「回心法則」出發，竹內好比較了中國的辛亥革命和日本的
明治維新，認為明治維新看起來成功了，辛亥革命看起來「失敗」
了，其實並非如此。原因就在於明治維新對歐洲幾乎沒有表示出任
何的抵抗，「明治維新所規定的進步方向有問題」，日本的進步主
義徹底剷除了「革命本身的根苗」，明治維新不是真正意義上的革
命。而

> 辛亥革命是在革命的方向上發展的革命，是從內部不斷湧現出
> 否定性的力量之革命。孫文不斷地意識到革命的『失敗』。這
> 是一場在否定辛亥革命所催生的軍閥政治（一種殖民地性的絕
> 對專制），進而否定革命黨本身之官僚化的方向上發展著的革
> 命。即生產性革命，也因此是真正的革命。[47]

　　竹內好據此認為，日本通過明治維新看上去成了學習歐洲的「優
等生」並在全國上下形成了「優等生文化」，但是，由於缺失主體

46　同上書，頁212-213。
47　同上書，頁214。

性和放棄了抵抗,「日本文化的優秀性乃是奴才的優秀性,是墮落
方向上優秀性」。[48]這一切都源於日本的「轉向法則」,日本明治
維新轉向歐化式改革和戰後轉向憲政改革,均被他判定是「浸透了
奴性」的運動,從未擺脫「奴才的性格」。正是因為對日本的絕望,
竹內好從魯迅的身上看到了中國革命和中國「回心」式近代化的新
希望。

　　竹內好把魯迅塑造為「東洋的抵抗」的代表而在日本被稱為「竹
內魯迅」,這一說法或許意味著竹內理解的魯迅帶有他強烈的個人
色彩,魯迅其實在其一生中並不「抵抗」西洋而是對本國的傳統進
行了毫不妥協的批判。因此,「竹內魯迅」究竟在多大程度上符合
真實的魯迅形象是大可置疑的。[49]顯而易見的是,在戰爭結束後面
對法西斯主義給日本造成的空前災難,竹內好並沒有像丸山真男那
樣把批判的鋒芒首先指向法西斯主義形成的歷史、文化和制度根
源,而是重新把美國與歐洲設置為日本應該繼續抵抗的對象,把美
軍對日本的託管占領與憲政化改造視為是新的殖民化進程。正是從
抵抗史觀出發,竹內好在戰後只是承認〈大東亞戰爭與吾等的決意〉

48　同上書,頁208。
49　日本魯迅研究專家丸山升在其著作中認為「竹內魯迅」對其後的魯
　　迅研究有決定性影響,他把竹內對於魯迅身上所反映的文學與政治
　　的關係的獨特見解,視為是「竹內魯迅」的一個重要支柱,正是通
　　過「竹內魯迅」,很多日本人開始回顧給日本帶來那場戰爭的「近
　　代」究竟是什麼。但他同時也認為,竹內的中國論比起論述中國本
　　身來說更傾向於論述日本,為了首先批判日本文化、社會的「近代
　　主義」而將相反的一極設定在中國,竹內的中國論與中國現實存在
　　著脫節。參閱氏著,《魯迅‧革命‧歷史:丸山升現代中國文學論
　　集》,王俊文譯(北京:北京大學出版社,2005年11月),頁339、
　　346。

在「政治判斷上……徹頭徹尾錯了」，[50]卻從未在學理上承認犯了
性質更為嚴重的錯誤。相反，他在「抵抗」的道路上走得更遠了，
決意為「近代的超克」這一「昭和意識形態」平反。

　　1959年，日本戰敗後近15年，關於戰爭的記憶已在大多數國民
中逐漸淡化了，恰在此時，竹內好推出了為二戰期間臭名昭著的「近
代的超克」座談會「平反」的長篇文章——《近代的超克》，作者
之所以選擇用座談會的名稱作為文章的題目，是因為他認為「近代
的超克」作為事件已經成為過去，但作為思想還沒有成為歷史：

> 所謂作為思想還沒有成為歷史，一方面是指纏繞於此的記憶還
> 是鮮活的，每遇到這個問題就會喚起怨恨或懷舊的情緒；另一
> 方面是指「近代的超克」所提出的問題，其中有一些在今天又
> 被提出來了，但由於是以與「近代的超克」無關或關係很曖昧
> 的方式提出來的，因此人們在心理上對問題的提出本身難以接
> 受。比如，日本的近代化、日本在世界史上的地位等，這些問
> 題是我們日本人面向未來為自己制定生存發展目標時不可缺少
> 的認識現狀之重要組成部分。[51]

　　基於上述觀點，竹內好直截了當地提出要為「近代的超克」平
反，儘管他承認這個特定的片語是一個操控了戰爭時期日本知識人

50　竹內好承認〈大東亞的戰爭與吾等的決意〉這篇文章在政治判斷上
　　徹頭徹尾錯了的說法，丸山升引自竹內好《近代的超克》，參閱氏
　　著，《魯迅・革命・歷史：丸山升現代中國文學論集》，頁342，
　　但是，奇怪的是，在《近代的超克》漢譯本中，未找到這個說法，
　　這是譯者有意隱匿？
51　竹內好，《近代的超克》，頁295。

的流行語，或者說相當於一個咒語，是一個與「大東亞戰爭」結為
一體的夢魘般記憶，並且與「世界史立場與日本」座談會一樣都被
打入在「臭名昭著」的思想史事件之中。但是，對於竹內好來說，
不管是戰後聲討這個座談會的「怨恨的一代」，亦即那些在戰爭時
期被鼓吹「近代的超克」的知識人所煽動走上戰場送死的學生兵，
還是在戰後對軍國主義進行「意識形態裁決」的進步知識分子，都
沒有從他們的創傷性記憶和批判性分析中走出來，重新思考「近代
的超克」在提出之際尚未展開的思想。按照他的理解，「從思想中
剝離出意識形態來，或者從意識形態中提取思想來，實在是非常困
難，也許近乎於不可能。」[52]他試圖完成這項「不可能」的工作，
通過他自己所說的「火中取栗」的方式從「近代的超克」中提取應
有的思想。他明確提出：「『近代的超克』最大的遺產價值，在我
看來，不在於它是戰爭與法西斯主義的意識形態，而在於它並未得
以充當法西斯主義意識形態，它以思想之形成為志向卻以思想之喪
失而告終。」[53]說出這些話時，竹內好也並不是很堅定，因為他無
法否認戰後知識界對「近代的超克」座談會的基本評價：把作者和
讀者引向「超克」「近代」、無條件地服從軍國主義體制的方向上
去。

　　「近代的超克」座談會上發表的所有言論，按照竹內好的分類，
存在著「文學界」、「日本浪漫派」和「京都學派」的三個譜系，
他們的知識背景不同，卻都毫無例外地贊成日本政府向英美開戰。
主持人河上徹太郎對選擇「近代的超克」作為座談會的主題作了說
明，認為「十二月八日」（日本對英美開戰日）讓日本國民尤其是

52　同上書，頁302。
53　同上書，頁305。

知識界統一了思想，讓他們不再糾結於日本對華戰爭的正當性問題，而是從「大東亞聖戰」中獲得了戰爭的正義感。「近代的超克」成了一個能夠把國民思想和感情得以凝聚起來的思想模子，成為「惟一的指路燈」，其實質就是作為「知識活動的真正原動力之日本人的血」與「西歐知性」之間的「相生相剋」。與會者龜井勝一郎的話是有代表性的：「現在我們正在參與的這場戰爭，對外是為了殲滅英美勢力，對內則要根治近代文明所帶來的精神疾病。」[54]

　　竹內好並未參加這個座談會，他撰寫的〈大東亞戰爭與吾等的決意〉所體現出來的戰爭激情與座談會的思想主題高度一致，同時也與他一貫堅持的抵抗史觀緊密相關，這是他在戰後願意第一個公開站出來為「近代的超克」平反的原因所在。雖然他也認為「近代的超克」背負著法西斯主義意識形態的壞名聲，「今天怎麼看都感到不成體統」，但他還是試圖從這個咒語中拯救出值得繼承的思想遺產，強調「近代的超克」在學理上沒有錯。為此，他贊成龜井勝一郎的看法──「龜井的觀點很有參考價值」：「『近代的超克』之問題的提出是正確的，這個問題在今天也依然存在。」[55]依據「近代的超克」的邏輯，必須對戰爭進行再解釋和再評價。在龜井勝一郎的啟發下，並在諸如戰後「思想的偶像」吉本隆明對「思想」的理解基礎上──「所謂思想乃是『為實際行動提供根據』的東西。不能影響現實的則不是思想」，竹內好提出了「總體戰爭的思想」，也就是要研究「太平洋戰爭的思想性格」。他為此比較了日本對過去三場大的戰爭，即日清戰爭（中日甲午戰爭）、日俄戰爭和大東亞戰爭所下的開戰詔書的用語措詞，認為大東亞戰爭區別於前兩場

54　參閱同上書，頁308-310。
55　參閱同上書，頁321。

戰爭,是開戰詔書體現出來的「總體戰爭」、「永久戰爭」和「肇
國」理想,構成了戰爭思想體系的輪廓。儘管戰爭失敗了,但關於
「總體戰爭的思想」是需要從國民普遍的戰敗情緒中拯救出來,因
此,竹內好才會認為:「為使思想成為創造性的思想,只能不辭艱
險地火中取栗。不捨身就不會抓住和呈現真正的問題。」[56]抱著這
樣的使命與勇氣,他把「近代的超克」視為日本自明治維新以來解
決「近代性」問題的主要線索:

> 「近代的超克」是所謂日本近代史中難以逾越之難關的凝縮。
> 復古與維新,尊王與攘夷,鎖國與開國,國粹與文明開化,東
> 洋與西洋,這些在傳統的基本軸線中所包含的對抗關係,到了
> 總體戰爭的階段,面對解釋永久戰爭的理念這個思想課題的逼
> 迫,而一舉爆發出來的,便是「近代的超克」的討論。所以說,
> 在這個時刻提出此問題是正確的,也為此贏得了知識人的關
> 心。[57]

　　「近代的超克」經由竹內好的重新闡釋,完成了一次新的靈魂
附體的再生過程,由此不僅完全清洗掉了它作為昭和意識形態的「臭
名昭著」的名聲,而且重新啟動了它內在的抵抗因素,進一步演繹
為一個新的抵抗哲學,一個關於東亞現代性的理論綱領,一個與美
國為首的「西洋」世界進行新的思想戰爭的精神動員令。從所謂「抵
抗史觀」出發,竹內好從魯迅和毛澤東的身上看到了亞洲一個新的
抵抗主體的誕生,中共革命建立的「新中國」取代了日本,成為開

56　同上書,
57　同上書,頁354-355。

關「東亞近代性」的新的有生力量，中國的「內發式」近代與日本的「外來式」近代比較起來猶如雲泥之別，中共在他的心目中幾乎就是完美的化身，如他自己所言：

> 中共所依靠的道德有多高尚，這一道德在民族一以貫之繼承至今的固有傳統中植根有多深，不站在這種根本性的觀點上，就無法理解今天的中國問題。中共雖借助馬克思主義，但對其接受是很有個性的，而其道德是固有之物。若非這種自律性的運動，在邏輯上恐怕就無法說明其今日之成功了吧。[58]

　　竹內好的這類文字，在戰後日本知識人整體處在迷茫之際——既對日本的戰爭失敗處於某種絕望之中，又對美國占領軍下的日本政治轉型心存疑慮，無疑是有極大的思想衝擊力。用子安宣邦的話來說：「伴隨著這一衝擊，關注戰後中國的很多中國研究者，在竹內全面肯定性言辭的影響下，對中國革命和中國共產黨也予以了全面的承認。」[59]這種情況直到中國爆發了文革後才有所改變，在親眼見證了中共從思想到制度的巨大變異中，竹內好本人也開始調整與中國的距離，提出了「作為方法的亞洲」的新觀點，重新將「亞洲主義」設置為對抗歐洲先進國家的對抗軸。但是，萬變不離其宗，「近代的超克」的主體從日本到中國再到亞洲的轉變，都是為了完成同一任務：對「西洋近代」的「超克」。

58　轉引自子安宣邦，《近代日本的中國觀》，王升遠譯（北京：生活・讀書・新知三聯書店，2020），頁193。

59　同上書，頁194。

三、子安宣邦對竹內好的批判

　　竹內好為「近代的超克」平反，是日本戰後思想史上的一個重要事件，它的一個顯著效應是，「近代的超克」至少擺脫了「臭名昭著」的名聲，重新成為知識界的關注重點，以這個片語命名的文章、著作和座談會不斷湧現。比如，1960年3月，《新日本文學》雜誌以竹內好為中心組織了題為「關於『近代的超克』」的座談會；同一時期，文學評論家荒正人在《近代文學》雜誌上連續六期發表《近代的超克》的長文，作家花田清輝以《近代的超克》為題出版了一本小冊子，著名的馬克思主義哲學家廣松涉後來也發表了《「近代的超克」論》（1989年）。[60]儘管參與討論的學者對「近代的超

60　參閱孫歌，《竹內好的悖論》，頁197-210。作者概述了荒正人與竹內好在「近代的超克」上的主要分歧：荒正人「不依不饒地把竹內好描繪成了一個為侵略戰爭張目的法西斯知識分子」，認為「荒正人與竹內好的分歧在於，前者不同意把太平洋戰爭視為日美兩國之間的戰事，強調它是軸心國和反軸心國之間的較量；……後者則堅持強調說美國在戰後居於其他西歐國家之上充當了霸主，日本事實上只是向美國服了輸；因此，把美國獨立提出來正面交鋒是必要的。荒正人主張日本必須先承擔侵略戰爭責任，然後才能討論廣島問題，竹內好則在同意這一原則的基礎上強調美國是已經瞭解了日本準備降伏的情況之後才開始轟炸的。最後，辯論沒有任何進展地不了了之，兩個人的看法沒有找到任何接觸點。」在評論廣松涉與竹內好的分歧時，孫歌認為：「這個分歧在於，竹內好試圖火中取栗，而廣松涉要做的卻是洞若觀火。換言之，前者作為戰爭的直接體驗者，作為一個在戰時曾經為大東亞共榮的理念尋找新的正當性和生長點的失敗者，在《近代的超克》中要尋找和復原的是一種歷史的臨界狀態，以及在特定情境下轉化這種臨界狀態的必要條件；後者作為戰時尚且年幼的間接體驗者，關心的卻是對歷史的裁決，

克」的理解存在著重大分歧，但至少表明被竹內好啟動的這個主題，在戰後又成為知識人重新思考日本近代性問題的一個理論支點。

子安宣邦是在1980年代末開始重新審視竹內好的戰後發言，時間上與柏林牆坍塌這一世界歷史的轉折相重疊。此時，在子安宣邦看來，對「近代的超克」的追問就是對「近代日本或者昭和日本究竟為何物」這一問題的根本性追問，這個追問具有更為深遠的超越日本國境的歷史視野。他把對「近代的超克」的批判既歸結為對「昭和意識形態」的批判——正是「昭和意識形態」將日本引向戰爭的深淵，同時又將其視為是在「東方」與「西方」的地緣政治學式的對抗性框架中的「超克」——建構一個抵抗西方現代性的「抵抗哲學」。子安宣邦基於這種新的歷史視野所展開的對「近代的超克」的批判性認識，不僅帶有戰後重新探討日本戰爭責任的理論關切，而且具有新的問題意識：「全球化資本主義這種現代世界體制的本質性轉換怎樣才是可能的？」[61]

按照竹內好的理解，「近代的超克」既不是「戰爭與法西斯的意識形態」，也沒有在戰爭中實際發揮出其內在的思想影響力——其思想是被戰爭提前終止的，他為「近代的超克」平反的目的就是要從「火中」取出思想之「栗」，那就是他在戰後一直試圖重建的「抵抗哲學」。子安宣邦一語道破其思想性質是：「由反近代主義

(續)————————————

尤其是當廣松涉面對60年代末世界性風起雲湧的學生運動所提出的反叛既定秩序的課題，面對來自資本主義體系內部的又一次『近代的超克』要求時，解構新的『日本浪漫派』意識形態的課題被他視為己任。」所以，孫歌認為，廣松涉看起來是在批評竹內好，但其思路「實際上很受竹內好的影響」。以我的理解，他們都試圖將「近代的超克」重塑為一種反對美國霸權的政治敘事。

61　子安宣邦，《何謂「現代的超克」》，董炳月譯（北京：生活・讀書・新知三聯書店，2018年6月），〈致中國讀者〉，頁3。

與民族主義二者關聯性地組合而構成」。[62]就「反近代主義」而言，
日本在昭和戰前時期所實現的從城市生活到文化、輿論、學術諸領
域的近代化，均被竹內好判定為是「對先進歐洲式文明的模仿式接
受而形成的偽似近代國家」，「近代的超克」對於日本的意義就在
於「超克」歐洲式近代化模式而建立「亞洲式日本及其民族主體」
的近代化模式。因此，日本的民族主義在竹內好的話語中必定是反
近代主義，近代主義成了「西方主義」的同義語，「『近代』是被
看作日本自身之外、必須被超克之物。『近代』即目前敵對的英美
諸國統治性地構成了現行世界秩序的各國的『近代』。」[63]「近代
的超克」最終指向對歐洲式或美國式現代化模式的抵抗，這一歷史
使命不因戰爭的終止而終止。相反，在戰後新的時代條件下，日本
需要借助於「近代的超克」這套話語來重建區別於歐美現代性的政
治敘事。在子安宣邦看來，戰爭期間知識人宣揚的「東亞共同體」
的話語，在戰後構成了「亞洲式近代」的話語，均是一種「反近代
主義」話語，也就是構想另一個「近代」即「亞洲式近代」的意識
形態。

　　「近代的超克」從「昭和意識形態」演變為一種「亞洲式近代」
的意識形態，始終沒有脫離其反歐或反美的政治立場，這是竹內好
之所以為「近代的超克」平反的用意所在，也是子安宣邦對該理論
要害的深刻觀察。這一理論實際上是由三個關鍵字構成：東亞、近
代性（現代性）、超克。子安宣邦在不同著述中對這三個關鍵字作
出了系統性的回應，由此構成了他關於「東亞近代性」的批判理論。
　　首先，子安宣邦認為，「東亞」是一個經歷了半個多世紀歲月

62　同上書，頁4。
63　同上書，頁17。

依然無法抹去帝國日本印記的概念。他要追問的是，在昭和歷史、在日本人的話語體驗中與帝國日本一起出現的這個地緣政治學概念，究竟負載了什麼東西？按照他的理解，「東亞」與「亞細亞」、「東洋」這類概念一樣，使20世紀前半期的日本人確立了觀察亞洲或者東亞的視野，因此，這個概念是歷史性和政治性的概念，而絕非單純的地理概念。尤其是在1930年以後，「東亞」概念在帝國日本的歷史中負載了強烈的政治性意義：第一，標誌著脫離了中國中心主義，取而代之以「日本式東方主義」的概念；第二，預設了地域內部的多元文化的發展；第三，「東亞」作為帝國日本學術視野產生的概念，最終為帝國日本所建構的政治性概念「東亞」或者「大東亞」所吞沒。[64]從「東亞」到「東亞新秩序」再到「東亞協同體」，概念的演化顯示出其政治性含義的不斷擴大，實際上反映出帝國日本向世界擴張的政治野心，「東亞」成了帝國日本與歐美國家對抗乃至進行戰爭的核心哲學概念：

> 帝國日本重構歐洲式世界秩序的要求，受到哲學家們意在克服歐洲近代志向的呼應，而作為劃分世界秩序和世界史之新階段的廣域圈概念，「東亞」被構建。[65]

正是基於這個歷史事實，子安宣邦高度警惕竹內好在戰後重拾「東亞」概念以重建「亞洲式近代」理論的企圖，因為在他看來，作為帝國日本話語而重構的「東亞」，實乃20世紀一個負面體驗的

64　參閱子安宣邦，《近代日本的亞洲觀》，趙京華譯（北京：生活・讀書・新知三聯書店，2019），頁58-59。

65　同上書，頁124。

話語。「東亞協同體」論作為日本在中國及亞洲實施的帝國主義戰
爭的理論產物,同時也是眾多知識分子一開始便參與的有關亞洲問
題理論構建的歷史體驗,這是一個無法迴避的「負面」遺產,絕不
可以不經批判和檢討而全盤繼承下來,做事後正當化的理論性處
理。戰爭結束標誌著帝國日本的政治性區域概念「東亞」之死後,
如何重建一個新的「東亞」概念,成為子安宣邦與竹內好的一個重
大分歧。前者堅持認為重新提倡「東亞」,絕不應該變成帝國日本
之幻想的重複,「東亞」概念更多的是在方法論上被使用,作為「使
生活者相互交流成為可能的關係架構,即讓它成為方法上的區域概
念的路徑」;[66]而後者則繼承了帝國日本的「東亞」概念,繼續把
「東亞」預設為抵抗歐美現代性的主體,旨在彰顯「東亞近代性」
與「西洋近代性」的對抗性關係。

其次,子安宣邦從批判帝國日本的「東亞」觀出發,進一步追
問東亞的「近代性」問題。因為按照竹內好的「近代」標準,「東
洋的近代乃是歐洲強制的結果。抑或由此結果而導致的東西。」[67]日
本作為亞洲先進國家,通過明治維新以來一系列文明開化措施所完
成的現代化進程,被其視為是戴著「近代」假面具的偽裝的日本,
所謂日本的「近代」不過就是日本不得不一直裝扮的西洋的「近代」,
近代成了西洋的同義語,而重塑「東亞」的意義就在於要重新建立
區別於「西洋近代性」的「東亞近代性」。問題是,什麼是東亞的
「近代性」?「東亞近代性」與「西洋近代性」的區別何在?前者
何以可以「超克」後者?為此,子安宣邦引用了丸山真男在〈近代

---

66 參閱同上書,頁70。
67 轉引自子安宣邦,《近代知識考古學:國家、戰爭與知識人》,趙
    京華譯(北京:生活·讀書·新知三聯書店,2022年1月),頁102。

性思維〉一文中的一個看法：在許多他所尊敬的學者、文學家、評
論家口中，「近代」成了當代各種罪惡之終極根源，實際情況卻是，
近代性思維不僅沒有在日本被超克，甚至還沒有獲得。也就是說，
在丸山看來，當日本還普遍缺失近代性思維時，「近代的超克」成
為時代的風氣，不能不讓他產生一種「悲慘與滑稽相交織的感慨」。
[68]子安宣邦引述丸山真男的上述看法，一方面是同意他對日本步入
歧途的基本判斷——「日本所發動的戰爭及其失敗，正是近代性思
維也即在近代社會之合理構成上不完全的日本國家的非理性性質必
然導致的政治結果」；[69]另一方面則認為，「近代性思維」這一說
法並沒有進一步追問作為「近代世界秩序」而存在的「近代」的本
質意義，沒有進一步對近代日本之反思性認識提供視角，也就是沒
有進一步擁護或堅守「超克」所言的同一個「近代」。換言之，子
安宣邦理解的「近代」，既不同於竹內好的近代觀——將近代日本
視為近代歐美的對立物，也不完全同於丸山真男——日本走上戰爭
道路源於「近代性思維」的缺失。子安宣邦是藉助於「近代知識考
古學」的方法，看到了日本「近代」走向其反面即「近代的超克」
的內在邏輯，這就是**反近代主義與民族主義的交織，以及基於意識
形態和價值觀對立所形成的東西對抗性思維框架**。丸山真男的「近
代」立場與竹內好的「反近代」立場構成了對立的兩極，子安宣邦
則試圖超越這兩極，證明日本自明治維新以來的「近代」是如何演
變為「反近代」，以及戰後竹內好為「近代的超克」的辯護並沒有
改變其「昭和意識形態」的性質。就反對極端國家主義而言，子安
宣邦完全站在了丸山真男一邊，這是自由主義的底線。

68　參閱子安宣邦，《近代知識考古學：國家、戰爭與知識人》，頁118。
69　參閱同上書，頁120。

　　第三，戰爭期間提出的「近代的超克」論是把「近代歐洲」作為「超克」的對象，建構以日本為中心的「東亞新秩序」和東亞近代化模式，這一目標隨著日本的戰敗而煙消雲散。竹內好在戰後重構「近代的超克」論，沒有改變歐美國家作為「超克」對象的定位，改變的是「超克」的主體，他把「超克」的主體性使命賦予了整個亞洲，為此而重構一種新的「亞洲主義」敘事。按照子安宣邦的概括，「亞洲主義就是竹內好針對規定著日本近現代史的中心軸而設置的對抗軸」，它基於亞洲各國的聯合以對抗「歐洲式原理一元化統治下的先進國家化道路」。[70]顯而易見，新的「亞洲主義」敘事並沒有改變戰爭期間形成的一系列「東亞」敘事的反西方性質，再次將「亞洲」置於與「歐洲」的對抗性關係之中。由於日本的戰敗，竹內好對日本是否能夠繼續承擔起亞洲對抗軸的「中心軸」使命持懷疑態度，他把日本的戰敗視為是建立獨立內生的近代化模式的失敗，日本在美國主導下進行的憲政轉型亦被其認為是一個新的殖民化過程，日本不再是「超克」歐美國家的主體而是成了歐美國家的附庸。基於這個判斷，竹內好把亞洲「超克」歐美國家和建構「亞洲式近代」的希望寄予了革命的中國，強調「中國的近代化是極為內發性的，即作為自己本身的要求而出現的變化，因此是堅實的。」[71]子安宣邦在引述竹內好的這些看法時認為，竹內好根據內發式的自立性將中國未完成的「近代」看作真正的「近代」，如同他的「竹內魯迅」敘事，完全是一種「過於文學化的」想像，缺乏最基本的事實驗證。「竹內好式」的文學想像，是把原來通過比較與近代歐洲的距離和差異來診斷日本的近代性問題，轉變為通過與中國的近

70　參閱子安宣邦，《何謂「現代的超克」》，頁186。
71　轉引自子安宣邦，《何謂「現代的超克」》，頁191。

代化進程進行對比來重新審視日本的近代化之路，這無異於是説，中國而不是美國，才是日本近代化的榜樣。竹內好這類獨出心裁的説法，賦予了他在戰後日本思想界的獨特位置，但是，在子安宣邦看來：

> 竹內所塑造的「中國」、「中國革命」和「毛澤東」，都只是「近代日本」的自我否定描繪出的他者形象。竹內筆下「中國革命」和「毛澤東」的光彩炫目與對「近代日本」之自我否定的慚愧心緒是成比例的。然而，「近代日本」的負面自我形象所定義的正面的他者「中國」形象，在1960年代以降的歷史進程中完全喪失了炫目的光芒。而這一形象的建構者竹內也陷入了沉默。[72]

　　子安宣邦對竹內好的批評，看起來像是和風細雨，但言辭中充滿著一種強有力的思想張力，他從「近代的超克」論中讀出了「作為追求世界秩序之重構的政治話語，或者作為追求世界史之多元性重構的歷史哲學話語，進而是作為圍繞『亞洲式之物』的文明論話語，或者是作為亞洲民族主義話語」，[73]這些不同的話語的確構成了重新閱讀與評價「近代的超克」的思想和知識學背景，但是，廣譜化的解釋與隨時代變遷而來的觀念重構，都沒有顛覆子安宣邦所作出的「近代的超克」是「昭和意識形態」的基本判斷，其「臭名昭著」的名聲亦不會因為竹內好的洗刷而被人們徹底遺忘，儘管與

72　子安宣邦，《近代日本的中國觀》，王升遠譯（北京：生活・讀書・新知三聯書店，2020年），頁210。
73　子安宣邦，《何謂「現代的超克」》，《致中國讀者》，頁1。

此相關的主題在後來的歲月中被以不同的理論形式反覆提了出來。

四、溝口雄三：從「中國作為方法」到「中國的衝擊」

　　在竹內好之後，溝口雄三的中國問題研究被公認為居於日本思想界前列，兩人的思想傳承關係亦是顯而易見的。溝口雄三坦承，他們這些戰中或戰後成長起來的中國研究者，是對戰前和戰中以津田左右吉為代表的「近代主義中國觀」的否定、批判或排除作為研究出發點，其中一個有力的根據便是竹內好在《魯迅》以及《中國的近代與日本的近代》等著作中所表達的中國觀，其要義是：「一方面對日本的所謂的『脫亞』的近代主義進行自我批判，另一方面把中國推向和日本相反的另一個極端，看做是亞洲理想的未來而憧憬不已。」[74]正是基於溝口雄三與竹內好的思想傳承關係，子安宣邦認為，竹內建構的「中國」成為溝口等人中國研究的起點。[75]

　　溝口雄三發表於1989年的《作為方法的中國》一書，開篇就是以竹內好的中國觀開始言說，試圖接續竹內好的問題意識而展開他對中國與日本的比較研究，研究的重點是對「近代」的理解，即日本的「近代」與中國的「近代」的差異性究竟應該如何把握。竹內好把日本的「近代」定位於「轉向型」，把中國的「近代」定位於「回心型」，由此認定日本「什麼也不是」——由於沒有從其固有的、內在的價值基準出發，把歐洲近代看做是普遍的價值基準，從而使得日本的「近代」只是成為歐洲近代的一個摹本；而中國的「近

74　溝口雄三，《作為方法的中國》，孫軍悅譯（北京：生活・讀書・新知三聯書店，2011年7月），頁5。
75　子安宣邦，《近代日本的中國觀》，頁194。

代」由於固守了其內在傳統和價值而被認為是「超越歐洲，創造出
非歐洲的東西」──一個社會主義的新中國。對於竹內好中國觀的
這個核心要義，溝口雄三承認曾經有過「強烈的共鳴」，但並非完
全贊同，至少在他看來，「把日本的近代說成『什麼也不是』而加
以全面否定同樣也嚴重違背了歷史的邏輯」。他在竹內近代觀的基
礎上進一步提出的問題是：

> 無論是日本還是中國，各自的近代到底是如何以各自的前近代
> 為基體的？建立在前近代基礎上的近代和歐洲的近代相比，又
> 在哪些方面具有獨特性？換言之，日本和中國是如何背負著各
> 自固有的過去的？即便是否定性的繼承，這一繼承優勢如何制
> 約著現在的？[76]

　　強調日本和中國各自展開的近代進程是以它們各自的「前近代」
為基體，以及強調「東洋近代」區別於歐洲近代的獨特性，從理論
上看完全符合文化史觀的「政治正確」。亞洲各國的確是在一個完
全迴異於歐洲國家的地理條件、社會結構、歷史傳承和文化傳統中
開始近代轉型的，這種「亞洲式」近代轉型必然具有歐洲所沒有的
政治、經濟和文化獨特性。因此，溝口雄三提出「今後我們在思考
亞洲的近代時，不管是中國還是日本，都要結合各自以前近代為基
礎的『異』於歐洲的獨特性來考慮」，[77]似乎完全站得住。如同二
戰期間基於「東亞」概念提出的「大東亞」敘事和關於日本的「世
界史立場」的闡釋，都是與「傳統」的發現緊密相關，都是從強調

76　溝口雄三，《作為方法的中國》，頁9。
77　同上書，頁29。

日本區別於歐洲的獨特性出發，進而來主張日本民族對於重構世界
性新秩序的政治要求，在學理上也並非沒有道理。但是，強調亞洲
固有傳統和內在價值的「獨特性」敘事一旦被置於東西對抗的思維
框架中時，就很容易滑向戰時京都學派提出的「世界史哲學」或戰
後竹內好提出的「抵抗哲學」的軌道上，成為「近代的超克」的一
個新的理論版本。溝口雄三提出「作為方法的中國」的中國觀，也
沒有跳出亞洲（日本、中國）與歐洲對抗的思維框架，他明確認為
日本和中國的近代不必與歐洲互為表裡，同時，日本和中國之間也
沒有必要以歐洲為媒介。

　　為了顛覆歐洲的「近代」標準，溝口雄三致力於建構一個關於
「近代」的「非歐洲」標準，儘管他認為「非歐洲」這一表達方式
原本就是以歐洲式的或者不是歐洲式的為默認的前提，換言之還是
把歐洲作為一個標準，因為歐洲人不會用「非亞洲」這種表達方式
來形容自己。他由此認為，亞洲通過歐洲的視線來反觀自我，包括
價值在內，自問自己到底是不是歐洲式的，或者到底是不是非歐洲
式，「這充分顯示了近代以降以歐洲為中心來把握世界史的一元化
的視角是如何深深地侵蝕到了亞洲的內部。」[78]包括竹內好主張「非
歐洲」的近代觀，在溝口雄三看來也仍然是以歐洲為標準。「歐洲」
似乎成了「亞洲」無法擺脫的魔咒，不管是肯定它還是否定它，都
是以歐洲為標準，這個標準就是「歐洲等於先進」，歐洲與亞洲的
關係，成了「先進」與「落後」的關係。溝口雄三的中國觀要重建
一種新的「近代」標準，就是要完全否定「先進—落後」這一模式
本身，也就是要否定對亞洲特別是對中國作為文明落後國家的指控。

　　按照溝口雄三的理解，日本「近代」觀呈現出兩種形態，一種

78　同上書，頁26。

是「歐洲」近代觀，以福澤諭吉和津田左右吉為代表，完全是以歐洲近代為標準，近代意味著文明開化和社會進步；日本因為學習了歐洲的近代而成為亞洲的先進國，而中國則因為抵抗歐洲成了亞洲的落後國。另一種是「非歐洲」近代觀，以竹內好為代表，試圖創立「東洋的近代」以取代歐洲的近代，但近代的標準仍然是以「歐洲等於先進」為前提，或者是以歐洲的近代標準為參照來設置「東洋的近代」的內涵。這兩種近代觀在溝口雄三看來都屬於「取道歐洲來看待亞洲的視角」，都沒有擺脫歐洲近代觀念的影響。即使追求「非歐洲」的近代，所謂「非」也不過是和歐洲互為表裡缺乏獨立性的主觀上的「憧憬」，並沒有將近代建立在本國內在的傳統和基體上。溝口雄三由此認為：

> 圍繞著歐洲的還是非歐洲的，說到底就是圍繞著「非」，對日本和中國的近代在位相上的先後、優劣這一互為表裡的關係而議論紛紛。結果，無論是日本的近代還是中國的近代，我們都沒能好好地根據其歷史、風土上的獨特性——比如說，如同歐洲近代和前近代不可分割一樣，日本和中國各自與其前近代所特有的結構也是密不可分的——來正確看待其無可奈何的，或者說應該被看做是無可奈何的「異」於歐洲的實體。[79]

基於這個思考，溝口雄三提出了「第三種近代（「另一種近代」）觀，其關鍵字不是「非」——非歐洲，而是「異」——異於歐洲近代的近代化路徑：

79　同上書，頁28-29。

事實上，中國的近代既沒有超越歐洲，也沒有落後於歐洲。中國的近代從一開始走的就是一條和歐洲、日本不同的獨自的歷史道路，一直到今天。[80]

中國為何走的是一條既不同於歐洲也不同於日本的近代之路，溝口雄三試圖從中國前近代的「基體」中去尋找答案。他從中國歷史文化傳統中挖掘到一個對於形成中國式近代具有決定性意義的「前近代」觀念，那就是「大同」觀。溝口雄三從孫中山把「大同主義」作為「三民主義」的同義語中，領悟到大同思想的核心要義是：「四海之內，無一夫不獲其所」，並認為大同思想在中國傳統思想中源遠流長。從17世紀末黃宗羲、王船山等主張「以我之大私為天下之大公」、「天理之大同」，到18、19世紀戴震、龔自珍等宣揚相互聯合、生存調和的「仁」思想和解決貧富不均的「平均」思想，再到太平天國「有田同耕，有飯同食……無處不均勻，無人不飽暖」的烏托邦式理想，均被溝口雄三視為是「共和式大同思想」的不同歷史形式，其展開的過程以及進一步發展成為人民民主主義的過程，同時也吸收了歐洲的民權、平等思想和馬克思主義，但這些思想的攝取是因為大同思想的成熟才成為可能。大同思想作為中國內在的基體奠定了中國式近代「異」於歐洲近代的思想基礎，從孫文革命到毛的革命，均是「大同共和式社會革命」，「革命一開始就帶有社會主義的色彩（這一點從太平天國運動中便可以看出），而無須等到馬克思主義的傳來」，「大同式的近代……從一開始便是中國獨特的、帶有社會主義性質的近代。」[81]

80　同上書，頁12。
81　同上書，頁18、57。

從「大同共和式社會革命」的邏輯出發，溝口雄三認為中國近代化之路既不同於日本——「日本的近代化走的是一條由舊統治階級領導的自上而下、因而也是沒有經過社會革命、追隨西歐的帝國主義道路」，[82]更不同於歐洲——中國在歷史上從沒有產生出歐洲式的社會結構和思想觀念，因此也就不可能走歐洲式近代之路，「中國的近代化走的是自下而上的反帝反封建的社會革命、即人民共和主義的道路。」[83]依據這兩個判斷，溝口雄三認為中國從來就沒有朝著歐洲式近代的方向走，這與其說是一種「欠缺」或「虛無空白」，不如說是中國式近代的不得已的「充實」，使得中國依據自身內在基體走一條獨立於日本和歐洲的近代化之路成為可能。

從中國與日本、歐洲近代化道路的根本性區別出發，溝口雄三強烈反對以「先進—落後」的思維框架來評價中國的近代轉型，既不主張用中國的「落後」來反對歐洲的「先進」，也不主張將中國的「落後」正當化，「即通過推翻『先進』的根據來否定『先進—落後』這一歐洲一元化的思維方式」。[84]他與眾不同的看法是，由於中國「自我更生地實現了世界史上史無前例的全新的第三種『王道』式的近代」，因此也就不能以歐洲的標準來評判其「先進」還是「落後」，中國式近代看上去是「落後」於歐洲和日本，但就其內在的「王道」性質而言，要遠遠「先進」於歐洲和日本。[85]溝口

---

82 同上書，頁10-11。

83 同上書，頁11。

84 同上書，頁11。

85 溝口雄三為了證明「中國式近代」的先進性，從中日對「公」與「私」的不同理解中作出闡釋。他認為，「公」在中國語境中更多的是一個「總體」的概念，而「公」在日本語境中更多的是一個「全體」的概念，兩者的重大區別在於：中國的「總體」具有「無私」的性格，並不以和個人利益的對立為契機，「調和」在社會和道德方面

雄三自詡這個看法奠定了「戰後中國觀」的基礎：

> 戰後我們對中國近代的看法，從打破以往毫無根據的先進—落
> 後的等級出發，在糾正戰前的中國認識方面取得了一定的成果。

> 中國沒有像日本那樣以追隨歐洲的方式來處理其所謂的亞洲的
> 後進性，而從正面和後進性進行自我較量並在內部深化了這種抗
> 爭，從而徹底擴大了亞洲獨特的、人民的社會革命和思想革命，
> 其人民性之徹底甚至超越了歐洲的資產階級近代的不徹底性。[86]

　　溝口雄三的中國觀賦予中國近代性以如此高的理論地位和道德
地位，究竟能在多大程度上經受住歷史經驗的檢驗，顯然是一個問
題。他和竹內好一樣，在理論上把中國近代想像為日本近代的未來

（續）────────────

無條件地占有優先地位，所以以私有財產權為基礎的市民性質的個
人自由仍處於未成熟的狀態。但另一方面，他們創造出了一種以總
體自由為自身課題的特殊的現代性的個體自我，富有政治性、社會
性和道德性的個體自我（例如魯迅所說的「個性的尊重」），從而
開闢了無產階級性質即利他性的個體自我的可能性。而日本的「全
體」因為作為一個領域優先於個體，結果雖然承認了個體的存在卻
無法在「個體」之間形成有機聯繫，反而造成了全體與個體的疏離，
使個體的自由和政治、社會的關聯變得十分淡薄，以至於無法和全
體相貫通。溝口雄三這套說法是想證明：中國的「公」因為具備「總
體性品格而形成了「公」與「私」的融合，國家與個體高度一致；
而日本的「公」只具有一種「全體」而與個體（「私」）處於分離
狀態，由此使得國家與個體離心離德。溝口雄三實際認為，「公」
與「私」的分離曾被公認為是日本近代的一個標誌（丸山真男），
其實是日本式近代的局限。中國式近代不能因為其人權、個人利益
的不成熟而片面地批判其現代化程度落後。參閱同上書，頁22-23。
86　同上書，頁25。

榜樣時，面臨著如何認識現實中國的困惑。尤其是在親眼見證了中國文革的災難性後果後，他承認自己對於中國在文革前後的巨大變化困惑不已，特地在《作為方法的中國》的開篇描述了對中國的複雜心境：懷著「五分批判」（對於無原則的奪權抗爭和錯誤的政治路線）、三分困惑（對於破壞了我心目中中國革命形象的日趨嚴重的現實狀況）和兩分共鳴（對於儘管如此仍試圖在延安重新找回革命原點的浪漫主義意圖）。但是，這部著作並沒有體現出作者對中國的「五分批判」和「三分困惑」，而完全是基於「兩分共鳴」來展開理論建構和「憧憬」，包括對中國的文革始終沒有產生批判性的衝動。當他把「中國式近代」作為近代的理想模型時，他明智地模仿了竹內好的《作為方法的亞洲》的敘事策略，將「中國」不是作為目的而是作為方法：「以中國為方法的世界，就是把中國作為構成要素之一，把歐洲也作為構成要素之一的多元的世界。」[87]這話看起來也絕對是符合「政治正確」，「中國式近代」不管其在現實中如何呈現——即使以文革的方式呈現，依然可以成為建構一種新的原理的基本方法，方法可以不涉及實體的建構而只涉及原理的創造，但原理的創造又是與實體緊密相關。溝口雄三明確認為：「把中國作為方法，就是要邁向原理的創造——同時也是世界本身的創造。」[88]從「方法」到「原理」再到「世界」，溝口雄三打造的這個邏輯鏈，最終將一個爆發了文革的現實中國與他「憧憬」的「大同共和式」近代中國勾連在一起，形成了他自己特有的「以中國為方法的中國學」。

　　2004年，溝口雄三發表了《中國的衝擊》一書，此時他研究視

87　同上書，頁131。
88　同上書，頁133。

野中的「中國」已不僅僅是一個方法的概念，而是一個實體的概念，
「中國近代」也從「憧憬」的對象轉化為一個巨大的現實存在。雖
然他並不認為「中國的衝擊」可以取代昔日「西方的衝擊」，但他
從日本人的角度來觀察，在21世紀的今日，「中國的衝擊」具有「從
東亞的內部」來重新審視那「來自外部」的衝擊的意義。從原來把
中國視為「方法」，轉變為把中國視為「衝擊」，敘事方式的重大
轉向究竟意味著什麼？是意味著中國完全從文革的巨大陰影中走了
出來，通過改革開放實現了「中國式近代」？還是意味著中國可以
重新煥發其對東亞乃至世界的傳統影響力？對於溝口雄三來說，中
國經濟實力的巨大增長為「中國的衝擊」提供了實實在在的動能，
其衝擊波首先影響到周邊國家，「位處中國周邊、80年代以來一直
刺激中國技術革新與工業化的日本以及亞洲四小龍，即所謂『雁行模
式』中的頭雁如今正在被中國大陸的內地這一巨大黑洞所吸食。」[89] 因
此，日本應該首先從「中國的衝擊」中清醒過來：「明治以來一直在
經濟上軍事上抑制並刺激中國的周邊國家日本（我寧願把日本定位於
周邊國家）在經濟方面將喪失如意棒的占有權，明治以來持續了一百
幾十年的、日本人對於中國的優越感也該到夢醒時分了。」[90]

　　溝口雄三還特別形容了「中國的衝擊」的力度：

　　　　這一衝擊是鈍角型的、難以被察覺又難以圖表化的、猶如肚臍
　　　　上方的腹部遭到拳擊似的、雖緩慢卻很強烈的衝擊。[91]

89　溝口雄三，《中國的衝擊》，王瑞根譯，孫歌校（北京：生活・讀
　　書・新知三聯書店，2011年7月），序論頁18-19。
90　同上書，序論頁20-21。
91　同上書，序論頁21。

　　溝口雄三當然不會僅僅從實體層面來描述「中國的衝擊」對日本經濟所造成的重大影響，他主要還是從歷史觀和價值觀層面來進一步確認「中國的衝擊」的思想意義，認為首先有必要反省以「先進」與「後進」的認識框架看待到目前為止的近代化過程——它是西方中心主義歷史觀的產物；其次應該注意到已成為舊時代遺物的中華文明圈的結構關係不僅在某些方面有所持續，它還在環中國圈經濟關聯式結構中得以重組，並重新開始使周邊諸國邊緣化。基於這兩個認識，溝口雄三特別強調，「中國的衝擊」將促使日本「從劃分優劣等級的歷史觀中醒悟過來、認識到必須具有多元主義歷史觀。」[92]但他提出的「環中國圈」顯然與「多元主義歷史觀」相背離，因為他描繪的「環中國圈」重新確立以中國為中心，周邊區域包括北亞的俄羅斯與蒙古、東北亞的朝鮮與西伯利亞、東亞的日本與韓國、東南亞的東盟諸國、以及中亞和南亞諸國，也就是說，溝口雄三構想的這個「環中國圈」與原來日本構想的「大東亞共榮圈」在地理上幾乎完全重疊，兩者的區別僅僅在於是中國取代了日本成為這一區域的中心國家。這個「環中國圈」構想的烏托邦性質是顯而易見的，它必然面臨這樣的質問：範圍幾乎涵蓋整個亞洲的諸多「周邊國家」何以可能承認它們環繞中國並承認中國為中心國家？中國何以可能成為多元主義歷史觀的化身，而不會像日本在二戰期間那樣成為新的地區性的霸權國家？

　　因此，溝口雄三需要證明中國不僅是一個近代國家，還是一個自由民主的國家，以此才能承擔起「環中國圈」的中心國家的領導使命。在《作為方法的中國》一書中，作者構想的中國近代性是以「前近代」的因素蟄伏於傳統之中，比如，關於「大同」的思想，

92　同上書，序論頁21。

關於「公」與「私」的觀念，關於「封建」作為地方自治的實踐，
指向的是建構「中國式近代」的可能性，或者說是一種方法，與現
實性和實體性相比顯然還不是同一件事情。在《中國的衝擊》一書
中，作者則不再從中國的傳統中去挖掘「近代」因素，因為在他看
來現實中國已經很大程度地實現了自由和民主，他舉例從20世紀90
年代初起，民營的書店開始林立於中國，有代表性的是《讀書》雜
誌「形成了一個富有創造性的『自由』的空間」，他為此批評某些
流亡海外的知識分子指控中國缺乏自由和民主完全是「閉目塞聽」，
是「敘述了某些部分的真實的同時，遺漏了更多的真實」，「通過敘
述天安門事件前後中國的非民主部分而掩蓋了除此之外的許多民主
的部分」。[93]在他心目中，不能以美國民主的標準來衡量中國民主的
實現程度，因為「中國革命相對於歐洲現代，既非反，亦非超，更不
是什麼後，而是一個類型相異的歷史過程。因而中國的『自由』、『民
主』只能在中國的歷史過程中存在，並在其中成長。」[94]正是因為堅
持認為中國近代性完全迥異於歐洲近代標準，溝口雄三嚴厲批評：

> 日本人一直以歐洲的「近代」為視角蔑視中國。其蔑視中國的
> 強弱程度被作為衡量日本「歐化度」高低的尺度。日本人不是
> 通過與歐洲相比，而是通過與中國相比來測量自己的歐化度
> 的。甚至可以說，蔑視中國成了日本民族認同的一個不可或缺
> 的要素。[95]

93　同上書，頁5。
94　同上書，頁14。
95　同上書，頁16。

　　為了與歐洲近代或日本近代明確劃清界限，溝口雄三又回到了竹內好的中國「回心型」近代觀的立場上，將中國近代既定位於一種「抵抗的近代」——中國是在抵抗歐洲和日本的歷史進程中展開自己的近代之路，又定位於一種「內發性近代」——「用來指稱歐洲資本主義入侵以前在中國大陸內部醞釀而成的中國的歷史過程」。[96]溝口雄三據此認為，中國「內發因由的近代化旅程」，從19世紀到20世紀前半葉，從王朝體制的崩潰到社會主義人民共和國的新生，均是中國內在演變的結果，中國如同一條「蛻皮的巨蟒」，蛻掉了兩千年來的舊皮，在其肢體上烙印著來自資本主義（帝國主義）和西歐文明的印記，發生了料想不到的變形，但它在最基本之處仍然堅實地繼承了自己的歷史，中國「作為中國」又終於得到了新生。最後，他得出的結論是：

> 我們將擺脫日本以往的近代史觀，諸如將日本的近代過程同時視為侵略亞洲的過程，或把日本的近代視為先進，而把其他亞洲諸國視為落後之類的單一的歷史觀；我們將獲得新的歷史觀——就是說，我們將確立與西洋的近代並列的中國模式的「另一種近代」；我們將因此而重新討論歐化的日本近代在亞洲的定位問題。[97]

　　從竹內好到溝口雄三，從歐洲、日本到中國，從「轉向型」近代到「回心型」近代再到「內發性」近代，這對思想師徒通過諸如為「近代的超克」的平反以及通過「憧憬」中國而重構近代觀，在

96　同上書，頁94-95。
97　同上書，頁240。

日本戰後建構了中國研究的一個理論高地。他們在這個高地上架起的理論武器將幾乎所有的子彈都射向了以歐美為主導的現代化理論及其制度安排，同時在高地上樹起了中國式近代的大旗，將重建亞洲近代的希望寄望於中共革命和「中國的衝擊」。子安宣邦在評論溝口雄三的《作為方法的中國》和《中國的衝擊》時明確認為，溝口等戰後志在研究中國者以對中國及其革命的憧憬為思想起點，以竹內塑造的「作為憧憬的中國革命」形象為研究之動機，存在著一個重大的理論錯位，那就是沒有把對中國「文革」的反思引向對「毛澤東革命」本體的再審視，而是繼續在對中國革命和中國形象的「憧憬」中展開關於亞洲式近代的想像，把中國近代塑造成亞洲近代化的理想模式。作為一個曾經的戰爭體驗者和對戰爭期間「大東亞」話語有著深刻記憶的歷史學家，子安宣邦在《中國的衝擊》中讀到的是「從歷史中被召喚出來的、亡靈般的語言」——這顯然是「中華帝國」式的話語，並且，溝口還代言了「中華帝國」對「周邊日本」的警告，這是令人不快又令人毛骨悚然的現實預言。[98] 子安宣邦對溝口雄三的中國觀和近代觀的嚴肅批評，體現了自由主義學者的基本立場，他們倆人的理論對峙從更大的範圍來看，當然不僅僅是一般理論意義上的左右之爭和歷史觀之爭，而是深刻地反映了制度與價值觀之爭，包括文明與野蠻之爭。當溝口雄三把從未徹底清算過文革遺產的「中國式近代」視為亞洲近代的理想模式時，他的這類看法未必會在日本產生實際的影響力，但肯定會對中國產生「衝擊」。對於致力於建構中國現代性理論的中國新左派而言，溝口雄三以及竹內好的中國觀和近代觀無疑具有極大的啟示意義，正是經由他們架起的理論橋樑，中國新左派重返帝國傳統，從「前近代」

---

98 子安宣邦，《近代日本的中國觀》，頁250。

基體中挖掘出中國內在的區別於西方的現代化因素，由此構建全面
抵抗西方現代化模式的中國模式。日本近代問題所蘊含的古今之爭
再次被引入「中西之爭」（東西之爭）的軌道，日本「近代的超克」
論經由竹內好和溝口雄三的理論導向，一定會產生它的中國版本。

五、「近代的超克」論在中國的迴響──以孫歌為例

　　在某種意義上可以把孫歌視為竹內好和溝口雄三的中國傳人，
儘管她自己未必會承認這一點。僅僅就組織竹內好和溝口雄三的著
作在中國的翻譯和出版而言，孫歌所做的工作是無可替代的，而她
對這些著作的解讀和詮釋則具有更重要的意義：不僅是為中國讀者
塑造了兩位始終抵抗西方一元論的理論戰士形象，而且對諸如汪暉
這樣不熟悉日語的新左派戰友開闢出一個特定的思想通道，引領他
們從日本那些抵抗歐洲近代的思想家那裡汲取建構中國現代性的思
想資源。[99]孫歌在一個廣泛的日本思想譜系中「尋找亞洲」，也就

99　日本學者坂井洋史對於竹內好在中國被大肆追捧的現象感到不
　　解，他為此專門撰寫了〈略談「竹內好」應該緩論〉一文，文中針
　　對中國國內某個關於竹內好的研討會寫道：「恕我直言，會上有個
　　現象令人啼笑皆非：很多年輕的研究者在沒有任何必然性的情況下
　　也動不動提到竹內好的名字（是否與會者中有幾個日本人，所以出
　　於禮貌才這樣說），但深入理解竹內的前提，即對現代日本社會、
　　思想、文學尤其是日本modernization整個過程及其思想局限等語境
　　要有基本的瞭解，在這方面大家似乎很欠缺。換言之，我認為他們
　　對竹內的『認識』是斷章取義的、是極為功利化的『拿來主義』。」
　　參閱薛毅、孫曉忠編，《魯迅與竹內好》（上海：上海書店出版社，
　　2008年10月），頁255。坂井洋史指出的這個現象，應該與孫歌在
　　中國大力推崇竹內好的思想有關聯，她應該是中國的「竹內好熱」
　　的主要推手，經由她翻譯介紹的竹內好著作不僅啟發了諸如汪暉這

是創造另一種認識世界的方式，在知識學上的貢獻應予充分肯定。
她基於中國人的認識視野所展開的對日本「亞洲敘事」的全景式解
讀，無疑比日本人的自我表述有了更豐富的內涵，至少是植入了中
國人的問題意識，從日本自明治維新到昭和時期的「近代悖論」中，
探尋「中國式近代」（中國現代性）區別於歐洲近代的獨特路徑。
這樣的問題意識當然首先是來自於竹內好的啟示，孫歌坦承：

> 竹內好改變了我認識世界的方式，改變了我在歷史中尋找先知
> 的習慣。我開始重新思考永恆的意義，重新思考現實和歷史、
> 後人與前人的關係，重新審視「進步史觀」在規定思考方向時
> 的狹隘性和排他性，甚至重新思考政治正確應有的和可能有的
> 內涵。[100]

　　事實上，竹內好就是孫歌的「先知」，是她心目中「日本思想
界的一個真正的精神領袖」，亦是她迄今出版的諸多著述中引述最
多的一個名字。她撰寫的《竹內好的悖論》一書，如同竹內好塑造
了一個「竹內魯迅」，她塑造的是一個「孫歌竹內」──一個「火
中取栗」者，一個抵抗者，一個理想主義者，一個「東洋近代」的

　　樣的新左派領軍人物，而且也對坂井洋史所說的「年輕研究者」產
　　生了廣泛的影響力。用靳叢林評價孫歌的話來說：「經過孫歌女士
　　等人濃墨重彩的譯介，一時間我國文學思想研究界似乎出現了『竹
　　內好熱』。」這位魯迅研究者認為，孫歌「從思想史的角度去解讀
　　竹內好的魯迅研究，進而反思日本的近代文化與近代歷史並兼及反
　　思探討中國學術思想界的研究出路，不但在中國，而且在日本也引
　　起了學界的廣泛關注與好評。」參閱氏著，《竹內好的魯迅研究》
　　（北京：北京大學出版社，2012年2月），頁17。
100 孫歌，《竹內好的悖論》，頁3-4。

預言者，這些不同的文化身分都集中於一個「反美」的政治立場，
按照她的表述：

> 竹內好在日本戰敗的當時，就以思想的方式反抗了甚至直到今
> 天仍然在延續的「美國模式」，並且犀利地指出，這個以「文
> 明一元論」為基礎的帝國主義模式，是以東、西方（首先是社
> 會上層以及知識界）共謀的方式被強化的。在這個意義上，贊
> 成還是反對美國在東亞的霸權並不是實質性的分歧，實質性的
> 分歧是對於文明的理解。竹內好在他戰後的思想活動中一直致
> 力於開掘足以對抗西方中心文明觀念的本土思想資源，為此不
> 惜在帶有右翼色彩的日本民族主義和亞細亞主義思潮中「火中
> 取栗」，不惜因此而在同樣依賴西方文明一元論的進步和保守
> 陣營之間腹背受敵，就是因為他急切地意識到東方民族借助於
> 外力無法建立自己的文明，更何況美國以文明代言人自居的「文
> 化」已經使得非西方世界付出了慘重的代價。[101]

孫歌高度概括竹內好近代觀的「反美」性質顯然是帶有她自己
的好惡標準，在為《竹內好的悖論》所寫的序言中，作者毫不掩飾
對美國的強烈不滿，把美國發動的對伊拉克的戰爭與日本當年發動
的太平洋戰爭相提並論，認為戰後美國占領日本並以文明的名義把
它變成自己在東亞的軍事基地，從而為發動朝鮮戰爭、越南戰爭乃
至在中國海域內進行偵查飛行等一系列非正義軍事行動提供保障，
由此斷言：「日本在發動侵華戰爭時期所犯下的罪行，日本在太平
洋戰爭中所採取的帝國主義策略，並不能依靠美國在東亞完成『次

---

101 同上書，頁4-5。

殖民』的結局來清算，美國更沒有權利在行帝國主義之實的同時扮
演文明上帝的審判角色。然而歷史竟然就這樣被書寫和默認了。」[102]
為了顛覆這樣的「歷史書寫」，孫歌通過重述竹內好的「魯迅式抵
抗」觀和「近代的超克」論，試圖把「太平洋戰爭」——以美國為
首的盟軍與日本法西斯軍隊的戰爭，不是定義為文明與野蠻的戰
爭，而是重新定義為一場「帝國主義與帝國主義的戰爭」，進而以
竹內好提出的「帝國主義不能審判帝國主義」為理由來質疑東京審
判的正義性與合法性：「美國在東京審判時扮演的文明正義的角色
由於它在東亞的侵略行為不攻自破，當然有理由得出竹內好的結
論。」[103] 在孫歌看來，日本戰後知識界的一個重大問題是，在譴責
美國霸權的同時承認它是文明代言人身分，導致了竹內好提出的這
個不該被忘記的命題已經被人們忘記了。因此，孫歌試圖以她的理
論方式介入「當下」：「把東京審判視為我們中國人抗戰勝利的標
誌之一，視為日本軍國主義受到正義力量裁決的歷史書寫，該被質
疑了。」[104]她認為這質疑並不意味著對日本軍國主義罪行的赦免，
更不意味著支持日本右翼的「反美」立場，甚至也不意味著對於東
京審判歷史貢獻的否定，而是質疑「竹內好在半個世紀之前就質疑
過的『文明一元論』觀念」。孫歌接受竹內好的理論啟示，把美國
視為「文明一元論」的代表，把美國參與的太平洋戰爭視為帝國主
義之間的戰爭，進而把東京審判視為勝利的帝國主義對失敗的帝國
主義的審判。請看她對東京審判的指控：

---

102 同上書，頁4。
103 同上書，頁7。
104 同上書，頁9。

　　這個審判體現了美國的意志而非體現了亞洲受害國人民意願的軍事審判，[105]卻以正義之名掩蓋了很多根本性問題。比如，東京審判完全出於美國的政治理由，為了便於美軍占領後的操縱，做出了日本天皇免於起訴的決定；與此相關，日本天皇制的政治意識形態在戰爭時期的實際功能被一筆勾銷，日本的侵略戰爭被美、英、法按照歐洲的模式解釋為由極端的軍國主義分子謀劃和發動的侵略戰爭。

　　這個審判無視日本在太平洋戰爭之前侵略中國等亞洲鄰國時犯下的大量令人髮指的罪行，也無視中國普通平民在戰爭中受到的大規模殺戮和傷害，除了南京大屠殺之外，例如日軍細菌戰等一系列殘暴的犯罪事實均被掩蓋，審判的重點被置於日本偷襲珍珠港亦即日美戰爭方面，人道災難也被突出為日軍對待英美戰俘的非人道方面。

　　美國違反國際法準則、投放原子彈大量殺傷廣島、長崎平民的事實，在這個審判中並沒有受到制裁，面對少數審判員的追究，法庭以原子彈轟炸促使戰爭儘早結束為由，使這個人類史上空前的慘劇合法化。

　　東京審判明顯的「勝者為王敗者賊」的性格，不能不使日本的進步知識分子陷入困境。這個審判是否真的審理了日本的戰爭

---

105 孫歌認為，遠東國際軍事法庭的十一名法官，亞洲只有三名（中國、印度和菲律賓），由此可以證明東京審判只是體現了美國的意志而非體現了亞洲受害國人民的意願。參閱同上書，頁130註2。

事實？它規定的戰爭責任是否能夠有效地補償亞洲人民在戰爭中的創傷？這些疑問還不是困擾著日本進步人士的要害問題。要害在於，在不存在由亞洲受害國聯合主持的軍事審判的情況下，這個以盟國名義進行的軍事審判是當時惟一以「國際」為單位的對於日本整個戰爭過程進行的軍事訴訟和裁決。[106]

孫歌在指控東京審判的非法性和非正義性時，和許多右翼分子一樣，是絕不會忘記從「帕爾神話」[107]中尋求法律支持。帕爾作為印度法官參與東京審判時，是唯一一個為所有日本戰犯作出無罪辯護的法官，他的依據是：「雖然在東京審判中，盟國主張侵略戰爭

---

106 同上書，頁130-131。

107 印度法官帕爾在東京審判中對所有日本戰犯均作出無罪辯護，他撰寫的辯護意見書長達二十多萬字。東京審判結束後，該意見書於1962年以《帕爾博士的日本無罪論》為名在日本出版，由此被日本右翼人士作為否定東京審判合法性和正義性的主要法律依據，帕爾也被他們視為神一樣的存在。帕爾在1966年第四次訪日時，日本天皇為其頒發了勳一等瑞寶章，通過報紙等新聞媒體和學者、大學教授、政治家、戰犯遺屬、原軍人、右翼的總動員，「帕爾的形象，即為了真理和正義，不屈服於美國強權的硬骨頭形象，深植於日本民眾的意識之中」。日本學者中里成章撰寫的《帕爾法官：印度民族主義與東京審判》一書，將這個現象概括為「帕爾神話」，認為這個神話「既存在有意識的形象設計，也存在無意識的誤解和錯謬」，關鍵是帕爾的辯護意見極大地滿足了日本右翼分子對日本對外戰爭的基本認識，用與帕爾關係密切的荷蘭法官洛林的話來說：「帕爾法官的立場是這樣的，日本發動的戰爭從一開始就是解放亞洲的戰爭，絕不能看成侵略戰爭。」中里成章用大量實證材料和事實揭露了帕爾的右翼民族主義立場，認為「帕爾神話」製造的「印度法律人士帕爾的形象，實際上也是我們日本人的一枚自畫像。」參閱中里成章，《帕爾法官：印度民族主義與東京審判》，陳衛平譯（北京：法律出版社，2014年3月），頁141、218、225。

是犯罪，譴責日本發動侵略戰爭。但是，自己不也是不斷進行非正義的侵略戰爭，從而建立了殖民地帝國嗎？」因此，「（先來的）強盜無權審判（後來的）強盜」。[108]這個看法與竹內好提出的「帝國主義不能審判帝國主義」的觀點如出一轍，孫歌正是基於竹內好的歷史觀和歷史價值觀，高度認可帕爾為日本的侵略開脫罪責的純粹法律意見具有獨特的意義：「這個獨特意義就在於**以國際法的名義質疑美國操縱遠東軍事審判的合法性**。……從邏輯上看，帕爾對於東京審判的質疑卻無疑是相當有力的，因為他的判決意見書針對的不是日本戰犯是否有罪的問題，而是這場審判本身在法律程式上的『違法』性格，這個判決意見書宣布，違背法律程式的東京審判不能獲得斷罪的權威性。」在作出這個判斷時，孫歌考慮到帕爾的結論足以轉化為右翼在為日本侵略戰爭翻案時的口實，但在她看來，這不是帕爾法律意見書的真正功能，「作為一份法律文件，帕爾的判決意見書提供了一個需要發掘和轉換的重要線索，那就是利用法律的特有功能，揭露美國強權政治的虛假正義性。」[109]

　　說實話，讀到孫歌的上述言論，我內心深感震驚，這些指控完全違背歷史事實而純粹是在一種扭曲的「反美」意識形態支配下的政治想像，她以帕爾一人的法律意見書來否定其他十位法官的法律意見書，進而否定整個東京審判的合法性和正義性，幾乎就是對東京審判的再審判——這是一種意識形態的審判！她運用竹內好的話語方式，將東京審判視為是「文明一元論」在戰後歷史中的實際體現，是美國以文明的名義對日本的再殖民，高度認可帕爾對西方法律制度的質疑：紐倫堡和東京審判依照憲章所規定的法律作出的裁

---

108 同上書，頁138-139。
109 孫歌，《竹內好的悖論》，頁133-134。

決，「是虛偽的文明，或者是文明的退化。因為它侵犯了法的普遍性，傷害了真理」。[110]

　　東京審判是否如竹內好所言是「帝國主義對帝國主義的審判」？或者如帕爾所言是「強盜對強盜的審判」？或者如孫歌所言是「美國操縱了遠東軍事審判的合法性」？這些問題只要置於真實的歷史場景中即可得出真實的結論。參與東京審判的中國法官梅汝璈撰寫的《遠東國際軍事法庭》書稿，記錄了東京審判全過程，其中涉及到的關鍵性事項是：（1）遠東國際軍事法庭是根據《波茨坦公告》、《日本投降文書》和莫斯科外長會議的決議，授權遠東盟軍最高統帥部設立的，是對日作戰四大盟國（美、蘇、中、英）的一致決議，盟軍駐日最高統帥麥克亞瑟作為東京審判的最高負責人，是依據盟國授權的具體法律規定而行使其權力，絕非以「美國意志」為準則。（2）為保證東京審判的合法性，麥克亞瑟元帥核准頒布了《遠東國際軍事法庭憲章》，憲章分成五個部分，共17條，分別規定了法庭的任務和職權（管轄權）、法院的組織（各部門的機構和人事）、關於提證、審訊、判決、覆核和減刑的主要原則。梅汝璈引用紐倫堡審判的文件特別強調：「憲章並非戰勝國方面權力之武斷的行使，而是體現著當時已被宣布的國際法。在這個範圍內，它本身便是對國際法的一種貢獻。」（3）法庭成員即法官的構成，憲章規定由盟軍最高統帥從日本投降書上簽字的九個受降國所提出的候選人名單中任命，九名法官來自中國、蘇聯、美國、英國、澳大利亞、加拿大、荷蘭、紐西蘭，後來又增加了來自印度和菲律賓的兩名法官，法官坐席按受降國簽名次序排列，中國法官排在美國後面，據第二位置。法庭法官的組成根本不存在亞洲法官被忽視的情況，中國法

110 竹內好，〈日本與亞細亞〉，轉引自同上書，頁137。

官在法庭中居於重要位置。（4）為充分保障被告人的合法權利，審判期間形成了一個龐大的辯護團隊，28名甲級罪犯擁有日本辯護律師百餘名，美國辯護律師20餘名，總共130名，用梅汝璈的話來說：「辯護律師之多和辯護陣容之盛是遠東國際軍事法庭最突出的一個現象。」（5）從近百名在押罪犯中選出28名甲級罪犯，主要是根據他們在日本對外侵略戰爭中所處的位置和所起到的作用來確定的，「他們在全部日本對外侵略戰爭中不但是主要的人物，而且是有代表性的人物。」按照《波茨坦公告》的原則，這些戰爭罪犯必須接受「嚴厲的法律制裁」。（6）檢察官對被告們控訴的罪狀共55項，分為3大類：第一類是「破壞和平罪」（亦即侵略罪）；第二類是「殺人罪」；第三類是「其他普通戰爭犯罪及違反人道罪」。（7）庭審過程採取的是「證據主義」，即法庭的最後判決是根據法庭已經正式採納了的證據而作出，控辯雙方圍繞著有利於己方的證據所展開的法庭辯論，導致審訊曠日持久，時間遠遠長於紐倫堡審判，這在客觀上保證了審判的公正性。（8）指控被告的55項罪狀，均相應落實在每一個被告身上，第一類「破壞和平罪」涉及到所有被害國家，對中國的侵略是構成被控罪狀的重點，例如，第27項罪狀是控告全體被告曾參與對中國實行侵略戰爭，時間從1931年9月18日起至1945年9月2日止，對日軍在此期間發生的戰爭暴行均有逐項指控，根本不存在孫歌所說的「這個審判無視日本在太平洋戰爭之前侵略中國等亞洲鄰國時犯下的大量令人髮指的罪行」的情況。被判絞刑的7名戰犯（東條英機、廣田弘毅、土肥原賢二、木村兵太郎、松井石根、板垣征四郎、武藤章），均是主導侵略中國的首惡分子，他們因為對中國犯下的滔天大罪而受到極刑制裁，沒有逃脫歷史的終極

懲罰。[111]

　　梅汝璈在充分肯定東京審判的正義性與合法性的同時，並沒有迴避審判過程中所存在的一系列問題，包括表達了對來自美國的首席檢察官季楠「私心」的某些不滿，但他更多的是批評美國律師在為日本戰犯辯護時所起到的「主次顛倒、反賓為主」的作用，甚至指責美國律師「不但表現得肆無忌憚，而且有時還表現得不可想像的愚蠢」。[112]這個情況其實正好說明，美國司法獨立的理念並沒有因為是戰爭勝利國審判戰爭失敗國的罪犯而被放棄，由法官、檢察官和律師在東京審判中形成的長時間的博弈，實際上體現了審判的公正性和法律的勝利。戰爭罪犯依法受到了應有的懲罰，他們的權利亦依法得到了應有的維護。麥克亞瑟元帥在東京審判結束時發表聲明稱：

> 人類作出的這一判決，不能說絕對沒有錯誤，不能避免許多人對這一判決有不同意見。就連組成東京法庭的有學識的法官們，意見也並不完全一致。但在現在不完全文明社會的進化過程中，法庭所下達的嚴肅判決的正確性，對不是神靈的人類來說，沒有比這更可以信賴的了。——我命令第八軍司令官按照國際軍事法庭所下達的判決執刑，我希望通過下達這一命令，全知全能的主以消滅這種悲劇性罪孽的事實，來使所有善意的人們認識人類最惡最大的罪行——戰爭完全是無益的，進而使審判作為所有國家放棄戰爭的象徵而傳播。[113]

---

111 上述概括引自梅汝璈，《東京審判親歷記》，梅小璈、梅小侃整理
　　（上海：上海交通大學出版社，2016年7月），第一至四章。
112 參閱同上書，頁102-103。
113 轉引自《朝日新聞》東京審判記者團，《東京審判》，吉佳譯（石
　　家莊：河北人民出版社，1988），頁410-411。

　　東京審判毫無疑義是正義對邪惡的審判，是文明對野蠻的審判，是和平對戰爭的審判，這是二戰結束以來大多數國家的基本共識。中國國際法權威王鐵崖認為：「第二次世界大戰後的兩次戰犯審判——紐倫堡和東京的戰犯審判，在國際法的發展史上自有其不可磨滅的功績。」[114]中國學者余先予、何勤華、蔡東麗於1986年撰寫的《東京審判》一書，將「東京審判」定位於「正義與邪惡之法律較量」，認為「這次審判，對於國際關係的發展、現代國際法若干重要原則的確立、維護戰後世界和平，都產生了深遠影響。」他們同時指出：

　　「東京審判」這頁歷史雖然已經翻過去四十年了，但是，直到今天仍然很引人注目。因為，進步與反動、正義與邪惡、和平與戰爭將是長期的。日本靖國神社還供奉著東條英機等十三個甲級戰犯的幽靈，日本政界的要員有的甚至公開否認「東京審判」的正義性。[115]

　　日本右翼人士否定東京審判的正義性與合法性，以及持續地從「帕爾神話」中尋求共鳴，在日本學者中里成章看來絲毫也不奇怪，包括「對日本法西斯頭頭——即高舉大東亞共榮圈的旗幟與英美帝國主義開戰的頭目們——做出無罪判決，可以說無須驚訝。」[116]因為戰後日本的右翼思潮始終沒有真正反省戰爭責任問題，而帕爾基於民族主義右翼立場所發表的日本戰犯無罪意見書，既為右翼提供

114 轉引自梅汝璈，《東京審判親歷記》，王鐵崖序，頁2。
115 余先予、何勤華、蔡東麗，《東京審判：正義與邪惡之法律較量》（第三版）（北京：商務印書館，2016年9月），第一版（1986）序，頁1。
116 中里成章，《帕爾法官：印度民族主義與東京審判》，頁224。

了否定東京審判的法律依據,也為他們製造了「大東亞戰爭」合法
化的邏輯依據。所以,從紐倫堡到東京的審判所獲得的重要歷史經
驗,並沒有被自由主義學者普遍地上升到哲學和政治學高度上予以
總結;相反,這兩個審判卻在右翼思潮的喧囂中被判定為不過是帝
國主義對帝國主義的報復性審判。問題在於,作為戰後日本左翼精
神領袖的竹內好為何也會加入到否定東京審判的陣營中?如果說不
是與右翼同流合汙,為何他與右翼具有相同的理論關切,不僅明確
提出了「帝國主義不能審判帝國主義」的論斷,而且進一步提出了
反對美國霸權的政治主張,將戰後美國主導下完成的日本政治轉型
視為是美國對日本的再殖民。孫歌不是沒有意識到竹內好與右翼在
理論上的複雜關係,她反覆重申竹內好的一個自我定位:在戰後重
建「近代的超克」論是「火中取栗」,也就是要從右翼燃燒起來的
民族主義和國家主義大火中取出「近代的超克」這個大栗子。為此,
孫歌試圖扮演一個雙重角色,既要為竹內好提供辯護,在他與右翼
分子之間劃出一條明確的思想界限;又要修補竹內好的理論漏洞,
在他未完成的理論基礎上進一步展開一個新的亞洲(東亞)敘事。

　　孫歌首先面臨的一個難題是,必須對竹內好在戰時發表的那篇
「臭名昭著」的文章──〈大東亞戰爭與吾等的決意〉──作出解
釋:這篇文章究竟是作者的一次偶然「失足」,還是作者對於日本
浪漫派右翼立場的一次認同?事實是,竹內好在戰後從未對發表這
篇文章表達過些許歉意或反省,反而將其收錄在一部評論集中。孫
歌對此理解為,竹內好並不是一個把對於失誤的反省視為新的出發
點的知識分子,他關心的是如何進入歷史而不是在外面觀察它。從
這個視角來看,該文表述的第一句話:「歷史被創造了。世界在一
夜之間改變了面貌。」構成了竹內好歷史觀的核心關切──日本通
過向英美宣戰而創造了新的歷史,用孫歌的話說,「〈大東亞戰爭

與吾等的決意〉的基本結構是對於世界史建構的關切」，這個關切
也就成為她為竹內好辯護的一個重要理由：「竹內好既不是在御用
文人的層面也不是在民族主義者層面更非在軍國主義者的層面支持
日本的太平洋戰爭，他始終是在文學的位置上思考和處理戰爭的。」
[117]這無異於賦予竹內好在道德上免於被追責的一個特殊身分，因為
他是從文學家或歷史學家的身分出發，從大東亞戰爭中看到的是日
本歷史被重新創造的時刻，日本通過這場戰爭來重新書寫世界史。
孫歌這套辯護話術與右翼為大東亞戰爭的辯護是何其相似？大川周
明就說過這樣的話：「大東亞戰爭的目的，是讓亞洲擺脫外國和西
方的侵略勢力，在東亞建立新秩序，把他們從我們的土地上驅逐出
去。」[118]大川周明期待通過大東亞戰爭建立日本為中心的「新秩
序」，與竹內好期待通過大東亞戰爭建立日本為中心的「新的世界
史」，難道有什麼區別嗎？

　　孫歌和竹內好一樣，顯然也是在「火中取栗」，是試圖把竹內
好從右翼的陷阱中拯救出來，因此她要重新詮釋竹內好的歷史觀和
文明觀，將他質疑東京審判的言論與他否定歐美文明一元論模式的
觀點結合起來，也就是「把日本近代以來的文明觀念與東京審判的
前提放在一起討論」，通過從根本上挑戰歐洲近代論和所謂文明單
線進化論來推翻東京審判的前提，不是將其視為文明對野蠻的審
判，而是將其視為「帝國主義對帝國主義的審判」。為了完成這樣
的「轉向」，竹內好在戰後重建「近代的超克」論的理論動機是不
言而喻的，他是要把這個在「思想總力戰」中提出來的反對歐美的

---

117 孫歌，《竹內好的悖論》，頁104。
118 大川周明，〈大東亞性秩序的建立〉（1943），轉引自埃里克·賈
　　菲，《逃脫東京審判：大川周明的奇異瘋狂》，頁166。

理論綱領，再次改造為一個抵抗歐洲近代的日本近代原理。按照孫
歌的表述，竹內好對「近代的超克」的重新詮釋所體現出來的悖論
性質，一方面是要求回答日本近代意識形態與法西斯主義的關係問
題，另一方面是要探討日本區別於歐洲的現代性問題。就這兩方面
而言，從竹內好到孫歌，其實並沒有深刻檢討「近代的超克」論在
戰時如何成為法西斯主義意識形態的一個組成部分的內在邏輯，而
是把重點放在如何將「近代的超克」這套話語重新改造為「日本式
近代」的基本原理，進而成為他們質疑甚至否定東京審判的主要理
由，以至於他們與右翼關於太平洋戰爭的立場幾乎沒有什麼差別。
孫歌不是沒有意識到竹內好面臨的理論風險：「他試圖挖掘和重造
的日本思想資源幾乎都是被『污染』過的，它們不僅在歷史上與日
本的軍國主義相關，而且在新的時代狀況中仍然基本上是日本保守
派乃至右翼的意識形態。」[119]竹內好堅持這麼做的理由是，他不相
信歐洲近代理論可以成為日本近代的指南，反而是相信日本在「對
外侵略的意識形態中，隱含著在歷史上曾經萌發但又被扼殺了的對
於東亞的責任感；在對抗西方的民族主義意識形態之中，也包含了
使日本成為世界史一部分的努力。」[120]因此，孫歌堅持認為，竹內
好勇於從右翼的思想武庫中「火中取栗」，以及「這個充滿了民族
主義乃至亞洲主義『嫌疑』的《近代的超克》在日本思想史上成為
名著」，實乃竹內好在戰後最重要的理論貢獻：

> 危機意識引導竹內好重新開封《近代的超克》，試圖在被簡化
> 為意識形態結論的這個思想史事件中發現新的可能性。竹內本

---

119 孫歌，《竹內好的悖論》，頁202。
120 同上書，頁202-203。

人或許並未意識到，他的這次並不成功的嘗試，意義其實不在
於是否發掘出了他所說的健全的民族主義，而在於顯示了政治
正確的思想立場其實往往無法有效處理狀況中的問題這樣一個
意味深長的難題。[121]

　　這裡提到的「意味深長的難題」正是孫歌試圖解決的問題，為
此，她從竹內好轉向了溝口雄三，實際上是經由這兩位思想導師的
啟示，按照他們的方法——「以亞洲為方法」（竹內好）和「以中
國為方法」（溝口雄三）——來建構自己的亞洲敘事，也就是建構
一個由竹內好和溝口雄三共同開拓的亞洲敘事的中國版本。她從竹
內好到溝口雄三的思想傳承關係中，強調了竹內好對溝口一代人的
思想影響是「為戰後日本中國學奠定了一個基本的視野」，「這個
視野就是在價值上顛覆以西歐為標準的近代觀念，否定進步—落後
這種單線進化論的思路，從而把一向被視為落伍者的中國作為正面
的形象加以認識，並由此檢討和否定日本的優等生文化。」[122]在孫
歌看來，竹內好提供的這個基本視野賦予了戰後日本中國學研究對
中國革命的嚮往，引發了對日本文化的自我批判，但並沒有建立起
一個完整的現代性理論，因為他並不是一個「嚴格意義上的學問
家」，缺乏從問題上升到原理的理論建構能力——「竹內好的中國
認識雖然具有強大的思想能量，卻不能有效地提供建立新的中國學
研究的認識論資源」。[123]竹內好的局限性由溝口雄三彌補了，後者
以一種特別的方式繼承了他的思想：「把對他『學術籠統性』的批

---

121 同上書，頁197。
122 孫歌，《思想史中的日本與中國》（上海：上海交通大學出版社，
　　2017年9月），頁66。
123 同上書，頁66。

判作為自己學術的起點或者動力」。[124]從竹內好到溝口雄三的思想
傳承關係，在孫歌的不懈闡釋下，向中國讀者清晰地呈現出來了。

按孫歌的說法，溝口雄三對竹內好的近代觀提出了兩點質疑：
第一，竹內好的近代觀作為對歐洲近代的反命題，在事實上他的思
路是受制於歐洲；第二，在把中國的近代理想化的同時，竹內好也
把日本的近代徹底否定了。也就是說，溝口雄三認為竹內好的反歐
洲的話語並沒有擺脫歐洲話語的影響，而溝口雄三則試圖「以中國
為方法」來建構一個以中國「基體」為根據的、徹底區別於歐洲近
代的中國現代性理論，孫歌將溝口雄三的理論意義概括為：

> 這個基體展開論，是一個關於中國歷史從古到今的整體構想。
> 簡言之，這是關於一個多民族、多文化文明世界的哲學、思想
> 和社會原理的假說，它依靠對歷史關鍵環節的深入把握勾勒出
> 了一些基本輪廓，依靠非凡的歷史想像力建構了有準確史料依
> 據的歷史脈絡；來自西方的「近代」衝擊和現代中國的意識形
> 態敘述，作為危機認識的媒介被組合進了這一歷史過程，卻不
> 可能構成前提或者結論。與此相對，溝口力圖追尋的，則是傳
> 統中國的儒教倫理和社會制度在不同歷史時期的變化環節，以
> 及它們被歷史衝擊和淘洗之後獲得的新形態。在他的視野裡，
> 從宋代朱子學開始的天理觀等哲學觀念的轉換、從明代後期開
> 始的田制改革和鄉村自治運動等社會形態的變化，構成了綿延
> 至今的中國歷史的潛在流向。在這個脈絡裡，發生了辛亥革命
> 和中國革命，也發生了當今世界上的「中國的衝擊」。[125]

---

124 同上書，頁66。
125 同上書，頁70-71。

　　孫歌高度評價溝口雄三的理論意義，將其視為是竹內好以來中國學研究的一個重大突破：徹底克服了西方中心論的知識霸權，建構了多元化的世界想像和「自由的中國學」，以及在「高濃度的歷史時間」中提煉出「歷史的動力」，建構了「動力的歷史」。問題在於，溝口雄三基於中國歷史傳統的現代性（近代）敘事，並沒有離開竹內好開拓的思想軌道，他闡述的「基體」近代論不過就是對竹內好「回心」型近代論更為系統的表述，他「以中國為方法」的研究進路顯然也是參照了竹內好「以亞洲為方法」的思路，包括提出「中國的衝擊」亦不過是重複了竹內好對中國式近代的憧憬——把實體中國符號化，將其想像為亞洲近代的理想模式以抵抗歐美模式。從竹內好到溝口雄三，戰後日本的中國學研究實際上完成了一個思想閉環，不管其中存在著不同的思想敘事方式和敘事策略，其核心始終是「近代的超克」：「清算明治以來日本以西方為藍本的現代化帶來的負面影響，抗擊來自西方特別是英美的經濟文化滲透，確立日本文化的獨有價值，並進而確立日本作為東方現代化強國的領導」。[126]儘管竹內好在戰後一直致力於批判日本近代的局限性，轉而將「近代的超克」的主體賦予中國；儘管溝口雄三一直試圖迴避這個沾染了法西斯主義意識形態色彩的命題，力求描繪一幅遠比竹內好的近代觀更為宏大的關於中國現代性的理論圖景；但是，他們的全部理論建構最後都是用來證明：日本或中國對歐洲近代的超克不僅是可能的而且是必須的，中國歷史的獨特性或「基體」創造了中國革命的獨特性和「回心型」（「內發性」）近代模式，由此改寫了世界史並將進一步重構世界秩序。

　　從竹內好到溝口雄三的思想閉合過程中來觀察孫歌的亞洲敘

---

126 同上書，頁178註2。

事，是可以清楚地發現她的理論建構與她的這兩位思想「先知」的
再傳承關係，她是在溝口雄三把竹內好的問題原理化的基礎上，進
一步塑造其普遍性的理論形式和重新確立其區別於西方的價值尺
度。她建構的「亞洲敘事」，重點在兩個方面展開，一個是「尋找
亞洲」的理論過程，「尋找亞洲」的目的，是在對抗西方霸權的意
義上，重新塑造亞洲的主體形象，亞洲不是作為歐洲的他者概念，
而是成為亞洲人的主體性概念——「亞洲這個概念在對抗西方列強
的意義上開始演變為亞洲人自我主體建立的重要媒介」。[127]從亞洲
的主體性出發，孫歌立志打造一個新的「亞洲原理」，因為在她看
來，原來關於亞洲的論述並不具有真正意義上的主體性，在許多情
況下是按照西方的要求打造的，亞洲沒有自己的原理，它僅僅是「依
附於西方論述框架的田野材料而已」。[128]因此，建構新的「亞洲原
理」首先是要建立新的價值判斷，超越西方文明論所規定的文明與
野蠻、先進與落後的思維框架，不再把亞洲（主要是指中國）視為
野蠻和落後的象徵。其次是要重新定義普遍性，不再把歐洲中心主
義近代觀視為放之四海而皆準的普遍性真理，基於亞洲（主要也是
指中國）歷史經驗的近代觀同樣具有普遍性價值和意義：「亞洲原
理就是一個以形而下的多樣共存為基本特徵和前提的普遍性」。孫
歌為此總結道：「亞洲原理的構造，需要建立新的價值判斷。它的
核心在於重新規定普遍性的功能。」[129]

　　在「尋找亞洲」同時，孫歌還展開了「尋找『近代』」的理論
過程。如同她在「尋找亞洲」時重新定義亞洲的主體性和普遍性一

---

127 孫歌，《尋找亞洲：創造另一種認識世界的方式》（貴州：貴州人
　　民出版社，2019年10月），頁94。
128 同上書，頁110。
129 同上書，頁xi。

樣，她「尋找『近代』」實際上也是重新定義近代，即按照竹內好和溝口雄三的理論方式，將日本式或中國式近代從歐洲式近代的思維框架與評價標準中解救出來。她之所以對竹內好在戰後重新論述「近代的超克」論持有深刻的同情與理解的立場，就在於她和竹內好一樣認為：「假如放棄『火中取栗』的嘗試，我們可能會失掉自己的近代」。[130]「近代的超克」論儘管參與了日本法西斯的戰爭動員而聲名狼藉，但其中包含的抵抗歐洲近代的思想內核，被竹內好和孫歌都視為是無論如何都值得不惜代價取出來的。離開了這個思想內核，日本、中國乃至亞洲的現代性理論似乎就會喪失自己的價值維度，而重新淪落為歐美現代化模式的模仿者。所以，孫歌才會孜孜不倦地從竹內好和溝口雄三的著作中去「尋找『近代』」，沿著從竹內好的「回心型」近代到溝口雄三「內發性」（基體論）近代的路徑，尋找中國式近代之路。

　　從理論上看，孫歌的亞洲敘事接續了竹內好的問題意識，遵循了溝口雄三的敘事策略（將問題原理化），採納了他們的諸多關鍵字（如東亞、亞洲、近代、魯迅、抵抗、超克、回心型、內發性等概念），當然也繼承了他們的價值觀——抵抗歐美近代觀對亞洲的思想和知識殖民以及日本中國知識界與歐美思想霸權所形成的共謀關係，將亞洲的特殊性和差異性經驗上升為一種關於世界的普遍性原理或「認識世界的方式」，最終是挑戰被冠以普遍性真理的西方一元論的歷史觀和價值觀。孫歌深信：「亞洲原理並不是世界體系的中間環節，而是另外一種認識世界的思維方式。只有在亞洲原理真正發揮作用的時候，冷戰意識形態的陰影才會消失，歷史終結於資本主義頂峰的幻覺才能被打破；只有立足於亞洲原理，場所擁有

---

130 孫歌，《竹內好的悖論》，頁217。

了靈魂，我們才能誠實地認識自身，認識世界。」[131]

從竹內好的「中國式近代」到溝口雄三的「中國的衝擊」再到孫歌的「亞洲原理」，理論建構從形式上看是從竹內好提出的「近代的超克」是否可能這樣的問題出發，經由溝口雄三的系統性「原理」構造和歷史學的全面展開，再由孫歌為這樣一個思想閉環塑造出普遍性品格，從而在中日「知識共同體」[132]中創造出關於亞洲（東亞、日本、中國）現代性的一般原理，實際上是將日本自明治維新以來一直持續存在的亞洲反抗歐洲的哲學和政治學敘事進一步問題化和原理化，尤其是將作為「昭和意識形態」的綱領性命題「近代的超克」進行學術重構而使其進一步正當化。溝口雄三和孫歌在竹內好近代觀的基礎上，試圖克服他們認為的竹內好思想的局限性——在反抗歐洲近代時沒有脫離歐洲近代觀念的制約，以及因為日本的戰爭失敗而徹底否定日本式近代並由此「憧憬」中國式近代，溝口雄三提出「以中國為方法」，同時也提出「以世界為目的」，看上去並不想製造中國與世界的對立，而是主張「以世界為標準來衡量中國」，強調中國與歐洲的某種統一性：「以中國為方法的世

---

131 孫歌，《尋找亞洲：創造另一種認識世界的方式》，頁343。

132 中日「知識共同體」首先是由孫歌於1995年提出來的，她與溝口雄三專門就這個話題進行了長篇對話，特別強調了「知識共同體」能夠付諸實踐，有賴於溝口雄三的運作，是他提供了讓中國和日本的一些知識人可以對話的空間，同時也提供一系列對話的主題。溝口雄三作為中日「知識共同體」的思想領袖是不言而喻的，他關於中國近代的「內發」論和「基體」論對中國新左派展開關於中國現代性理論無疑是有重要啟示和影響。孫歌在「知識共同體」中無疑也扮演了重要角色，她是竹內好和溝口雄三的著作在中國傳播的主要推手。參閱孫歌：〈關於「知識共同體」〉，氏著，《主體彌散的空間：亞洲論述之兩難》（南昌：江西教育出版社，2002年10月），頁343。

界，就是把中國作為構成要素之一，把歐洲也作為構成要素之一的多元的世界。」[133]孫歌完全接受了溝口雄三這套敘事策略，認為在破除了西方式一元化和絕對化思維的同時建立起來的「亞洲原理」，「並不為了對抗西方、取代西方而進行的知識活動」，它只是相對於歐洲原理、非洲原理和拉美原理的一個相對化原理。[134] 這樣的敘事策略顯然也是想製造另一種「政治正確」──孫歌一直在批判右翼話語不能轉化為進步主義話語的「政治正確」，即亞洲原理不管是否與歐洲原理處在對抗性關係中，亞洲原理始終具有普遍性品格，亞洲不是歐洲的他者，而是與歐洲並列的世界主體。但是，這種「政治正確」的話語一旦落實到分析具體的國際地緣政治關係和國際事務時，便立即暴露出了它的「反美」或「反歐洲」的價值傾向性，孫歌對「近代的超克」的同情式理解和對東京審判的再審判，倒是與右翼的「政治正確」不謀而合，就反美和反歐洲近代的立場而言，竹內好、溝口雄三、孫歌與日本自明治維新以來貫穿下來的右翼思潮完全一致。號稱左翼學者的他（她）們，在亞洲或東亞的哲學和政治定位上，在關於日本式近代的認識上，在否定東京審判的正義性與合法性上，以及在重新定義太平洋戰爭的性質上──將其視為「帝國主義對帝國主義的戰爭」，與右翼結成了思想聯盟，重新再現了昭和戰爭時期的思想景觀：左翼和右翼與法西斯主義意識形態沆瀣一氣，共同成為與英美進行思想總力戰的生力軍。左翼和右翼殊途而同歸，這樣的思想現象居然在中日「知識共同體」中長期存在，難道不具有諷刺意味嗎？難道不應該促使人們去深度反思嗎？

---

133 溝口雄三，《作為方法的中國》，頁131。
134 參閱孫歌，《尋找亞洲：創造另一種認識世界的方式》，頁110。

六、從民族主義之「惑」到民族主義之「禍」

從德川到昭和（1603-1926）三百餘年時間，日本經歷了內藤湖南所概括的從「近世」向「近代」的轉變，這既是一個以時間演變為導向的社會進化過程，也是以制度演變為導向的政治轉型過程，日本通過明治維新完成了從幕府封建體制向天皇中央集權體制的轉變，從家族國家向民族國家的轉變，以及從一個前近代（近世）國家向近代國家的轉變。這個歷史性轉變毫無疑問地是在「西方的衝擊」下發生的，如果沒有1853年的「黑船事件」和1863年的英薩戰爭，日本絕無可能自發地從「近世」德川走向「近代」明治。日本民眾對於「西方的衝擊」給日本帶來的巨大變化是有足夠的估計。早在1901年，神奈川的橫須賀市就建立了佩里將軍來航紀念碑；下田市從1934年起至今，每年五月都會舉辦「黑船祭」（只在1941-1946年停辦過）；在2002年和2005年，為了紀念佩里將軍來航150周年，北海道的函館市和靜岡縣的下田市也分別建立了佩里將軍紀念碑。為「侵略者」樹碑立傳、歌功頌德，難道是右翼史學或一部分左翼學者一直批評的「自虐史觀」在民眾中的反應嗎？難道不足以證明三谷博教授的下述結論？

> 19世紀中葉，美國使節馬修‧佩里率領艦隊訪問了日本，這一事件成為改變日本，進而改變東亞乃至整個世界的重要起點。135

---

135 三谷博，《黑船來航：對長期危機的預測摸索與美國使節的到來》，張憲生、謝躍譯（北京：社會科學文獻出版社，2013年3月），中

　　三谷博的結論得自於他的一個基本事實判斷：近世日本在對外關係中採取限制與外國交往政策（鎖國政策）的嚴厲程度，屬於古今東西的歷史中最為嚴厲的一類，超過了在同一時期採取類似政策的大明、大清和朝鮮；在18世紀至19世紀中期以前，德川公儀的官員從未到過國外，而來到日本的外國人，無論是朝鮮人、中國人還是西洋人，都被置於嚴密監視之下。因此，佩里來航才顯得意義重大，這一歷史性事件徹底終結了德川時代的鎖國狀態，日本由此「走上了一條通向開國的不可逆轉之路」。[136]

　　在客觀地承認以「黑船事件」為標誌的「西方的衝擊」對日本近代轉型所具有的決定性意義時，幾乎沒有人會否認日本自德川時代以來所發生的一系列內在變化──從思想到政治結構、社會形態都可以觀察到的一系列符合「近代」標準的歷史現象。丸山真男在《日本政治思想史研究》中關於德川思想演變的分析，就是旨在從德川朱子學的自我解體過程中，探討日本「近代」因素的自我成長，從諸如荻生徂徠的思想中分析日本「近代」的「內生性」邏輯，似乎也是為了證明，日本和歐洲國家一樣，在其內部也具備了近代轉型的思想動力和社會條件。政治家吉田茂也有相同的認識，在他看來，「明治維新也並非都在外國的壓力之下進行。在德川時代和平的260年間，平靜之中逐漸發生了巨大變化：也就是市場的發達和商人的興起。」「封建制度為近代國家的發展打下了基礎。德川時代的統治制度已經成為對近代國家築基有益的資本。」[137]問題在於，德川時代平靜湧動的思想變化和社會結構內部逐漸湧現的商業化浪

（續）────────────────

　　文版序言，頁1。

136 同上書，頁210。

137 吉田茂，《激盪的百年史》，趙曉田、趙一喬譯（哈爾濱：北方文藝出版社，2019年3月），頁23、22。

潮,如果沒有來自外部的壓力與衝擊,能否自發地創造出一個新的
社會形態和國家制度?就如同中國明清「資本主義因素」已有了長
足發展,卻為什麼沒有自主地演化出一個與歐洲相似的資本主義制
度?顯而易見的事實是,日本和中國一樣,都是在1840年鴉片戰爭
以來西方持續的衝擊下開啟了「近代歷史」,以前在社會結構內部
持續發生的「前近代」因素是在外部的巨大壓力下才演變為激烈的
社會變革,最終「引發了日本近世最嚴重的政治危機,為德川幕府
的倒臺埋下了伏筆。」[138]如果沒有來自「西方的衝擊」,日本的「近
代」是否可能?

　　按照竹內好的看法,日本是學習歐洲近代的「優等生」,不管
他對歐洲近代持多麼激進的批判立場,將東洋的近代視為歐洲強制
的結果,或者是這一結果引導出的後果,他還是不得不承認:「當
歐洲將其生產方式、社會制度,以及與此相伴隨的人的意識帶進東
洋時,在東洋此前不曾存在過的新事物得以誕生。」[139]這個新事物
就是「近代」──「所謂近代,乃是歐洲在從封建社會中解放自我
的過程」。[140]而對於日本而言,「近代」不同樣意味著是從德川封
建體制中解放「自由資本」和「獨立平等的個體人格」嗎?為何他
卻要大張撻伐歐洲並主張以日本近代模式來抵抗歐洲近代模式?原
因難道在於他所說的那樣,日本按照歐洲模式完成的近代化,不過
就是歐洲對日本的殖民化?他指控歐洲的理由是:

　　歐洲為了得以成為歐洲,它必須入侵東洋,這是與歐洲的自我

---

138 三谷博,《黑船來航:對長期危機的預測摸索與美國使節的到來》,
　　頁210。
139 竹內好,《近代的超克》,頁182。
140 同上書,頁183。

解放相伴隨的必然命運。遭遇到異質的對象，自我才能得到確立。歐洲對東洋的憧憬雖然古已有之（不如說歐洲自身本來是一種混沌不清的存在），而這種入侵形式的運動卻是近代以後的事情。歐洲對東洋的入侵結果導致了東洋資本主義化現象的產生，它意味著歐洲的自我保存—自我擴張，因此，對於歐洲來說，它在觀念上被理解為世界史的進步或理性的勝利。[141]

　　事實上，竹內好在戰後指控歐洲近代的理由在明治維新後期已經開始流行，前述從「脫亞入歐」到「脫歐返亞」的轉變，顯示出知識界隨著日本的崛起而出現一種集體思想轉向，即從全面學習歐洲轉變為與歐洲對抗，要求改變歐洲主導的世界秩序，尤其是在日本取得了甲午戰爭和日俄戰爭的勝利之後，越來越多的知識人開始呼應德富蘇峰鼓吹的「大日本膨脹」論，不僅挑戰中國中心主義，而且也挑戰歐洲中心主義，最終是要建立日本中心主義，以及與日本中心主義相關聯的近代觀、文明觀和價值觀，不再把歐洲近代視為東洋近代的必由之路。因此，日本從明治維新以來所開啟的近代化進程，從一開始就面臨著一個深刻悖論，那就是竹內好後來所概括的：東洋在學習歐洲近代的同時必須抵抗歐洲近代，並通過抵抗來實現東洋自己的近代。在這個悖論後面，可以清晰地看到民族主義的意識與情緒發揮了支配性作用。竹內好自己坦誠，為了對抗或消解歐洲的進步觀念，「亞洲的民族主義，或者其深處所流淌著的亞洲式情緒」，並不是丸山真男所理解的作為可以與歐洲進步觀念達成某種平衡的折中方案，而是「更為異質性的東西」——「這不是可以成為進步指標的東西，相反是更本源的，能夠檢驗進步是可

141 同上書，頁184。

能還是不可能的這樣一種性質的東西」。[142]這無異於賦予了「亞洲民族主義」以判別歐洲進步觀念是否可能的能指地位,從亞洲民族主義視野來看,歐洲近代所代表的進步和文明實際上不過就是對亞洲的侵略和殖民。竹內好近代觀和文明觀的實質可以用他的一句話來概括:「溯本求源,從根本上把對進步與反動的評價顛倒過來。」[143]在這個顛倒的價值尺度下,歐洲近代不是進步和文明的象徵,而抵抗歐洲近代的東洋近代才是亞洲乃至世界文明的出路。

從竹內好身上體現出來的強烈的民族主義精神,是明治以來民族主義思想及其運動在戰後的延續,甚至可以視為是從德川以來思想演變的結果。日本從「近世國家」向「近代國家」的轉型,實質是從家族國家向民族國家的轉型,其間必然伴隨著民族意識的形成和民族主義逐步成為國家意識形態的思想運動。丸山真男說過:「外國船的到來,既是把日本民族意識的四分五裂暴露於光天化日之下的契機,同時又是使揚棄過的民族統一觀念成長發芽的契機。」「明治維新是通過一君萬民的理念,排除介於國民與國家政治秩序之間的障礙,打開民族主義發展軌道的劃時代的變革。」[144]但是,他並不認為這是問題解決的本身,而毋寧是提供了解決問題的前提,這一前提是在德川封建社會的解體過程中逐漸形成的。從思想進程來看,朱子學的自我解體,經由從水戶史學到古學再到國學的思想演變,日本區別於中華的自我認同、歷史意識和民族意識不斷地從原來的自發狀態轉變為自覺狀態,並從中華的儒家思想的束縛中走了出來,從而為在明治時期形成宮崎市定所說的「皇權史觀」和「民

---

142 同上書,頁261。
143 同上書,頁263。
144 丸山真男,《日本政治思想史研究》,頁280。

族主義史觀」創造了歷史前提。「皇權史觀」是培養國民對天皇體制的認同，「民族主義史觀」是培養國民對國家的認同，兩者在精神上和價值觀上對國家主義的認同高度相關，也就是丸山真男所看到的「民族主義力學」向兩個方向發展，「即向最高主體的凝聚和向國民層的擴大」，最後變質為國家主義。[145]堀幸雄在批判日本戰前國家主義運動時用「天皇主義」和「日本主義」來概括「皇權史觀」和「民族主義史觀」，認為日本戰前的最大問題是「天皇主義」或「日本主義」在進入近代國家的入口處沒有受到清算，由此「導致日本破滅的國家主義運動，一方面旨在通過建立國家社會主義來改造國家，另一方面，連綿不斷地維持著日本精神的日本主義驕橫跋扈之時，所有的人都被瘋狂的波濤所吞滅。理性從日本消失了。」[146]

「日本主義」從實質上看，既是民族主義，也是國家主義，日本學者野村浩一在探討北一輝的思想性質時就認為：「北一輝從明治維新中看到了最重要的成功要訣，那就是日本的國家民族主義的興起。」[147]國家民族主義是以國家為後盾，是在「國家意識覺醒」的基礎上以國家民族主義為武器來對抗英美所主導的國際秩序。丸山真男對此也有精闢的總結：

> 民族主義乃是立志於推進國家統一、獨立、發展的意識形態運動。所以民族主義概念具有多種意義，它與國家這個範疇的多種意義乃至曖昧性是分不開的。但賦予民族主義生命力的，無

---

145 參閱同上書，頁297、312。

146 堀幸雄，《戰前日本國家主義運動史》（北京：社會科學文獻出版社，2010年5月），頁7。

147 野村浩一，《近代日本的中國認識》，張學鋒譯（南京：江蘇人民出版社，2014年6月），頁67。

疑是被稱為國家主體契機的民族意識。民族主義乃是這種民族
意識在一定歷史條件下,從單純的文化階段提高到政治階段,
也就是有了預想的敵對意識與行動時始會出現。[148]

　　丸山的這個看法揭示出了日本的民族主義走向國家主義的必然
性,那就是當日本以擴張性和進攻性的態勢向周邊國家以及國際秩
序發起挑戰時,民族主義必然走向國家主義。民族主義作為凝聚國
民意志的黏合劑,既是以一個強大的國家作為其存在基礎,同時是
以「敵對意識」來塑造外部敵人作為民族動員的條件,因此才會在
明治時期出現與歐洲對抗的態勢,以及在大正時期出現陸軍把蘇聯
視為假想敵、海軍把美國視為假想敵的情況,最後在昭和時期發動
了兩場對外戰爭——對中國的戰爭與對英美的戰爭。
　　民族主義並非從一開始就是一個「壞東西」。雖然從德川時代
的民族意識到明治時代的民族主義再到昭和時代的國家主義,具有
一脈相承的邏輯關係,但明治時代的民族主義就其加強民族認同和
國家認同以及日本追求其平等、獨立的國際地位而言,是有其正當
的「國家理由」;即使從中日甲午戰爭來看,日本通過訴諸民族主
義的動員手段來提高其國家戰爭能力並致力於取得戰爭勝利,應該
也是符合當時流行的國際準則。兩國交兵,選擇民族主義,無可厚
非。而且,當時以福澤諭吉、中江兆民等為代表所推動的自由民權
運動,試圖在自由主義、平民主義和民族主義之間達成某種平衡,
對極端的民族主義有所約束,如日本學者內山秀夫所說:「福澤的
自由主義與民族主義只是一種『對立統一』。就是說,一方面需要
自由的民族主義,另一方面需要民族的自由主義。這種思想與實踐

---

148 丸山真男,《現代政治的思想與行動》,頁295。

在雙重意義上構成福澤自由主義的本質，它以辯證的形式給歷史創造提供能源。」[149]在自由主義的思想氛圍中，一些富有見識的政治家也在試圖控制民族主義情緒的惡性膨脹，比如，參與甲午戰爭後中日談判的日本外務大臣陸奧宗光，對當時日本國民陶醉於日清戰爭勝利成果而普遍陷入的「主觀判斷」深感憂慮，對「狂放不羈」的「愛國精神」頗覺尷尬，他甚至引用了斯賓塞說的「愛國精神原本就是一種蠻俗的遺風」來對當時日本的政黨和國民輿論所表現出來的「傲慢風氣」發出警告。[150]

　　但是，歷史的弔詭就在於，在民族主義勝利的氛圍中，那些對於國民瘋狂的民族主義情緒抱有理性警惕立場的學者，最後幾乎都難以避免跌落到民族主義的陷阱之中。前述福澤諭吉並沒有完全用自由主義來克服民族主義之「惑」，也沒有充分認識到民族主義之「禍」的危害性。丸山真男在分析福澤諭吉、岡倉天心和內村鑑三這三位明治思想家的「時代命運」時，揭示了他們使命觀的「內在結構」中所蘊含的深刻的民族主義情結，福澤諭吉的文明論，岡倉天心關於「東洋的理想」的論述，以及內村鑑三從基督教理論出發所形成的反戰觀，均具有普世主義的價值情懷，但是，一旦涉及到日本的對外關係問題時，他們便自動成為民族主義者。福澤在《福翁自傳》中記載了他得知日本取得了甲午戰爭勝利的消息後「盡情的歡呼」；而內村鑑三在日俄戰爭前一直高唱非戰論，在接到旅順口海戰的捷報後，卻不禁「高聲萬歲三唱，其聲震四鄰」。[151]同樣

---

149 轉引自丸山真男，《福澤諭吉與日本近代化》（北京：北京師範大學出版社，2018年2月），頁248。

150 陸奧宗光，《蹇蹇錄》，趙戈非、王宗瑜譯（北京：生活・讀書・新知三聯書店，2018年1月），頁94。

151 參閱丸山真男，《忠誠與反叛：日本轉型期的精神史狀況》，路平

的情況也發生在內藤湖南身上，這位曾經奉中國文化為圭臬、終身
治中國學問達至極高的境界的大學者，也沒有擺脫民族主義幽靈的
纏繞。1914年和1924年，湖南先生兩次撰寫《支那論》（後篇以《新
支那論》為題），前文認為中國文化不會因為國家的滅亡而滅亡，
中國文化遠勝於日本文化，後文則認為「日本對支那之侵略主義」
實乃是「將中國從衰死中救了出來」的「大使命」。正如野村浩一
對他的批評：「湖南一方面想為日本入侵中國正名，另一方面，卻
又忍受不了世間對中國文化的貶低與鄙視。所以，一邊談論著『支
那之亡國』，一邊又竭力讚揚中國文化，這一顛倒不堪的意識，就
是從這裡產生出來的。他的《支那論》是在日本帝國主義侵略大陸
這一平面上展開的，這一事實是不言自明的。」[152]湖南的「支那論」
因為是來自於研究中國問題的頂級學者而在當時被廣泛引用，對日
本官方制定所謂的「大陸政策」和「滿洲政策」提供了切實的學術
支持，並且對京都學派後來轉向全面支持國家主義的政治傾向有直

（續）

　　譯（上海：上海文藝出版社，2021年8月），頁287。
[152] 參見野村浩一，《近代日本的中國認識》，頁50-51。中國學者葛兆
　　光在他關於亞洲史研究的著作中提到了日本東洋學的兩位「大人
　　物」——東京大學的白鳥庫吉和京都大學的內藤湖南，在大正時期
　　都同樣跌落到民族主義陷阱之中。前者認為「滿蒙於我（日本），
　　一位北方之鎖鑰，一位東洋和平之保障」，強調滿蒙與日本息息相
　　關，絕不可輕易放棄。後者在《支那論》（1914）中斷定中國的政
　　治、經濟和文化負擔不起維持龐大帝國疆域的責任，所以中國的領
　　土應該縮小，暗示日本對滿蒙這些區域和族群負有某種使命。葛兆
　　光認為日本東洋學的「政治趨向」由這兩位著名學者代表，足見日
　　本民族主義對學術研究的影響之深，日本思想界從大正時期的「東
　　亞視野」到昭和時期擴大為「大東亞」概念，也就毫不奇怪了。參
　　閱氏著，《亞洲史的研究方法：以近世東部亞洲海域為中心》（北
　　京：商務印書館，2022年10月），頁148-149。

接的影響。二戰期間,來自京都學派的代表性人物,諸如西田幾多郎、田邊元、和辻哲郎、高阪正顯、高山岩男,以及像竹內好、保田與重郎這樣的左翼作家和浪漫派詩人,未必是法西斯主義的御用文人,但個個都是民族主義者,進而甘願成為國家主義者。他們從哲學、歷史、文學諸方面來參與「輿論總力戰」,提出的「近代的超克」、「世界新秩序」、「世界史立場與日本」等各種理論與說法,都具有深刻的民族主義動機,都期待用東洋的近代來克服和超越西洋的近代,實質是建立日本在「世界史」和世界秩序中的支配性地位,用戰爭手段推動建設「東亞協同體」和「大東亞共榮圈」。

依據從民族主義到國家主義的邏輯線索,可以清楚地看到戰後竹內好、溝口雄三的近代觀並沒有改變而是進一步強化了亞洲與歐洲對立的思維框架,關於亞洲的進步觀念以及日本式或中國式近代較之於歐洲式近代更為先進的評價標準,並不是來自於中日近代以來的歷史經驗,以及基於東西方之間的技術、制度與文化的真實比較,而是來自於一種理論想像和對「前近代」的傳統或「基體」的重新認識與詮釋。美國學者湯瑪斯·基爾斯特德對「明治民族主義」的研究為揭示竹內好等近代觀的實質提供了一個重要的認識維度:

> 明治民族主義歷史學家所面對的問題是雙重性的:如何用有關日本過去的材料來構建民族,以及如何堅持民族的獨特性。要理解他們是如何完成這個任務的,我們需要修改標準的紀錄。明治歷史學家不是通過「西化」它的過去或技巧性地將「東方」與「西方」融合來構建一個民族,儘管這些因素分散地呈現在他們的文字中。他們更多是通過重建日本與過去的聯繫;他們致力於訓練日本人從另外一個角度來看待那些他們熟悉的事件和英雄,從而使這些歷史事件都指向明治維新以後出現的民

族。[153]

丸山真男也有相同的看法：

民族主義中主張的國民傳統是為了保存和發展國語、習俗、藝
術及其他民族文化而出現的，而且強調本國歷史中的抗擊外敵
的傳統，進而通過彰顯那些所謂的民族英雄而呈現，他們都是
過去提升本國的威信及榮光的領袖或將軍。這種對象徵的祈求
往往超越社會體制和階級，比如蘇聯最近的例子（將伊凡大帝、
彼得大帝等搬上銀幕）就很說明問題。民族主義以美化傳統為
媒介貼近浪漫主義。其政治意義或因國情不同不可一概而論，
但至少歷史上的保守或反動勢力高喊民族主義的話，這一傾向
則表現得更為強烈。傳統一旦上溯到民族起源的神話（強調建
國神話）就更為突出，它與使命感相結合便會呈現出極端的民
族主義徵兆。[154]

以上述觀點觀照竹內近代觀和溝口近代觀，他們都具有從「過
去」、「傳統」和「基體」中來建構一種民族主義敘事的理論傾向，
他們提出的中國「回心型」近代和「內發性」近代的理論，均是通
過重建日本、中國與過去的聯繫以區別於歐洲近代，以一種浪漫主
義的方式從民族神話中來想像東洋近代的理想模式。問題在於，為

153 湯瑪斯・基爾斯特德，〈日本的民族和後民族：全球資本主義和民
　　族歷史觀念〉，卜正民、施恩德編，《民族的構建：亞洲精英及其
　　民族身分認同》，陳城等譯（長春：吉林出版集團有限責任公司，
　　2008年4月），頁272。
154 丸山真男，《現代政治的思想與行動》，頁302-303。

何內在於日本傳統的「近代」因素一定能夠自主地成長為優越於歐
洲的東洋近代模式？其抵抗歐洲的立場除了在歷史上演變為對英美
的戰爭之外，難道還產生過什麼正面的價值嗎？同樣，被竹內好、
溝口雄三和孫歌一再奉為亞洲近代新的理想模式的「中國現代性」，
難道與昭和期間招致民族主義之「禍」的日本近代又有什麼區別嗎？
按照本尼迪克特・安德森的看法，民族這個想像的共同體，在抹平
其內部普遍的不平等和剝削的同時，被設想為一種深刻的、平等的
「同志愛」，「正是這種友愛關係在過去兩個世紀中，驅使數以百
萬計的人們甘願為民族——這個有限的想像——去屠殺或從容赴
死。」[155]昭和時期提出的「近代的超克」論成為法西斯戰爭民族動
員的組成部分，以民族主義的名義鼓動國民奔赴戰爭並從容赴死；近
二十年來在「中日知識共同體」中持續迴響的東亞現代性和中國現代
性的聲音，繼續鼓吹與西方的對抗性關係，難道不會再引發一場新的
戰爭嗎？民族主義之「惑」導致民族主義之「禍」的歷史教訓，難道
在新的關於東亞區別於西方的現代性理論中可以被一筆抹消嗎？

　　民族主義與生俱來的排異性、對抗性和極端性，如果缺失了憲
政民主制度的政治前提，缺失了自由主義和民主主義的思想約束條
件，那麼，是極其容易導向國家主義的軌道，淪為政客們煽動廣大
民眾盲目排外的理論工具。知識人基於民族主義動機的理論建構，
如果以狹隘的民族利益、民族情緒和民族意志為導向，那麼，也是
極其容易走上一條「非我族類，其心必異」的思想路線，最終淪為
民族主義的理論鬥士。丸山真男戰後將民族主義、軍國主義和法西
斯主義置於一起研究，揭示出一個基本的歷史認識：民族主義在大

---

155 本尼迪克特・安德森，《想像的共同體》，吳叡人譯（上海：上海
　　人民出版社，2016年8月），頁7。

多數時候並不是獨立的運動,而是被其他政治勢力和意識形態所「利用」,表現為與自由主義、社會主義、君主主義、法西斯主義等意識形態及運動相結合的形式;民族主義的進步性和反動性同時存在於同一運動之中,隨著情況的不斷變化而趨向於不同的政治方向。[156]明治維新以來的精神史表明,正是在明治民族主義向大正國家主義再向昭和極端國家主義的演變進程中,軍國主義和法西斯主義的思想及行動才演化為推動國家走上對外戰爭的主要動力,是民族主義的母體孕育出軍國主義和法西斯主義的怪胎。鶴見俊輔從大正時代眾多自由主義和社會主義的代表性評論家,變成十五年戰爭期間軍國主義和超國家主義的領袖這一「轉向」中,洞見到其原因恰恰就是民族主義的深刻情結──「試圖恢復明治以前鎖國時代文化傳統所做的嘗試,而這個傳統始終留存在東條英機政權無法剷除的思想和感情深層裡。……戰爭期間高倡的思想方式,在獲致足以與源自西方思想的體系較量的自信後,進而把日本的傳統美化為絕對的普遍原理。這是扭曲日本傳統導致的結果。」[157]因此,民族主義者都是傳統主義者,他們反對「近代主義」的理由幾乎都是來自於對「傳統」──竹內好所說的「回心」或溝口雄三所說的「基體」──的重新闡釋,進而如孫歌所做的工作,把傳統美化為絕對的普遍原理,以此構造「抵抗」歐洲近代觀的亞洲(東洋)近代觀。民族主義讓他們深信:基於本民族傳統的「近代」才是亞洲真正的理想化的「近代」。東條英機在決定發動對英美的戰爭時,也一定是持有相同的信念:通過戰爭把亞洲從歐洲近代的統治中解放出來。縱觀

---

156 參閱丸山真男,〈民族主義・軍國主義・法西斯主義〉,《現代政治的思想與行動》,頁數305。

157 鶴見俊輔,《戰爭時期日本精神史:1931-1945》,邱振瑞譯(北京:北京日報出版社,2019年10月),頁184。

從明治到昭和的歷史，民族主義成了國家的最大共識，在其高高飄揚的旗幟下，聚集了來自皇國主義、國粹主義、日本主義、民粹主義、社會主義、軍國主義和法西斯主義的各色人等，當然也包括京都學派、浪漫派文化人和諸如竹內好這樣的左翼學者。民族主義促使了左右合流，最終走向了極端國家主義，與軍部戰爭販子殊途同歸。這是民族主義的悲劇，亦是左翼的悲劇。

結語　日本「近代」悖論的解決

　　1945年8月15日正午，日本裕仁天皇向全日本「放送玉音」廣播，宣布接受波茨坦公告，實行無條件投降，結束戰爭。日本發動的「大東亞戰爭」持續了十五年時間，終於徹底失敗。按照竹內好的理解，這是日本式近代的失敗，日本重新淪落為美國的殖民地，而丸山真男則把這一天視為是日本新生的開始，日本終於擺脫了極端國家主義的夢魘而走上了憲政民主的正途。在本人看來，日本的失敗抑或新生是標誌著曾經困擾著明治維新以來思想和政治轉型的「近代」悖論終於獲得了解決，從政治家到知識人以及廣大國民，從此不再糾結於日本的近代究竟應該走東洋之路還是西洋之路這樣的問題，即使有竹內好這樣的學者在戰後不斷地為「近代的超克」招魂，但國家的大政方針和社會的普遍共識已經從「超克」西方的迷思中走了出來，重新認識到了日本的近代之路絕不是與西方的對抗之路。戰後的日本又重新回到了明治維新的起點，誠如吉田茂在《激盪的百年史》一書中所說：

　　明治時期的日本人在面對強大的陌生文明時，大膽捨棄了長期傳承的習慣，引進了異國文明。同樣的，戰後的日本人在面對

戰敗和被占領的局面時，並未對占領軍陰奉陽違，而是坦然面
對由占領軍主導的巨大變革，把該說的話說出來，然後實施改
革，並在這種改革中摸索著重建日本的方法。日本人之所以能
做到這一點，是因為他們不因過去的錯誤而萎靡不振，他們正
視現實並勤懇工作。就像武士們在「攘夷運動」失敗後瞭解了
西歐各國的實力，從而下決心打開國門一樣，戰敗的日本承認
敵人的長處。雖然不認為占領軍的做法全部正確，但日本人承
認以英美為代表的傑出的文明。由此看來無疑日本是一個Good
Loser（好輸家）。[158]

　　承認做一個「好輸家」不僅僅是政治家們的責任，更應該是全
體國民尤其是知識人以認賭服輸的心態去共同反思：日本究竟錯在
哪裡？明治時期一個全面擁抱歐洲近代文明並且取得了巨大成效的
日本，為何會在昭和時期走上一條與英美全面戰爭的道路？日本對
文明的誤判和逆轉究竟是怎麼發生的？戰後第一屆內閣首相東久邇
宮稔彥在1945年8月28日美軍第一支先遣部隊抵達厚木航空基地時
發表談話，號召「全體國民必須徹底反省和懺悔」，提出了「一億
人總懺悔」的概念，認為這是「我國再建的第一步，也是國內團結
的第一步」。[159]但是，官方版的「總懺悔」對普通國民而言是難以
成為一種必須執行的道德律令，約翰·道爾在他的著作中引述了一
位鄉下男子的激憤呼喊：「這場戰爭在我們農民一無所知時開始，
又在我們相信將要獲勝時敗北。我們不需要為自己沒有參與的事情

158 吉田茂，《激盪的百年史》，頁107-108。
159 參閱約翰·W·道爾，《擁抱戰敗：第二次世界大戰後的日本》，
　　頁479。

懺悔。那些背信和欺騙國民的人才有懺悔的必要。」另有人投書報
社直言：「如果一億總懺悔意味著戰爭當局如今企圖向國民分配責
任的話，那就太卑怯了。」[160] 很顯然，「總懺悔」中首先要懺悔的
是那些直接發動戰爭的軍部首惡分子，其次就是那些為大東亞戰爭
提供合法性和正當性理由的理論家與文人們。前者在東京審判中接
受了法律的審判與制裁，而後者卻似乎可以合法地逃避戰後追責，
因此，他們的自我懺悔才顯得格外重要。

　　在戰爭後期以死的哲學鼓動大學生們走上戰場的哲學家田邊
元，在戰爭結束之後終於承認自身的責任，甚至認為自己罪孽深重，
數年後他懺悔說：

> 我這樣意志薄弱的人，發現自己不能積極抵抗（戰時的思想統
> 治），多少受到時勢風潮的支配。這使我深感自慚。已經盲目
> 的軍國主義倉促地將許多畢業生、在校生驅上戰場，犧牲者中
> 有數十名學哲學的學生，令我自責痛悔至極。我只能垂下頭認
> 真悔悟自己的罪過。[161]

　　在約翰・道爾看來，田邊元的「懺悔」依然保留著強烈的民族
主義傾向，他接受戰敗、承認惡行與絕望、請求懺悔、展望新生，
均是以強調日本獨特甚至優越的傳統智慧的方式進行，認為日本獨
有的贖罪之路，應該展示出比任何西方思想更偉大的超凡智慧，從
而呈現出一種「從敗北中得來的精神勝利法」。[162]

---

160 轉引自同上書，頁479-480。
161 轉引自同上書，頁480-481。
162 參閱同上書，頁480。

　　田邊元的「懺悔」看起來是真誠的，也不免有丸山真男後來所比喻的那種情況，就像烏賊在遭遇緊急情況時噴出黑色煙霧以掩護自己逃生。但是，和竹內好在戰後拒不為自己在戰時寫下的那篇臭名昭著的文章道歉相比，田邊元還是屬於一個有責任意識和懺悔意識的學者，他至少認識到自己的戰時言論「罪惡深重且性多虛偽」、「浮誇虛榮」、「愚癡顛倒」、「不正直不誠實乃至無恥無慚」。[163]田邊元的問題在於，他在道德上的自我懺悔不可謂不深，但在理論上並沒有進一步深刻地認識到自己哲學的民族主義癥結所在，在承認日本犯下罪惡的同時，否認這些罪惡為日本所獨有。按照他的「懺悔道」的表述：「我們被誤導的民族主義，的確有必要進行懺悔道的清算，但是與此同時，被民族主義所沾染的民主國家和社會主義國家，也當然需要懺悔。」[164]他的「懺悔道」在某種意義上成了對戰勝國和戰敗國各打五十大板的辯護詞了。由此看來，田邊元的「懺悔」並不是徹底的，他仍然戴著日本民族主義的精神枷鎖而在普遍正義的門外徘徊。與他相比，東京大學校長南原繁在戰後對戰爭責任的深刻反省，才是真正體現著知識分子的自我批判精神——從日本的民族神話中徹底走出來。他在1946年2月11日的一個演講中指出：「回顧過去，我們看到從『滿洲事變』（九一八事變）以後，軍國主義和國家主義者的政治統治崛起以來，就格外濫用和曲解民族的神話傳統，誇耀本民族的優越性，宣傳我們擁有統治東亞乃至

---

163 田邊元在1945年2月起幾乎完全隱居，在戰爭結束後數月間，開始撰寫《作為懺悔道的哲學》，該書於1946年4月出版，田邊元描述了自己在戰爭結束時的精神狀態：深刻的不安、苦惱的折磨、悲傷與痛苦、優柔寡斷與絕望、壓倒一切的慚愧與挫折感，以致到了精疲力竭的境地。參閱同上書，頁481。

164 轉引自同上書，483頁。

世界的使命。這如果不是對內的欺瞞和對外的恫嚇，便是一種選民思想的獨斷和誇大妄想。就這樣，中日事變（七七事變）發生了，太平洋戰爭開始了，我們最終走向現在這樣的災難與崩潰。」[165]

一年後，南原繁發表了題為〈民族的再生〉的演講，進一步對日本的「民族主義」進行了深刻的批判，充分揭示出日本基於所謂歷史「傳統」和民族「特有」文化而走向戰爭深淵的思想與精神根源，精闢闡述了如下看法：

> 為何我國過去的歷史經不起理性的審判，不得不宣告終結？因為日本國民被過去的歷史所扭曲、摧毀的程度就是這樣深重。當時日本的史家在處理歷史事實時，尤其缺少必要的批判性的客觀態度，試圖強行從過去的歷史經驗中提煉出理想，為此不惜對歷史的現實加以理想化。

> 19世紀的「民族主義」，原本是從「歷史主義」中產生的事物。我國近代的民族意識與國家理念，也是與這種錯誤的歷史主義一起興起和形成的。在這種理念中，日本民族被抬到了神之種族的高度，其自身就承擔著具有高度價值的文化理想。不是侍奉真理與正義，而是讓文化與道義侍奉自己，理性與真理面對民族的本能與感情時毫無發言權——普通國民就是這樣被告知的。

> 於是，民族的特殊性被有計畫

---

165 南原繁，《文化與國家》，高華鑫譯（北京生活・讀書・新知三聯書店，2023），頁6。

地誇大，國民的自我欺騙與自我陶醉由此產生，而且出現了無可藥救的自我矛盾，一面高調主張民族特有的文化，一面又以為自己有使命將其強加於其他民族，同化東亞乃至整個世界。在這種錯覺中他們帶著自己的宗教和文化走向國際社會。這樣的國民文化不是真正的文化理念，最多也不超出自然的生物的範疇，因此，它立即與國家的政治、經濟利害相結合，也就不足為奇了。

我國現在的災難就是如此產生的。它在根本上是錯誤的歷史意識與民族文化理念所招致的結果。追本溯源，這也是19世紀的歷史主義與民族主義的發展必然帶來的人類的悲劇性命運。[166]

南原繁在戰爭時期的極端國家主義大潮中也曾隨波逐流，在聽聞1942年12月8日天皇的宣戰詔書時也曾被深深感動，寫下了一首和歌以表達自己欣喜之情：

南方的大海上，皇軍劈波斬浪。富士雪峰，歸然聳立。
皇軍威猛進擊，所向披靡，所到之處，ABCD一潰千里[167]

寫出這樣的和歌當然是南原繁人生中的一個污點，吉野作造的弟子住谷悅治作為戰後日本民主主義與和平主義的大力宣導者，與南原繁一樣，也曾在開戰當日用文字表達了「身心彌漫著疼痛程度

---

166 同上書，頁61-63。
167 轉引自子安宣邦，《何謂「現代的超克」》，頁95。所謂 "ABCD" 是指同盟國美國、英國、中國與荷蘭，用它們英文名稱的第一個字母代替。

的感動之情」，子安宣邦在他的著作中披露他們的這些文字，並非
是「用他們戰爭時期的言行來與他們在戰後日本民主主義大潮中的
活躍作對比、出他們的洋相，而是為了說明12月8日開戰的報導曾經
幾乎將全體日本人置於大感動的潮水中這一事實。」[168]這一事實表
明，戰爭期間的日本知識人幾乎都陷入在集體性迷狂和迷思之中，
只有少數人保持著清醒的頭腦和拒絕與軍部政府合作的立場。[169]因
此，戰後日本所面臨的重要選擇不僅僅是制度重建──在美國占領
軍的主導下完成明治維新沒有完成的任務，重新建立一個憲政民主
國家，而且需要在思想精神領域完成一次新的啟蒙，徹底清算日本
民族主義所製造的東西方對立的近代觀和文明觀。不是像竹內好那
樣，繼續沿著「近代的超克」的邏輯來建構東洋抵抗歐洲的近代觀；
而是像南原繁那樣，經過痛定思痛的反省，率直地告訴學生：戰爭
的真正勝利者是「理性和真理」，而且這些偉大理想的擔負者不是
日本，而是英美。或者如丸山真男所言，日本決意重新開始，將占
領軍當局「配給的自由」，變成對非軍事化和民主化的自發的擁抱。

---

168 同上書，頁95。

169 鶴見俊輔認為，在戰爭時期，只有少數基督徒、佛教徒和共產黨人
　　因為堅守自己的信仰而拒絕與軍部政府合作。日共的幾個主要領袖
　　在獄中發表了「轉向」聲明，如日共委員長佐野學在轉向聲明中批
　　判日本共產黨對共產國際的盲從，呼籲日本應該在天皇之下，建立
　　以社會主義為目標的一國新政黨。但是，仍然有少數（十幾名）共
　　產黨人拒絕轉向，一直坐牢，直到戰爭結束才被釋放出來。他們後
　　來被譽為是「體現共產黨無謬性的代表」。參閱氏著，《戰爭時期
　　的日本精神史：1931-1945》，頁74。約翰・道爾也認為，在1930
　　年代中期，戰前大多數的自由主義者和左翼知識分子放棄了他們的
　　信仰，轉向支持政府的戰爭政策，「只有屈指可數的幾位學者，在
　　戰爭年代沒有被極端民族主義潮流衝昏頭腦。」參閱氏著，《擁抱
　　戰敗：第二次世界大戰後的日本》，頁208。

「擁抱」成為當時流行的一個關鍵字,它既是意味著「擁抱革命」,
實質是擁抱民主革命;同時也是意味著「擁抱美國」和「擁抱最高
司令官」,因為日本人在戰後逐漸認識到了,麥克亞瑟賦予日本的
這部「麥克亞瑟憲法」,是奠定日本和平重建和復興的基石。1946
年3月6日,幣原首相代表天皇宣布:「為使我國國民與他國一道向
世界人類的理想同一步調進發,天皇陛下非常決斷地命令對現行憲
法加以根本的修正,為建設民主和平的日本打下基礎。」[170]正是基
於麥帥為創造一個新生的日本所作出的無與倫比的貢獻,日本國民
才會在他離開日本時表現出舉國震驚和惋惜的悲傷之情,當時的《朝
日新聞》發表了題為〈惜別麥克亞瑟將軍〉的社論:

> 在戰爭結束至今,我們一直與麥克亞瑟將軍生活在一起……當
> 日本人民面臨空前的戰敗困境,而且陷入疲憊絕望的虛脫狀態
> 的時候,是麥克亞瑟將軍教導我們民主與和平的真諦,並慈愛
> 地指引我們走上這條光明之路。如同為自己孩子的成長感到喜
> 悅一般,他樂於接納日本人民——昨天的敵人,一步步走向民
> 主,並繼續鼓舞我們前進。[171]

美國主導下的日本戰後憲政改革為日本的新生創造了制度條
件,在日本社會學家富永健一看來,這是具有決定性意義的事件:
「戰後日本能發展到今天,最大的事件莫過於戰後改革和高速經濟
增長,這是大家確信無疑的。而兩者的關係中,具有決定性意義的

---

170 轉引自約翰‧W‧道爾,《擁抱戰敗:第二次世界大戰後的日本》,
　　頁361。
171 轉引自同上書,頁536。

是首先進行戰後改革，然後才出現了高速經濟增長。」他進而認為：
「被稱為戰後改革的民主化革命完全是在戰敗後的占領之下，由總
司令部向日本政府發出指令而進行的。帶來的經濟、政治、社會、
文化如此大規模變動的改革，如果不是在戰敗和隨後被占領這種空
前絕後的情況之下，絕無可能實現。總司令部的占領政策切實地實
行了日本政府不可能獨自完成的徹底的改革。」[172]民主化改革在思想
精神領域也產生了重大影響，傳統主義價值體系隨著戰敗而崩潰，由
此導致從經濟、社會到文化領域不再有任何直接阻礙西方價值傳播的
力量，出現了不亞於明治時期的「歐化熱」和「美國化熱潮」，也不
再有人主張「東方的道德、美國的技術」。「在所有領域，日本的傳
統價值都已失去正當性，不可能再與接收美國價值發生衝突。這樣，
西方發達國家價值體系的傳播，不論是其傳播可能性、接收動機、還
是克服接收過程中出現的矛盾衝突的可能性，都大大提高。」[173]

　　以憲政為導向的民主化改革和以普世價值為導向的思想變革，
為日本真正走向一個現代國家（明治以來一直期待實現的「近代」）
創造了巨大的動力，隨之在經濟領域創造出高速增長的奇蹟。按照
傅高義在其《日本第一》一書中的描述，1952年日本結束美軍占領
時代，生產恢復到戰前水準，當時的國民生產總值僅為英國或法國
的三分之一。到了1970年代後半期，日本經濟迅速增長，經濟總量
相當於英、法兩國的總和，約為美國生產總值的一半，成為世界第
二大經濟體。傅高義從知識創新、政府精英選拔與管理、政治公平
運作、大企業制度、基礎教育、福利保障制度、犯罪控制諸方面探

<hr>

172 富永健一，《日本的現代化改革與社會變遷》，李國慶、劉暢譯（北
　　京：商務印書館，2004年11月），頁224。
173 同上書，頁226。

討日本成功的原因，最後歸結為：「日本巧妙地引進了一個自己無力
創造出來的社會制度」，同時在引進的西方社會制度的基礎上充分發
揮日本傳統的價值。用他的話來說：「日本積極培養了一批能夠把現
代各國的制度進行比較研究的專家。日本對各種制度的效率進行了比
較研究，並根據需要隨時進行加工改進，在這方面幹得很出色。對每
一個細節都進行加工改良，於是建立了最優良的現代制度。」[174]

　　日本在戰後短短的三十時間裡（1945-1975年），通過民主化改
革，經濟高速增長，一躍成為世界第二大經濟體，政治轉型的速度
之快和經濟發展的效益之高，足以與明治維新頭三十年的績效相媲
美。維新或改革前後之所以有如此巨大的變化，從根本上看，是因
為日本全面轉向歐美式的政治經濟制度，也就是選擇走一條一直被
竹內好批判的「歐洲近代」之路。所以，吉田茂把戰後日本完成的
事業既視為是日本明治時期的偉大振興事業的再現，又是對日本明
治時期事業的延續：「日本通過戰後經濟的飛速發展追趕上了西歐
各國，這是明治時期的先輩們夢寐以求的。明治以來多少代人的共
同努力，以及在漫長歷史時期內培育起來的日本人的素質使這種夢

---

174 參閱傅高義，《日本第一》，谷英等譯（上海：上海譯文出版社，
　　2016年3月），頁5。R·塔格特·墨菲在其著作中把日本在戰後的
　　重新崛起視為「奇蹟」，在短短二十幾年時間裡，從一個被轟炸後
　　的廢墟變成世界第二號的工業經濟體，他認為當時在日本國內外沒
　　有人能從理論上充分解釋日本是如何做到這一點的，日本的經驗不
　　符合那個時代的任何一種主流發展範式，無論是馬克思主義、凱恩
　　斯主義，還是由後來在第三世界精英中流行的所謂的「依附理論」
　　催生的各種政策。他引述了一位經濟學家查爾莫斯·詹森（詹鶽）
　　的看法，後者強調日本之所以成功構建高速增長體制，是因為經歷
　　了一個漫長的試錯過程，「日本奇蹟」的誕生和形成，在很大程度
　　上取決於戰後日本所處的特殊（甚至獨一無二）的環境。參閱氏著，
　　《日本及其歷史枷鎖》（北京：中信出版社，2021年1月），頁103-107。

想變為可能。戰後的日本人發揮了和明治時期的日本人幾乎同樣的優良傳統，並且同樣地幸運。」[175]

　　戰後日本和明治日本在全面學習歐洲先進文明制度方面儘管高度相似，但兩者仍然存在著重大差異，那就是戰後日本不再像明治日本那樣在取得了歐式近代化的初步成功之後，轉向了全面抵抗歐洲的立場，也不再把亞洲或東亞想像為與歐洲對抗的政治和文化共同體，當然更不會把美國視為自己的頭號假想敵。戰後日本儘管有不少右翼和左翼人士出來否定東京審判的合法性與正當性，將普世化的文明史觀或「懺悔史觀」斥為「自虐史觀」，包括諸如竹內好這樣的學者為「近代的超克」招魂，但是，這些仍然沉陷於民族主義神話的「東洋近代」觀只能限於一種烏托邦的想像，而根本不可能再像明治時期那樣在國家和民間層面，掀起一股反對西方文明國家及其國際秩序的浪潮。時代畢竟發生了重大變化，日本國民從近代轉型的百年「經驗」中，而不是從學者的烏托邦想像中，深刻地體驗到了不同的近代觀——東洋近代或歐洲近代——在日本造成的迴然不同的結果，並在不同的近代化結果的對比中，認識到惟有歐洲近代才是東洋近代應該學習的榜樣。藤田省三（丸山真男的卓越弟子）針對戰後那些脫離經驗的理論敘事提出了嚴肅批評：

　　戰後思考的前提，是經驗，而且一定是經驗。這是存在於各種各樣的層面上的經驗，它並不能夠被完全地還原成所謂的「戰爭體驗」。如果「議論」是脫離了經驗基礎而泛泛而談，或所談的是些從天而降毫無經驗根據、形同「虛妄」的思想體系，那就一定不會經歷任何內在的糾葛，最終形成的也只能是內容

---

175 吉田茂，《激盪的百年史》，頁107。

空洞的整體印象，戰後的思考狀態不應是這樣的。[176]

　　事實上，從竹內好到溝口雄三的「戰後思考」，正是藤田省三所批評的脫離了經驗的「戰爭體驗」，他們據此提出的「回心型」近代觀或「內發性」近代觀，與明治以來產生的反對歐洲近代的各種理論，都沒有獲得任何現實經驗的支持，相反，倒是形成了從民族主義到國家主義再到極端國家主義的歷史教訓——這是日本從明治的巨大成功走向昭和的巨大失敗的歷史教訓。

　　日本戰後完成憲政民主改革，進入以歐美國家為代表的現代文明國家之列，意味著困擾日本百年之久的「近代悖論」獲得了最終解決，這也是日本古今之變（從傳統到現代）問題的最終解決。[177]但是，東西之爭仍然長期存在，民族主義伴隨著日本經濟上的強大必然會再次提出各種各樣的政治和文化訴求。高橋哲哉從1990年代

---

176 藤田省三，《精神史的考察》，莊娜譯（四川：四川教育出版社，2015年7月），頁160。

177 現代化是否就是西方化？這是現代化理論研究中的一個重大問題。在不少後現代理論的研究者看來，現代性不應以西方現代性為唯一標準，他們提出的多元現代性的觀點就是試圖論證在非西方國家可以自主實現本國特色的現代性。比如艾森斯塔德在其《反思現代性》一書中就認為：「現代性不等同於西化；現代性的西方模式不是唯一『真正的』現代性，儘管現代性的西方模式享有歷史上的優先地位，並且將繼續作為其他現代性的一個基本參照點。」參閱氏著，《反思現代性》，曠新年、王愛松譯（北京：生活・讀書・新知三聯書店，2006年10月），頁38。富永健一從社會學角度提出的看法更值得重視：「我們這裡思考的現代化是非西方的現代化，但是，一個無法否認的事實是現代化始於西方的歷史過程，當我們必須不斷回過頭來審視構成現代化的本質究竟是什麼的時候，當然仍然要以西方的現代化作為我們思考基準。」參閱氏著，《日本的現代化與社會變遷》，頁28。

後期提出「戰後責任論」，就是因應於「90年代後期日本輿論界中新民族主義勢力的抬頭」，日本出現了否定日本的戰爭責任、戰後責任以及壓制受害者的呼聲的現象，掀起了鼓吹「國家正史」和「國民的傳說」這樣露骨的民族主義宣傳活動浪潮，以及鼓吹「自我本位主義」和確立「我們日本人」的同一性的主張，「這些言論和主張分別通過不同媒體，向不同的讀者層呼籲，想達到使輿論對民族主義再肯定的目的。」[178]正是基於新民族主義不斷高漲的勢頭，高橋哲哉認為東久彌稔彥提出的「一億人總懺悔」是一種關於「戰爭責任」的認識，是要求全體日本國民為戰爭失敗承擔責任，或者是強調日本戰爭指導者應負的戰爭責任，這種判斷只是便於從法律層面對戰爭罪犯進行制裁，卻忽略了在道義層面上對曾經全力支持戰爭的日本國民的戰爭責任的追究。因此，提出「戰後責任論」的目的，就是要提醒日本人負起自己所屬國家現狀的政治責任：「負起『作為日本人』的戰後責任，是要從根本上克服、改變曾經使侵略戰爭和殖民地統治成為可能的這個社會現狀，把日本變革成為『與日本不同』的開明的『另一個日本』。」[179]這裡所說的「另一個日本」，當然是和發動戰爭的「昭和日本」有著本質區別，這是在戰後重新誕生的一個民主的、和平的、繁榮富強的日本。

丸山真男在戰後初次出版的成名作《日本政治思想史研究》的後記中提到，這本書的最後一章〈「早期」民族主義的形成〉，是他應徵入伍的前一天才完稿，在從新宿車站即將出發奔赴戰場之際，他將手稿交給了前來送行的同事辻清明君，同時接受了母親和

---

178 高橋哲哉，《戰後責任論》，徐曼譯（北京：社會科學文獻出版社，2008年6月），頁26-27。
179 同上書，頁30-31。

妻子做的紅小豆糯米飯。這個歷史性場景永久留在了他的記憶之中，因為那次與親人和同事的訣別有可能就是永別。幸運的是，丸山真男在戰爭中倖存下來了，由此我們才可以閱讀到他在戰後延續戰時的思考而撰寫的一系列批判民族主義和國家主義的不朽論著，撰寫這些論著時他始終銘記著精神病學家E·克雷奇默（Ernst Kretchmer）的那句話：「平常我們診斷他們（瘋子），非常時期他們診斷我們。」這是多麼發人深省的提醒！本文在理論上對民族主義和國家主義進行持續不懈的批判，就是為了像丸山真男那樣，為提前阻止各種各樣的瘋子們在非常時期診斷我們而盡自己的一份責任！

　榮劍，獨立學者，著有《民主論》、《山重水複的中國：榮劍演講及對話錄》、《新盛世危言》等書，近期發表的重要論文有〈誰的天下：天下體系批判〉。

紅色迴旋曲：
1978年以來的中國電影與政治

郝 建

一、時間開始了：電影軌跡的閉環圓圈

在中國，任何回顧和思考都必須從1949年10月1日開始，電影也如此。

1949年10月1日，中華人民共和國成立，從此中國電影就完全在政治指導下運行，領導部門強調電影是「喉舌」，是用於宣傳的「工具」。電影界跟其它藝術門類一樣，領導反覆強調的主題詞是「宣傳」、「灌輸」、「教化」、「導向」。

1950年，胡風創作了長詩〈時間開始了〉，那是開啟一個全新時代的轟鳴，是那個時代眾多頌歌樂章的最高音符。這是一個中國歷史上從未有過的時代，一個執政黨的領袖高高居於社會的頂端，全面地統領著中國的政治、軍事、經濟、文化。毛澤東被自己和人民群眾飛速地神化了；1950年4月，這個領袖在《人民日報》上正式宣布「萬歲」口號。[1]而電影的藝術格調和政治觀念的最高決定者，

---

[1] 根據中共高層李銳等老人的口述歷史，毛澤東同志萬歲的口號是他本人加入1950年的〈慶祝五一勞動節口號〉中。另外，《黨的文獻》

也就理所當然地是領袖毛澤東。

　　1949年以後，毛澤東及其領導的各級黨政宣傳部門使用了一整套從蘇聯搬運過來，並經過融合、改造的指導方針，這個方針是列寧主義文藝觀與中國的「文以載道」藝術觀的結合。列寧主義、毛澤東的文藝思想成為所有藝術創作行為的指導方針和嚴格規章。或許是由於其強大的形象感染力和廣泛的觀眾範圍，在所有藝術活動中，電影被馬列主義執政黨認為是最重要的。電影藝術工作者和宣傳部門領導都喜歡反覆引用列寧那句話：「在所有藝術中，電影是最重要的」。

　　電影《武訓傳》引發了中共建政以後的第一場文化批判。1951年2月21日晚，導演孫瑜到中南海，陪同總理周恩來、朱德和電影局長袁牧之等領導觀看了《武訓傳》，毛澤東沒去參加觀影。[2]

　　根據導演孫瑜回憶，「幾天後」毛澤東調來《武訓傳》在中南海與妻子江青等人一起觀看。[3]觀看中，毛澤東一言不發，一根接一根地抽煙。影片結束後，毛澤東沒有起身，而是說：「再放一遍。」再次放完，毛澤東對江青和在場的人說：「這個電影是改良主義的，要批判。」他又叫工作人員給他接周恩來的電話。[4]

（續）—————————————

　　2010年第5期發表〈「毛主席萬歲」口號的由來——訪中央文獻研究室第一編研部副主任張素華〉一文，旨在證明1950年〈慶祝五一勞動節口號〉中「偉大的中國人民領袖毛澤東同志萬歲」並非毛澤東自己所加。

2　參見袁晞，《〈武訓傳〉批判紀事》（武漢：長江文藝出版社，2003年），頁89。

3　孫瑜的這段回憶見孫瑜，〈影片〈武訓傳〉前前後後〉，《中國電影時報》，1986年11月29日，轉引自：袁晞，《〈武訓傳〉批判紀事》，頁81。

4　袁晞，《〈武訓傳〉批判紀事》，頁81。

1951年5月20日《人民日報》在頭版右上方刊登社論：〈應當重視電影《武訓傳》的討論〉，文章對這部作品進行了十分高調的批判。批判是從政治思想的角度來展開的，認為《武訓傳》「說明了我國文化界的思想混亂達到了何種程度」，「資產階級的反動思想侵入了戰鬥的共產黨」。這篇社論由胡喬木寫稿，毛澤東幾乎全文改寫。[5]1951年6月，毛澤東派中宣部文藝處副處長江青去山東調查武訓的歷史，她化名李進。我們的研究生導師之一鍾惦棐是調查組成員。1956年，鍾惦棐寫了〈電影的鑼鼓〉。因為這篇文章，1957年反右運動中鍾惦棐被毛澤東點名批評。鍾惦棐成了電影界的最著名右派，此事對他後來的命運有巨大影響，也間接地把他的兒子鍾阿城孕育成著名作家。

1951年2月某日的那個瞬間非常完美地標識了中國共產黨管理電影的特徵：高度注重宣傳功能、高度政治化、最高領導人關注、各級領導人做出對電影的最終處置決定。批判《武訓傳》所引發的管理模式和政治氛圍一直統治著中國電影。

1978年12月，中國共產黨十一屆三中全會做出改革開放的決定。

這之後，第五代敲響紅色腰鼓，「第六代」導演打起了藝術人生和獨立的大旗，張藝謀的《英雄》開啟了國際大片的商業道路，電影業內人士和研究者一度認為紅色主旋律文化與大眾文化的商業電影可以並肩行走，相安無事。但是，經過40年，人們發現，在中國還是主旋律文化一家做主。

2018年4月16日早上，國家電影局和國家新聞出版署的牌子第一次出現在了中共中央宣傳部的大院門口。這個日期可以作為我考察40年來中國電影與政治關係的明確時間座標：電影還是正式地回到

5　袁晞，《〈武訓傳〉批判紀事》，頁95。

了宣傳部旗下。

電影局回到中共中央宣傳部直接管轄，這可以作為回顧中國電影「改革開放」徹底終結的明確時間標誌。在這大約40年中，中國電影的發展軌跡經歷了一個從試探宣傳功能與娛樂功能並行或融合，終於又徹底回到宣傳功能的迴旋軌跡，形成了一個回到原點的閉環圓圈。

2018年至今，乃至今後相當長的一段歷史時期，中國電影的主要投資、政策支持、獎項頒發、媒體宣傳都將集中在主旋律電影。《我和我的祖國》、《中國機長》、《長津湖》、《金剛川》、《志願軍》，從這些片名就能看出主旋律電影是如何獨領風騷。在《流浪地球》這些科幻題材作品中，也會強調中國對世界的正確主導作用。

二、所謂的「改革開放」引發有限的狂飆突進

1976年，中國政治發生巨變，史稱「粉碎四人幫」。這標誌著歷時10年的「文化大革命」正式結束。

但是文學藝術的觀念和創作格局並沒有立即有所改變，電影作者還是把藝術當作政治上跟隨風潮、向主導意識形態表達自己忠誠的載體。在電影界，非常有意思的案例是1977年由雁冀編劇的《十月風雲》。這部影片在文革結束前就完成前期工作，做好了籌備工作即將投拍。但是，政治風雲突變，於是創作人員就迅速地改動劇本，故事還是原來的故事，只是把同「走資派」做鬥爭改成了同「四人幫」做鬥爭，於是這部影片成為中國電影第一部表現與四人幫做鬥爭的作品，被認為是「搶到了頭彩」。從這個有趣案例可以看出，電影人是如何自覺、習慣性地讓自己的藝術作品綁在為政治服務的

戰車上。

1978年12月22日，中共的十一屆三中全會閉幕，實際意義上的「改革開放」從1979年開始。從此時到1989年6月的「風波」，大致是10年時間，這是一個思潮湧動、藝術創作有限勃發的時期。

這個狂飆突進的時期在學術界有個正式名稱，它叫做「新時期」，通俗口語化的表述是「八十年代」。由查建英那本著名的《八十年代》所引發，這個詞現在具有強大的抒情懷念和浪漫化色彩。

這個「新時期」是管制鬆動的、充滿活力的、四處探索的、思想突擊的，那是一個體制內外形成複雜的合力對極權觀念進行衝擊的時期，至少看起來是一個充滿信心和希望的時期。

彼時，對於許多剛剛引進的理論、學說有大量的誤讀；但是那時的統治者和被統治者都更具有某種信心和自信，都更多一些開放和自我反思的心態。那時的格局、時代氛圍更具有開放的可能性，那個時代的走向是多向的，思想是有「汙染」的，不是那麼純淨和統一齊聲的。

直到後來很久，1979年到1989年這十年的思想開放和思想探索時期在中國歷史上的重要性，才被普通民眾和思想文化研究者意識到。筆者有時在討論和文章中會使用「狂飆突進」來形容這個時期。

考察上個世紀80年代的思想解放運動，我們可以看到許多討論的水準是初級的，對於世界思潮的瞭解和談論都存在許多臆想和膚淺的理解與闡釋。例如，當時有一個充滿西方主義色彩的傳說被官方媒體機器和民間幻想一起催生、合力放大，這個傳說就是「美國是性解放的國家」。這個詞本來是對一個遙遠國家的強有力詆毀，卻成為最有效的廣告詞。

即使在中國大陸，藝術的變革、更替也不會與政治格局的變化完全合拍對應。現代主義的寫作在這之前就開始了。它首先在文革

中的地下詩歌露出端倪。今天，我們可以考察現存的食指、芒克、多多、黃翔等文革時期的作品。[6]雖然這些作品在思想秩序（以人道主義為最高價值標準）甚至語言姿態（偏向某種宏大敘事、充滿抒情態度）還受到其所挑戰、所反叛的主導文化很大影響，但是它們已經表現出了與文革詩歌和十七年詩歌截然不同的現代性品質：創作開始具有個人主導性、自覺性的訴求，語言出現非現實性、複雜的隱喻性、象徵性。作者們對於寫作的自由、反叛、創新意識具有了自覺、或自發的追求，對現代主義文學產生了熱情的崇尚和模仿。1978年12月，《今天》雜誌創辦，「今天詩派」開始形成，這種延續了1930年代現代主義詩歌的先鋒寫作，就由萌芽性的恢復變成了自覺的、規模性的建構。

　　1980年代的詩歌創作、文學和文藝理論、思想界產生了大量討論、辯駁，這些討論滋潤、催動了電影界的理論觀念革命和創作破格。陳凱歌當時參加過一些民間的詩歌寫作和朗誦活動。第五代導演的老師們也曾經自發地組成一個無形的讀書組織：北海讀書會。它只是那時許多「民間思想村落」中的一個。[7]

　　1979年，《小花》、《生活的顫音》、《苦惱人的笑》等影片已經拍攝完成，一些被稱為「第四代」的電影導演們都很興奮。年輕導演的探索令大家眼前一亮，《生活的顫音》中對於音樂的使用，《小花》中黑白和彩色的轉換，《苦惱人的笑》中閃回的時空把握，在當時都顯得很超前，其革命性和驚世駭俗之處主要在於突破了現

6　參見洪子誠，《朦朧詩新編》（武漢：長江文藝出版社，2004年6月）。

7　關於「北海讀書會」，可參見：郝建，〈那幾年他們撮飯、喝酒、讀書、談思想〉，《新京報》2005年3月29日 C11版，以及同期《新京報》上對鄭洞天老師、謝飛老師的訪談。

實主義手法的圭臬。第四代導演謝飛、鄭洞天等在北海的「仿膳」吃飯並討論電影。他們在「榮寶齋」特製的古式紙摺子上寫下宣言：「1980年4月5日，時值清明，我們在北海聚會。相約，發揚刻苦學藝的咬牙精神，為我們的民族電影事業做出貢獻，志在攀登世界電影高峰。莫道海角天涯遠，但肯揚鞭有到時」。「北海讀書會」的活動大約持續了一年多的時間。

1980年代，西方思想資源大量湧入，但其在中國的理解消化往往背離要義。那時節，許多說法雖然幼稚，但總算開始了眾聲喧嘩的年代，禁錮不時降臨但卻充滿了各種探索、突破。

1981年，上海電影製片廠導演楊延晉拍攝了《小街》。這部作品具有鮮明的現代主義敘事特徵。影片的故事以編劇對導演的回憶展開，編劇就是劇中的主人公。影片編劇為自己的故事設計了三個開放式結局。最後一個結尾中，導演用攝影機移動把敘事故事與影片拍攝現場的機器、人員等融合在一起，創造了一個打破第四堵牆的開放空間。影片的敘事結構讓筆者想起了上學時在中國電影資料館看的《橫跨歐洲的快車》，那是法國新小說派著名作家羅布‧格里耶1966年拍攝的著名作品。這也是當時許多勇敢創新的電影導演的共同特徵之一，他們的許多作品都能夠在敘事方法、視覺處理、鏡頭組接等方面找到世界電影的樣本和範本，這其中當然也包含著認識世界的眼光。

中國近代歷史上，這樣富於多樣性和個性勃發的思想文化氛圍不多，大概只有五四運動和新文化運動能夠超過它，雖然二者的基本政治制度性質迥異。在1980年代，各種思潮噴發、撞擊；各個方向上的藝術探索色彩紛呈，許多思想成果至今仍然構成中國社會的重要思考維度和未盡課題，許多藝術成果及其後續發展至今仍然吸引著中國和世界的眼光。1989年後，社會巨變，思想探索之路突然

斷裂，許多藝術家遭到精神電擊。有些人物在1980年代得領風騷，但以後的創作和觀念就固化為那個80年代的活化石，例如得到諾貝爾文學獎的高行健。

在思想和文藝領域，新時期前後的以下這些事件是必須被提到的：1978年12月，《今天》創刊號出版；這以後被稱為「朦朧詩」的一大批具有各種現代主義風格的詩歌，以手抄本或雜誌發表的形式上市；1979年，美術界第一次民間自發舉辦了「星星畫展」，1985年，出現美術新潮運動。思想界產生了關於人道主義和社會主義社會異化問題的大討論。這些思潮湧動和撞擊在意義和領域兩方面都超出了思想和學術界，它們與美術、文學等藝術領域的形式探索、作品爭議合流，形成了整個1980年代的中國社會的鬆動、突進的氛圍。

具體到電影界，在論述80年代的電影創作時有一個句子被較高頻率使用：「理論滋養靈感」。1979年，白景晟發表文章〈丟掉戲劇的拐棍〉，向傳統的戲劇電影觀念提出了挑戰。[8]同年，張暖忻、李陀發表文章，提出電影語言現代化。[9]1980年，鍾惦棐提出電影和戲劇離婚的理論，提出要注重和發掘電影自身的特性和自身所獨有的表現力。[10]

就文藝界而言，這個狂飆突進運動的主力軍大多是1977年以後進校的大學生。由於電影學院在文化大革命以後第一次招收學生是

8　白景晟，〈丟掉戲劇拐棍〉，《電影藝術參考資料》，中國電影家協會編，1979年第1期。

9　張暖忻、李陀，〈談電影語言的現代化〉，《電影藝術》1979年第3期。

10　參見鍾惦棐在《電影通訊》上的發言，中國電影家協會編，1980年第10期。

1978年，電影學院78級的幾位學生後來成了國際上著名的「第五代導演」。但是他們成為引人注目的「第五代」不是因為他們78年進電影學院，而是因為他們拍攝過第五代風格的作品。僅就導演系而論，78班的同學沒拍過「第五代」風格的作品的人大有人在。與當時絕大多數青年人一樣，他們有著明顯的青春期後延現象和急於補課的心態。由於第五代作者們的青春期是在一個極度壓抑、一切按照指令規定的紅衛兵時代度過，他們的青春狀態一直後延到那個1980年代的意識形態鬆動時期才得以爆發出來。[11]

1984年，《一個和八個》、《黃土地》同年問世，新時期以來中國電影最具世界性名聲和商業、文化影響力的創作流派閃亮登場，它的名字叫做「第五代」。在幾年中，這些青年導演們紛紛拍攝出具有新穎風格特徵和具有文化反叛意義的作品。1984年前後，還有吳子牛拍攝了《喋血黑谷》（1984）；田壯壯拍攝了《獵場札撒》（1985）、《盜馬賊》（1988）；胡玫、李曉軍拍攝了《女兒樓》（1985）黃建新拍攝了《黑炮事件》（1986）；張藝謀拍攝了《紅高粱》（1987）。

《黃土地》、《一個和八個》的攝影師都是張藝謀，但是一般將《黃土地》作為第五代電影的標誌性作品。這是因為《黃土地》最集中地代表了第五代電影的一些特徵：攝影造型的強烈突出表現力、遠離敘事性；畫面設計、鏡頭的內部人物與人群的相對運動；剪輯等一系列電影語言的創新性、打腰鼓等場景形成的視聽衝擊；對民族精神勃發做出強烈的集體主義呼喚等等。在題材選擇上，「第五代」初始的作品都選擇了紅色電影所一直使用的題材，但是，由

11　關於第五代作者們青春期的心理壓制現象，可參見：郝建，〈青春期後延與補課情結〉，《新京報》2005年3月2日 C59版。

他們所拍攝的這些電影作品，卻很少被歸入所謂「革命歷史題材」。這是因為，他們在電影語言和敘事方面呈現出巨大的變革和反叛性。

今天回望歷史，《黃土地》仍然顯出其電影語言上反叛陳規的革命性。它是青年導演對於1980年代思潮紛雜湧動、藝術創作異軍突起大氛圍的呼應，是青年導演創作群體創作欲望的第一次噴發，是青年作者們主體覺醒的開始。就電影的形式體系而言，它具有驚世駭俗的革命性。《黃土地》的作者們把電影的敘事性降得很低，對電影的畫面構圖、色彩處理、鏡頭內部的調度等形式元素進行了極度自覺和擴張強調的處理。就視聽語言的自覺和張揚來考察，它對1949以來中國電影一些圭臬──諸如形式為內容服務、藝術為大眾服務等等──形成了重大的突破。當時的著名電影理論家鍾惦棐老師看了這部作品以後，曾經坦誠地說過自己看不懂。靠著不驚人死不休的精氣神，這些北京電影學院畢業不久的青年作者們成功地營造了全新的鏡頭運動和對比性的段落節奏，這種新的影像讓黃土高原顯示出一種凝重、蒼涼的形式美感。依靠著視聽語言的強大衝擊力，第五代導演們成功地讓世界聽到了自己的聲音。

黃土地是第五代導演們處理的重要意象。借助黃土地意象，第五代導演和其他一些中年導演參與到當時「尋根文學」、傳統文化認識等許多文化討論中。在陳凱歌的《黃土地》和第四代導演吳天明的同時期作品《人生》、《老井》等影片中，故事探索的困境就是如何面對這乾涸、貧瘠的土地；「出走」和「留下」，「愚昧」和「喚醒」、「拯救」是常見的關鍵字。在視覺處理上，第五代電影非常注重影像表意，我們時常看到唯美化和詩意的傾向：在敘事內容之外表現那片黃土地的美感。我們時常看到日落或者朝陽時分拍攝的黃土地，加了濾色鏡的攝影使畫面呈現出比較美化的暖色調。

但是，《黃土地》中還有另一個元素一直是被讀者和研究者忽

視的：它在題材上、內容上乃至一些電影思維上還明顯具有革命電影那些紅色敘事的傳統。它在題材上和主題上依然是在言說那些革命敘事的道理，曲終奏雅，影片用場景轉換來表現紅色的希望之地：延安；用劇中人物的對話強調「公家人的規矩」。

就創作方法而言，《黃土地》也很得到一些革命電影的傳承。那著名的求雨場面和打腰鼓段落都是典型的雜耍蒙太奇。趴在地上的農民，頭上都戴著柳條帽子，像極了電影中準備打伏擊的英勇抗日主力部隊八路軍或敵後武工隊，其實那不是陝北農人們求雨時的打扮，而是張藝謀、陳凱歌、何群等作者編造出來的民俗場景。打腰鼓，陝北安塞也難得聚集起那麼多人，排出那樣的方陣。這也是經過強化處理、人為鋪陳的設計場景。

這種為電影設計場景、改造現實的電影思維是從愛森斯坦那裡延續過來的。用強化的人造畫面來製造吸引力，正是愛森斯坦的思想精髓，他的雜耍蒙太奇學說就是極度強調讓聲音、畫面的營造和剪輯來「有衝擊力地」表達作者的政治意念。他曾經在《戰艦波將金號》中被槍斃水兵的身上蓋一塊大帆布，那是他在拍攝時編造出來的，以此來表達對革命水兵的同情，強化對軍官的情感指控。[12]

《黃土地》的故事也含有紅色敘事的精氣神，情節線還是八路軍戰士顧青去啟蒙不懂婚姻自由的小村姑。在黃河上空迴響的，依然是延續至今的經典主旋律歌詞：「救萬民靠的是共產黨」。但是陳凱歌對一些革命詞語的處理又顯示出極大的多義和曖昧性。在《黃土地》中，導演讓翠巧的歌聲「救萬民靠的是共產黨」的響亮歌聲迴響在遲緩流動的黃河上，但這歌聲又戛然而止，可能會讓觀眾猜

---

12 關於愛森斯坦美學的一些特徵，可參閱拙文，〈法西斯美學的源流和特徵〉，《思想》第46期。

想翠巧尋找顧青的渡河旅途是否有不祥結局。《黃土地》是從革命
敘事的殼裡脫穎而出的黑天鵝。[13]

　　對這部影片的言說，也是在革命電影的思路和框架中為其尋找
合法性。在第五屆金雞獎評選中的爭論首先是圍繞它的思想。不喜
歡的，說它「沒有跟上『火熱的』時代步伐，沒有正面表達『沸騰
的生活』，而是展示了中國蒙昧落後的一面」。我的導師沈嵩生跟
我回憶過，他在金雞獎評獎時表示，影片具有真實性，是現實主義
的。

　　田壯壯、張藝謀、陳凱歌等第五代導演在創作初始階段竭盡全
力在視聽語言和敘事方法上尋求突破，用形式創新，或者說形式反
叛，成功地闖入了中國和世界電影的話語競技場。在題材和一些歷
史表述上，他們有意識地與革命敘事的陳規和律令保持著同步。同
樣是第五代導演，田壯壯的作品與紅色敘事的題材和話語拉開了距
離。他的《獵場扎撒》、《盜馬賊》是在疏遠中表示出背離，在躲
避中顯出離心離德。但是他們也許沒有意識到，相比較於主旋律的
宣傳文藝觀和電影藝術形態，他們這種電影形式、視聽語言上的語
不驚人死不休就是一種個人主義；他們的這種噴湧而出的表達衝動
就是一種明顯的自由化衝動。更不用說，《黃土地》中對中國農民
那乾涸、艱辛的物質生活環境的強化呈現，絕對不符合革命現實主
義的創作規範。《黃土地》中憨憨爹的形象時常與羅中立的超級現
實主義油畫作品《父親》（1980年）放在一起討論，那個作品中的
農民形象顯然地具有蒼老、木訥的形象，他的面孔上刻滿了艱辛滄
桑。《黃土地》等電影作品中對農民生活現實和中國自然環境的展

13　參見拙文，〈《黃土地》：影像革命與紅色敘事基因〉，《戲劇與
　　影視評論》2016年第3期，頁58-63。

示，明顯地越出了此前革命電影中所謂「革命現實主義」、「本質真實」等一整套理論學說的指導框架。2022年，李睿珺的電影作品《隱入塵煙》在網路上被下架。我們可以在黃土高原的視覺處理和農民的生存狀況方面，看到它與電影《黃土地》的近親性或者互文性。

第五代導演的電影形式語言破格衝動，必然地具有思想出軌的可疑去向。

1987年，張藝謀拍攝了《紅高粱》，作品獲得柏林電影節金熊獎。這部作品是第五代創作的重要座標，它標誌著第五代作者中出現的一些重大轉向。與《黃土地》、《獵場扎撒》等作品相比，它具有較強的敘事性，這是張藝謀開始轉向大眾認同的電影模式。就這一創作群體而言，後來的《霸王別姬》（1993）、《活著》（1994）、《荊軻刺秦》、《英雄》所繼續探索的商業電影路線是從《紅高粱》開始。

張藝謀創作的第一衝動是形式革命，語言反叛，他的藝術作品的主要魅力也是那種極度張揚的形式感。這種形式張揚是與呼喚個性覺醒、鼓吹人的主體性張揚、釋放久久被壓抑的內心力比多互為表裡的。就題材來說，它不像《黃土地》、《一個和八個》那樣還把題材限制在以前的紅色主旋律電影所常用的革命歷史故事中，而是在當紅的文學作品中掘取素材。第五代誕生前後，文學界興盛的是關於文學「尋根」的討論，思想文化界的火熱話題是對人道主義、異化等概念的討論。當時熱點關鍵字是「人的主體性」、「個體」、「選擇」、「批判」。就作品的內涵意念來看，《紅高粱》濃墨重彩地抒寫了個體力量的勃發，對個人的主體性張揚發出了直上高音C的禮讚。

《紅高粱》第一次在國民黨女特務之外明確地、成功地塑造了

中國女演員的性感形象。《紅高粱》還用具體的性征服動作和雜耍
蒙太奇場景直接地、奔放張揚地描寫了男人的噴張性欲。作品中對
主人公的認識和描寫明顯地超出了革命文藝觀中的「人道主義」概
念，如果依舊用「個性解放」來加以闡釋，就明顯地詞不達意。所
以，後來許多電影史研究者都偏愛用尼采所強調的「酒神精神」、
「超人」來闡釋《紅高粱》中姜文飾演的「我爺爺」形象。如果說
影片中的「我爺爺」的行為可以看作是「酒神精神」的極度張揚，
那我們也必須認識到，其中也充滿了強人崇拜的意味。這種人物動
作，也顯示出某種無規則競爭的農民起義行為邏輯和暴力奪取的內
在心理秩序。

　　與《黃土地》一樣，《紅高粱》這部作品在極度尋求創新、大
膽進行電影語言革命和展現主人公某種具有新的「精氣神」活法的
同時，也浸淫了革命敘事常用的電影手法。「顛轎子」、高粱地裡
一個大圓圈中野合、撒尿造出好酒，乃至最後作為影片高潮的高粱
酒燃起大火攻擊日本侵略者的軍車，這些人為設計加工、營造誇張
視覺衝擊力的畫面，明顯地汲取了愛森斯坦雜耍蒙太奇的電影技法。

　　在敘事結構上，影片明顯地分為兩個結構段，前半段的主要張
力是「我爺爺」反抗以李大頭、羅漢大叔為代表的社會規則，以一
系列強力手段奪得美麗性感的女子。在故事後半段，敘事的題材有
個突然的切換，「日本鬼子說來就來」。就人物結構而言，前面眼
看著「我爺爺」對著酒缸撒尿、強橫占據「我奶奶」，卻一言不發、
逕自黯然離去的羅漢大叔以共產黨員的身分回到故事中。故事高潮
是由「我奶奶」的號召所發動：「是男人，把這酒喝了，天亮去把
日本人汽車打了，給羅漢大哥報仇！」通過對羅漢大叔所代表的共
產黨人形象的認同和為之復仇，編導就將前半段故事中個人的暴力
奪取的反社會規則衝動，順暢、無接縫地歸結到抵抗侵略者的民族

大義上。這裡，影片編織了一個轉換主題的敘事結構：由強調描寫
個人動機、個體衝突的個人敘事，轉到集體面對外來壓力、抵抗侵
略者，以此完成革命大義。這種轉換嫁接敘事主題的結構後來成為
許多中國電影、電視劇的常用結構。它具有鮮明的中國特色，這就
是兼顧商業戲劇規律和主旋律的愛國意識形態要求。這種結構既給
了藝術家發揮藝術創作衝動的空間，也得到了黨的宣傳部門的認
可。在《黃土地》、《紅高粱》、《女兒樓》、《晚鐘》等一系列
創作中，張藝謀、陳凱歌、胡玫、吳子牛等第五代導演，以這種方
法贏得了展示自己才華的空間。他們有意識地將電影語言的反叛，
建立在一些題材和敘事主題歸順的基礎之上。同樣，黃建新的《黑
炮事件》也是將強烈的色彩營造、精心構建的造型處理，建立在一
個「呼喚改革」「反思僵化的知識分子政策」等呼應當時改革大潮
的主題之上。

　　在電影理論方面，1980年代的中國電影理論工作者也秉承了與
電影藝術家一樣的策略，這就是：堅持聲稱自己只在電影藝術形式、
電影語言方面進行革命，同時明確表示電影語言的現代化不涉及所
表達的內容。

　　這種理論態度也表現在1980年代對巴贊的介紹、闡釋和誤讀
上。在討論和望文生義的言說中，人們每每將其本體論意義上的對
完整現實的尊重給簡化掉或者誤解了。在理論和創作實踐中，巴贊
的理論追求和電影美學趣味不時被庸俗化地解說為「長鏡頭」。[14]在
1980年代，這種理論誤讀和創作上的觀念規避可以被看作是對主導
意識形態的一種有意或無意地服從，一種對主導文化禁忌話語的迴

14　參見筆者拙文，〈安德列・巴贊在中國：被言說與被消減〉，《當
　　代電影》2008年第4期。

避。在理論言說中，這是用學術話語來表示一種不冒犯姿態；在創
作者那裡，這是用題材選擇和主控思想方面的退讓，來求得藝術探
索的空間。電影學者戴錦華有過一個分析：「只有置形式於內容之
上，置風格於表述之上，第四代導演才能完成一次安全的逃脫：逃
脫一種派定的社會政治角色，逃脫『工具論』的桎梏，逃脫大合唱
的樣板藝術規範。」[15]其實，這是電影藝術家面對電影審查擠壓、
控制的不自覺策略。

　　當時，電影界與其它藝術領域一樣，高聲吟誦的是人道主義的
頌歌。在那個政治氣氛變化莫測，忽而鼓勵思想解放，忽而大聲疾
呼「清除精神污染」的年代，人道主義的旗幟是向主導意識形態表
明自己循規蹈矩、不越雷池的忠心獻詞；也是戰戰兢兢地向政治權
威祈求個人權利的有效奏摺，和提防天庭震怒的護身符。

　　但是，電影語言革命從來就不僅僅是形式創新，它必然蘊含著
或者已經走向了內容的反叛或者革命。從張藝謀的《紅高粱》來看，
那種個體欲望的噴發、對性和經濟利益的奪取顯然超出了傳統革命
文學中人道主義的內涵。1986年拍攝完《大閱兵》之後，張藝謀接
受訪談時強調的還是個體對集體的歸屬和奉獻，他十分崇尚閱兵戰
士：「他們走的是軍威，是一個國家、一個民族不可戰勝的精神……
一個民族要想強大，必須把極其發展的個性融入一個統一的意志，
這樣才能迸發出堅不可摧的力量。毛主席的功是不可磨滅的,他……
使民族血管裡的血液沸騰起來」。[16]在《紅高粱》中，對個體欲望
和個體實現欲望手段的展示和描寫，也顯然越出了張藝謀自己之前

15　戴錦華，《霧中風景：中國電影文化（1978-1998）》（北京：北
　　京大學出版社，2000年5月），頁8。

16　羅雪瑩，《紅高粱：張藝謀寫真》（北京：中國電影出版社，1988
　　年7月），頁22-23。

對個體生命價值要奉獻於集體主義的認識。同時，張藝謀的這一表述也許可以解釋《紅高粱》敘事後半段，羅漢大叔以共產員身分在敘事中的回歸，以及最後的敘事高潮落在民族大義之上。

在1979至1989年的「新時期」，主旋律電影也是非常重要的創作方向，這可以看作是1920年代鄭正秋社會片所秉持的教化民眾、療救社會觀念在新歷史時期的演變。電影研究者一般認為，主旋律電影就是在政府指導下弘揚國家意識形態的電影。1987年，時任廣電部電影局局長的騰進賢正式對全國電影創作團隊提出「弘揚主旋律，提倡多樣化」的口號。主旋律電影的題材一般以書寫共產黨歷史，闡述「革命歷史題材」和描寫英雄模範人物的社會楷模人物為主題。1989年出品的《開國大典》和1980年代開始拍攝的《大決戰》系列，是新時期主旋律電影的代表。

三、第五代：給自己吟唱輓歌

1993年到1994年，三位第五代導演不約而同地完成了他們最重要的、具有史詩性意義的作品。1993年，陳凱歌拍攝了《霸王別姬》、田壯壯拍攝了《藍風箏》，幾乎同時，第五代導演的另一位主將張藝謀創作出《活著》（1994年）。這三部作品形成了第五代導演作為具有相當共性的創作群體或者創作流派的一個新的高峰，這是他們最後的一個創作高峰。這三部作品有著明顯的共性：敘事上，都拋棄了以前以往的低情節、非敘事性的講述方法，都在長時間軸上表現了中國近代、當代的歷史畫卷；表演和影像上，都營造了現實主義的，寫實的風格；都是使用了常規商業電影的敘事模式，注重故事的講述和人物的塑造；在演員使用上都使用了當時大陸和海外較有知名度的演員。

　　三部作品都獲得了國際A級電影節的青睞，《霸王別姬》獲得第46屆坎城電影節最高獎項金棕櫚獎，《活著》獲得1994年第47屆坎城國際電影節的評委會大獎、《藍風箏》獲得東京國際電影節最佳電影獎、夏威夷國際電影節最佳電影獎。三部作品在中國大陸都未獲得審查通過或者短期放映即被禁止。《霸王別姬》中的京劇唱腔，《活著》中富有悲愴蒼涼意蘊的板胡曲調，都成為第五代電影導演為自己吟唱的一曲悲歌。這或許也可以當作是對那個成就了他們電影輝煌事業，釋放了藝術創作天才的和思想力量的1980年代的輓歌。

　　這些作品延續了上個世紀80年代的文化思考的一些重要話題：對人的認識，對人性的挖掘、對歷史的反思。在這三部作品的創作中，第五代的三位導演吸收了新時期思想解放運動和藝術方法、歷史反思的成果，繼續在歷史場景再現中反思這塊土地上人與時代大潮的關係，思索人在命運襲來時的選擇。

　　更重要的、更具有革命性的意義是，這三部作品試圖對中國近代以來的歷史進行再思考、再敘述，這具有明確的、頗為離經叛道的意義。不管是有意識地追求還是無意識的形象思維引導，三位導演都在用電影形象重新書寫中國現代歷史。

　　從電影藝術所要求的更為寬鬆、開放的政治、文化氛圍來考察，第五代電影導演們這一創作高峰的時間點大有奇怪。為什麼在「新時期」的政治風波結束，各種活躍思潮退去以後的三、四年，第五代導演還能完成這個創作高峰？筆者分析，這是由於電影創作的特殊性導致。由於其經濟運作和實際籌備、拍攝是非常耗費時間和金錢的，一部電影的創作與小說相比要考慮更多的藝術、經濟元素和外部條件，所以有時會有一個稍微漫長的過程。雖然創作完成於1990年代，但就其藝術走向的延續、主題思想的探索方向以及其內在氣

質來看，《霸王別姬》、《藍風箏》、《活著》顯然是上個世紀1980年代思想解放、文藝探索運動所結出的果實。就觀念上的主控思想而言，這三部作品屬於改革開放的「新時期」的產品。它們是中國1980年代的精神遺產和文化衝擊的餘波，而不屬於1989之後「弘揚主旋律」的年代

　　《霸王別姬》、《活著》的情節更為濃烈，人物命運變化劇烈，作品的肌理完全是大眾文化的認同機制。《藍風箏》敘事態度更為冷峻，色調處理也是偏向陰晦、灰暗，影片用了兒童鐵頭的畫外音作為敘事者，使得電影的文本肌理具有一些間離感。但是與田壯壯1980年代創作初始階段的作品相比較，這部作品走向了較為常規化的敘事形態，故事的刻意營造濃烈的情感，人物的命運變化起伏很大。導演用冷峻的敘事和灰暗的影調襯托出那個年代的陰冷和主人公的荒誕境遇。

　　總體上看，第五代三位導演至此完成了向大眾化電影的轉化，在思想主題上，也正面地、直率地重新審視現代中國的歷史。

　　這三部作品中，《藍風箏》和《活著》沒能夠在中國大陸公開放映，《霸王別姬》也在短暫的公映後也被禁止在中國銀幕和電視螢幕上出現。如果以大眾化的、在有趣味的形式中蘊含普遍性人情倫理作為標準，這三部作品在那個思潮突進的新時期終結以後四、五年，十分令人意外地成了第五代創作的最高峰。它們是第五代導演最後的輝煌華彩，也成為他們的贏得掌聲雷動的返場告別曲。此後，作為風格流派的第五代就此終結，第五代電影主將們的藝術道路和思想走向產生巨大變化、分化。

　　與1980年代在中國受到喝彩和文化認同的境遇截然不同，第五代導演們的許多作品，諸如《黃土地》、《紅高粱》、《菊豆》、《大紅燈籠高高掛》在1990年代受到了後殖民學說的強力批判和有

效阻擊。陳凱歌、張藝謀等人的電影作品受到指責：「為西方營造奇觀」、「以出賣中國的醜陋形象贏得國際電影節評委的青睞」。第五代導演三部史詩性作品公映受阻、主導文化管理體制發出具體禁令、精英知識分子帶有民族主義腔調的高屋建瓴式學術闡釋與政治批判；這些因素合力導致第五代導演出現了巨大轉向。

1990年代中國電影創作的另一個重要現象是一大批青年導演的出現。與第五代創作群體一樣，這些被稱為「第六代」的導演也是大多畢業於北京電影學院。

與第五代導演不同，被統稱為「第六代」的這些青年導演彼此之間的藝術氣質、與電影藝術歷史作品之間的關係和具體作品的風格差異很大。他們的電影視聽語言肌理、電影故事編排的敘事結構也顯出巨大的差異性。王小帥、婁燁、胡雪楊三人是同班同學，但比較王小帥的《冬春的日子》、婁燁的《蘇州河》和胡雪楊的《留守女士》、《牽牛花》，就可以看出其作品的內在風格、品相所具有的明顯差別。如果把某些第六代導演的作品集中起來與第五代比較，研究者能夠總結出邊緣化的人物、對城市生活的呈現、與世界電影更為密切的對話關係等特徵，但是在總體上，第六代更是一個年齡和代際更替的概念，而不像「第五代」那樣是一個比較完整統一的電影藝術上的風格流派概念。[17]

17　關於第六代的命名和創作特徵，可參見：郝建，〈生於1960's無法命名的一代〉，《南方週末》2002年4月4日，以及郝建，〈第六代：命名式中的死亡與夾縫中的話語生命〉，臺灣電影資料館《電影欣賞》2003年夏季號，總第116期。

四、第六代：命名式與死亡情結

與第五代導演一樣，許多被稱為「第六代」的導演也受到了國際上的關注，在各個電影節上獲得觀眾青睞和許多藝術獎項。其中最引人注意、獲得國際獎項較多的是王小帥、婁燁、賈樟柯、張元等人的電影創作。

就藝術營養和所受到的風格影響而言，第五代可以說是1980年代的改革大潮、思想文化、電影理論的產品，而第六代則更多是世界電影文化所滋養的綠葉。如果說第五代導演主要受到前蘇聯電影和社會主義現實主義、雜耍蒙太奇等創作方法的薰陶，第六代則更多地從義大利新現實主義、法國新浪潮和美國新好萊塢電影吸收營養。

最早的話語爭奪發生在1989年，由北京電影學院1985級畢業生發動。雖然〈中國電影的「後黃土地」現象：一次關於中國電影的談話〉一文直到1993年才發表，但它成文於1989年春季左右。在這篇文章中，突破第五代電影的影響這個目標／焦慮表現得很明顯。

作者們認為：「《黃土地》的創作，實際上是一種風格化的過程，所以，之後的中國導演們，在還沒有徹底弄清正常電影的狀態下，就開始尋找自身的風格和樣式了。」而「電影製作界對於這種個人電影的追求，導致了一種以膚淺的社會學、人學、文化學甚至精神分析解釋自我作品的風尚，這使中國的電影導演們始終處在一種欠清醒的狀態中。」[18]……

---

18 〈中國電影的後「黃土地」現象——關於一次中國電影的談話〉，《上海藝術家》1993年第4期。

文章明確地宣告「新一代電影人」要告別過去並突破對藝術功能的認識，他們將致力於恢復電影本來的面目。「《黃土地》已成過去……在我們的電影界裡，有很長一段時間是觀念領導創作、主義領導創作、讀解領導作品……今天的中國電影需要的，不僅僅是理論家、評論家、或者讀解家，中國電影需要的是一批新的電影製作者『老老實實地拍』老老實實的電影。」[19]

根據筆者2020年12月14日對胡雪楊導演的電話採訪。婁燁是文章的主要執筆，寫作時間是在1989年春季左右。最早的署名是婁燁個人或是導演系85班。婁燁將文稿交給胡雪楊，胡雪楊將署名增加為「北京電影學院『八五』級導、攝、錄、美、文全體畢業生」，並在1990年前後給了《上海藝術家》雜誌的主編。

這篇宣言式的文章後來被認為是新一代電影工作者的自我宣示，也流露出對中國電影進行某種改弦更張式變革的意圖。但這篇文章到1993年才得以發表。

更有意識地打出旗號，宣告第六代這個名詞和新一代電影人的問世是北京電影學院導演系1985班的胡雪楊。

胡雪楊在介紹自己的處女作《童年往事》時首先發出了第六代問世的宣告。發表在《電影故事》上的文本比後來媒體和研究者所反覆引用的要正式、完整、高調。「北京電影學院85級全體導、攝、錄、美、文畢業生是繼中國第五代電影工作者馳騁影壇後展露出的最新一代──『第六代』電影工作者！」[20]這段話中有肯定第五代成績的「馳騁影壇」，更重要的意義卻在於強調「展露出最新一代──

19　〈中國電影的後「黃土地」現象──關於一次中國電影的談話〉。
20　胡雪楊，〈談談我的《童年往事》〉，《電影故事》1991年6期，頁14。

『第六代』電影工作者。」這個宣言具有「我來了」的自信和氣勢。

　　與之相比，張元對第六代這個詞的態度就更為直白，有著更為實際的考慮：「說代是個好東西，過去我們也有過『代』成功的經驗。中國人說『代』總給人人多勢眾、勢不可擋的感覺。」[21]

　　與其他藝術門類相比，電影電視是一個話語能量巨大的藝術。前人的作品對後來者既是文本借鑒、話語對話的對象，同時也構成巨大的商業壓力和藝術上「影響的焦慮」。今天，第五代已經徹底成為電影史中的詞彙，但在1990年代，從1985級電影學院同學，到1993年進校的賈樟柯，在話語市場上所面臨的最大的競爭壓力還是來自第五代。

　　在2000年的一次採訪中，賈樟柯認為張藝謀、陳凱歌「沒有打破原來那種電影作為權力的一種東西，因為他們從根本上還依靠體制，是一個體制的既得利益者。而獨立電影打破了這個東西」，賈樟柯說，他的願望是用電影述說「此時此刻我們真實的生活」。[22]

　　兩代或者幾代電影人之間不僅僅是競爭和話語壓力，也有彼此的扶持和幫助。作為第五代導演最重要代表人物之一的田壯壯，在扶持第六代導演這方面所做的工作在業內一直被人稱道。為此，一直關注第六代導演的《電影故事》推出了鄭向虹撰寫的特稿〈鋼鐵是這樣煉成的：田壯壯推出第六代導演〉。文章的題目有意識地與路學長的處女作《鋼鐵是這樣煉成的》（後改名為《長大成人》）相聯繫。田壯壯還在《長大成人》中出演了火車司機朱赫來。

　　在鄭向虹的採訪中，王小帥對田壯壯非常感激：「第一次感到

21　鄭向虹，〈張元訪談錄〉，《電影故事》1994年5月，頁9。

22　見〈訪問《小武》導演賈樟柯〉，吳文光編，《現場》第一卷（天津：社會科學院出版社，2000年11月），頁190-191。

自己是個完全的導演。可以完全從創作角度去拍電影，而不因為資
金問題削足適履，也不需為許多非導演的工作而分神」。[23]田壯壯
則在採訪時直接說最重要的事：為青年導演張羅錢。「小帥他們在
社會上闖蕩了那麼些年，也越見成熟。應該系統地支援他們去
做。……總要有人去為他們張羅錢，我覺得這事很有益處。」[24]

　　非常有意思的是，筆者在考察第六代命名儀式的過程中搜索文
字材料，看到最早在報刊媒體上提到「第六代」這個代際名稱是老
導演謝晉。文章的題目就叫〈謝晉提到「第六代」導演〉，雖然其
中只有一句話提到第六代。

　　接受列寧格勒電視臺編輯讓娜·阿納托莉耶夫納·科濟娜的採
訪時，謝晉說：「我在大學時代學斯坦尼體系，讀契訶夫的作品，
因此非常注重人物性格的塑造。今天的年輕一代有些不同，學法國
的較多。……第五代這些人大致四十歲上下，他們十五六歲時遇上
文革，顯得深沉。第六代就活躍了。」[25]

　　在創作道路、藝術手法、電影語言、敘事風格和底層價值觀等
方面，被命名為第六代的這些青年導演出現色彩紛呈的樣貌。他們
在今天中國語境中的選擇，他們現在與中國主導文化的關係也呈現
出帶有極大差異的複雜版圖。

　　但是，在深層心理層面，在青春記憶與他們創作的關係上，從
他們許多導演的作品中我又可以發現某種密碼。從這些密碼在作品
出現的頻次及其在敘事中處理的方式看，我們或許能從中發現某種
集體性的心理症候。

23　鄭向虹，〈鋼鐵是這樣煉成的：田壯壯推出第六代導演〉，《電影
　　故事》1995年第5期。
24　鄭向虹，〈鋼鐵是這樣煉成的：田壯壯推出第六代導演〉。
25　〈謝晉提到「第六代」導演〉，《電影故事》1989年第10期，頁3。

　　我在2002年曾分析第六代敘事中的某種深層母題以及作者心理
上的共同性，那就是他們揮之不去的死亡情結。[26]

　　在一些青年導演的作品中，不約而同地出現了某種「死亡」的
主題。我們可以分析這幾部影片中死亡在敘事結構中的重要性。《月
蝕》、《蘇州河》、《安陽嬰兒》、《非常夏日》都有一個敘事處
理上的共同性：對於劇中某個人物是否已經死去出現一種語焉不詳
的處理。在婁燁的《蘇州河》、《頤和園》中，都有主人公親密朋
友突然自殺。

　　有時，敘事中出現的是主人公對一個與自己關係親密的人的死
亡有亦真亦幻的感覺。「死去」，或者「是否死去」在敘事上都出
現某種模糊性解釋，而且「死亡」主題都進入了作品的敘事結構層
面。在《蘇州河》中，男主人公馬達與女主人公牡丹出車禍而死，
此前牡丹曾經當著男主人公的面仰臉落入蘇州河自殺；在《非常夏
日》中，女主人公被處理成懸念——被強暴後淹死的死亡假象。在
《月蝕》中，雅男一直不相信真的有一個與自己長得一模一樣的佳
娘，在結尾處，兩個人的死亡被導演用電影語言在非情節的意象中
連接在一個鏡頭中。而且，有意味的是，由一個演員扮演的兩個女
人的死亡被合二為一了。

　　王超導演的《安陽嬰兒》沒有使用一個人扮演兩個主人公的結
構。但其中也有將死亡處理得亦真亦幻的一筆。下崗工人於大崗因
為要保住與自己同居的賣笑女，失手打死了一個黑道大哥。那賣笑
女去監獄看望於大崗，他肯定被判死刑。後面的一場戲是賣笑女在
居住地被抓捕，在逃跑的過程中，孩子丟失了。可是，在被押送回
家的火車上，在接近瘋狂的心理狀態下，賣笑女出現了幻想：她隨

26　見郝建，〈生於1960's無法命名的一代〉。

手將孩子交付給了於大崗！影片就在火車進入黑暗隧道的一聲長嘯
中結束。

這一現象在青年導演的創作中持續重現。大多數作品都是以主
人公身邊親近人的死去，來構成結尾或者敘事上的重要情節衝擊
點。在婁燁的作品《頤和園》中，不僅有主人公的親近朋友在1989
年天安門鎮壓後逃亡，還有重要角色李緹突然跳樓自殺。

王小帥的《青紅》是很有力度也很有現實質感的一部作品。這
部作品中，我也看到對死亡處理在敘事上出現躲避和語焉不詳的現
象。主人公的父親和青紅對小根的死亡知曉與否被迴避了，他們的
態度和反應也迴避了。小根的死去是用海報完成敘事上的交代，是
由電影的某種意會的表意功能所完成的。在具體的敘事文本中，小
根的死亡是不確定的。與青紅錯身而過的囚車上，我們看到小根也
在被判刑者中，排在第五位。導演用汽車喇叭聲蓋住了對他的判決
詞，而後面是三聲非常強化處理的槍聲迴盪在山谷中。

這樣，《青紅》的結尾就出現了巨大的敘事轉變。從爸爸去工
廠把小根送上警車以後，影片講的是另一個故事，主導事件走向結
局的是另一種的矛盾。爸爸對小根是否要判死刑這件事，只用很間
接的方法交待出來。鄰居真真媽對青紅母親說：「聽說這種事判得
很重，聽說還要⋯⋯」。「不會吧，老吳也擔心這個事情，還專門
去打聽過，應該不會的。」與前面要打死小根相比，父親的態度在
這裡是有變化的。更重要的空缺還在於：青紅對小根被判死刑知道
不知道，何時知道的？什麼態度，什麼反應？結尾部分對這些重要
的情節轉向交待使用了跳躍手法。[27]

---

27 關於對第六代導演作品這方面的更多分析，可參見〈《青紅》及第
六代導演：死亡情結與營造真善美〉，《藝術評論》2005年第7期。

　　在王全安導演的《驚蟄》中，對死亡的處理與《青紅》有驚人的相似性，主人公二妹也是在離開了原來的男友進入了結婚生子的另一種生活，但是她在街市上看到自己以前男友侯三娃成了殺人犯，在被槍決的囚車上從自己眼前開過去。

　　有時，作者心中隱秘的死亡情結導致敘事結構乃至臺詞處理上的糾結、纏繞和模糊。從創作心理研究，這可能是作者心中的迷茫，可能是某種強大記憶與有意識迴避所造成的敘事謎團或空洞。

　　如果我們注意到第五代的紅衛兵情結，對他們電影語言上的反規則，文本中的權威崇拜就好解釋些，這種用反規則來凸現自己風格的方法，都是某種紅衛兵意識在新時期自由爆發後的變形和張揚。他們用形式上極度膨脹和反叛，再現了他們對某種非正常環境中形成的規則、規矩的那種恐懼、逃避和怨恨、詛咒。而對國家主義價值觀和領袖強力形象的仇恨／崇拜又或許可以解釋他們作品中對「公家人的規矩」的矛盾糾結文本肌理。這些無不透出其濃重的文革歷史記憶而呈現出的某種集體無意識。

　　考察「第六代」時，我注意到他們作品中的死亡情結進入了許多作品的敘事結構中。如果對第六代一些影片進行互文關係考察，可以看到有不止一個導演借鑒了《維洛尼卡的雙重生命》的結構。那些沒有使用這一結構的作品也多次出現死亡的情節，而且死亡這個情節功能在敘事結構中都起到了強烈的作用。

　　我是從集體無意識這一角度來考察某種在第六代電影中反覆出現、被創作者同構處理的共同母題的。奧地利心理學家榮格發展和修正了弗洛依德的潛意識學說，提出了集體無意識的概念。他認為：「從科學的因果的角度，原始意象（原型）可以被設想為一種記憶蘊藏，一種印痕或者記憶痕跡，它來源於同一種經驗的無數過程的凝結。在這方面，它是某些不斷發生的心理體驗的沉澱，並因而是

它們的典型的基本形式。」[28]

　　作者將這種更深的一層定名為集體無意識。選擇「集體」一詞
是因為這部分無意識不是個別的而是普遍的。它與個性心理相
反，具備了所有地方和所有個人皆有的大體相似的內容和行為
方式。換言之，由於它在所有人身上都是相同的，因此它組成
了一種超個性的共同心理並且普遍地存在於我們每個人身上。
[29]

　　在這些第六代不同導演拍攝的風格和題材相差很大的影片中，
我看到死亡這個母題在敘事結構中有很大的共性。如果與第五代電
影中的死亡母題處理比較，我們可以看到第五代處理死亡主題，在
情節編排和意象設置上表現出更強烈、更戲劇化的傾向。有時是直
接的弒父／弒大哥宣言（《紅高粱》），有時是幾分浸透骨髓的呼
喊與絕望後的臣服（《菊豆》）。有意思的是到了陳凱歌1998年拍
攝《荊軻刺秦王》時，直接在臺詞中討論弒父的主題。他自己扮演
的呂不韋半是表白半是哀傷地說：「兒子是不會殺死父親的。」
　　第五代作品中的死亡經常是在對父輩崇敬和背叛的矛盾情結中
糾纏紐結而無法釋懷；第六代電影中的死者大都是同輩關係，大多
是戀人關係和親密的關係。而且都有一個覺得戀人還活著而事實上
已經死去的敘事功能。他們的作品中對「忍看朋輩成新鬼」透著一

28　榮格，《榮格文集》卷6（普林斯頓：普林斯頓大學出版社），轉
　　引自馮川編，馮川、蘇克譯，《榮格文集》（北京：改革出版社，
　　1997年4月），頁443。
29　榮格，《榮格文集》1-20卷英文版（普林斯頓：普林斯頓大學出版
　　社）卷9（1），頁3-4。

種心理上的迴避和壓制之後的迷幻感覺。

此外，第六代作品中的死亡在敘事結構上往往不是作為權威性敘事中的「故事」來處理，而是作為一種敘事遊戲中的敘事體變異來處理。他們在處理死亡的情緒時，沒有了第五代故事中對父親關係那份慘烈、悲壯和執著而纏繞不清的言說，少了一種控訴什麼的冤屈和道德制高點的抒情。他們的態度是冷靜的，無言的，有幾位青年導演是在一種哀莫大於心死的氛圍中去摹寫死亡。賈樟柯的《站台》中有一場寫女主人公去醫院墮胎的戲，用的是冷靜或者冷漠的筆觸，讓我感到一種逼人的寒氣彌漫在周圍。

如果將這些作品與同時期的主導文化中的主旋律作品比較，就會看到主旋律作品中所呈現的當下現實是如何浪漫、光明和必須充滿樂觀的信心，死亡的陰暗景象和引起傷痛的回憶是被徹底過濾、規避的一個缺失性情節功能。

再比較余華作品的血腥、強烈的意象，再看看余華和莫言作品中那些強烈而又慘烈的死亡場景，我們也許可以得到另一種對照關係。[30]在《蘇州河》、《頤和園》、《青紅》、《月蝕》、《安陽嬰兒》和《月蝕》這樣的影片中，我們看到與余華的作品有某種意象和情緒上、敘事上的同構。

在榮格那裡，原型只是一種形式的可能性，它並不自動呈現為故事或者意象。我在這裡提出對第六代作品中對某種重複性母題和青年導演們對這一母題不約而同的關注，是意圖破解這其中的迷思。是什麼引導或者迫使他們的內心原型啟動為這種故事？是什麼

---

30 關於余華作品中的血腥意象及其主要性，可以參閱郝建，〈「血腥寫作」敲打靈魂記憶——讀《兄弟》及其他〉，《藝術評論》2005年第11期。

構成了他們心中縈繞不絕、揮之不去的情結？又是什麼事件或者記
憶是如此有力，穿透了他們的意識層面而直達他們無意識的底層，
以至於他們同時在一種無意識的創造勃發和沸騰的發散性形象思維
中，控制不住這心理深處的記憶。這種壓力衝破了意識層面的控制，
奔湧而出演變為複雜但可辨的冷峻意象。

　　對此，我的分析是：1989年的事件被中國政府忽而強力定性為
「政治風波」，忽而公布為「反革命暴亂」。而在公共媒體和社會
生活中，那個事件是40多年來的一級禁忌，政府將這個話題變成話
語高壓線和最危險禁區。這些禁忌和強力話語在人們心理上形成了
巨大的心理應力，這種對社會大眾的衝擊進入了我們群體的潛意
識。部分人的反應是失語，部分人的反應是保護性遺忘，還有的知
識分子在有意識、無意識地調整自己的話語走向和話語策略。而1990
年代以來政治一體化的加固和市場經濟的衝擊，又使得自由知識分
子一再被邊緣化，在漸漸失去中心話語權力之時，可以發現他們有
一種對話語權力和實際利益急不可待的追求。

　　而這些第六代青年導演呢，他們大多是1980年代的產物，都經
歷過那十年間年人文啟蒙與人道主義的高歌猛進。1989年的國家慘
案對他們構成了青春期的強大精神電擊。到了1990年代，他們又都
在體驗著當下現實中來自官方意識形態對那個歷史事件的強力闡
釋。他們中許多人還被迫在學校和社會中重覆官方對那個事件的剪
裁歷史和強力闡釋。他們在影片中對「死亡」的各種壓抑性表現，
或許正是對這一系列禁忌與壓抑的一次無意識釋放。

　　就電影語言風格而言，被稱為第六代的這些青年導演對於中國
電影的重大突破和藝術貢獻之一是，首次在中國電影史上建立了較
為完整、純粹的現實主義電影形態。

　　早在1920到1930年代中國的文學界和電影界就有關於現實主義

的理論討論，1930到1940年代的一些電影作品也諸如《馬路天使》、《七十二家房客》也被電影研究者作為現實主義的電影作品來討論。但在左翼文藝家那裡，現實主義是被無產階級所獨占的，一種具有政治制高點的藝術方法。1920年代末，太陽社的蔣光慈、錢杏邨等左翼文藝家從前蘇聯引進的「現實主義」是在「無產階級世界觀、辯證法」等一整套列寧主義文藝觀指導下的現實主義。蔣光慈就明確指出「純客觀的觀察是不可能的事情。」[31]他指責茅盾的客觀觀察理論是一種「舊的寫實主義與自然主義的理論」，並公開主張要站在無產階級的立場上，以無產階級的眼光去觀察事物，並描寫有利於無產階級的事物。在〈關於中國文藝的斷片〉一文中錢杏邨談到：「必須捨棄了對於無產階級解放的無用的偶然的東西。」[32]周揚在1930年代也明確強調這種現實主義的階級性、黨派性：「我們對於現實愈採取無產階級的、黨派的態度，則我們愈接近於客觀的真理。」[33]以這強調功利性，黨派性的藝術觀為基點，1949年以後才發展出「革命現實主義與革命浪漫主義」兩結合的創作方法。在1980年代的新時期，中國導演開始對完整空間意義和客觀紀實、忠實呈現意義上的現實主義電影形態進行了具有突破性和反叛性的探索。鄭洞天導演作品《鄰居》、謝飛導演的作品《黑的雪》呈現出在創作態度和創作方法上、具體鏡頭語言上的現實主義形態。而在那些被稱為第六代導演的作品中，現實主義的電影風格更多地具有一種自然呈現、忠實呈現的冷靜或者說冷漠，他們的現實主義更

---

31 蔣光慈，〈論新舊作家與革命文學〉，《太陽月刊》1928年4月號。

32 見錢杏邨，〈關於中國文藝的斷片〉，《文學與社會傾向》（上海：上海泰東圖書局，1930）。

33 周揚，〈到底是誰不要真理，不要文藝〉，《周揚文集》第1卷（北京：人民文學出版社，1985），頁32-33。

多地蘊含著一種對現實不說話，不表態的旁觀默察，接近一種左拉
式的自然主義。

在近年走紅的小說《繁花》（金宇澄，2012）中，我們又看到
這種自然主義的創作方法。

金宇澄與阿城對話中，阿城強調自然主義寫作對當下中國文學
的重要性。金宇澄說：

> 我第一次在阿老這邊聽到自然主義非常有用，受益匪淺。包括
> 我寫《繁花》的時候也好，也有人說還原到這種地步，是否有
> 意思？[34]

王家衛根據這本小說導演了同名電視劇，但在文學的故事結構
和作品的敘事肌理上與小說幾乎沒有關係。「小說是市井煙火，電
視劇變成了商戰風雲。它減去了小說的慘烈文革故事、減去了小說
的政治話語和艱難的商業環境、減去了小說的膨脹奔騰的性欲，減
去了上海下層市井人的慘狀，只講了愛情和商戰裡頭的拼殺。」[35]

筆者還試圖從文化認同和價值取向的角度來認識小說和電影：

> 《繁花》的那點意思，穿過90年代，直指30年代的舊上海。爺
> 叔的那一段西服教科書大講堂，就不是改革開放的90年代，而

---

34 金宇橙、阿城，〈阿城對談金宇澄：文學不負責講好人的故事〉，
https://baijiahao.baidu.com/s?id=1718453377589030156&wfr=spider&
for=pc。

35 引自拙文，〈《繁花》：懷的哪門子舊？〉，載微信公眾號「鏘稿」，
2024年1月10日，https://mp.weixin.qq.com/s/awI8r9wFhRn8AKxn-Xrt
UQ。

是殖民文化的1930。那個懷舊1990年代，做的還是走出去的夢，跟日本人商業往來，趕上第一波股票發財機運，暗戀的是與世界商業接軌、與當代做文化交流。

《繁花》最迷人的還是那種懷舊情懷，它在今天有點疑雲重重，寫起來，讀起來都有點政治上的不知所措。[36]

在王小帥、賈樟柯、路學長等青年導演這裡，現實主義電影的電影風格和具體的鏡頭語言、表演處理則具有更豐富的世界電影營養。僅僅從片名和題材選取來看，王小帥的《十七歲的單車》、路學長的《卡拉是條狗》就可以看到來自義大利新現實主義的營養。賈樟柯也在與筆者的訪談中談到義大利新現實主義導演德西卡的《溫別爾托‧D》給了自己很大影響。[37]細讀賈樟柯的《小武》，從人物狀態甚至動作設計、鏡頭調度也能看到日本電影《泥水河》（小栗康平）、《活下去》（黑澤明）等影片的一些韻味。

第六代導演的電影風格與1930年代左翼電影人宣導的無產階級文藝觀指導的現實主義截然不同，也與1980年代第四代導演受到巴贊紀實理論影響所探索的現實主義大相徑庭。在他們的作品中，作者與角色的關係是平的視角，劇中人物有的是他們身邊從小的「髮小」（《小武》），有的是他們的同學和朋友（《冬春的日子》）。他們的作品往往具有私人敘事的意味，這些作品和其中角色往往就是他們自己的成長歷史和自畫像。他們的早期作品中，幾乎看不到

---

36 引自拙文，〈《繁花》：懷的哪門子舊？〉。
37 郝建、賈樟柯，〈關於《小山回家》、《小武》的對話〉，《黃河》1999年第4期。

他們對社會說話，對人物進行分析評判的願望。在第六代的作品中，對時代的感慨、對社會的態度是在那種現實物質環境的展現（賈樟柯作品中多次出現的寫著大大的「拆」的斷壁殘垣）和人物的遭遇中自然浮現出來的。他們的人物及其生存環境和故事結局，往往帶有一種陰暗、下沉的意味。《冬春的日子》中，女畫家春離開了畫室、離開了冬，飛向未知的大洋彼岸，而冬落入沉淪和不知所往的絕境，精神幾近崩潰。《小武》的結尾，小武被員警銬在電線桿的牽拉線上，《卡拉是條狗》的結尾，葛優扮演的工人老二在派出所裡看著被關押的兒子和被拉走待宰殺的狗，他一個也救不出來。

　　在電影的鏡頭處理上，第六代導演有著更明顯的特徵。他們作品的攝影、剪輯和鏡頭調度都很成熟，內部調度鏡頭與剪輯鏡頭組成了流暢而豐富的表意段落。王小帥、路學長、賈樟柯等人作品的現實主義風格在鏡頭肌理、物質環境質感呈現和演員選擇、演員表演等方面都顯出一種樸實、忠實的形態。如果與張藝謀、陳凱歌等導演不時使用的雜耍蒙太奇手法相比較，就更加能夠看出這種風格的自覺性，它具有一種老練的樸實、精心設計的樸素。

　　或許是由於作品的敘事性較低，賈樟柯、婁燁、王小帥等被稱為第六代導演的作品在中國至今沒有取得較高的票房成績。在他們的言談和文字表達中，往往將自己的作品歸類為藝術電影，有時會明確地與商業電影對立或對其加以貶斥。《三峽好人》放映時，賈樟柯曾經將自己的這部作品與同時上映的張藝謀作品《滿城盡帶黃金甲》對比，他多次在宣傳活動中呼籲觀眾關注藝術電影對普通人和現實生活的關注：「在這個崇拜『黃金』的年代，還有誰關心『好人』？」。[38]

38　〈《滿城盡帶黃金甲》VS《三峽好人》〉，https://m.1905.com/m/news/

在1990年代，還有一大批青年導演大領風騷，他們延續了中國電影興趣至上，娛樂大眾的傳統，追求以自己電影作品與大面積的觀眾進行對話交流。他們其中許多人也被稱為第六代導演，他們的作品具有明顯的娛樂性追求，都營造較為吸引觀眾的敘事構架，有的作品還具有明顯的喜劇追求。這其中比較受到注意的作者和作品有：畢業於中央戲劇學院的張揚拍攝了《愛情麻辣燙》、《洗澡》；施潤久拍攝了《美麗新世界》；畢業於北京電影學院的李欣拍攝了《談情說愛》《花眼》、《自娛自樂》；李虹拍攝了《伴你高飛》、《詛咒》、《我的美女老闆》；甯浩拍攝了《瘋狂的石頭》、《賽車》、《黃金大劫案》、《無人區》。

第六代導演從問世開始就受到來自兩方面強大話語力量的話語阻擊和意識形態規訓。

來自學院知識分子學術話語的有力批判是，後殖民理論的學術黑話和華麗的國家主義話語闡釋。

談到第六代導演時，北京大學教授戴錦華將其與「西方的文化需求」相聯繫：

將故事片獨立製作者與新紀錄片組合在一起的……是某種後冷戰時代西方文化需求的投射，是某種外來者的目光所虛構出的扣結，同時是自覺或不自覺地參照著這一「虛構」而發生的回饋效應，以及自顧飛揚的本土文化的樂觀之帆。[39]

（續）
guanfanghao/68178.shtml?__hz=e7f8a7fb0b77bcb。
39　戴錦華，〈霧中風景：初讀第六代〉，《霧中風景：中國電影文化（1978-1998）》，頁386。

　　這段評論明顯具有後殖民學說中國版本的特色，「外來者的目光」，正是後殖民理論中的熱點說法之一。然而，在「後89」的中國政治文化語境中，後殖民理論被其話語操作者們自覺地轉換為國家主義的高調。這一理論在「後89」的中國主導媒體和學術刊物上大行其道，成為分析第六代電影作品的最便利方法之一。

　　這種批評思路在中國社會無阻力運行，成為學院知識分子的時髦話語，這種話語在與西方大學的左翼話語無縫對接，在本土則占有中國式政治正確的制高點。第五代導演也享受到學者同樣的評說：「西方文化／歐洲電影節評委們的趣味成了張藝謀電影的先決前提，西方之於東方的文化預期成了張藝謀成功飛行的準確目的地和停機坪。」[40]

　　根據我當時在電影學院教書和編輯學報的經驗，這一類頗有「學術含量」的詞語和批評方法極為流行，學術刊物和大眾媒體都更容易接受。這類學術話語構成了對第五代和第六代電影作品最常見指責的學術底蘊。一些時髦詞語成為貼在第五代和第六代導演身上的通用標牌：「出賣中國人的醜陋」、「營造偽民俗以取悅西方電影節評委」。

　　同樣，對第六代青年導演的作品進行某種創作動機的揣摩也占據學術高點。對於青年導演王超的國際獲獎作品《安陽嬰兒》，當時很有影響的大眾媒體《南方週末》上有這樣的分析：「一時間，中下層市民的『樸素』的（這僅指關懷的表達，即影片的影像語言）人文關懷氾濫，我稱之為「非主流電影腔」──這『腔』絕對地先於創作而存在，如果說這『腔』的產生源於無意識地共同追求，不

_____

40 戴錦華，〈裂谷：後89藝術電影中的輝煌與陷落〉，《霧中風景：中國電影文化（1978-1998）》，頁248。

如說這『腔』源於後來者對成功者成功之路的揣摩之後有意識之舉。」
[41]王超導演告訴我，文章是一個電影學術雜誌的編輯發給《南方週末》，由此可見當時用學術話語表述的誅心之論在學術圈頗為流行。

　　與這些學術話語相比較，來自主導文化的是國家主義話語批判。這種直接的國家主義話語對電影作者的壓力就更帶有政治性，其壓力和影響就更大。

　　1993年第50期的《中國電影週報》刊登了「駐洛杉磯總領事館轉來的一位美籍華人」怒氣衝衝的來信。信中怒斥「個別導演的影片醜化中國人、醜化中華民族」，認為「百分之九十會在西方（或日本）被有心人之利用而得獎，而此獎完全有政治成分……」。[42]

　　當然，武器的批判總不及批判的武器有力。學術話語的闡釋和媒體文章裡的誅心之論都趕不上政府管理部門的決定來的有力、有效。

　　1994年3月12 日，廣電部向上海市電影局、各電影製片廠、各省、自治區、直轄市廣播電影廳（局）發出了〈關於不得支持、協助張元等人拍攝影視片及後期加工的通知〉（廣發影字19941135號）。禁令包括吳文光《1966年，我的紅衛兵生活》、王小帥《冬春的日子》、何建軍的《紅豆》（又名《懸戀》）、寧岱的《關於一部被禁影片的討論》、張元的《北京雜種》、時間《我畢業了》以及田壯壯的《藍風箏》等電影。

41　慶慶，〈也談《安陽嬰兒》的「成功」〉，《南方週末》2001年8月16日。
42　〈一位美籍華人致兩部影片導演的信件〉，《中國電影週報》1993年50期。

五、紅色文化當家作主，商業電影逐步歸順

在1979至1989年的新時期，電影人重新開始追隨大眾，再次高聲吟誦起「興趣至上」的口號，商業電影再次揚帆啟航。這是一種令人何等感歎的從頭再來啊！遵從大眾趣味、注重娛樂觀眾的商業電影再次復活，這是那個改革開放年代最重要的電影創作現象。它延續了1920到1930年代中國電影娛樂至上、軟性電影、鴛鴦蝴蝶派一系列創作探索的藝術傳統。1933年，唯美派電影人黃嘉謨就在《現代電影》上發表〈硬性的影片與軟性的影片〉，提出「電影是給眼睛吃的冰淇淋，是給心靈坐的沙發椅」。這個娛樂大眾的電影觀念，在1980年代一度復活。

1980年張華勳拍攝了《神秘的大佛》，重新開始了對中國武俠電影悠久歷史的創作探索和文化血脈傳承。同年，沈耀庭拍攝了《405謀殺案》，也再次開啟了犯罪偵破題材的類型電影在新時期的探索。這之後，《少林寺》、《鏢王》等武打功夫電影贏得了極好的市場反應。1987年《最後的瘋狂》和1988年的《瘋狂的代價》問世，標誌著員警與犯罪分子構成強烈衝突的警匪片類型再度問世。

新時期的商業電影創作在1989年達到高峰，一大批較為成熟的商業電影問世，贏得了觀眾的歡迎。僅僅在1989這一年，類型電影的代表作就有城市喜劇《頑主》；音樂歌舞片《搖滾青年》、《瘋狂歌女》；驚險片《她選擇謀殺》、《暫緩逮捕》、《復仇女神》、動作片《追殺刑警》、《省港狂龍》；武俠片《黃天霸》、《俠盜魯平》。從參與一些影片的主創人員構成也可以看出當時的電影潮流轉向，《搖滾青年》由田壯壯導演，《古今大戰秦俑情》由張藝謀、鞏俐主演，《瘋狂的代價》有蘆葦參與編劇。

　　新時期的商業電影、類型化電影的創作是中國電影的新樂章，是中國電影燦爛歷史再次輝煌！大約50年之後，中國電影人的藝術感知力和對藝術唯美主義的本能追求得到了再度噴發的機會。中國的觀眾也再次得以在影院中為喜劇情景投入地歡笑，為絢麗神奇的武打動作驚聲尖叫。

　　有趣的是，在這次短暫的興盛中，商業電影不僅受到主導意識形態的限制，也被許多精英知識分子所貶斥。當時這類商業電影被稱為「娛樂片」，往往與「探索片」作為並列概念使用。對於娛樂片創作，不止一位電影工作者在會議發言和媒體文字中用「逼良為娼」來形容其大潮興起，哀歎電影人被資本裹挾。在許多電影史研究論著中，這一十分重要的創作現象被一筆帶過或者隻字不提。直至21世紀的今天，電影的商業化和資本的霸權依然是許多評論和理論工作者扎判的第一標靶、終極標靶。

　　1990年中，這個重新復甦、興旺發達、蔚然成風的商業電影大潮幾乎是戛然而止，個別主管部門的領導者提倡的電影娛樂化也被視為自由化傾向。1989年以後到當下，我們看到中國電影發展的明顯軌跡：紅色文化當家作主，商業電影逐步歸順，國家主義話語籠罩在絕大多數電影作品的主題詞之上。

　　1992年，鄧小平發表南巡講話，中國社會的市場化、商業化大潮再度興起。儘管這個市場化、商業化改革是帶著限制的，遠遠不夠深入的，但是它仍然是對社會生產力和人的欲望和創造力的極大解放。與這個大潮相伴相隨，彼此應和推動，商業電影在沉寂兩、三年之後重新活躍起來。

　　雖然商業電影有著明顯的興盛和觀眾親和力，但在運作上資源最為雄厚、政治上當家作導向，文化言說上最為理直氣壯的還是主旋律電影。這就是這一階段電影創作、觀賞的大致格局。

在這一歷史階段，主旋律電影獲得最大資源和推廣力度，政府對電影創作的領導和管制較之1980年代改革開放的「新時期」有了明顯加強；同時由於政府管理部門允許電影生產的有限市場化，由於電影生產、創作、觀賞的商業規律、由於普通觀眾對形式美學、敘事藝術的天然喜好，類型化電影和其它追尋大眾趣味的商業電影也大大發展興盛。1992年之後，追隨大眾趣味的商業電影在主導文化更加嚴格的指導和許可之下進行著頗有限制的創作、觀賞評論活動。

從1990年至今，一大批主旋律電影在各級黨政宣傳部門的資助、指導、發行放映時用紅頭文件支持鼓勵下進入電影市場。這其中比較重要的有：《大決戰》、《開國大典》等為代表的紅色歷史系列、以《焦裕祿》、《離開雷鋒的日子》、《孔繁森》等為代表的社會主義英雄人物系列；以《毛澤東和他的兒子》、《鄧小平》、《彭大將軍》等為代表的革命領袖傳記系列。至今為止，主旋律電影創作的最高峰是在1999年和2009年前後，即中華人民共和國建國50周年、60周年紀念日前後。從片名就可以大致看到這些影片的主旋律特徵和書寫正統歷史、定位歷史闡述的創作目標：《國歌》、《建國大業》、《建黨大業》、《天安門》。在這一時期，強調宣傳和導向功能的主旋律電影也出現了一些藝術手法上的變化，總的傾向是吸收大眾文化的一些具體元素。例如加強類型化包裝、大量使用明星來增加觀賞吸引力。在觀念內涵上，也注意寫出領袖人物的人情味（《張思德》寫毛澤東給警衛戰士擦汗、送鞋子），寫出英雄人物的一些內在依據（《離開雷鋒的日子》從雷鋒的戰友喬安山的內疚心理出發來展開劇作）。[43]

---

43 這方面的一些具體論述可參見郝建，〈主旋律電影創作與闡釋的「主

2018年以後，隨著電影劃歸中宣部直接管理和中美關係的走向冰河期，電影創作又出現紅色主旋律興盛的狀況。電影《戰狼》（2017）催生的國家主義敵對意識滲透到許多主旋律電影中，《長津湖》、《金剛川》、《志願軍》等電影成為最受管理部門重視的國家大片。

今天，中國思想界最時髦的書籍和學說之一是尼爾·波茲曼的《娛樂至死》，然而，許多人熱衷而高調地批判資本、渲染「娛樂至死」，卻全然不顧當下中國是一個紅色文化掌控一切，到處禁止娛樂的時代。

六、獨立電影夢斷

1992年，張元拍攝了《北京雜種》，這是中國導演第一部在國家電影體制外自己籌資、自己創作、自己發行的獨立電影。1993年王小帥拍攝了《冬春的日子》，影片於1994年獲希臘塞索斯尼克國際電影節金亞歷山大獎，並被紐約現代藝術博物館收藏，《冬春的日子》還於1995年獲義大利托米諾藝術電影節最佳導演獎，1999年被BBC評為自電影誕生以來100部佳片之一，這是唯一入選這一評選的中國影片。

張元和王小帥的作品標誌著中國獨立電影時代的開啟。此後，一大批中國青年導演完成了自己的獨立電影作品。這些作品在國際電影節上屢屢獲得獎項。1995年賈樟柯在「青年電影實驗小組」的同學顧崢、王宏偉等人的共同協助下拍攝了57分鐘的短片《小山回家》，影片具有樸實而富有質感的現實主義形態，也具有用字幕表現人物心理的一些遊戲手法。1997年，張元拍攝了《東宮西宮》。

（續）————————————

　　流化」趨向〉，《文藝研究》2010年第6期。

影片獲得阿根廷國際電影節最佳導演獎。1995年何建軍完成導演處女作《郵差》，該片獲得荷蘭鹿特丹國際電影節青年導演金虎獎，荷蘭鹿特丹國際電影節影評人獎，新加坡電影節金獎。1997年，賈樟柯攝製完成《小武》，影片獲得第48屆柏林國際電影節亞洲電影促進聯盟獎，第3屆釜山國際電影節新浪潮獎，此後他相繼拍攝了《站台》（2000）、《任逍遙》（2002），自2004年拍攝《世界》開始，賈樟柯開始拍攝體制內電影，俗稱「有龍標」的電影。[44]1998年呂樂攝製完成《趙先生》，影片獲得瑞士洛迦諾電影節金獎。2000年婁燁拍攝了自己的第一部獨立電影《蘇州河》，此後他陸續拍攝了《頤和園》（2006）、《春風沉醉的夜晚》（2009）、《花》（2011年）等獨立電影作品。2003年，李楊根據劉慶邦小說《神木》改編、導演了電影《盲井》，該片獲得柏林電影節銀熊獎、金馬獎最佳跨媒介改編劇本獎。2003年，寧浩用三萬塊錢拍攝了自己的第一部電影作品《香火》，影片獲得東京銀座電影節大獎。

公映許可證

44　「龍標」是電影局審查通過電影後發給製作方的一個膠片或數位片
　　段，表示這個作品可以公映。作為第一個鏡頭放在影片廠標的前面。

　　與後來許多青年導演的作品一樣，與《北京雜種》、《冬春的日子》等作品一樣，何建軍的《郵差》乃至後來賈樟柯的《小武》、李楊的《盲井》、寧浩的《香火》等一大批青年導演的作品都沒能通過官方電影體制的審查而得到公映。這些電影被國內外的觀眾和電影研究者稱為「地下電影」，對其更為常用和具有中性、學術的概括詞彙是「獨立電影」。在這一類攝製和發行過程中，導演們做出的行動帶有石破天驚的震撼性意義，這就是：這些青年導演在拍攝中和製作完成後，根本沒有把自己的作品送到政府的電影管理部門去審查！

　　獨立電影，它在中國的內涵與世界上有著大相徑庭的意義和地位。在歐美和世界其它地方，獨立電影的概念是指那些小成本、獨立公司籌資製作的影片，這些影片比較注重藝術方法的探索、也更傾向於做出　些觀念方面的探險。中國大陸的獨立電影是指獨立於政府的審查、管理體制之外，它們沒有拿到公映許可證。

　　在藝術上，至今為止中國獨立電影重要特徵之一是現實主義風格的忠實呈現。這種「忠實」呈現體現在兩個方面：對現實生活進行富有質感的、原生形態的、帶有「物質現實復原」（克拉考爾）意味的再現。在20、21世紀的今天，藉助新的數位技術，普通的電影工作者實現了巴爾扎克、左拉等文學家曾經有過的理想：按照生活本來的樣子呈現生活。中國獨立電影的現實主義還有另一方面的意義，即儘量忠實、無需迴避地對中國當下社會的生存狀態、人的生活面貌進行呈現。較為忠實地呈現了當下社會的現實面貌，社會關係，這是中國獨立電影與一般商業電影和主旋律電影的重大差別。更為弔詭的是，從沒有獨立電影導演明確表示自己是在追求表現一個「社會真實」，他們影片中的社會面貌、社會關係似乎是他們尋求電影風格和形式探索的副產品。

就電影故事講述方法而言，多數獨立導演的作品有一個共同特徵，這就是他們作品都偏向於較低的敘事性。他們不喜歡在故事中設計明顯的、邏輯性的因果關係；情節曲線的起伏性、變化性也都偏低，這些使得他們的作品具有較強的作者文本特徵。從市場效果來說，第六代導演的電影作品往往未能取得較高的發行效果和商業回報率。這方面比較有代表性的是婁燁的《紫蝴蝶》，這部作品從投資規模、故事題材、宣傳的類型和國際大演員的使用來看都應該是一部講究故事性從而追求較高票房的大眾文化作品。但是，婁燁對影片的處理還是有著較強的作者個人筆觸：對移動長鏡頭偏好、跳躍性的敘事手法、對大雨之類的風格化場景的使用。

就電影的敘事性與物質環境的展現的平衡而言，賈樟柯的《小武》是處理得最為平衡的一部作品。影片展現了山西汾陽小縣城的街道、影院和澡堂、家庭，構成了人物的生活質感，同時也用主人公小武與家人、老同學、員警構成了有質感的社會關係。就故事的情節敘事建構而言，小武處在一個充滿感慨和有點選擇困難的人生當口。這就是，小武是一個混混兼小偷，他有個以前的「幹手藝活的」同行朋友，現在人家要結婚了，而小武記著自己以前答應過這位前同行靳小勇，他結婚時要送他「一斤錢」。小武為了實現這個諾言，去設法偷盜，結尾時，他被員警銬著蹲在地上，鏡頭在木然的小武和旁邊圍觀的人群之間轉換，展現出小武的生存狀態和故事結局。這是賈樟柯故事性最強的一部作品。以後的《站台》和《24城記》等作品，作者的敘事更為自由，在《三峽好人》中，導演的一些個人化筆觸和超現實的影像進入了作品文本。賈樟柯的《天注定》敏銳地把握了中國現實中的暴力衝動，作品在國際電影界得到了較好的回饋，在歐洲美國的藝術影院都有放映和媒體討論。影片的敘事較為簡單，顯出一種直接和硬朗意味，導演自己似乎是也被

中國社會中的現實震撼了，以至於用一種十分強硬的風格將暴力呈示給觀眾。或許，中國社會彌漫的暴力給了這種敘事態度以合法性，也讓觀眾在與社會現實聯想參照中獲得認同、刺激和美感。至此，賈樟柯完成了向大眾電影的轉向。或許是由於影片直指現實的力度，影片雖然通過審查拿到「龍標」，但至今未能公映。

　　敘述上較低的情節性，作品中滲透的作者文本風格，這使得許多青年導演至今尚未取得商業市場的較大成功。這種選擇是青年導演對於主導文化和商業文化的雙向背離和出走。對於主導文化來說，個人化的電影顯然具有一種疏遠和背離的態度，獨立、個人化，歸根結底是異己的，需要更多加以關注和審查的。對於商業文化，他們的特立獨行是保持著藝術電影、作者之類的身分標識，但這種遠離常規敘事的風格、策略對於大眾文化市場的迴圈和個人經濟收益來說又是一種孤傲的拒絕或者高貴的自殺。

　　大陸的獨立電影作者一直存在著一種呈現現實的衝動。這種呈現現實的衝動表現在兩方面：一、有質感地呈現生活；二、忠實地再現現實生活中的社會關係。我們從賈樟柯的《小山回家》、《小武》中看到小城鎮底層青年的生活狀態和他們的心中理想，我們從李揚的《盲井》看到中國社會中人性的黑暗、沉淪和人在沉淪中的掙扎；我們從寧浩的《香火》中看到由一個和尚串聯起的社會生活廣闊畫面和這個和尚為了修繕泥菩薩而走向道德敗壞。我們從寧浩的體制內作品《瘋狂的石頭》中看到中國社會中爾虞我詐的狀態，和導演如何以一種幽默態度和完美的敘事來呈現這種狀態。近年，我們看到了李睿珺導演的《老驢頭》，這是又一部富有質感而真實地呈現了中國社會現實關係的作品。2022年，李睿珺的體制內作品獲得網路好評，豆瓣獲得8.4分高分。影片上映後不久被從網路上下架，民間把這種情況戲稱為「追斃」。

　　還有一些獨立電影作者在超現實方法、作者與文本複雜關係等方面做了多向的探索，許多獨立電影帶有明顯的當代藝術特徵。楊福東的《陌生的天堂》、彭磊的《北海怪獸》、柴春芽的《我故鄉的四種死亡方式》、楊明明的《女導演》都在電影的敘事風格和文本形態上呈現出豐富複雜的樣貌。邱炯炯的《萱堂閒話錄》和《癡》則是將紀錄片、虛構內容、雜耍蒙太奇等各種類型和手法順暢而有機地統一在一部作品，構成了明顯具有當代藝術風格的複雜文本。

　　邱炯炯2021年創作的《椒麻堂會》在第74屆洛迦諾國際電影節國際競賽單元獲得評委會大獎。這是一部虛構的敘事性作品，它對中國近代、現代歷史的大事件和時代變遷又秉持著一種忠實、直面的態度，軍閥混戰、政權更替、大饑荒、文革，都在作品中以家族史的結構得到表現。在敘述大饑荒的段落，作者敘述了饑餓的主人公去糞坑裡撈蛆，烘烤後食用。作品的主人公是一個川劇丑角，由於這個丑角進入，中國歷史得以重新講述。它以變形、喜劇的方式觸摸過往，講述歷史，這部作品讓中國的歷史在新的影像中得到傳承、辨析，得到重新質疑和確認。因為這部作品美學上有自覺、有力量，對歷史記憶有尊重，所以整個文本成為了一個意識，一個民族的自我意識，它把民族的歷史放到被反思、被觀照的位置。由於這裡的歷史記憶與作者的家族經驗具有緊密聯繫，它們是家族的、個體的、小寫的歷史，恰恰因為其是個體的、家族的，也因為其影像的呈現方式和引起注意、得到討論。

　　這種歷史記憶的書寫具有福柯所辨析過的「人民記憶」（memory，人民的記憶）的意義。這部作品中有人的生命狀態、有人在歷史中的存在。這不僅僅因為作者在今天還能有直面現實的勇氣，恰恰是因為作者藝術上有自覺，有藝匠的能力。作品因其風格而成立，因其美學而產生魅力，因為其形式，整個文本才成為一個

意識，成為對民族歷史的自覺的反思性的觀照。

　　北京東郊宋莊舉辦過多次獨立影展。著名的藝術評論家栗憲庭先生靠自己的影響力，憑人情拉來贊助舉辦獨立影展。從2003年開始，到2013年，一共舉辦了10屆中國獨立影像展。2014年，影展遭遇地方政府阻攔、干擾，栗憲庭一度被帶到派出所，栗憲庭電影基金搜集的作品碟片和影像資料全部被文化管理部門沒收。

結語　三種文化，一家做主

　　中國電影呈現著三種文化並存的格局。

　　得到政府關照、資助和得獎的，一定是陳凱歌的《長津湖》、《志願軍》這一類，但是電視和影院熱播，占據大眾媒體網路議論的熱點，還是電視劇《繁花》（王家衛導演，2023）和馮小剛的《非誠勿擾》這一類商業電影。當然，大眾文化的商業電影一定會對主旋律文化的所有官方說法都循規蹈矩，會小心翼翼地在各種政治禁忌面前退避三舍。不僅如此，許多「在商言商」的商業電影還會在敘事中盡心設計，竭力弘揚國家主義或者頌揚當下社會的「正能量」。

　　大眾化的商業電影與《冬春的日子》、《小武》、《頤和園》、《盲井》、《椒麻堂會》這類獨立電影和主旋律電影三者並存，它們分別代表著大眾文化、精英文化、紅色的主旋律文化這三種文化。這三種文化共同存在，彼此互有抵觸，呈現出複雜、錯落的強弱格局。中國的商業電影吸引了大量資本，與大眾進行著較為廣泛的交流，貌似最為強勢。

　　但是，一個不爭的事實是，商業文化隨時要接受紅色的主旋律文化的審查、指導和制約。例如，在當下中國的文化環境中，擅長

類型電影創作的導演出於商業操作的考慮也會去拍攝用華麗動作片包裝的紅色經典題材影片《智取威虎山》。此片由香港導演徐克擔綱主創，說明了主旋律文化對於商業文化的強大吸引力和權威掌控。同樣是由於主導文化一些戒律和信條的限制，今日中國的商業電影有些類型是整體缺失的，例如不能有出現鬼魂和超自然力量的恐怖片，不能有探索人性陰暗、表現邪惡和非理性社會異化的黑色電影。愛情題材的黑色電影《色戒》遭遇到大量剪輯和臺詞修改，甚至在公映後還有演員因為出演本片受到株連。《無間道》的第一集和第二集都是典型的黑色電影，與中國大陸合拍的第三集中，從視覺風格到人物關係、敘事結構上的黑色元素都蕩然無存。

因此，我們可以看出，這三種文化共同競爭，互有抵觸，但是具有最大資源和指導功能，在文化和政治意識形態上當家作主的還是紅色主旋律文化。

在今後很長一段時間，中國電影這一格局還將持續下去：三種形態共存、紅色主旋律文化當家作主。

郝建，北京電影學院教授（退休）。主要研究大眾文化與電影批評，曾撰寫《影視類型學》、《硬作狂歡》、《蠻荒與文明：類型電影教程》、《中國電視劇：文化研究與類型研究》等專著，以及學術論文和評論文章多篇。

思想的力量：俯仰50

序 言

　　早在去年年中，一次《思想》的編委們聚會之時，大家開始構想第50期的專輯主題。座上一位編委建議探討「思想的力量」，眾人覺得正是這份刊物的職責，於是就定了下來。這是本期專輯的簡單起源。

　　不過，「思想的力量」並不是一個自明的概念。若是處在啟蒙年代、救亡關頭、革命前夜，或者意識形態冷熱鬥爭的高潮，思想確實曾經是威力驚人的武器，宣揚真理，掃除迷霧，引導人心，扭轉歷史。但是那些上兩個世紀的熙攘激情已經消散；在後現代排斥一切「宏大敘事」、將一切觀念化約為相對主義和身份流動產物的今天，還有人關心「思想」嗎？思想真的還有力量嗎？

　　《思想》在1988年的短命創刊和2006年復刊後延續至今，之所以取名「思想」，偶然的因素很多，不過基本上反映了一代知識人對於「思想」的渴求和信心。很多人讀過孫中山先生說的「主義是一種思想，一種信仰，一種力量」。思想—信仰—力量，在今天求信仰已經無門，實際上情感才是從思想產生力量的泉源。道德心理學的深刻發現是：思想——「有所在乎」的思想，不是不著邊際的玄思——是一種認知，一種價值判斷，因此也包含情感／情緒的迸發與介入。思想幫我們認識對象，判斷善惡、是非、價值的正與反，而一旦這些認知和判斷涉及了個人所在乎的生命大小事，各種情感會開始鼓動，於是我不得不有所回應，獻身於我所在乎的對象或者事情，讓生命獲得充實。非如此，就會留下遺憾和缺陷。思想的力量在此。

　　因此，最有力量的思想，通常是政治思想和宗教思想，因為政

治和宗教通常和個人的生命之意義最為貼近，所能帶動的情感能量也最熱、最強。但是在此兩者之外，思想還會涉及民族與文化的命運、社會正義，個人的認同歸屬，人類與他人、與動物，乃至於大自然的倫理關係。這些問題，幾乎都會回到個人所強烈在乎的人生面向，所帶出的情感也一定是有力道的。涉及這些問題的思想，一定有其力量，不會只是從概念到概念的邏輯遊戲。

　　《思想》從開始就矢志面對各個使用中文寫作的知識群體，成為一份中文世界的刊物。當時適逢中國的崛起意識在醞釀發酵，各種著重「中國特色」的思想潮流形成了中國大陸的「思想狀況」，《思想》自然積極關注大陸上喧嘩的思想景觀。幾年之後，香港社會掀起了洶湧的抗中運動，《思想》開始密切注意香港形勢的演變。至於馬來西亞的族群問題，稍後也受到我們的關注。過去這20多年來周遭環境的變化堪稱巨大，《思想》對各地思想狀況的分析和批判性的文章均出自各地最傑出的作者，但是《思想》作為一份刊物，似乎並沒有凝聚出什麼可以指認、觸摸的思想力量。這當然是因為《思想》以平台自許，所有的編委、作者、讀者都有自己的立場，但是這份刊物本身，總是避免成為某種意識形態的陣地。畢竟，在中國大陸沒有完全開放，各地知識人的意見無法順暢交流之前，一個力求中立、持平的平台仍非常有其必要。但也是在這種情況之下，觀念上的對話已經有其困難，至於這些複雜觀念所挾帶的更為複雜的情感，局限在各自的歷史背景和心理框架裡，更是難以表露，遑論透過設身處地的同理心，建立瞭解與諒解？在兩岸三地之間，思想的確有靜態的流動，可是絕少有在認知、價值判斷，以及情感幾方面並舉的動態交流，思想也就無從發揮應有的力量了。

　　在目前，這個局面很難改變。在這種限制之下，我們希望繼續探討「思想的力量」究竟寄身何處，又是如何成形、如何發揮的。

　　本專輯邀請的執筆人，有本刊的長期作者，也有編委。各位會看到，大家對於「思想」是什麼，思想又可能產生什麼樣的影響與作用，各有不同的理解和觀察角度。不過這只是一個開端。接下去，在今後各期，我們會繼續尋找思想的力量。畢竟，以「思想」為名辦一份以中文為媒介的刊物，我們的職責就是促成思想這種理知的活動，在華人世界發揮力量，讓這個正在崛起而不時顯得焦躁但又迷惘的龐大文化實體，擁有資源，可以重視理性、重視價值的自覺，更重視情感的溫和和包容。

編　者

從中國思想來的思想

楊儒賓

一

　　《思想》復刊近20年，即將堂堂進入了第50期。在復刊前18年的1988年，《思想》創刊時，我即擁有創刊號，目睹了一本帶有啟蒙意義的雜誌的誕生。從創刊到復刊，中間隔了18年，18年間究竟發生了什麼事，《思想》要再度出發？身為中國思想的涉獵者，覺得箇中的創刊─復刊可視為事件，雖然演變的路線隱淡，但仍有線索可尋。《思想》是思想雜誌，它的50期的內容在歷史演進中既捲出了，也構成了它的個性。

　　思想有一項特色，思想總以思想為思考對象。思想是天空，它總有破除界線而走向普遍的軌跡，華嚴宗、黑格爾哲學的全體哲學極思想之能事。但思想總也連著具體，不能脫落身體、語言、社會，總要有思想者思想著思想。思想者的存在乃是具體的此在，根連著大地，思想是大地。思想者是天空與大地的連結，所以有它的故事。

　　故事在歷史的框架中呈現。前幾年，為了清出一點生活空間，我將此期雜誌連一些期刊創刊號，一起捐出去了。捐出去的期刊創刊號，有些是後來隨緣購得的學術期刊，大宗則是黨外雜誌。黨外

雜誌是解嚴前，許多年輕人的政治啟蒙書。《思想》雜誌創刊時，台灣剛解嚴，它的定位和黨外雜誌不同，焦點放在西洋當代思潮的翻譯與引介。對當時仍在現實摸索中前進的一些青壯輩學者而言，它扮演的角色也是啟蒙者，啟蒙他們專業知識之外的當代人文思潮。

　　《思想》和黨外雜誌的湊和當然是偶然的，然而，在同一段的時空場所裡一起出現，偶然之事或許也有一隻看不見的手將其連結起來。當時捐出的創刊號還有《文星》的1986年復刊號，《文星》原本是蕭孟能、李敖的雜誌，每期封面的人文大師儼然成為該期刊的招牌，《文星》復刊，有意重續舊日事業。《思想》創刊時，其用意旨在引介西方思潮，就大方向而言，它和《文星》的內容雖有深淺之分，但兩者同樣帶有五四遺韻的啟蒙精神，方向卻很一致。如果我們再參考當時也頗受注目的《當代》雜誌，可看出一種援引西方當令思潮以捲動台灣現實的思想流動著。《當代》在金恆煒主持下，從1986年撐到2010年，總共出了245期，成了世紀之交校園流行的刊物，它引西方思潮入中文世界的意圖很清楚。冷戰時期，台灣雖然只是大桌面的一根小筆心，但筆尖要寫出言之有物的文章，仍需要外來的思想養分，這種知識的渴求相當迫切。

　　黨外雜誌相較於《文星》、《思想》創刊號，它的定位在台灣本土。黨外雜誌是政論雜誌，在戰後台灣的特殊政治局勢情況下，它賦有從內部解放國府戒嚴體制以及對外對抗共黨政策的雙重目標。但批判的目標不論是內部或是外部，從一種特定的「台灣」視角考察，隨著政治局勢的發展，「中國」都是需要被否定的外部敵意。所以黨外雜誌很自然地跨越了公共政策的圍欄，往台灣民族主義的方向上發展。縱無其名，亦有其實。

　　如果說1949之後的早期台灣仍有政治反對運動可言的話，以胡適、雷震為代表的反對運動大體持的是自由主義的立場，中華民國

憲法是規範原則，其思考的範圍是以整體中國為格局，《自由中國》
刊物的名稱反映了他們的運動的定位。1975年，《台灣政論》出現
了，雜誌中省籍人物的比重明顯地增大，但雜誌論題沒有出現根本
性的轉變，中國、台灣這組符號並沒有撕裂。70年代後期黨外雜誌
的出現，卻逐漸地改變了政治運動的方向，「台灣」一詞成了反對
者政治敘述的中心，台灣、中國的對峙即成了以後台灣社會各種類
型運動的主軸。政治改革的呼籲影響了整體台灣的走向，文學、歷
史、藝術、教育各方面都長出了以「台灣」為名的各種學門以及公
部門。黨外雜誌相對於《自由中國》、《民主評論》甚或《台灣政
論》，應當就是政治置放的基礎不同。早期的反對雜誌以中華民國
憲法為準，人權清單所列的項目是奮鬥的目標。黨外雜誌則訴諸土
地、血緣、歷史等隱藏的台灣民族主義的因素，「本土」成為主要
活躍的思想力量。

　　本土關懷導向的黨外雜誌和引介西方思潮的為主的思想雜誌，
這樣並列的組合在上世紀的後半葉的後半葉共同出現，或許不是無
意義的。那是兩股在野而又帶有思想動能的力量，如果加上一般可
能具有更廣大的社會基礎，但在反對意義的政治動員上卻相對薄弱
的中國傳統文化的思潮，後1949的台灣政治文化的圖像應該已可勾
勒出輪廓。新儒家或許可作為此系知識的代表。新儒家作為中國文
化傳統的政治力量在台灣反對運動的清單中，圖像總是不夠清晰，
這種模糊的圖像當然和渡海來台的國府一直持有中國文化的情懷有
關。作為反對運動的新儒家的主張容易與之同化，其反對運動的意
義也容易被淡化。另外一個重要的因素是新儒家看待政治總是將它
置放在不同的存有論的位置上，政治有形上學的基礎，也有政治領
域外的倫理的承諾。自由主義者往往不會將形上學或倫理學的問題
帶進政治的核心關懷。

　　但新儒家學者整體論的圖像不論如何淡化了政治的角色，如果我們從大陸時期的梁啟超、梁漱溟往下追到49後的張君勱、徐復觀，觀看他們的言論，明顯地都具有改變現實政治的內涵，我們沒有理由不賦予此系的政治主張一個合理的反對運動系譜中的地位。台灣社會當時在野的思想力量可以分為三支：本土、西洋、中華文教傳統，或者說：台灣民族主義、自由主義與文化傳統主義。這三股思想當然是籠統的劃分，非常印象式的，如果要細究，犬牙交錯得厲害。

　　這三股思想力量，中國傳統文化一支似乎距離在野的反對力量最遠。然而，於今思之，泰山不如平地大，它與另外兩股的思想的連結其實極深。這種作為連結的力量當然需要思想者加以喚醒，沒有喚醒的思想概念就是懷德海討論教育時，一再申斥的「無能的概念」（inert ideas）。但從哲學詮釋學的角度考量，我們可以說傳統與現代的連結之因素即內在於傳統本身──假如這個傳統不是一座死火山的話，它內部即有意義的屬性，有整合的潛存力量。無疑地，在20世紀上半葉的中國，作為華人社會深沉結構的價值體系之傳統文化，它在中國近現代的文化轉型中遭受到前所未見的衝擊。但我們仍當辨識在衝擊的漩渦中，作為承受者的儒家扮演的知識轉化的力量，它擁有類似於道家體系中作為支撐「用」的「無用」的地位。

　　儒家扮演的看不見的手的力量，源於文化的價值體系與政治的關係是相互牽動的，但前者構成了更基礎也更隱微的作用，具有傳統語彙所說的文化的本體的作用。如自由主義的主張進入中國，與傳統文化曾是磨擦的，甚至是決裂的關係。1949之後，衝突的因素固然還在，青年李敖的角色可以從此點著眼。但存在決定了意識，現實的危急存亡的存在決定了當時的知識人如何詮釋1949。我們看胡適與傅斯年面對著共產主義征服中國的反應，他們一方面既有來

自自由主義者的理念的反抗，他們有死生如一的堅持。但一種出自保護民族文化的回應同樣地明顯，比如傅斯年任台大校長規定《孟子》與《史記》為大一國文教材，此事即是有象徵性的行動。又如新儒家與自由主義在1949之後，最後是走向相加而非互減的結局，其時的共產革命變局逼使兩者彼此更可相互認識。殷海光的晚年轉向不會只是代表個人行動的抉擇而已，他在傳統社會中看到自由主義者極看重的自發的秩序。

　　台灣反對運動中的中華文化與本土文化的關係，愈形複雜。無疑地，日本殖民時期的台灣知識人也要面臨現代化轉型的問題，他們也要借鏡日本、取徑西洋。1921年成立的台灣文化協會和五四新文化運動的要求也頗有重疊，中華傳統文化的封閉因素（如纏腳、辮子）不能不受到極大的批判。但日本殖民台灣時期的台海兩岸知識人之間仍有極大的不同，此即殖民時期的台灣知識人論及民族文化時，本土的因素與大傳統的漢文化因素並沒有分化，殖民的屈辱地位將兩者綑綁在一起。林莊生論及他父執輩那一代台灣反抗人物的心聲時說道：「在文化意識上認同中國文化，在政治權益上是主張台灣人的主體性」。[1]他這段總結語非常合理，比如日本殖民時期以林獻堂及蔣渭水為代表的兩大主力幾乎都是台灣人的立場，但也都是中華民族主義的立場。70年代後期興起的本土反抗運動，兩者的關係較曖昧，漸行分化。但之前，兩者的關係扣連得仍然極緊，由徐復觀與台灣文化協會年輕一代的反抗者（如蔡培火、葉榮鐘、莊垂勝）的交往，我們仍可看到緊密纏繞的連結。

1　林莊生，〈林獻堂先生〉，《懷樹又懷人：我的父親莊垂勝、他的朋友及那個時代》（台北：自立晚報社文化出版部，1992），頁287-308。

　　中國文化傳統與本土文化的關係有密切的連結，我們從那一代台籍知識人的文字中不難見出，這一對現在已隱約成了對立的概念，當時卻是緊密相連。而這個相連的構造也不僅在政治行動上可以見到，它更有深層的歷史的─社會的─精神的結構。所謂歷史的構造，此即台灣從來在政治上沒有真正脫離中國的架構，至少沒有名實一致的獨立建國經驗。借中研院一位學者的話說，台灣沒有「獨立」這樣的「歷史的時刻」。也就是台灣史上重要的事件幾乎都牽連了兩岸，法理的意義或現實的利害關係皆是如此，歷史沒有給台灣太大片面自行定義的空間。所謂的社會的結構，亦即台灣社會的結構仍是漢人（尤其是華人）的型態。前台大哲學系教授洪耀勳引和辻哲郎的風土論思維，主張台灣與華南都屬於同一種季風型文化風土的類型。所謂精神的結構，意指從語言到宗教信仰，台灣人和對岸人民的精神構造乃互滲、共享，同屬儒教文明圈的範圍。

　　本土、中華這組概念在解嚴後曾有激烈的互斥，流行一時的「中國結─台灣結」的敘述反映了其時台灣公民強烈的心理鬱結。相對於兩岸間結構性的歷史─社會─精神的構造，「心有千千結」應該是特定的歷史時空力量推移所致。如果中共持續壟斷對「中國」的解釋，可以預期，「中國結─台灣結」的結構還會持續生起。但上述的「如果」的前提如果可以換成更合理的前提的話，「本土」與「中華」的連結應該可以回到更合理的位置。對過去的理解可以有這種視角，對爾後的觀察也可以有這種視角。

二

　　論及傳統中華文化與台灣政治文化的關係的因素，除了台灣本土力量植根於漢人社會這個無可動搖的結構性因素，因此，它理當

成為一個詮釋的視角之外，處今之世，討論今日華人社會的公共議題，它更有機會成為一個可以涉入討論的活化的思想因素，關鍵的因素是中國在上世紀末的強勢崛起以及中共與中華文化的強力和解。由於中國的綜合國力在當今世界所占的比重之大，以及兩岸之間層層疊疊的結構性關係，台灣與對岸的聯動必然產生。連動不表示台灣即沒有主動權，連動也不表示台灣一定和對岸的理解一致，連動只是表示原來台灣內在屬性的中華文化因素應當要產生新的表現形式。

自從鄧小平的改革開放，尤其92年的南巡講話後，中共的綜合國力急速發展，它現在已是無可爭議的世界性或準世界性的強權。當中共向世界開放時，一個同等重要卻沒有受到足夠重視的現象，乃是中共也同時想和傳統中華文化全面和解，雖然動力之起有可能是外因重於內因。所謂外因重於內因，乃因中共與中國傳統文化的和解有可能是工具性的，當1991年蘇聯繼東歐共產國家一一倒台之後，這位老大哥巨靈也不支倒地，長期作為中共老師的蘇聯竟然經不起歷史的考驗，中共當局的徬徨可想而知。改弦易轍是必然的，而在國際政治上作為中國這個國家與文明的代表者的中共不能不思考「中國」的內涵到底為何，一種築基於民族主義的中國政策自然就出爐了。1994年創立的國際儒教聯合會可作為一個象徵，國際儒聯的理事會總會留些位置給國際人士，尤其日、韓等東亞學者。也會有港、台等儒學研究者在內，中共有意打造一個儒家「本家」的國家形象呼之欲出。[2]

---

2 習近平對於中共與儒家關係的一次重要講話，見於2014年9月24日的國際儒聯第五屆大會的開幕詞。只要換掉幾個特定的語詞，此篇講稿很容易被誤認為冷戰年代國府領導階層人物的講話。習所以選在山東國際儒聯開會時宣布重要的文化政策，不會是偶然的，兩者

　　上世紀最後一個10年，中共的對華（中華文化）政策的急遽轉變或許是情勢所逼。但以中共這麼重視意識形態決定性的政黨而言，這種轉變的政策很難說沒有定錨的作用。當政治與文化的關係重新調整後，整體大陸的文化氛圍產生了急遽的變化。存在決定了意識，1991之後，「共產主義」這個詞彙基本上在共和國的國家領導人之口以及對外宣傳的文宣裡都消失了，取而代之的。乃是「具有中國特色的社會主義」。本世紀流行一時的「民國熱」與「文化熱」，我們將這兩熱放在時局的轉變下觀察，其內涵不能僅以一時的風潮加以看待，它的根源深多了。在不以人的主觀意識為引導的前提下，中共釋放出來的空間引發了中國社會內部激烈的震盪，「中華文化」的因素生猛地介入了中國政治的解釋。

　　《思想》於2006年復刊，在復刊號上，說及此雜誌爾後的宗旨：「鼓勵中文知識分子，面對這個大變動中的世界形勢與歷史漩渦，忠於知識人的人文理想，為著人性的寬厚與進步，進行自己的思考努力。尤其要強調的是，基於全球化的現實趨勢與中文的國際性格，我們想要建立一個跨越國界的中文論壇，不願意再劃地自限。」這段穩健的語言含有極大的訊息。比較創刊號的第一期與復刊號的第一期，兩者間的距離顯示了主事者敏銳的視角。這兩期間的差異不只在內容上的出入而已，而是整個期刊定位的不同。而由兩期期刊定位的差異，它們傳達出的不同的時代訊息也日益明顯，「中文知識人」這個概念須放在不同的框架中呈現。由於這本雜誌立足於台灣社會，復刊號的聲明：人性的寬厚與進步、自己的思考努力、跨越國界的中文論壇，這些文字不會只是期刊的夫子自道，或是自我許諾。我相信它既帶有對「中國」、「中文」這種符號的重新認識，

───────────
（續）
　　有內在的連結。

也帶有對台灣社會更高的期待。更恰當的解釋當是對「華人世界中
的台灣扮演的角色有更高的期待」，因為台灣—中國—世界的架構
內涵已經大不相同，這當然是我的解釋。

《思想》重新出發的聲明顯示當事者對期刊本身以及對台灣社
會重新定位的意義，放在復刊那個時間點來看，復刊聲明其實掌握
了相當重要的時代訊息。但我當時對「中國」，尤其是兩岸關係下
的「中國」已發生了極大的變化，所知仍是有限——雖然我已多次
出入大陸。我的遲鈍固然源於我的無知，但我的無知相當大的程度，
也反映了台灣學界當時與中國思想（不只中國哲學）相關的學術社
群的共相。台灣研究中國思想的學者應當是在兩岸關係解冰後，較
早與對岸接觸的一群人，而在上世紀的80年代、90年代，中國仍處
於華麗轉身的前階段。據說當時台灣的GDP還占有全中國的四分之
一，小鄧（鄧麗君）和老鄧（鄧小平）的人氣時常被拿來相比，「台
灣最美的風景是人」的聲音還瀰漫在島嶼的上空。那是個美好的如
夢似幻的年代，彷彿現實的台灣是理想的中國。

在世紀之交時，我的後腦勺仍拖著一條冷戰印記的長辮子，還
是帶著胡適、張君勱、徐復觀他們當年的眼光看待後1949的變局。
沒注意到這些可敬的前輩學人多活在蘇東巨變之前，也活在鄧小平
南巡講話之前，他們無法預測蘇東變局後中國之變化。在世紀之交，
中國社會的體質其實正處在蛻變的前夕。歷史的蛻變從來不是宗教
徒的頓悟，它的蛻變由來多已經歷過極多的緩變。只因為是和平的
緩變，所以被忽略了。

直到有一天，《思想》的一位朋友問我對大陸學界某人的觀點，
我茫然無所知，他提及此人（或某些人）的思考有個宏觀的視野，
那是種可以相應中國在世界的地位所作的相應的思考。這種宏觀的
思考在台灣已經消音很久了，台灣的學術太專業化了。一語驚醒夢

中人，我猛然想到周邊朋友中，除了少數一兩位朋友外，大部分的人都沒有覺醒到一個大不一樣的中國已翩然降臨。雖然我們在台灣的國家名稱仍有強烈的中國的印記，但由於台灣的現實處境難以支撐「中國」這個概念該發揮的影響力，不知不覺間，我們思考的中國思想已和實際存在的中國該發揮的思想力量脫節了。

　　這位朋友無意間（我相信他無意點醒我）的一段話，提醒了我擺在眼前的現實，中國經過文革結束、改革開放、蘇東巨變、鄧小平南巡講話後，三十餘年的發展改變了原來的共產中國的內容。一位在1949共產革命勝利後出生的嬰兒，他到達40歲的「強仕」年齡，也就是該負社會責任時，他已經歷了中共進入聯合國（1971），中共和美國建交（1979），也經歷了「中共」和「中國」兩字高度重疊，不再受到挑戰的時刻。而從他「強仕」的年齡起，他還會看到中共的硬實力的國力不斷地強勢躍起，甩開蘇俄東歐，甩開西歐，甩開日韓，直逼美國。中國社會連帶地也產生了巨大的變化，毛澤東的中國圖像日益模糊，一個渾沌難以捉摸的巨大利維坦蒞臨了東亞大陸的中國。這位面目不是那麼清晰的利維坦中國既帶有共產主義的面貌，但又有「中國道路」的標誌；它沒有拋棄馬、恩、列、史、毛的遺產，但又很明確地以「發揚中華傳統優秀文化」自許。

　　2023年，在疫情隔閡了數年之後，我再度踏上「朱子之路」的路程。返台後，我寫了篇反省的短文，其中有文字道：「聆聽朱子之路一路穿透過的書記、主席、山長的講話，（發現到）重建朱子遺跡的規模都是以億為單位的，一個億、兩個億地計算，他們全縣一年的公費預算能有幾個億呀！朱子之路沿路各縣市的億元預算應該有源頭活水的，水源就在黨中央。……在困難的經濟情況下，黨國仍大把大把地將銀子往傳統文化這塊領域丟，顯然，傳統文化這個板塊已不是冷板凳，不得不有的裝飾。它如蛹化為蟬，昇華了，

悠悠萬事，唯此為大。」這裡說的「億」是以人民幣結算的。中共
對朱子所下的成本之大不只見於朱子的過化之地的保存，還見於層
出不窮的朱子旅遊、朱子名產、朱子學校等等的設計。如果沒有上
方的鼓吹，這些朱子名頭上的事物不可能如此密集地出現。朱子的
今生今世的特殊禮遇不會是孤例，我知道王陽明的故事也幾乎和朱
子的故事一樣，王陽明的過化之地以及其思想被大規模地重新定置
在華夏大地上。同樣的故事大概在歷代的大儒身上都會重演，我不
排斥中共當局有「觀光財」這類的經濟動機，但最大的動力應該還
是政治的，中共強勢主張它們走的是「接著講」的復興中華的道路，
它是中華文明優秀的繼承者。

　　自從東亞大陸19世紀下半葉半被動地捲進西方引導的現代化浪
潮後，雖然「脫亞論」、「全盤西化論」的聲浪極高，但東亞內部
也都有追求獨立的東亞現代化的主張。二戰前，新儒家學者梁漱溟
的中國文明早熟說、孫中山的大亞洲主義說，或是岡倉天心的東洋
理想說、京都學派的「近代超克論」，都是這條路途上的著名行者。
至於見之於政治宣傳的「亞洲一體」、「中日共攜」、「超英趕美」、
「大東亞共榮」等等說法，雖然半真半假，但宣傳之所以為宣傳，
在於它的背後有可以滋養此宣傳的大地養分。也就是它也要有一定
的民意的基礎，能夠代表一部分的思想的力量。

　　中國共產黨原本持有特殊的中國現代化的方案，也有特殊的實
踐歷史。中共於1921年建黨，原來走的是普世性的無產階級革命的
途徑，它既反近代歐洲的資產階級民主論，傳統中國文化也是被鬥
爭的目標。但自從蘇東波風潮衝垮蘇聯、東歐後，中共別無選擇，
他只能返身內求，有意推動一種有別於西方的現代化模式，可名為
「中國模式」。這種模式不但和戰前中日兩國反西洋現代性的模式
不同，它和上世紀末馬哈地、李光耀等人提倡的「亞洲模式」、「亞

洲價值」也有區別。這些另類現代性的支持者都是有意在西方模式
外，另覓自己的出路。中國由於特殊的量體，以及賦予自己特殊的
歷史使命，它很自覺地以「中華傳統文化」作為「中國途徑」的意
識形態的基礎。所以就有遍佈全球的「孔子學院」，到處樹立──
而不是「馬克思學院」、「列寧學院」或「毛澤東學院」。

　　蘇東波巨變以後的中國，誠如媒體一再說的，*中國與共產主義
的關係與其說是共產主義救中國，不如說是中國救共產主義。我們
可以更進一步說，與其說是中國文化需要中國共產黨，不如說是中
國共產黨需要中國文化。*不論在這種弔詭的反轉中，中共與中華文
化是如何奇特地整合，歷史的演變決定了這樣的結構。中共作為一
支抗衡西方模式的力量，它需要抗衡的本錢。由於共產黨在全世界
接近完全失敗的執政的歷史，逼使中共不能不與中國文化重新和
解。如果政治需要「神聖的帷幕」的話，以儒家為代表的中華文化
之於中國共產黨雖然還沒有達到漢儒所說的六經「為漢立法」的層
級，但它在今日中國的地位，顯然已超越了「馬克思普世真理與中
國具體情況結合」的層級。在今日共產中國的精神構造中，馬列主
義與儒家體系到底是什麼樣的關係？老共產黨人以準體用論模式的
「普遍真理─具體案例」類比之，恐怕連講者心裡都會不安。這個
不再可以明確表白的套語恐將在很長的一段時間內，仍會攪動大陸
華人的深層心靈，共產主義還可以占據普遍真理的座位嗎？

　　中共與中華文化百年來的恩怨離合，是幅奇特的畫面。毛澤東
的「新中國」與鄧小平的「新中國」還沒達到第二共和的階段，但
兩個新中國的內容確實很不一樣。「中共在中國」本來即是中國現
代化轉型過程的一個重要側面，其曲折的過程可視為「中國現代化」
工程的獨特實驗，實驗成不成功，仍待檢驗。鄧小平提倡的改革開
放的工程即有四個現代化之說，可惜他沒列上「政治現代化」此一

項目，「現代化」的議題正是五四新文化運動的核心。[3]在現當代中國中，「五四」是個重要的符號，聯經出版公司即選此日期創立，這種選擇不會沒有意圖的。

　　「五四」是中國現代化的代名詞。中國是個國體的概念，但在日常語言中，它也是文明的概念。在綿延的歷史變遷中，「中國」始終處於持續與變化的辯證運動中。黑格爾式不變的中國觀，也可說是木乃伊式的中國觀，雖然曾一度相當流行，距離事實太遠，在今日大概已不再有太大的解釋力道。但相對於今日，傳統中國歷代的價值體系的變遷相對仍較平穩，中國近現代的歷史變化卻特別激烈，作為國體概念與作為文明概念的「中國」同時遭受到前所未有的挑戰。如果我們要找一段可以類比的歷史時期的話，日本上一輩的漢學家島田虔次與溝口雄三先生所說的「中國近現代」時期的「明清之際」有些類似。明清之際的士人有「亡國」、「亡天下」之說，也就是作為政體的中國和作為文明的中國（天下）同時遭到威脅。也有「道統」與「政統」強烈的對決，那是種對政治轉型的呼籲。在明清之際，也有大量的西洋文明的天文、地理、醫學、數學等知識大量湧入。方豪浩浩蕩蕩的中西交流史的著作裡，明清之際輸入的新知識占有顯目的地位。[4]如果比較明清之際士人的話語與五四新

3　「五四」這個符號原指發生於1919年那場規模宏大的愛國運動，但當它由政治面擴及全方位的社會文化運動，參與者也由知識圈的學者、學生擴及工人、商人各階層時，性質改變了。在一個廣泛的意義上講，五四運動也可稱作新文化運動，它指向中國的現代化轉型的內容。

4　方豪，《中西交通史》（上海：上海人民出版社，2008），全書主要內容744頁（不含附錄）。第四編〈明清之際中西文化交流史〉，頁數從頁487到頁744，幾乎占全書三分之一。明清之際，西來的知識已排山倒海地進入華夏大地。

文化運動的話語，不難發現彼此間有顯著的類似性。難怪周作人越看晚明文學，越覺得和民國新文學何其相似。中國當代左派思想史家侯外廬或右派哲學家如牟宗三，也都在明清之際的思想論壇找出他們在當今華人世界的先行思想者。

然而，20世紀以降的中國到底不同於17世紀的中國，17世紀的中國雖然已處在全球化的前沿，但17世紀的士子所關心的議題，使用的語言，依舊是在傳統的脈絡下進行。顧炎武談普遍性的價值意識之喪失，他會用「亡天下」之語，而不會使用「文化傳統喪失」之語。黃宗羲論傳統中國政治之失，他會用「原」的思考方式，在「道」的敘述下定位「君」、「臣」、「民」的位置，卻沒有用到主權的概念。即使以方以智這般和耶穌會教士有親身經歷而且還能欣賞其學的大知識人，他的思考仍舊是非常傳統式的。他會談個體性本質的「公因—反因」說，卻不會使用「辯證」之類的語彙。語言不會只是工具的意義，語言是精神的器官，重要的語彙是和主體的感受與表達連結在一起。而語言又具有客觀的社會的意義，它不會像狂禪釋子所說的那般的絕對虛無。

時序進入了20世紀，情況迥變，大部分具有歷史作用的知識人思考當代問題時，他如果沒有使用非傳統的知識與語言，他即無法思考當代問題。因為20世紀以後的中國即是世界的中國，後明清之際的18、19世紀，先後發生了1776年的美國獨立及1789年的法國大革命，還有1917年俄羅斯的無產階級革命，這些是世界史意義的政治事件。同時，這兩個世紀也先後出現了洛克、盧梭、孟德斯鳩、牛頓、達爾文、馬克思這些在世界起作用性的學術巨人。此時資本主義、帝國主義、民族主義、社會（共產）主義這些波及全球的思想力量也紛紛走上世界舞台。這些重要人物的思想、重要事件的影響是全面性的。相對之下，這兩個世紀內的其他文明地區的政治事

件或學術思潮雖然有各民族內或各區域內的意義，但卻缺乏擴散到全球各地的力量。借用如馬克思的語言來說，這些來自西方的思想與物質的力量衝垮了任何封建社會的城牆。

　　明清之際的中國和清民之際的中國有著千絲萬縷的關係，締造中華民國的先賢如孫中山、梁啟超等人都有中國現代化的焦慮，也都有意在中國傳統與西洋文明之間找到銜接的管道。這種銜接的工程非常巨大，借用林毓生先生的語言，銜接的工程應當是種創造性的轉化，創造性的轉化要在傳統的語彙、思維模式與現代的語彙以及思維模式之間，找到有機的重構工作，此重構工程殊非易事。因為晚清以來的西潮來得極為兇猛，影響之大甚至連詞彙都變了，20世紀後的重要中國學術語言，不論是嶄新或八九成新的「哲學」、「主義」、「經濟」、「資本」、「存有」，或似舊非舊的「文學」、「形上」、「宗教」、「抒情」、「平等」、「博愛」等等詞彙，都已不是本來面目。回不去了，中國已是世界的中國，現在的中國是由世界史意義的事件及思潮滲入的現代中國。

　　當代中國是棟獨特的建築。19世紀前，中國是建立在幾千年華夏文明演變上的國家，這個國家常處在不斷地演變過程中，北方遊牧民族的入侵以及佛教文化的輸入，都曾造成中國歷史軌道的巨大偏移。但基本上，這個國家的特性乃是在連續性的基礎上作轉化的工作。但近世以來，尤其19世紀末以來的百多年中，情勢大變，中國這個國度遭受到前所未見的衝擊。中國只能是世界的中國，也是被西洋文明滲進的中國。但作為承接現代化內容的接受者，世界的中國終究仍是由傳統所支撐並轉化的中國，「世界的中國」也是「中國之內的世界的中國」，「世界的中國」仍可視為「中國」的述詞，中國在「世界的中國」的歷史行程中不斷地演進。1912年成立的中華民國是1911年辛亥革命的直接產物，它無疑地可視為與舊中國政

治體制斷裂的一次暴力行動。但斷裂要看如何解釋了，就政體由帝國轉化至民國來看，誠然是斷裂。政體的轉變築基於整體中華文明的大地上，政體的激烈轉變因此不可能不連帶地牽動了社會內部的規範系統，如君臣一倫的脫落即是如此。

然而，政治體制的革命並不是純粹外力引進的結果，我們有很強的證據顯示王陽明、黃宗羲、王船山這些晚明大儒也是推動清末民初思想轉型的巨大力量。更明顯地，作為中華民國主要締造者的孫中山與梁啟超都很明確地在傳統中國文化與現代的國家之間尋找有意義的聯繫。他們在新的政府組織形式中，尋找與舊中華帝國的連結，如監察權與考試權，如民主理念與儒家的政治理想，如堯舜與華盛頓。他們更在政權與政權所站立的社會基礎上，尋找傳統與現代的接軌，儒家的價值概念是孫、梁的新國家建築的重要材料。「中華民國」這個概念的核心內涵即是「舊邦新命」的性質，它的骨骸血液中即流動著孟子、王陽明、黃宗羲的血液，也輸進了盧梭、華盛頓的髓液。

從「明末清初」與「清末民初」的緊密相連，我們有理由在掀天動地的變局中找到一條連繫的鋼索。論及中國現代化的議題，我們有理由提出儒家現代化方案的圖式，這個完整的現代化的圖式雖然是當代的反思所得，卻是滲入歷史的現實。以此為背景，我們不能不說中國共產黨的成立以迄1949軍事革命的勝利以迄文化大革命，這條發展的軌道是大異於中國文明發展的的路徑。再以這段大歷史為背景，當代共產中國的回歸中華文明，不論其銜接有多少的突兀、衝突甚至虛偽，但大方向確實是往一個合理的整合中西的路途上邁進。我們目前面對的共產中國是走Z字型道路前進的國家，相對之下，另一個有中國名稱與內涵的國家走的卻是中西匯合、辯證發展的道路。

三

「共產黨在當代中國」、「儒家、兩岸、中國在當代世界的命運」這些議題總有許多故事可談，而且可以確定地，一定會有不同的聲音、色調參差駁雜地顯現。但從儒家思想研究者的角度出發，由於當代中國的強勢崛起引發的巨大震盪，我們有更好的視野，可以重新反思以儒家為核心的中國思想在近代中國文化轉型過程中發揮的功能，也有機會讓它脫胎換骨，重新安頓在當今世界的爭議漩渦中，扮演它該扮演的角色。

即使僅就1949之後兩岸分治這段時間考察，儒家曾有走出學術圈，反映時代課題的一段高光歲月。我所說的歲月即是1949之後，流亡海外的張君勱、唐君毅、牟宗三、徐復觀等新儒家學者所作的工作，1958年的〈為中國文化敬告世界人士宣言〉此篇龐雜的宣言可視為關鍵性文件。新儒家學者生前常自言他們的工作是四面作戰，四處不討好。但經由時代潮流的反覆沖刷，他們提出的論點至今仍有重要的參考價值。我也相信自由主義與文化傳統主義的五四議題老爭議在他們的身上已得到調合，完成了相對有機的統一。

鄧小平之後興起的儒家社群或新儒家社群，我們不妨以「大陸新儒家」與「古典學」作為代表，「大陸新儒家」與「古典學」這兩個學術社群當然不能窮盡「中華文化傳統」作為思想力量的內涵，但由於這兩個學術社群都凝聚了相當多的追隨者，也引發了相抗衡的聲音——這種正反對列的表現正顯示其思想的活力。晚近在國內外引發的相當聲量的政治議題，如天下理論，如賢能政治之說，如親情與刑法關係論，我們都可看到其論述和大陸儒家社群的精神構造有相通之處。

　　中國思想在當代中國無可避免地會踢到與政治關係這道鐵門檻，但局勢會變。儒家由於它內在擁有的豐富資源碰上中國強勢崛起這個特定的歷史時機，儒家涉入的議題之深遂不能不深入到以往學者很少碰到的禁區。如果說改革開放早期的大陸新儒家學者，其思想仍受到海外新儒家的影響，主體主義的性格甚強，偏於內聖的話。後來的發展卻越來越會涉入政治議題，而且對流行的現代化方案的懷疑也越來越深。其思考的焦點更已逐漸由「現代化」的具體方案轉向「現代性」的整體精神，劉小楓的古典學即明顯地走上了一條反西方現代性的道路。他的古典學的版圖隱然有結盟的友軍，有需剋制的敵軍，這種大軍團的作戰方式少見於海外的學術社群。

　　相應於中國的崛起，大陸儒家學術社群的興起同樣也是個重要的文化現象。「儒家與共產中國」是篇說不完的故事，如就學術表現而論，他們的論述是否能夠達到唐、牟諸先生在50年代的成績，大可討論。但論議題觸及之廣，觸及之深，提問之猛，如對整個「現代性」方案的質疑，其視野多少有超越海外新儒家之處。如就外緣的因素考量，這樣的現象也容易理解。因為張、唐、牟、徐諸先生當年所面對的共產中國是馬、列、毛的集體主義中國，而不是目前既共產也中華，既世界主義更是民族主義的國家。他們批判的目標清楚，理論是非的脈絡也清楚。他們在學術上主要的表現是和自由主義的互動，並達成消納自由主義理念的初步成果。鄧小平後興起的大陸儒家學術社群，他們雖然面對的仍是集權的政權，但這個政權和儒家傳統有了新的結合方式，在世界的政治舞台上，這個政權又以中華文明的體現者的面貌呈現出來。「中國模式」隱然也成了時代的課題，它的內涵遂顯得複雜。儒家傳統與共產主義，共產主義與自由主義，這樣的問題在當代中國的作用遠非海外人士所能想像。

　　「中國」從來不會只有一種面目，固定時間內形成的公共的中國意象在另一個時間點，也不無可能性質突變。比如「中國思想」在日本殖民時期、在解嚴後的民進黨當政時期，作用各不相同。而且後者對前者的理解，也容易造成有意無意的偏差。但「中國思想」在當今世界的意義特別令人興奮，也容易令人迷惘。身為海外世界的中國思想的研究者，面對著一個前代儒者沒碰觸過的中國，也面對著他們很少仔細思考的中國思想與當代世界的關係，尤其與資本主義的關係，同樣地不能不興起奇特的興奮之感。

　　好的祝福最好帶些好的期盼。既然中華與本土的共構性是我們存在的基礎；既然台灣始終缺乏明確的獨立的歷史時刻與歷史積澱，兩岸性是島嶼的歷史性格；而且，既然「中國」這個概念在今日涉入的內涵極富挑戰性，那麼，如想調適而上遂的發展，或許是該積極參與中華敘述，推動合理的現代化轉型，以期促成更符合普世價值與文化風格的中華世界，兩岸的無法脫鉤可能正是台灣極好的機會。

　　楊儒賓，國立清華大學哲學研究所暨通識教育中心講座教授。出版《儒家身體觀》、《儒門內的莊子》、《原儒》、《1949禮讚》、《思考中華民國》等書，並有譯著及編著學術論文集多種，也編輯出版了多冊與東亞儒家及近現代思潮為主軸的展覽圖錄。目前從事的文化工作以整編清華大學文物館典藏的書畫墨蹟為主，學術工作則嘗試建構理學第三系的系譜。

「大思想」與「小思想」：
大象房間政治思想速寫

陳冠中

　　2013年底《共識網》（現已停辦）編輯齊克以〈新左翼思潮的圖景：陳冠中先生訪談錄〉為題給我做了一個三萬多字的長訪談。在訪談中我說：

> 這裡要談的新左翼，是我為方便論述而特別歸納定義的，包含一些曾被人用不同名稱標示的立場，比如民主社會主義、自由社會主義、社會民主、自由左派、左翼自由主義、中左或者激進中間派等等。大致上我用新左翼所總括的包含著以下的中國思想界人士：一部分「新左派」（非國家主義的、批判專制的那一部分）、後現代派（如果還存在的話）、非正統派馬克思主義者、無政府主義者（左翼放任自由主義者）、民主社會主義者、社會民主派、公民社會的進步主義者和社會自由主義者。

　　社會自由主義可以理解為左翼自由主義的舊稱。也就是說，新左翼有以下的自我區隔：非老左派（包括正統派馬克思主義者、列寧托洛茨基斯大林、蘇共中共等）、非毛左派、非極左派、非極右派、非法西斯、非國家主義者、非種族主義者、非市場基本教義派、非政治儒家、非文化保守派，不同於「中國式新左派」，也有別於

右翼自由派。這是一次對湧動於彼時的中國社會各種政治思潮盤點速寫式的訪談。

約十年後，陳純在〈自由主義的四次「左右之爭」（下）〉一文的結語部分寫道：「《共識網》對陳冠中做了一個訪談，裡面提到一種相當綜合的左翼圖像，不僅涵蓋上述自由主義的左右之爭的大部分面向，而且還涉及四次論爭中未曾提到的環保、後殖民等問題。可惜他的這一個訪談並沒有引起太多的反響，不然左翼自由主義的進化速度可能要更快一些。」

反響的確是不多，據我所知，只有徐友漁在不久後的一篇《共識網》專訪中以自由派立場給予了正面回應，楊帆也在自己的博文中做了短評。另外，在北京，周濂在2014年初約我對談，同年稍後以〈周濂、陳冠中對談新左翼思潮〉為題先後在《上海書評》、《澎湃網》和《愛思想》發表。2014年的暑期，周保松邀我去香港參加「左翼自由主義與中國：理論與實踐」研討會，是次研討會後來獲得較多的媒體報導，我未克出席。張寧在幾年後的〈當代中國的「左」和「右」〉一文中，在自由派、新左派、毛左派之外單列了自由左翼，介紹了我在《共識網》訪談中的觀點，以及周保松和同期的研討會，並且說「一種後來叫『自由左翼』的思想派別開始在自由派內部醞釀，並於2013／2014年終於『浮出水面』」。

十年過去了，自由左翼仍然是中國政治流派中的極少數派，而左翼自由主義則是各種宏大中國政治思想之外的小政治思想。趁這次《思想》期刊第50期「思想的力量」專輯，我想借題發揮再做一次關於思想特別是政治思想的速寫。

政治思想是思想的其中一個範疇。本文中政治一詞的範圍不寬不窄，一必須是公眾的，二關係到權力，三有涉國體政體政制政策。不是所有思想哪怕是宏大的思想都屬本文範圍的政治思想，譬如宏

大宗教思想，就算不上政治思想。

「宏大」一詞取自賴特・米爾斯和昆廷・斯金納的宏大理論以及利奧塔的宏大敘事等說。除了整體性大論述外，本文所謂的宏大思想也指那些有較大影響力甚至具備葛蘭西式領導權、主宰性力量的思想。宏大思想必指向較大的權力、力量。固然，思想並非處於真空中，小思想也有其小力量。

「小思想」則是生造詞，不過這個對「小」字的多義應用在學界已頗常見，源自卡夫卡的small文學和德勒茲的minor文學的說法，以及我已讀到英語學界的各種衍生用法如小書寫、小寫作者、小布局、小劇場、小電影、小技術、小創作模式、小做法、小過程、小感覺、小策略、小運動、小政治等，如果配上另一個德勒茲概念「對峙歷史」，或可用對峙性的點線面去想像前置這個「小」字的意圖。

至於房間裡的大象這個隱喻，所指大家都懂，它的巧思就是明知龐然大物的象在房間裡而視若無睹、刻意不談。

本文這次的批判性速寫主要是針對當前中國占有領導地位的五大政治思想。這五種政治思想四種在朝，一種在野，至今仍各有其宏大的力量。這個中國政治思想基本盤其實已持續多年，論述汗牛充棟，但我總覺得重要的思想需要經常用略為陌生化的語言重新表述。五大政治思想之間一直有不對稱的相互角力擠壓，只是到不了翻盤、全退場或全稱霸的臨界點。

以下我將以五個曾經獨當一面的人物為幟，作為這次速寫的方便法門。這五個人物是梁啟超、列寧、毛澤東、鄧小平、李慎之。在較大篇幅的五大節論證五種政治思想後，本文將附帶的簡略描述當前的小政治思想，分成三小節：儒家思想與小政治思想；沒有政治思想的思想；大思想、小思想與政治思想。

梁啓超思想

　　力量體現在隨其而興的民族主義與國家主義。民族主義在華文論述中也曾譯作「國家主義」，但在本文中除了引句之外，與國家主義對譯的都是英文的statism而不是nationalism。梁啟超在19世紀和20世紀交嬗之際，引進、生造、普及、重新定義了幾個對百餘年來中國影響無遠弗屆的名詞：民族、中華民族、民族主義、中國、國家。梁氏說「最慚愧的事情，莫過於我國無國名」，「蓋數千年來，不聞有國家，但聞有朝廷」，感嘆中國「向來有部民而無國民」，倡塑「中國之新民」，主張如歐西各國建構民族的國家，以民族主義立國、但認為「自此以往，百年之中，實黃種與白種人玄黃血戰之時也」，反對革命黨排滿的小民族主義，要以大民族主義創構中華民族，以行我民族主義阻擋他族（白種）的民族帝國主義，從而進至他的三階段論（帝國主義、民族主義、民族帝國主義）的最新階段「民族帝國」：「今日欲救中國，無他術焉，亦先建設一民族主義之國家而已。以地球上最大的民族而能建設適於天演之國家，則天下第一帝國之徽號誰能纂之。」

　　梁氏還推廣了威權和中央集權的「開明專制」，所謂革命不得共和而得專制。他得知波侖哈克和伯倫知理的國家論述，流亡日本前後轉向國家主義，訪問北美之後更甚，說「今日欲救中國，惟有昌國家主義，其他民族主義，社會主義，皆當詘於國家主義之下。」1903年他譯介伯倫知理的《國家論》，他和伯倫知理本來都有兩面性，承認民權，屬意君主立憲，但更想追求國家「有機之統一」和「有力之秩序」，而且認為達此目標「必有賴一二人威德」。梁氏說：「自伯氏出……，國家主義乃大興於世。前之所謂國家為人民

而生者,今則轉而云人民為國家而生焉,使國民皆以愛國為第一之
義務,而盛強之國乃立。19世紀末世界的政治則是也,而自今以往,
此義愈益為各國之原力,可無疑也。」甚至認同「伯倫知理之國家
全權論 ⋯⋯。 謂人民恃國家而成立,寧犧牲幾百之利益以為國家
矣。」伯倫知理推崇古希臘的斯巴達,肯定普魯士威權主義,認為
國家高於社會,國家是有機體,國家的第一目的就是國家本身,國
家的功能就是培養國家的力量並加以發展,甚至說有些小邦不值得
存在,覆滅被併入大國是小邦的光榮。

　　那年代德意志思想家的國家論述對後世中國人的家國觀、國際
觀、強國追求以至權力力量崇拜,影響至大(如強權即公理,馮・
蘭克至梁啟超同期人韋伯的「權力國家」強國說,30年代中國表揚
法西斯「唯力主義」),連梁氏的論敵汪精衛也是伯倫知理國家主
義信徒。與伯倫知理同期的是主張國家是歷史力量產物的普魯士歷
史學派,以及影響深廣也更凶猛的史學家馮・特賴奇克,後者是俾
斯麥強權的狂熱信徒,普魯士絕對主義的理論家,反猶,反天主教,
反啟蒙,反社會主義,反個人主義,反自由主義,主張國家至上,
軍國集權,贊同殖民外地、滅絕低等民族,倡議德意志「精神」向
東邊和西邊的大空間擴散。特賴奇克對德人移風易俗的影響一直延
續到一戰後,並被認為是替納粹上台鋪了路。梁啟超那代的崇德知
識政治人既佩服伯倫知理就不會不同時注意到名氣更大、文采過人
的特賴奇克並受其影響,有記載說孫中山藏書中就有《國家論》和
《馮・特賴奇克的政治思想》。1917年共和的中國向帝德宣戰,梁
啟超仍強調「德國為吾中國平素敬愛之國。」

　　「流質易變」的梁啟超也是《天演論》譯成華文後的第一批讀
者,有過很長時間是一個社會進化史觀的信徒,說「循物競天擇之
公例,則人與人不能不衝突」,並以天演論套進他的史學、文化觀、

國家發展觀。不過，借華文散播斯賓塞式社會進化觀即後稱社會達爾文主義的第一人必然還是嚴復，後者在翻譯赫胥黎《天演論》的時候加了私貨注釋，把自然界的進化套進人類社會。用列文森的說法，「不是儒家三世說，而是社會達爾文主義的進化法則，使國家在生存競爭中成了最高單位」，而物競天擇，適者生存，優勝劣汰，所謂弱肉強食叢林法則，則成為流行謎米，進入不少國民三觀中的集體無意識。

本文的寫作策略是從每一種宏大中國政治思想中只挑選一個人物聚焦，其不一定為始創，但參與草創，不一定唯一，但很關鍵。若就今日方興未艾的民族主義、中華民族建構、國家主義，以及強國夢、新人說、「鑄造國魂」、威權主義、社會達爾文主義等思緒而言，梁啟超是始作俑者也是強大推手，「神州革命，文字奇功」亦是胡適對梁的蓋棺定論。梁啟超思想的力量可算是中國頑固而有後勁的領導性政治思想力量。

列寧思想

力量主要體現在「列寧式」的黨和一黨專政。這兩項都是列寧政治思想和實踐的創舉，也是列寧主義最大的遺產，從根本上築構了70多年的中國政體，如定海神針，如黨國基因，不管哪位黨領導人上台都要信誓旦旦加強建設從不曾動搖，影響力之大，領導性之強，且不說其宰制著體制持份者上億萬人的榮辱利害。

在上世紀20年代初就被蘇俄（蘇聯要到1922年才成立）與共產國際正名的列寧主義，在當代中國政治思想中還留下了可觀的其他遺產，從不發達地區超前帶領革命、先鋒隊暴力革命、用「前朝未具」的手段鎮壓反革命，到正統派馬恩列學理、唯物史觀、階級鬥

爭、消滅私有財產,到民主集中制、禁絕黨內有派、工農無產者聯
合專政、農民分富農中農貧農、土地反覆分散集中再分散、軍中設
政治委員、思想比槍更致命、報禁、辦黨報、辦共青團、反對官僚
化,到民族自決權、民族獨立建國、第三國際、國際主義、輸出革
命、反資本主義、反帝國主義、殖民地的反殖民主義革命,等等。
篇幅所限,我以下只速寫列寧的兩種經濟思想,戰時共產主義和新
經濟政策,前者由斯大林繼承為中央指令、去市場去私產的計畫經
濟,曾在中國被斷續仿傚,後者可被看作中國改開後官僚統合的市
場與指令、私有與公有混合經濟的一個提喻。

　　一戰時期列寧大部分時間待在德語系的奧匈帝國和瑞士,缺欠
經濟知識的他也大可以看到猶太裔德人瓦爾特‧拉特瑙如何高效的
規畫帝德的戰時經濟——大規模計畫經濟的第一樣板。十月革命
後,由於內戰調配物資的需要和黨人反市場反私產的意識形態,加
上「或許是對德國戰時經濟的集中化印象過深」(亞歷山大‧諾夫
語),列寧推出戰時共產主義經濟政策:農民的餘糧農作全部上繳
以待國家再分配,國家接管工業與貿易,宣告私人企業不合法,貨
幣喪失功能,無償國有化國民的私產和土地。諾夫指出,列寧以為
只要建立無產階級政權就可以快步跳進共產社會,經濟問題只是技
術和會計的問題,困難會隨政治改造而消失。列寧在1917年撰寫《國
家與革命》時還以為,「只有共產主義能讓國家變得絕對不被需要」。
他相信同黨布哈林在內戰期間寫的《共產主義ABC》(與普列奧布
拉任斯基合著)和《過渡期經濟學》:不需要貨幣、市場和價格機
制,社會可以自覺地分配物資。布哈林在1920年寫道:「此間經濟
不受盲目的市場與競爭力量所控制,而是通過自覺推行的計畫。」
這裡要強調的一點是:戰時共產主義是蘇聯計畫經濟的先聲,生產
者和消耗品分配全聽命於中央和官僚。結果是一場大災難,生產斷

崖下降，工廠關閉，大規模失業，物資短缺，配給不到位，饑民遍
野，哀鴻處處。列寧到1921年就已改推新經濟政策，只向農民徵收
定額糧稅，農戶剩餘可在自由市場買賣，並容許私產、私企、國內
貿易的謀利行為，引進外資，信託公司和企業可以互相借貸，但國
家仍占「指令的高地」，掌控大型工業、金融與外貿，部分業務可
以外包。三年的新經濟政策將蘇俄經濟恢復到十月革命前的水平。

　　列寧到了晚年的確在多方面做了反省，譬如考慮延續新經濟政
策而不視之為「戰略性退讓」，還憂慮斯大林主政的官僚化和亞細
亞專制復辟。他在1924年去世，斯大林旋重啟中央指令「計畫經濟」，
以集體化和激進手段集中資源，尤其是剝奪農民利益以加速國家工
業化發展，並於28年啟動第一個5年計畫。這個繼承列寧戰時共產主
義的斯大林計畫經濟在中共建政頭30年裡屢受黨官僚豔羨取經仿
傚，而列寧死前肯定的新經濟政策在被斯大林結束5、60年後，竟也
在走出文革的中國浴火重生。加上上述的列寧黨、一黨專政和其他
列寧主義遺產，列寧思想對中國至今的巨大影響，因為太過明顯反
而往往被忽略。

毛澤東思想

　　沒有人會否認毛澤東思想是宏大的中國政治思想，而且至今還
強有力的影響著不少人。但就思想論思想，在梁啟超思想和列寧思
想之後，毛澤東思想還有什麼特殊之處需要單列討論的嗎？答案
是：有的，而且必須的，否則，何以讀懂中國？沒錯，毛思想離不
開以梁思想和列思想為代表的兩組思想成色，但梁列兩思想遠不能
窮盡毛思想。梁列兩氏的核心思想於中國都是「舶來」的，也即非
漢語世界內生的。如果為了這次速寫把毛思想分成三塊的話，梁思

想和列思想可各占一塊，而第三塊則應完全是生成於漢地的，或更準確的說是被毛內在化和挪借選用的漢地傳統思想，特別是其中「對峙」的傳統思想，即傳統的對峙傳統或小傳統，思想的對峙思想或小思想，至少可再分三大點線面，都是毛自己承認甚至肯定的：一是先秦思想，毛是有儒有法、先儒後法的，篇幅所限下文只說他對「民」的理解；二是與法家關連的秦始皇和「三千年秦制」天朝的史觀，既是對大一統、「不搞國中有國，而用集權制」（毛澤東語）的肯定，也是對二十四正史和《資治通鑒》這些正書的對峙解讀；三是毛思想裡的「民間異端思想」（錢理群語），包括但不限於史統散小說興、純儒不屑的明清說部，包羅著謀權弄勢、長短勾距、隨機應變、入鄉隨俗、能屈能伸、無法無天、官逼民反、大救星、替天行道等庶民智慧和旁門左道的多樣開蒙。如此組合已逃逸出一般漢地傳統思想史的正寫，更不用說也跨出了梁思想和列思想的框架——三個政治思想板塊的碰撞混合，成就了毛思想和更有創意的毛行為決策的複雜性。以下是對毛思想的速寫：

　　第一板塊是毛思想裡的梁思想，或叫被毛思想包裹的梁思想，是民族主義者和國家主義者的思想，強國夢者、製造社會主義新人的新民論者、社會達爾文主義者的思想，可稱之為右翼毛澤東主義。演繹這一板塊的話語近年已很清晰：中國站起來、民族復興、富國強兵、沒有國哪有家、強軍亮劍不畏戰、新威權主義、集中資源辦大事、中國可以說不、反美帝稱霸、厲害了我的國、百年機遇、東升西降、21世紀是中國的。

　　第二板塊是毛思想裡的列思想，即左翼毛澤東主義或稱老左派。這一塊的論述更早已成形：一黨專政，階級鬥爭為綱，唯物史觀，無產階級先鋒隊暴力革命，槍桿子裡面出政權，黨指揮槍，支部建在連上，統一戰線，群眾路線，思想改造，以公滅私，鎮反、

土改、分土地、然後土地集體化，反右，指令計畫經濟以加速大工
業化，公有制，一大二公，批封資修，反黨內走資派，輸出革命，
第三世界革命，共產社會實現的歷史必然性──毛所說的「消滅階
級和實現大同」。王力雄曾指出毛從57年到文革一直執著於「滅私」、
「鬥私」以實現他的大公無私社會的理想，這更拉近中晚期的毛與
戰時共產主義時期即死前四、五年的列寧。1981年中共六中全會定
性「毛澤東是偉大的馬克思主義者」並沒有搞錯，只要把對馬克思
主義的理解放在馬恩列斯和中共正統派的延長線上或本文簡稱的列
寧思想範圍，毛都曾是認真的學生兼大成就者。列寧毛澤東思想至
今還是「毛派」（大公無私的理想主義者）的信仰。但毛澤東還有
別的同樣根本的書本和現實的老師。王若水曾說「鬥爭哲學是毛澤
東主義的重要內容」，指出毛在延安時期努力鑽研蘇聯著述的辯證
法，後來折騰出一分為二、一個吃掉一個的鬥爭再鬥爭的毛氏版本。
毛思想的特殊處不在於它發展了馬克思主義而在於它不囿於馬列主
義，這要在下文細說。

　　左與右，說到底還只是兩個舶來概念，而不是土產的（舶來和
土產都不含貶意）。毛思想的第三板塊是漢地內生傳統思想，先暫
稱之為「土產」毛澤東思想，因為不想以「漢地傳統」毛澤東思想
謂之。這是個充斥著斷言式評論而理論化程度不足的板塊，而最欠
缺理論化也最容易望文生義的，恰恰是這個其實充滿歧義、交錯揉
雜而絕非同一性的所謂「漢地傳統」思想。試問，到底法家是受毛
表揚的楊榮國所說的春秋戰國思想的兩條鬥爭路線之一，還是秦之
滅亡證明了法家已經失敗，還是法家是歷代天朝政統的對峙面小思
想，還是法家是秦以後儒表法裡的歷代王朝的一體兩面，還是如秦
暉說的法家是三千年秦制的勝利者？錢理群所提示的「民間異端思
想」，固然不同於韋伯的儒正統與道異端之說，但民間異端思想是

什麼？到底是對峙朝廷廟堂思想的江湖思想、或只是道統學統之外的左道旁門，還是滿布繁多互不隸屬小思想的一組漢地「星叢」？

毛學研究者大都察覺毛思想具有不同於蘇聯正統馬列思想之處，但有些學者以為這恰恰說明了毛主義是馬列主義的發展「進化」，至多或如西方毛學宗師斯圖爾特・施拉姆所說的毛思想是「非正統馬克思主義」，而沒有充分認識到毛另外那些「土產」思想發動器的獨立性。一個典型例子是對毛有善意的莫里斯・邁斯納所說的毛主義是「對馬克思主義獨特的（和特有的中國式的）解釋」：邁斯納看到「存在於毛澤東的馬克思主義世界觀中的民族主義成分」，又說「民粹主義思想也影響了毛澤東對馬克思列寧主義的改造」，認為毛的「許多其他特徵也是典型的民粹主義特徵……民粹主義的觀念和思想深深地影響了他吸收和運用馬克思主義的方式」。但邁斯納仍竭力把毛思想毛世界觀放進馬列主體之內：「毛澤東並不簡單地是一個馬克思主義外觀下的民粹主義者（正如他不單單是一個共產主義外衣下的中國民族主義者），毛澤東思想……，是一種中國式的馬克思主義理論形態……，旨在重申中國共產黨的馬克思列寧主義正統性」。或許邁斯納應該認真看待毛澤東自己的話：他是馬克思「加」秦始皇。毛沒說他是以馬克思本位消化掉秦始皇或秦始皇只是他的馬列思想的養料（毛只說過一次「馬克思加秦始皇」，但說過多次推崇始皇帝的話）。

用舶來觀念研究毛主義的偏差案例頗多，其中一種說法是毛共是比蘇共更徹底的平均主義者，而華文世界的一些「新通三統」和新左派國家主義者至今還以「平等」這個舶來話語來標榜、加持毛時代。可是平等或平均都從來不是毛的追求，他說過他永遠反對絕對平均主義，還強調過多次他反對經濟上的平均主義，並認為「人類歷史是階級鬥爭史……，他們同我們是一場你死我活的鬥爭，絲

毫談不到什麼平等」。一個叫《毛旗網》的毛派網站在2022年也承認說：「毛澤東在理論和實踐上向來是反對搞平均主義的。」但經濟上毛時代是不是還算是相對實質平等呢？胡平認為「說毛時代很平等，充其量是說在毛時代，在城鄉幹部職工之間，名義工資差別不算大，且不說各級幹部實際上享有多種特權」，然後他指出廣大農民受到特別不平等的待遇。本文認為毛的行為決策包括當時粵諺叫「做又三十六，唔做又三十六」的全民低差別待遇並不是受舶來人皆平等觀念驅動的，而更多是毛的法家「一民」、「貧民」、「立公棄私」等主張的延伸，見下文。

先說另一個以舶來觀念析辯毛共的相關誤區，就是認為中國革命的原創性在於它是一場農民帶動的革命或說是中共帶領農民翻身，認為毛是既依重農民又親和農民的，是反城市反精英的，如邁斯納所說毛「表達了他對城市知識分子帶來的那種『知識』的極度的不信任和對農民固有的『智慧』的欽佩。他後來也一直持這種看法。」邁斯納不是唯一持這種看法的毛學者。但這種看法又應如何解釋毛執政的年間，農民成了中國最受難的階級？土改將農民畫分三等清掉了富農甚至中農；類似秦制的戶籍制把農民鎖死在地（梁漱溟在53年已說工農有「九天九地」之別）；50年代為了發展非民生用的重工業，鐵腕剝奪農民的勞動所得；農戶糊口艱難，以至建政多年後到了人民公社設大鍋飯，農民還卑微的以為這下終於「可以吃飽飯了」，結果卻是大饑荒，同時為了保城市調配糧食進城再度犧牲農區，在地農民餓死也不得出外討要，因饑餓導致死亡的幾千萬人大都是產糧地的農區人民；到文革後期活不下去的農民為爭取分田到戶單幹，還要私下簽生死契約。這些對農民又捧又殺的行為，舶來觀念不好自洽，但如果我們用漢地特別是法家思想去看待毛思想中的「民」，反而可以得到一些較靠譜的理解。

　　邁斯納說「毛澤東的……小農傾向和他對『共同生活、共同勞作』的農民理想的浪漫稱頌，使他把『人民』這一概念僅僅理解為農民群眾（因為農民畢竟是中國人口的絕大多數）」。邁斯納認為毛將農民等同人民，這就是說，對農民的捧殺，和對人民的捧殺是同一套邏輯。死板的漢制是秦制耕戰的變奏，民分四民，但其他三民——士民工民商民人數很少。傳統漢語對務農者的叫法是農夫、農人、農家、農丁、庄戶、庄稼漢等，不慣叫農民。近代日本在翻譯舶來的peasant概念時，選用了漢字農與民二字組合，再傳回中國，農民一詞才流行。又因為農民從來占人口的絕大多數，所以傳統漢語說到農民，往往只用一個「民」字，如民不聊生、民變、官逼民反。馬克思在論亞細亞形態時指出在東方式專制地區的兩大恆永對立的「階級」就是官和民，就是說現代之前漢地也只有官和民這兩個主要的矛盾階級，不是什麼封建半封建。民（主指農民，等同人民）不包括官，民是官的對立面。

　　至於官或君王應如何看待民，在先秦和漢初各家思想中早已有定論。毛熟讀儒典，19歲寫過商鞅，中晚期用大力氣批儒揚法，晚年還追讀刻印成大字版的法家文獻。他一定對孔子的「民可使由之，不可使知之」、《禮》之「天下為公」、《書》之「以公滅私」、荀子的「君道」以至董仲舒之「民者，瞑也」有自己的解讀，並且更必然是已經內化吸納了法家眾所周知對民的「本質」的看法和馭民之術，如「一民」、「一教」、「辱民尊官」、「弱民」、「疲民」、「貧民」、「勝民」、「愚心」、「民愚則易治」、「以奸民治善民」、「六反」、「告奸」、「發奸之密」、「失奸者必誅連刑」、「背私為公」、「立公棄私」、「萬民之主，不阿一人」、「聖人治國之要，故令民歸心於農」、「愚農不知，不好學問則疾務農」、「為政者期適民，皆亂之端」、「君之上於民也，有難則

用其死，安平則盡其力」。

　　毛澤東以漢地土產內生的儒法（晚期貶儒褒法）這套對「民」的認知，左手翻雲右手覆雨的駕御、利用著舶來的、抽象的人民、農民之名，到了他為我用的高度。東風碾壓西風，但神主牌不嫌多，馬列加儒法，洋為中用，西表東裡，包裝效果也猶勝漢地歷代最狡猾的儒表法裡王朝。

　　讓相對獨立的三大火爆中外思想板塊相互作用，是毛的本事，也是他的思想力量所在──在中國大陸這個場域毛思想曾一度接近成功的擠掉了所有其他思想，借胡平的話，當年毛「讓七億人只准有一個大腦」。本文雖略嫌貶低毛思想的原創性，但我個人則在早年就已被毛將其思想化作行為決策時的「猴氣」與「虎氣」、「數風流人物還看今朝」的致命表演性驚駭莫名，而本文更沒有不承認毛澤東思想是擁有宏大力量的宏大當代中國政治思想。

鄧小平思想

　　宏大力量體現在文革之後中國經濟的巨變。我認為鄧思想對形塑中國黨主、官本、統合主義的發展主義（有大量資本主義市場成分）的混合經濟制度的這條特色路徑起了關鍵作用。至於許多其他說法，如威權資本主義、列寧主義資本主義、國家資本主義、社會主義市場經濟體制，都過於簡化以至容易誤導。鄧思想形塑的路徑至今影響著在中國的每一個人。

　　鄧思想中有梁思想、列思想、毛思想的厚重成色，但他也固執著與毛思想對峙的「務實」、「對外開放」、「致富光榮」等三大個性或可以說是價值觀。「峙」的原意就是起而屹立，如兩峰相對，小峰可被大峰遮擋但壓不倒。

　　至於鄧的政治改革與不改革，已幾有公論，就不贅言了，本文只需引述趙紫陽後期的錄音談話就可以說清楚：「鄧主張的是在堅持共產黨一黨專政前提下的改革，改革正是為了進一步地鞏固共產黨的一黨專政。任何影響和削弱共產黨一黨專政的改革，都是鄧堅決拒絕的」；「堅持四項堅本原則，反對資產階級自由化」；「非常強調要保持政治局勢的穩定，穩定壓倒一切」；「每當他強調穩定的時候，必然強調專政。他不僅反對政治制度建立什麼分權制衡的制度，而且十分厭惡人們用遊行、請願、鬧事的方式表達意見」；「他心目中的改革，並不是真正的政治上的現代化、民主化。主要的是一種行政改革，屬於具體的工作制度、組織制度、工作方式、工作作風方面的改革」；「沒有觸及根本制度 … 鄧主張的政治體制改革，專政是不允許動的」；「就連1986、1987年鄧作為政治體制改革第一條提出的黨政分開，雖然只是堅持黨領導下的職能分工，目的在於提高國家行政系統的統一與效率，但是1989年『六四』以後也就不再提了」；「所謂鄧的政治體制改革，除了幹部年輕化、精簡機構和中央地方、企業適當分權之外，再沒有別的什麼東西。」

　　補上朱嘉明的兩個評語：「人們還忽略了鄧小平南巡的真正後果，那就是：徹底排除了在中國進行任何政治改革的可能性」；「中國共產黨之所以沒有重蹈蘇聯共產黨覆轍，並非因為六四的鎮壓，實在是受惠於1980年代的經濟改革。」

　　不諱言鄧氏招牌的經濟改革和政治體制欠奉改革（行政管理有隨經濟和維穩需要調改）的最大受益者是中共和「趙家人」，同時也讓八億以上國民在國際標準意義上脫貧，而實質上也有很大一部分人「改善了他們的日常生活」（傅高義語），少部分人先富起來。

　　70年代末至80年代末的各種經濟改革，如農村土地大包幹、個體經濟、特區、中外合資設廠、鄉鎮企業、商品經濟、價格闖關等，

開拓者不必是鄧小平，但政策如果沒有鄧的力挺護航是不可能推行的。

盧躍剛在《趙紫陽傳：一位失敗改革家的一生》稱趙紫陽是「中國市場經濟改革之父」的說法，如經過論證和加上足夠的限定，是可以成立的；我更是非常同意盧說趙不應「在中國改革開放的主流歷史敘事中消失」。不過，「改革開放」作為整體歷史事件——那是個誰都不可能預先設計的迴旋大洪流——一線掌舵手身後的話事人，還是鄧小平。羅德里克‧麥克法夸爾認為，「孤軍奮鬥」的趙紫陽，在全國包產責任制和出口導向的沿海發展戰略等政策上居功至偉，不過「沒有鄧小平的支持，也完全不可能推動……。反對聲浪不知凡幾，但同樣地，只要他取得鄧小平的支持，事情就比較順利了。」趙紫陽出任總理以至總書記後，推行「公有制基礎上有計畫的商品經濟」、「政府調控市場，市場引導企業」，「重視價值規律」等主張，為市場經濟打開了局面，以至麥克法夸爾說「鄧小平確實在觀念上沒有突破，突破的是趙紫陽。」

但我認為鄧小平觀念的突破點，不在於設計具體經濟政策，而在於他逆轉了毛的一些價值觀和世界觀。這裡只說三個現在聽上去平平無奇的觀念：務實、對外開放、致富光榮。有了這樣的思想反轉，「改革開放」才有可能。

在毛時代，鄧小平和陳雲、劉少奇等是中共官僚的務實派。王力雄想像說：「只要每天面對治國的具體事務，就一定會明白毛那一套的虛幻。」毛死前不久還再次確定鄧小平是死不悔改的，仍然是要去搞所謂修正主義的，不能留他在台上。但鄧小平在毛死後再度上台，支持胡耀邦實事求是平反冤假錯案和提出實踐是檢驗真理的唯一標準，發明「貓論」挺萬里的包產到戶，接受「社會主義初級階段」說法，發揚了「摸論」，支持習仲勳等南方大員「辦一個

特區，過去陝甘寧就是特區嘛。中央沒有錢，你們自己去搞，殺出
一條血路來」，對反個體經濟、反開放的黨人說「看一看再說」、
「放兩年再看……，怕什麼？」，肯定袁庚「時間就是金錢，效率
就是生命」口號，並考慮到「從長遠著想，解決好交接班的問題。」
鄧還提出「一國兩制」、「和平統一」、「韜光養晦」。鄧是一貫
務實的，這是境內外同樣的評價，基辛格說鄧「是做比說多的少數
幾個政治家」，傅高義稱鄧為「實用主義者」，並說「他只想把摸
到手的牌打好。」

　　與務實同樣「逆毛」的價值觀是對外開放與致富光榮，後兩種
思想在當時中共黨內也算是異端了，這三種對峙毛澤東三觀的思想
獲得解放，才起到了改革開放改弦更張的效果。

　　鄧小平說：「我們吃過苦頭，我們的老祖宗吃過這個苦頭……，
長期閉關自守，把中國搞得貧窮落後，愚昧無知。」可見對外開放
並不是黨和老祖宗的正統，閉關鎖國才是。中共建政頭三十年固然
並不是沒有跟別國做過有限度的交流，在鬧翻之前曾和蘇聯、東歐
國家、阿爾巴尼亞稱兄道弟，也跟一些第三世界國家友好，不過顧
忌限制很多，民間更不能自由來往，談不上開放。當然，跟美國主
導的「資本主義」國家的來往就更緊張更例外了。鄧小平說的開放
是普遍意義的對外開放。他曾特別強調開放的對象要包括三方：美
國等發達國家、蘇聯東歐國家、第三世界國家。當然，最大的突破
點在第一方，但開放的程度也是重點。鄧小平相信開放，說「發展
經濟，不開放是很難搞起來的。」趙紫陽說「小平主張大量利用外
資」，要知道引進外資和設立出口特區都是陳雲等反對而鄧力挺的，
可見開放是鄧信仰般堅持出來的。鄧小平說：「要達到在下世紀上
半葉實現現代化的新目標，離開對外開放政策是不可能的。」王思
睿（陳子明）與何家棟評說：「就改革和開放二者而言……開放的

舉措則更加積極,更加大膽,對於國民經濟增長的貢獻份額遠大於前者。」對外開放,中國才會加入世界貿易體系成為最大得益者。

　　如晚清以來的民族主義者,鄧小平渴望國家富強。他說「貧窮不是社會主義」,「過去搞平均主義,吃大鍋飯,實際上是共同落後,共同貧窮,我們就是吃了這個虧」,「林彪、四人幫提倡什麼窮社會主義,窮過渡,窮革命,我們反對那些荒謬反動的觀點」,「文化大革命中有一種觀點寧要窮的共產主義,不要富的資本主義。我在1974年、1975年重新回到中央工作時就批駁了這種觀點。」這是鄧在毛死前已有的逆思,毛時代的教化是「貧窮光榮,富裕可恥」,在鄧時代改成擺脫貧窮,致富光榮。鄧認為「社會主義的特點不是窮,而是富」,他說「社會主義原則,第一是發展生產,第二是共同富裕」,1983年鄧小平對國家計委說「允許一部分人先富起來」,先富帶後富,「目的是更快地實現共同富裕」。南巡後,致富光榮成為了全民主流意識形態。

　　在把自己提拔的趙紫陽趕下台後的1992年,時年88歲的鄧小平發表了南方談話,力壓意圖消滅個體經濟的江澤民、李鵬等人,讓中國的市場化改革得以重啟並加速:「要發達起來,窮了幾千年,是時候了,不能等了」,「中國要出問題,還是出在共產黨內部」,「中國要警惕右,但主要是防止左」,「計畫經濟不等於社會主義,資本主義也有計畫,市場經濟不等於資本主義,社會主義也有市場」。市場經濟終於正名。南方講話被認為是「黃鐘大呂的聲音一下子壓過了『左』的瓦釜之鳴」(馬立誠、凌志軍語)。南巡甫過,鄧小平說「對我說的話,有人頂,有人拖」,勸這些人「換腦筋」,上海《解放日報》響應說:「換腦筋……,不換腦筋就換人」,江澤民表態支持落實南巡講話,餘下就老生常談了。馬立誠說:「真正的鄧小平時代,是在南方談話之後出現的。」

　　鄧小平是讓共產黨得以在中國繼續執政的最大功臣，這是許多中共黨人的認知。

　　如本節開篇所述，鄧小平的經濟改革和政治體制欠奉改革，形塑了他身後的特色經濟體制：黨主、官本、統合主義（corporatism）的發展主義（developmentalism）（有大量資本主義市場成分）的混合經濟。此中的關鍵在於，不是民主，是黨主，作主的黨自許有三個代表性；不是資本家說了算而是官說了算，是以官為本位不是以資為本位；政府主導，統合全局與各階級，指令計畫，宏觀調控，以財政和貨幣刺激經濟增長，反經濟周期，引導資本去向，維穩，勞動者不得異議鬧事；中央、地方政府和企業統合炮製所謂「三合一市場機制」；發展是硬道理，國家制定經濟發展政策，出口導向，廉價勞工，培植有競爭力的產業規模超趕發達國家，參照東亞幾地先行的威權發展主義模式而變本加厲；在官家指令、配控甚至扭曲下，讓市場和價格機制大範圍發揮作用；私有制集體制國有制多種所有制並存混合；按勞分配之外容許各種不對稱分配，讓有些人先富起來成為資本家；讓資本生資本富者愈富；讓外資進場；讓國企壟斷下民企做大；戰略性布置國有資產，國家對全球投放撒幣，資源向國企傾斜；中央、地方政府和銀行引領資本從供給側傾斜性甚至高扛槓性投放基建、蘇南式工業發展區、出口補助和房地產，以投資而不是消費拉動中國GDP的高速增長等等。用朱嘉明的話說，是「權力和財富的結合，傳統行政資源和現代市場經濟工具的結合，『土八路』、『紅衛兵』和『華爾街』的結合，『共產主義』和『福特主義』、『消費主義』的結合，中央集權主義與凱恩斯主義的結合」。如今顯示的後果是實現了連續多年高速增長然後失速，GDP結構失衡，貧富、城鄉、地域差距拉大，普遍貪腐，地方債務高築，土地經濟落幕，房產不景，內需不足，產能過剩，個別產業全球領

先，受政策扶持的出口在全球需求下行期過於有競爭力，而隨時觸發國際貿易糾紛。

這是中國模式。這使中國成了世界第二大經濟體，一個挑戰美國地位的超級強國，以從境外唱好中國的李条的說法是「鄧小平衝破中國傳統歷史偏見的藩籬，轉而倡導市場經濟，開放國門，如饑似渴地向美國及西方學習現代科學技術及市場經濟道路……，中國終於在過去40年裡發現了現代文明的精髓，也即現代科技和市場經濟的結合」。現在國人有了更多選職業、選居址、選學校、選配偶、選國內外旅行、選消費品、選娛樂到死的盛世「九成自由」（陳冠中語），以及受嚴格管控的言論思想表達自由。中國人口基數大，比之其他各國有更多的富豪和中產者，也有比任何國家更龐大的低收入人口。公路和軌道基建超英也超美，但宣稱是社會主義國家的中國貧富差距遠高於發達資本主義國家，而社會保障卻不如之。不過，不管政治風向與政策如何左搖右擺忽收忽放，中國經濟還是走在鄧小平和他的思想所形塑的路徑上。

李慎之思想

中國「在野」的政治思想中，力量最大的，至今仍是自由主義。憑體驗，我認為今時今日，與自由主義價值觀親和的人群是相當龐大的（龐大？有毛左多嗎？那還真不見得，但基數還是挺大的）。我甚至敢說，現存的自覺的「學理自由派」數目，不單只比民國時期多，也比上世紀80、90年代更多。只是近年在國家機器的封殺下，自由主義缺乏公眾傳播的渠道，在社會上的作用也變得時顯時隱。

過去二十多年，在自由派群落的努力下，自由主義思想已廣泛散布在頗多民眾的思想生態中，一些自由主義的基本主張成了常

識，被內化為個人的政治價值甚至行為動力。對廣大持有自由主義
價值觀的人群來說，她們或他們可能說不出彼此思想的共同根源。
這不重要，因為不論中外流派本來就是需要論證才能成立的，而且
總是會有些建構和簡化成分。重要的是價值觀的拉近與接力，大家
都終於尋覓到同一棵政治傾向的大樹乘涼避雨，然後各自起程，互
不隸屬。我稱這個無陣之陣為「民間自由價值觀的星叢」，這個群
落為「民間自由派」。

　　自由主義是舶來的政治思想，如果從嚴復譯《原富》和《群己
權界論》算起，則傳進中國也120年了。但如謝泳、陳子明等指出，
要到了1947年《觀察》周刊的核心人物如楊人楩走到台前，加上同
時期的個別人士包括胡適，自由主義才算有了直接以其名自許的知
名知識分子。陳子明寫道，晚清和民國有過不少知識分子包括戊戌
前後的梁啟超，都曾是「自由思想者」，啟蒙了頗多國民，但他們
都不自稱是自由主義者，有的還特意否認自己是政治上的自由主義
者。而真正願意自稱自由主義者的，如抗戰勝利後《觀察》以至《大
公報》、《新路》的部分成員，卻又時不我與，他們在中國大陸曇
花一現的存在只是令思想史家唏噓，之後又是幾十年的荒蕪。

　　因此，自由主義以自由主義之名被普遍認識的時間不算長。上
世紀80年代的文化熱時期，人們的思想大幅度解放，但在當局反覆
的「清汙」、「反自由化」下，「當時社會上沒有人明確舉起『自
由主義』的旗幟」（馬立誠語）。在改開後呼喚啟蒙再來的知識分
子，縱有自由主義的想法，尚亦不便提曾被毛汙名化的「自由主義」
四個字，只能做隱性的學理自由派。

　　真正的自由主義思想起飛要到90年代末。通過書籍出版、報刊
媒體、學院授課、公開研討講座，稍後加上互聯網網媒、公知博客、
微博微信，再加上主張市場自由化的經濟學家、普法公知和介入社

會事件的維權律師，自由主義在民間的傳播才有了千禧年後的黃金10年，或說12年、14年左右。很多自由主義的政治價值觀，就是在這短短的十幾年窗口期普及到許多人的心中，包括個人權利、人權、隱私權、知情權、個人財產權、維權、請願上訴權、限制警權、選舉權、自治權、公民權、公民社會、公民不服從、人身保障人身安全人身自由、人是目的、反對為達目的不擇手段、正義、程序正義、議事規則、行政規定不是法律、憲政、遵守憲法、有限政府、限制公權、合法性、司法獨立、三權分立、法治、公正、平等、民主、自由、集會自由、宗教自由、思想自由、言論表達自由、免於恐懼的自由等等。

想進一步梳理當代自由主義的個別人士可能會記起，他們是在90年代末開始看到自由主義這四個字進入公眾視野之中的，但許多人不一定了解，這次讓自由主義浮上水面的關鍵人物是李慎之。「李慎之是第一個公開倡導自由主義的人……，具有里程碑的意義」（陳子明語），或用朱學勤的說法，李慎之把自由主義「擠出門縫」。

李慎之在1998年和99年清楚無誤的寫道：「中國尤其經過了一百多年來的人類史上規模最大的試驗，已經有足夠的理由證明，自由主義是最好的」、「自由是每一個人天賦的權利」、「救治專制主義的唯一出路，就是啟蒙，就是以近300年來作為人類歷史主流正脈的自由主義取代專制主義」。馬立誠說李慎之「說話斬釘截鐵」，「儘管自1995年起，劉軍寧、王焱、賀衛方主編的《公共論叢》叢刊就提出了自由主義並開始相關討論，但社會上普遍認為，開頭炮的是前中國社會科學院副院長李慎之。」

社會上普遍有這樣的認知，是因為李慎之以他的資歷分量，身先士卒的撐開了門縫，讓那扇門再也不能全關，由此自由主義才能公然面向社會大眾傳播，形成今日可觀的「民間自由價值觀的星

叢」。此外，我所認識的改開一代名氣最響噹的學理自由派，也大都承認李慎之是他們當時的領軍人物，更因為有李慎之，道同志遠之士才能一鼓作氣衝到前台發出時代之聲。在1998年5月出版，由李慎之寫序，劉軍寧主編的《北大傳統與近代中國》一書，劉軍寧「前言」的標題是「北大傳統與近現代中國的自由主義」，比書名多了現（代）和自由主義等字；朱學勤在同年12月亦跟進寫道「1998年中國思想學術界，最值得注意的景觀之一，是自由主義作為一種學理立場的公開言說……，中國仁人志士真正追求的主流思想，始終是自由主義，雖然它在一定時期為激進主義所掩蓋」；同期徐友漁寫道：「自由主義的核心就是對個人價值和尊嚴的肯定，對個人權利和利益的尊重與保護……，認為人生而平等，天然具有支配自己身體和財產的權利……自由主義認為國家的政治、經濟、社會生活，以維護個人的自由為最終目的。」擠出門縫的自由主義思緒一發不可收，老中青少幾代人受沾染，自由的政治價值觀，以至自由主義學理，匯合改開後的思想解放運動和王元化80年代後期啟動的「新啟蒙」的未竟事業，從此已然成了中國思想的一個新道統，以非定型的星叢形態浮游於大地上。本文以李慎之政治自由思想，代表自由主義在中國土地上首次成功孕育出民間自由派和不棄不滅的民間自由價值觀的星叢，並致意肯定他助學理自由派在中國擠出門縫的功績。

　　流派之說需要論證，自由主義也不例外，其思想中也有小思想，其思想史內更有對峙的歷史。自由主義是歐洲啟蒙運動結束之後、1815年才出現的英文詞，但正如其他宏大政治思想，源頭可以往前追溯，其先賢祠成員的追認則不斷在修正。以下是速寫。

　　遠古的不說，從16世紀起，寬容訴求因應歐洲基督教內的宗教迫害而生，法國新教卡爾文派胡格諾分子首倡憲政，而「原始」自

由主義的思想組裝在學理上的猛進繞不開天主教西班牙薩拉曼卡學派，以及德荷的阿爾圖修斯、格老秀斯。單說英格蘭國，霍布斯始議契約論之後，主張公民共和的有詹姆斯‧哈林頓、議會主義的有艾德蒙‧路德羅，啟發後來美國立憲人士及埃德蒙‧柏克的有博林布魯克子爵，為宣揚共和而死的有阿爾傑農‧西德尼，以及在1689年出版《政府二論》的洛克。蘇格蘭的啟蒙道德哲學家隨後。

在17世紀末，西德尼的影響遠比洛克大，而《政府論》是要在出版好幾十年後才受重視。洛克被追稱為理念上的自由主義之父，是20世紀的事（見鄧肯‧貝爾），而且不是所有他的思想都被後世照單全收，例如他曾涉嫌默認北美奴隸制就早受非議，而他的財產權與殖民主義的關係近年也被檢視。不過就算以洛克思想代表自由主義的政治主張，他的經濟思想還是有異於更晚出的「經濟自由主義」的。洛克是勞動價值論者，認為勞動和節儉產生財富，而勞動也是私人財產的道德基礎。他更有重商主義的傾向，並不支持自由貿易。洛克的經濟觀因此完全不同於他的兩個同代人：寫《蜜蜂的寓言》表彰私心的貝爾納德‧曼德維爾與寫《貿易論》反重商主義的達德利‧諾思。《政府論》出版大半個世紀後，法國重農派才提出「放任主義」一詞，然後是比《政府論》晚了近90年的亞當斯密在1776年出版的《原富論》，加上實存的曼徹斯特資本主義，才組裝成了「經濟自由主義」（僅指英語世界的的版本，有異於歐陸版本）。可以說，經濟自由主義綑綁上洛克式政治自由主義，變成了學院術語中的「古典自由主義」，好像政治自由主義和經濟自由主義是不可分開的同一回事。這裡只提一點：洛克式政治自由主義和後來的經濟自由主義中間有近百年的時間差和理念差，是可以分開的。

英國帶頭的工業革命的發達時間更晚，19世紀社會出現重大變

化，添加了前所未有的社會問題，加上資本主義榮枯有周期，放任主義和經濟自由主義在英國受到該國一些自由主義者的批評，改革者倡議了「社會自由主義」，也曾叫「新自由主義」，意圖從放任資本主義中救出已受到馬恩等社會主義者圍毆的自由主義，保衛自由主義核心政治思想但質疑經濟自由主義的信條，避免嬰兒和髒水一起被倒掉，增加了社會化個人、共同體、民主、平等、人道主義、社會正義、社會保障的成色。用方便說法是，自由主義先後有經濟自由主義和社會自由主義兩種擺動，一直延續到今天。

搬到20世紀末的中國語境，學理自由派內部最大的分歧，仍然是社會自由主義（即自由主義左翼）和經濟自由主義（往往自稱古典自由主義、右派、保守主義，或被稱為放任自由主義、新的「新自由主義」、市場原教旨主義）的分歧，而經濟自由主義是現在中國學理自由派的主流。我的速寫是：以「李慎之思想」為象徵的中國自由主義大樹下，學理自由派可二分出「劉軍寧思想」和「秦暉

劉軍寧在1999年就說「二十世紀有重大成就的自由主義者（米塞斯、哈耶克、弗里德曼、布坎南）無不以其經濟自由主義學說為依據」，「近現代中國的自由主義從一開始就帶有唯理主義、科學主義、平均主義的成分和排斥自由市場經濟的特徵。其中的重要表現之一，就是對經濟自由主義的系統的忽略。近現代中國自由主義譜系中，經濟自由主義始終未曾獲得與之重要性相稱的一席之地……，稱頌被哈耶克斥責為通向奴役之路的東西，這一通病至今未有治愈的跡象」。至少在中國學理自由派中，情況早已反轉。哈耶克那本1944年面世、自稱是「政治性的書」的《通往奴役之路》，堪稱是經濟自由主義在中國的最重要推手，在90年代中出版的中譯，以一書之力，在體制外對學理自由派、公知博主、民營企業家和「逢左必反」群落有神諭般的影響力，超過凱恩斯，米哈爾·卡

列斯基、後凱恩斯學派、卡爾‧波蘭尼、托馬斯‧皮凱蒂以及羅爾斯（羅氏晚期認為最優化的政經制度是「擁有資產的民主制」）思想力量的總和。劉軍寧近年宣導「有神論」保守主義，這也是中國學理自由派現在的一大轉向，縱使經濟自由主義推崇的「原始」資本主義從來都在全球「摧枯拉朽」，鼓動創造性毀滅。部分保守主義者一直堅持說哈耶克也是個保守主義者，雖然明知道帶有不可知論傾向的哈氏曾親自撰文說自己不是保守主義者，並相當清楚的給出了他理解的保守主義與他信奉的自由主義的不同之處。或許我們也可以說「哈耶克思想」才是中國經濟自由主義一直以來的代表性思想。

　　正如資本主義和工業化給19世紀英國帶來社會新矛盾，黨國統合下帶有資本主義市場成分的混合經濟也給上世紀90年代中後的中國社會製造了新問題。新現實驅動民間有心人士左右求索，這時候秦暉從中國現實開出的「共同底線」說法打動了許多立場不盡相同的人：「在『左右之爭』中，發達國家的傳統話題是『自由放任』，還是福利國家」，「我們這裡，還是既無『自由放任』，亦非『福利國家』」，「國家權力極大而責任極小，從而限制國家權力的自由主義要求和擴大國家責任的社會民主要求，根本就不可能構成對立。為了實現最低限度的自由權利與社會保障，就需要有權責對應的民主體制——而這，就是現代左右派都必須持守的共同底線」，「中國現在不是自由放任太多，也不是福利國家太多……，而是恰恰相反，既要更多的自由放任又要更多的福利國家。也就是說，在我們國家的現實生存環境中，不僅自由主義和社會民主主義有其基本的價值重合，而且古典自由主義和古典社會民主主義也有明顯的價值重合」，「現代公民取向的自由主義者與社會民主主義者共同反對前近代傳統與專制桎梏的立場，沒有這立場的『自由主義』實

際上是寡頭主義而非自由主義……沒有這立場的『左派』是警察民
粹派」。秦暉所呼喚的共同底線，相信不僅是學理自由派中的左翼
（許紀霖認為社會民主主義才是中國近現代自由主義的主流）可以
接受，其他反專制的流派如民主儒家、社群主義者、共和主義者、
民主社會主義者、八二憲政主義者以至一部分支持新民主主義的紅
色後代都能接受；相信不僅是一部分民間自由派可以認同，而且是
民間社會的進步主義者、公益平權社運人士，甚至一些體制內外的
改良派也都能認同。

　　面對中國在朝的四大政治思想（梁思想、列思想、毛思想、鄧
思想），自由主義是唯一有抗衡力量的在野的對峙政治思想。思想
謎米如野火、如病毒，難以清零。關心社會思想動態的人士可能會
注意到，近年又有不少年輕人在感應了。

　　現在我將簡略描述歸納除了上述五大政治思想之外的當前其他
三類思想與政治思想。

儒家思想與小政治思想

　　中國執政者明確的說了要自信的走中國特色道路，學院體制內
也有聲音倡議建立「中國文明的主體性」和「文化自覺」，「以中
國文明來宣示中國性……肯定了現代中國必須是根於中華文明原有
根基的發展」（陳來語），而這個原有根基的「實質性傳統」被認
定是儒家：「在中國過去兩千多年的歷史上，儒家在中國社會和文
化中占據了突出的地位，在中國文化的形成上起了主要的作用，以
至於人們有時把儒家傳統作為中國文化的代表。」那麼儒家與馬列
主義黨國是什麼關係？2006年時陳來說儒家「是探求『安邦治國』、
『長治久安』的思想體系，時代的這種變化在領導黨的觀念上已經

表達出來⋯⋯，執政黨的任務就是要把注意力平實地集中在治國安邦的主題上⋯⋯，無可懷疑地顯示出執政黨政治文化的『再中國化』⋯⋯，積極地運用中國文化的資源以重建和鞏固政治合法性，已經成為21世紀初領導黨的特色。放眼未來，這種發展只會增強，不會減弱。」

如此說來，儒家思想在中國不僅是具有宏大力量的宏大思想，還有政治意義上的當代性，契合執政者的新需求。那麼學理儒家是不是現在應該好好的開出自主自洽的當代政治思想藥方來？如果其政治思想成氣候，是不是也會想捕獲中國政治思想的領導權，成為馬恩列斯毛主義可畏的替代性對手？

不過，主流學理儒家也大可以退而論證儒家整體性思想與馬恩列斯毛主義有相容性，哪怕是「薄的相容性」（借白彤東語。雖然白彤東是用薄的相容性來說儒家與自由主義的相容性），故此其不必要開出自己的政治思想特別是著眼於政治制度設計的政治思想藥方，只需要從「中華文明主體性」（包括中國現代性、儒家天下觀、大一統、文明國家、賢能制等的進路，去補足本文所說的四大領導性政治思想的短板、盲區，如此可能會更好的服務大局配合當局的工作。

主流儒家若願意安身在這樣的一個「文化自覺」舒適區，那麼凡關係到體制改革、經世致用的自主自洽的「政治儒家」外王思想，都只能是當代儒家思想的邊緣化「小政治思想」了。

劉擎在2016年曾經寄望中國儒家「為中國的憲政民主建設鋪墊更豐厚的文化基礎，並實現更為優越、更為有效的現代政治」。這個自由派的願望，這些年後也因主流儒家選擇了與馬列執政黨相容而形同渺茫。

從「去政治」的舒適區出發，儒家依然可以做學問，尋安身立

命之寄託，汝安則為之，而它的教化力量繼續宏大，引領民間慕古文化的建構，從漢服到讀經到西醫要兼學中醫，如陳來所說，「民間的草根性的對傳統文化特別是儒家文化的熱情成為這一波中國文化熱的巨大推動力量」。陳來並強調說「傳統的復興絕不是要回到過去」。的確是回不去的，這些復興都是現代的行為。

沒有政治思想的思想

　　幾大宗教都有宏大思想，在中國也各有宏大影響力，但不一定具備本文所說的政治思想。我認為：漢地佛教或愛國天主教會都沒有意願表達出自己教義內生的政治思想；藏地佛教和伊斯蘭教是被嚴禁開發原生或外來的政治思想的；新教不論官方的還是「家庭」的大概也想區隔政治與信仰，曾看到一些民間教會因涉保守自由主義而受打壓；道教組織是歷代朝廷的顧忌，49年後不再；其他現存的民間宗教及會道門也早就去政治化了。

　　漢地民間文化五花八門，地域族籍傳統各自標榜，少數民族美美與共，皆沒見有獨自的政治思想，不像晚清民國連江湖幫派都有政治思想性的藉口。

　　民間有各種思想，可以產生不同的政治後果，但本身都不算是政治思想，而且再為人熟知的民間思想往往也缺乏「理論化」的論述。譬如漢地有許多人認同務實思想，但這思想從何而來？不可能是舶來的，但亦不等同道統精英的用世濟民思想。務實主義者遍布漢地，故此也不可能都是受所謂浙學思想影響。務實者，一端是實事求是、恰如其分、精打細算，一端是固守本份、該慫就慫、不強出頭。這到底是庶民經驗的代代相傳，如柳青《創業史》所提示的「庄稼人都是務實的人」？還是出自匠人商人行會規訓？亦或僅只

是讀書人明清小說讀多了，留意到許多故事都有頌嘆教化實事求是
這種價值觀而被感染？總之「務實」這麼一個重要而普遍但在宏大
思想之外的「國民性」思想，就沒有被好好的論述清楚過。

　　上文曾說到鄧小平的務實致富，反轉了毛澤東的大公滅私，兩
人的想法應該都是土產的。這恰恰說明漢地各路民間思想之間的相
互抵觸性甚至互不隸屬性。其實不僅是民間思想和所謂中國傳統的
內部充滿歧義和對峙，經學子學道統學統二十四史黨史也如是。本
文的一個觀點是：任何整體性的思想史都可以拆解成歧義史、對峙
史、建構史。「中國思想」的確比一般想像龐雜、班駁、可塑，如
葛兆光說：「腦子越清楚，麻煩越大。」

大思想、小思想與政治思想

　　最後，本文將快速梳理一些大思想、小思想和政治思想。

　　因為國情，進步的社會思想很難孵化出本文意義的政治思想。
生態思想就是例子，它是宏大思想，千禧前後陳子明曾把生態主義
放入政治的「主義」之列，但當生態思想在中國被相對普及和受到
國家局部統合後，它的政治能量卻似消散了。女性主義也是有宏大
力量的宏大思想，其信息為社會接收後將產生移風易俗的作用，說
不定以後人文社科學問也要為之修正，但現下不容許公然批評被男
性以絕對比例把持的政統。其他少數或弱勢群落的爭取權利的思想
與行為，皆自設限在社會文化層面的小範圍內而且都不易維持。動
保、素食主義、消費保護或不要在我家後園的「鄰避」主義都有其
單一議題，但上升不到政治思想。

　　工農受薪階層客觀上還有改變社會和文化的「能動者」作用，
不過服務業勞動者、小職員、白領、工人、農民工、務農者基數雖

大，都不成自為階級，既無團結意識，也得不到「有機知識分子」代言。維權抗爭上訪的漂浮群落更命途多舛，發聲無門。代際間政治感受或有不同，但年輕並不意味政治上反叛，千禧一代甚至可能是對政治最沒興趣的世代，雖然疫情時期有改變。近年媒體公知、維權律師被消音，公民社會已幾無倡議人。

在這種情況下，新左翼當然只能是小政治思想了。20年來的經驗說明，民間社會的進步運動空間有多大，新左翼思想（包括社會和文化進步主義、自由左翼、社會民主）的傳播力度就有多大。目前中國民間社會的進步空間遠遠不如十年前。

那麼著名的中國新左派呢？問題是：現在誰是新左派？有人公開否認自己是新左派，有人從來是保守派或民族主義者卻被誤畫成新左派。有的崇毛捧文革，可併入毛派，餘者大多可歸檔國家主義陣營，如許紀霖、陳純所指出。劉擎進一步詰問說：「近年來，部分『新左派』越來越多地肯定和讚頌『中國崛起』，而『左派』慣常的尖銳句式（比如，究竟是誰的崛起？平民的還是權貴的？）從來沒有用來質疑『中國模式』……，他們在什麼意義上還能被稱為『左派』？」許紀霖也說到這種移形換影：「民族主義從溫和的文化保守主義蛻變為極端的政治保守主義，反現代性的施特勞斯主義與國家理性至上的卡爾·施米特主義攜手合作，激進左翼集體右轉，轉向認同當下政治秩序的國家主義。」最烏龍的是把學院裡的小思想流派「施派」——此施是指西方古典至上論者施特勞斯和「納粹」法學家施米特這兩施——與新左派牽連在一起。提到施米特，我總是忍不住想起劉瑜的話：「明明是推銷專制思想，你當然不能上來就『董仲舒說過』或者『張春橋說過』，你得說甚麼呢？你得說『施米特說過』……。其實，從朝陽區到海淀區，是可以不繞道阿爾卑斯山的，坐地鐵10號線就行」。

　　如此排除之後，還有幾個留存下來的新左派？真正的新左派就算存在，現在也只是小思想。中國新左派否定自由主義，新左翼承認政治自由主義的核心價值，這是兩者的一大差別。我個人希望崔之元能夠扛住新左派在中國的大旗，寫這篇文章之際，讓我記起崔之元也曾關心過的「大象曲線」、「婆羅門左派」、「基本收人」和「勞資共決制」這些真左議題。

　　代替新左派在學院受重視的另有一派，很多上文所指的前新左派和新儒家都在其中。這一派「試圖重新建立中國文明，與西方爭奪普遍性的話語領導權」（許紀霖語）。用周濂的長話短說，這派是想「讓哲學說中國語」，或如梁治平總結說：「這些論述最後都指向同一個問題：何為中國？中國何為？就是我們說的主體性問題」，反映了「國家、民族、文明內裡的主體性焦慮」。這一派的一個關鍵詞是中國主體性，故應被正名為「主體思想派」。

　　何為中國，中國何為，用許紀霖的問句是：「富強之後中國將展現什麼樣的文明？」這時候，對峙的論詰者都要各取所需的調動學術資源，特別是史學以至考古學和政治哲學的資源。施展曾指出當下的「歷史熱」反映出來的是一種「深刻的身分焦慮……渴望通過對於歷史的重新理解，來廓清當下，構想未來。」上世紀90年代有學者鼓吹「思想淡出，學術凸顯」（李澤厚語），大有把學術與思想看作零和遊戲之嫌，但也有主張「思想可以提高學術，學術也可以充實思想」（王元化語）的學者，兩者似都在理，兩者都是應然而已。多年後劉擎認為「現在學術與思想之間的邊界變得日漸模糊，一些非常專門的學術工作，可能會產生意想不到的思想意義。」史學以至考古學是中國論述的必爭之學，幸好中國的史學界和考古學界還是有人的，嚴謹的學者往往要守正不阿的拒絕順從意識形態先行的思想建構者，後者的主體思想派要從歷史中拯救大國意識，

重構文明主體性。梁治平再總結說：「核心都是政治哲學」。

學院學科繁多，而且陸續會有添加交錯，例如2022年9月中國國務院學位委員會和教育部將美國在二戰後為冷戰籌謀而發揚的交叉科目「區域研究」，正式以「區域國別學」之名稱列為中國研究生教育一級學科，作為「對國家戰略和時代需求的有效回應」（見《百度百科》），就是思想引領學術的明顯個案。各學科的學術與思想關係及其影響是個極龐雜的課題，逐一發微不是我能做到的，這裡只想再舉一例：經濟學、政治經濟學和經濟史學本來也應該是充滿對峙思想的學術場域，且都內置有政治思想。不過在「黨主官本」的體制內，各級財經決策者要為大局服務，有經濟以外考量，決策過程往往自上而下，而且都是發生在思想防火牆內，不為體制外的小思想如異端經濟學裡針鋒相對的後凱恩斯派和奧地利派所左右，亦不容易受科爾奈式軟預算約束的警告或研究土地財政的公共經濟學所影響。

民間當然還有值得一提的小政治思想「個」例，如王力雄、吳思、劉仲敬的思想，歸類是對他們思想的冒犯，雖然劉仲敬已將自己歸依基督教保守主義。我也把項飆放在待考慮的小思想購物車裡了。回想當年的魯迅、章太炎、熊十力、沈從文，不歸邊思想自有立場和韌力，但影響力大如魯迅也不曾擁有思想的領導權。中國線上線下政治意見千萬種，有聰明過人的，也有愚昧無知的，有陰謀論者，更有帶風向者，或許還會有些政治思想是我沒注意到的。某些貌似宏大的思想與本文談到的思想有重疊，故不另論。

在技術和科學前所未有的全方位包圍人們意識的今天，中國的理科生、網上「大工業黨」、科技迷包括軍迷，科學家、工程師、科幻科普作家，技術哲學家和技術史家，以及技術決定論者、去人類中心論者和後人類跨人類嚮往者的鬆散聚合的星叢，會不會有足

夠原漿泡釀出有奇異吸引力的顛覆性思想甚至宏大政治思想？這有待觀察。我2016年在北京天則研究所講的「科技奇點、經濟奇點、制度拐點」和2018年在香港大學中國商學院講的「當中國模式遇到奇點時代」，就是帶著技術奇點和生態奇點的問題意識去推想不久的未來——譬如說2049年——可能會出現的制度性拐點。當世界發生前所未遇的變化時，不同的制度會有不同的反應。烏爾利希·貝克曾經一語雙關的說過20世紀的主題是goods如何分配，但21世紀則會是bads如何分配：當bads大範圍出現時，是犧牲少數來保護多數，還是維護少數而把bads推給多數，還是全民公平的分擔goods和bads？我想那時候社會民主制眾所周知的自由、平等、團結共濟的立場，將會是一個較不壞的選項，如屹立在大洪水中的峰峰。

　　陳冠中，華文作家，小說《盛世》被譯成十三種語文，2013年香港書展年度作家，紅樓夢世界華文長篇小說獎決審團獎和專家推薦獎得主，香港大學及香港浸會大學榮譽院士，非虛構著作包括《馬克思主義與文學批評》、《烏托邦，惡托邦，異托邦》、《波希米亞中國》、《中國天朝主義與香港》、《活出時代的矛盾》等。

思想的創造力

吳思

　　本文是一篇演講記錄整理稿。2011年12月，財新傳媒在中山大學辦了一期「媒體轉型領導者」短訓班，主題是「評論社論：新聞媒體的靈魂」。當時，我寫《潛規則》和《血酬定律》的那兩本書賣得正火，路過廣州，便被組織者臨時拉去，講他們指定的題目——「思想的創造力」。

　　2023年夏，《思想》雜誌總編輯錢永祥先生與北京的幾位作者小聚，説到明年第50期的主題是「思想的力量」，向作者約稿。我立刻毛遂自薦，説我有一篇〈思想的創造力〉，可以作為這個話題的延伸。回家翻出存稿，十餘年過去，以「思想的力量」為背景重讀，有幾點新想法，補記如下。

　　　　　　　　　　　　　　　　　　　　　　　　——作者按

一

　　思想的力量，在中國大陸表現得太充分了。

　　中共黨史開篇總會有一句套話：「十月革命一聲炮響，給我們送来了馬列主義」。此後，從打土豪分田地到公有制加計畫經濟，再到文革，一路「政治掛帥、思想領先」，馬列主義信條，成為中國社會變遷的主導力量。文革之後，改革開放的第一步又是「思想

解放運動」，標誌性事件就是關於「實踐是檢驗真理的唯一標準」
的大討論。此後又爭論改革「姓社姓資」，一爭陣腳就亂，隨即下
令「不爭論」。其實，嚴厲的思想言論管控，也從反面表明了思想
在中國的強大力量。

二

　　為什麼思想或意識形態在當代中國的力量如此強大？

　　我看根源在中國社會的官—民結構：下有士農工商四民，上有
打天下坐江山的官家集團。憑藉槍桿子和筆桿子，官家集團可以在
力所能及的範圍內控制社會走向，至少可以扼殺不符合自身利益的
走向。

　　當代打天下坐江山的是一個武裝教團。馬列教義與武力配合，
左文右武，在奪取天下的過程中盡顯優勢，又在遵循教義改造江山
的七八年間頻頻得手，把全國改造成了一所大軍營。然後，1958年
用大兵團作戰的方式發展經濟，大躍進，造成大饑荒，栽了大跟頭。

　　思想的力量，就是武裝教團的教義的力量。在打天下的過程中，
這種力量可以換算為軍力。毛澤東在延安寫給作家丁玲的一句歡迎
詞說：「纖筆一枝誰與似，三千毛瑟精兵。」看似比喻誇張，細算
並非虛言。具體算法，我有專文討論，這裡不展開。

　　在坐江山的過程中，中共繼續以武裝教團拿手的戰爭方式搞建
設。大躍進失敗後，轉而穩紮穩打，在「工業戰線」樹立了「大慶
紅旗」，在「農業戰線」樹立了「大寨紅旗」。這兩個典型把「政
治掛帥、思想領先」的原則用於打油井種莊稼，貫徹到日常生產和
生活之中。這兩場運動都失敗了。我作為插隊知青投身於「農業學
大寨」運動，親身體驗到階級鬥爭威懾和理想道德教育在一鍬一鎬
的日常勞作中的蒼白無力。面對著農民在公田裡磨洋工的汪洋大
海，對比著他們在自留地裡的勤奮和精耕細作，我看到了槍桿子和

筆桿子的局限。

　　反過來說，一旦認清這種局限，形成新思想，改革舊制度，順從趨利避害的人性，那麼，舊思想有多麼無力，新思想就有多麼強大。

三

　　我出生於1957年，文革前上小學，文革中讀中學，隨即上山下鄉當了「插隊知青」。我們這代人，灌了滿腦袋馬列主義毛澤東思想，敵視其它話語體系——儘管我們並不了解那些異端。我們也不知道大躍進失敗之類的事實真相。書報上沒有，大人不敢跟我們說，怕影響我們的前程，他們自己也未必能說清楚。如此純而又純的紅色教育，讓我們成了井底之蛙，視域只有頭頂上的那一片天，而且必須是陽光燦爛的藍天，烏雲是階級敵人抹的黑。

　　按照維特根斯坦說法，語言的邊界就是思想的邊界，就是我們的世界的邊界。反過來說，一旦真實世界闖進了我的視域，我頭頂上出現了烏雲，儘管我拒絕看見，拒絕承認，但烏雲硬是下雨下雪甚至下冰雹砸到了我。例如多數「無產階級」和「貧下中農」在我眼前怠工甚至偷盜公產，我試圖「糾偏」反遭勸阻和攻擊。我熟悉的思想體系和話語體系對此失去了解釋能力，馬列主義毛澤東思想的世界觀被迫面對強力挑戰。我下鄉插隊和當記者之後反覆遭遇這種認知挑戰。

　　改革開放之後，拜「思想解放運動」之賜，我開始讀過去的禁書，了解毛澤東思想之外的知識體系，試圖從那裡找到烏雲的名稱和來歷。如此十餘年。舶來的理論和概念對付中國的歷史和現實，難免有隔靴搔癢之感。無奈之下，饑渴之中，我乾脆另起爐灶，自己創造新概念。下邊的這篇記錄稿，介紹了我製造新詞和新模型的經過和體會。

四

　　科學哲學家庫恩認為，科學革命的實質是「範式轉換」。當舊範式遇到的難以解釋的例外多了，就會有人尋找可以解釋「例外」的新範式。從舊範式到新範式，可能是突變，可能是漸變，統稱為演變。

　　如果我們把唯物史觀看作一個舊範式，把生產力決定生產關係、經濟基礎決定上層建築看作這個範式的基本框架，那麼，「政治掛帥」和「思想領先」在中國百餘年歷史上顯示的成功，恰好構成了對唯物史觀的挑戰。中國社會兩千多年的王朝輪迴，也構成了同樣的挑戰。

　　中國大陸一直有人面對難題，尋找新解釋，發明新概念和新模型，探索新範式。引進外來思想當然是最重要的，與此相伴的也有本土創新，例如金觀濤先生依據系統論創建的中國社會「超穩定結構」理論，80年代初即風靡大陸。我的嘗試和探索只是這一波思想解放潮流中的組成部分。這些探尋和創新的價值，成績大小，可以體現為新詞語的流行，也可以在市場上體現為暢銷書和常銷書，還可能體現為禁書和黑市盜版書。

　　當局者迷。中國大陸的觀念體系，一直處於動盪和演變之中。官話不斷演變，且上有風雲翻滾，下有暗流湧動。我不知道什麼時候天朗氣清，不知道下一站的均衡狀態是什麼，不知道未來占主導地位的範式是什麼，更不知道我自己在舊範式和新範式之間處於什麼位置。但我相信，在中國社會轉型完成之前，在武裝教團主導社會的條件之下，思想的作用將一如既往地強大有力。

　　潛規則、合法傷害權、血酬定律、元規則＝暴力最強者說了算，以及決定這一切的元權力結構，描述這個系統的概念「官家主義」，這一系列都屬於地方性知識。中國的地方特色就是大一統。大一統

社會之中形成了各種運作特徵和規律，我努力描述的這些地方性知識。這些特殊性之中一定包含了普遍性，包含了這個世界通用的規律，但是它在特殊的條件下一定有自己的，有獨特表現和獨特規律。這就是所謂的地方性知識和地方性規律，清晰地認識到這一點，更能夠說明白我們是誰。

2023年9月6日

開場白

我昨天晚上看到這個題目：「思想的創造力」。出這種題夠狠的，就好像讓老母雞談下蛋的原理，還逼著我自賣自誇。我沒有研究過這個問題，也沒有參考書，說不好下蛋的原理，只能談幾條下蛋的體會。

所謂思想，可以分為概念、規律和理論體系三個層次。我就按這三層談。第一層，概念的創造。第二層，規律，不好說創造，只能叫發明或發現，但模型可以創造，我就談模型創造。第三層，理論體系的創造。

第一個層次：概念的創造

創造概念的過程和方式

我創造的概念不少，《隱蔽的秩序》後邊有一個關鍵字解釋，好像有幾十條。創造概念，有時是有意識地憋著勁創造，有時是靈光一閃就創造出來了。

先說靈光一閃的創造。比如我看顧炎武寫的一段事，他說每一個「役」，每一個編制，「恆五六人共之」——老有五六個人共用

這一個編制。一個衙役的位置，五六個人輪著幹，一個人幹兩個月，兩個月之後再換一個人幹。我就想，這些人叫什麼呢？這五六個人，扣除那一個正身，剩下那些叫什麼？這一下好像就觸電了，我在屋子裡來回走，想這是什麼。

其實中國到處都是這種人。一般我們叫「編外人員」，但是「編外人員」指的是一個附加物，沒有獨特的利益，還沒有靈魂。可是我們看到了一個龐大的群體，比那個正身還要大，比官吏集團還要大五六倍，那麼一個大集團，它叫什麼？它有沒有自身的利益？如果你叫它「編外」，顯然貶低了它。

古漢語裡把這些役叫「白役」。這個「白役」又啟發我往下構詞：「白官」有麼？沒有。有編制之外的官，例如唐代的「斜封官」，卻沒有通用的類似白役的詞。吏？有沒有「白吏」？有，叫「白書」或者「小書」。那麼，有沒有一個綜合性的稱呼，把編制之外的官、吏、役統合起來的詞？沒有。然後我就排列組合，杜撰了一個新詞，叫「白員」。

「白」就是白丁，「員」本身就有編制內的意思。這就造了一個詞，自相矛盾的詞，但源於真實的社會主體，延伸了古漢語中的「白役」。然後我繼續追究，這個白員集團究竟有多大規模？它在歷史上是怎麼生成的？有各種什麼樣的體現形式？發揮什麼作用？這就是一篇文章。

這是靈機一動的概念創造。當然，創造之前得有一些對於國內生活的了解，對於現代生活、對於古代生活的基本了解，然後再追問，追到底。

再比如說「監獄」。我看到對於「監獄」的解釋，並不是正式監獄，本來是指三班衙役在衙門裡值班的地方。臨時扣押的那些人就關在這兒，等著第二天出庭，證人也扣押在這兒，監獄成了一個

臨時關押地，久而久之，「監獄」就演變成監獄的代稱了。

　　類似這樣的非正式監獄，我們經常看到。看中共黨史，經常會發現「學習班」，後來還有「雙規」、「遣送站」、「收容所」等等，都是法外的、強制性限制人身自由的地方。這些地方叫什麼？我們看到了各種零散的稱呼，但沒有一個統稱，於是被迫造一個，就是「灰牢」——灰色的監獄。然後，再考察歷史上「灰牢」的各種存在形態，它的來龍去脈。這都是靈光一閃就造出來的概念。

　　有的概念不是臨時觸動創造出來的，而是蓄謀已久想找一個東西，比如說「潛規則」。我1984年在《農民日報》當記者，追蹤市場上高價化肥的來龍去脈，調查化肥的分配流通體制，就發現另有一個管道，比正規的主管道寬闊得多。政府計畫內主管道中的化肥叫「掛鉤肥」，農民交售平價糧，政府供應平價肥，幾斤對幾斤，都是對應的。但是實際農民買不到平價肥，買到的基本是高價肥。另一條暗渠已經完成了這個分配。

　　農民把這條暗渠裡的化肥叫「條子肥」。農資局和供銷社的官員批條子，把掛鉤肥批給親戚朋友了。低價批出，然後高價倒賣。他們並不覺得這是犯罪，誰可以批條子、批多少、誰有權批多大份額，早有一套規矩，非常細，心照不宣，但人人都懂。那時候我給它起個名字，叫「內部章程」。有一篇報導的標題就是「內部章程」，我很想說明，有一種東西在支配著社會生活的運行，而且它是大家約定俗成的一套規則。這套東西與公開宣稱的那一套不同，儘管不便公開，但當事人心領神會。

　　後來，這個詞幾經組合挑選，最後成了「潛規則」。我一直知道有這麼個東西，歷史上有，現實生活中有，問題是怎麼表達出來。

　　這就說到了創造概念的方式問題。你看到了這個東西的存在，現有的語言體系或理論體系裡又沒這個概念，被迫製造一個。製造

的方式，新聞人最熟悉的方式，就是做標題的方式。做個好標題，好比找一個好概念，讓人一看，過目不忘。

但是，做標題通常容易出一個問題，比如說「內部章程」，就是一般化不夠。假定有一個正規章程，但在一個組織的內部，顯然缺乏一般性，沒有普適性。當年有一個很著名的報導「關廣梅現象」。「關廣梅現象」肯定是個好標題，但是作為一個概念，它流行不起來。它能成為某種歷史的一段標誌、一段記憶，但是沒法成為日常生活交流的用語。它太具體了，需要很多具體的知識才能理解，抽象度不夠、普遍度不夠。

我們要把概念提煉出來，提煉成一個普遍的、跟更大的理論體系接軌的，比如說跟博弈論接軌的概念。在這個意義上，「潛規則」肯定比「內部章程」要好得多。黨章之類的語言，漸漸淡出流行的語言體系了，新的體系更容易跟法律的、憲政的、博弈論的話語體系接軌，這樣造出來的概念就更有生命力，解釋範圍更寬，而且流傳更廣。

上邊說了創造概念的過程和方式。但是，無論概念來得很隨意，還是來得嘔心瀝血、慢慢生長，都需要一些條件。

第一個條件，有問題，有困惑

我覺得特別重要的條件，就是遇到了困惑、遇到了空白。知道有個東西在那兒，然後你就在各種理論體系中搜尋，給它命名、去說清楚，但就是找不到。這時候，創造概念的條件就基本成熟了：問題提出來了，難題在那兒了，剩下就是怎麼解決的事了。要是沒有難題，沒有這第一步，後邊什麼都沒有。

我們大家都知道，暴力在中國歷史上有多麼重要。打天下、坐江山的那些人，他們前身可能是強盜，可能是土匪，可能就是一個

暴力團夥，可能是私鹽販子。面對他們，我就發生困惑。這個困惑的來源是：首先，唯物史觀裡沒有這個東西，沒有對於他們的充分描述，在基本結構中找不到他們的位置；然後，現代經濟學又給出一個語言體系，給出一個空白，這個空白很有啟發性。

比如說，每一種生產要素帶來的收益都有固定的命名，勞動要素帶來的是工資，土地要素帶來的是地租，資本要素帶來的是利息或者利潤，那麼，暴力要素、破壞力要素帶來的是什麼？沒這個命名。從經濟學體系去找的時候，就發現了一個空白。這個東西叫什麼？一定應該有一個叫法。沒這個叫法，往後就不好討論。沒這個概念，以後展開分析、討論各個方面的規定，就難以清晰，難以深入。

於是就要創造一個概念，這是非常自覺的努力。怎麼創造？比如把與收入有關的各種漢字都給排列起來，像稿酬的「酬」，工資的「資」，還有「租」、「利」。各種組合，然後選一個順眼的。「血酬」不見得最順眼，但是我找不到更順眼的了，那就是它了。血酬就是這麼創造出來的。在各種排列組合之中，七八個之中，選一個順眼的。這是有意識的、憋著勁的創造。後來又擴展成定律，那是下一步，我在介紹模式創造的時候再說。

還有「官家主義」。很多人都有這個感覺，就是「封建主義」描繪秦漢以來的社會是不準確的。怎麼描繪準確？我們一定得給它找個標籤。各種各樣的努力我們也看到了，比如「專制主義」，「東方專制主義」——這是西方人上世紀的叫法。但是「東方」不是一個主體，什麼叫「東方」專制主義？究竟誰專制了？「東方」是誰？同屬東方，印度和中國和日本的專制形態一樣嗎？封建貴族專制叫「封建主義」，資本家專制可以叫「資本主義」，皇帝專制可以叫「皇權專制主義」。李慎之先生推廣的一個概念就是「皇權專制主

義」。但是,「皇權專制主義」的概念雖然不錯,但細讀中國歷史,深究「皇權專制主義」,還是能發現問題。

我已經製造出「潛規則」的概念了,我知道實際上中國遍地是潛規則,另有一些主體在立法、在定規矩、在「主義」。不光皇帝在「主義」,皇帝經常被架空。有藩鎮割據,還有土政策,部門法規,地方法規,大大小小的官員,這些主體也在「主義」。應該把這些東西全給拉進來,構成一個主體。我在古漢語裡找到一個概念,叫「官家」。「官家」既包括皇帝,還包括衙門,還是對官員個人的尊稱。我一查到它的三個釋義,就大喜過望,找到了,就是它了,「官家主義」。

「官家主義」肯定跟封建貴族「主義」的那個社會不一樣,它是一個代理人集團,裡邊也有股東,但大股東是皇帝,操控日常行政事務的是官僚代理人,並不是貴族股東。一旦找到這個概念,又可以圍繞它繼續擴展,比如「小農─官家主義,前面加個首碼,走到現在了,成為「資本─官家主義」,這個概念派生出一系列的子概念。

所有這些,都產生於一個前提,就是你看到了一個真實存在,而現有的理論體系裡缺乏描述這個存在的確切概念,找不到一個命名,你又明確地意識到了這個空白,努力試圖填補。這個條件,就是最根本的條件。

第二個條件,現有的概念體系不對勁

我們現在生活在一個好環境裡,有一個好條件,這個條件就是我們可以接觸到各種理論。比如馬克思主義理論,我們大體了解了,但它是西方產生的,還是19世紀產生的,用來描述中國現狀,難免有諸多不妥帖。它是那個時代和環境產生的、描述那個現實的概念

體系，而我們在萬里之外、百年之後，很多東西都是新鮮的存在物，西方的老概念未必對應得上。

我們從西方又引進了一些非馬列主義的理論體系，比如當代經濟學和政治學——我看當代西方的主流政治學，經常產生抵觸感，我認為它很難用來理解中國的事實。中國政治大不同於西方政治，中國的經濟制度也大不同於西方的經濟制度。所以，不管是政治學的概念還是經濟學的概念，搬過來解釋中國，解釋中國的歷史，概念與事實很難對應好，常有方枘圓鑿之感。

這時候，我們用這套西方教育、或者馬克思主義教育武裝的腦袋，以實事求是的眼光去看歷史和現實，看得越來越多、越來越細，越能清晰地意識到一種不對勁。這個不對勁，就會生成剛才說的問題，就會生出不知如何表達的困難。如果有了創造新概念的意識，難題就有解了。無非是你創造的概念好不好、人家接受不接受而已，但一定會有創造。

以上說的是創造新概念的觀念背景。如果翻開幾本書，準確描述中國歷史和現實的概念和理論就攤在眼前，我肯定不會去編造新詞。「眼前有景道不得，崔顥題詩在上頭」，後生小子豈敢多嘴獻醜？但我找了十幾年沒找到，絕望之下才壯膽亂闖。亂闖之時，耳畔還不時響起魯迅的冷笑：「生造除自己之外，誰也不懂的形容詞之類。」

第三個是主觀條件

創造新概念的人，我感覺得有點傻。我就有點傻，有點笨，有點教條主義，有點書呆子氣。有什麼東西，非要在理論上——或者有理論興趣——給它一個位置：在這個節點上，與另外幾個因素發生了如此這般的關係，這就規定了一個概念。你在這個位置上可能

看到一片空白，例如憑藉暴力要素獲取的收益沒有一個名字。如果
沒有理論興趣，根本不做這個思考，不是書呆子的話，恐怕就圓融
過去了。或者像禪一樣，心裡明白，但不能口傳，只能心領神會，
恐怕也不會去製造這個概念。既有點傻勁兒，又有點笨，經常感到
困惑，這個狀態才能成為推動你往前走的力量。然後，解決了困惑，
就留下一個成功或者不成功的概念，例如血酬。這是主觀上的條件。

第四個條件，陌生感

我們讀史有一個好條件：我們不像古人那樣在四書五經的古漢
語環境中讀書成長。我們讀的是郭沫若范文瀾那套東西。回過頭來
再拿起二十四史之中的任意一本來看，都有很強的陌生感。我是學
中文的，沒有語言上的陌生感，但是有社會和歷史描述的陌生感：
「什麼亂七八糟的，記這些有什麼意義？」「不對呀，不是這樣的」，
「農民起義怎麼這樣啊？」這種陌生感一來，特別容易把古人習以
為常的事看成一件新鮮事，看作一個新聞。不管是什麼，反正不認
識它，不理解它，不至於「習焉不察」。不認識就想在理論上找到
它的名字，找不到，剛才說的這一系列都發生了。所以，傳統的中
斷也帶來了這麼一個優勢，也是迫使你創造新概念的一個條件。

最後我再強調一下，概念創造很像是做標題。媒體人每天都要
做標題，創造概念無非是注意一下，把標題做成更一般化、普遍性、
抽象化的，向這個方向多走一步。標題做好了，一般化形成了，與
一個更大的理論體系接軌了，新概念就差不多造出來了。

以上就是我能想到的與概念創造相關的過程、技巧、歷史背景、
主觀條件和客觀條件。

第二個層次：模型的創造

平反週期律：大膽假設小心求證

模型的創造，或者叫規律的發明和發現，從主觀條件來說，最重要的還是心存問題，有一個強大的好奇心。其次是希望給出一個一般性的解釋，不是看完這個故事就拉倒了，而是理解它，將其普遍化。

舉例說，當然是在平常有一些積累的背景下，我忽然聽到岳飛的一個後代說了一件事。我問他，岳飛是什麼時候平反的？死後多久？我們對平反這個事感興趣是很正常的，只要有重大的尚未平反的冤假錯案，大家都會感興趣。回答說：死後21年。正好跟右派平反的時間相等。右派也是21年。

這一比，就像打了我一拳似的，心裡一震。這裡有什麼共同點嗎？21年是一個平反週期？我回家就查岳飛平反的前前後後，所謂「大膽假設，小心求證」，一個假說就出現了：平反是有週期性的，那麼，背後決定週期的是什麼？

岳飛是宋孝宗平的反，高宗——不是他爹，孝宗是過繼的——退位了，第二年，岳飛平反。這就是說，冤案製造者退位了，第二年掌權者就開始平反。這裡顯露出一個醒目的利害計算：一旦平反的收益大於平反的成本和風險，平反就會發生。

風險和成本是誰承擔的？是由冤案製造者承擔的。冤案製造者死了，或者下臺了，新上來的人在平反時無需承擔這些風險，但是他可以獲得收益。那麼，這個平反發生就很正常。由此也可以解釋1978年4月的右派改正。但是右派的翻案又不徹底，留了個小尾巴，因為反右工作組組長鄧小平依然大權在握，但是反右運動發起人毛

澤東不在了，一年半前去世了。這個平反和收益的利害計算是可以
清晰描述的，很容易設身處地替當事人算出來。

順著這個思路，我想明白了，原來平反就是在時間軸上繞開權
勢的公正恢復機制。一個體制要長期存在，總要有最基本的公正，
它自己承認的公正。但是權力最大的人犯了錯，沒有權力制衡，沒
有三權分立，誰也惹不起他，怎麼辦？我們知道時間等得起，他早
晚得死。他退出歷史舞臺之後，就是恢復公正的時候。時間軸上的
公正恢復機制就是平反。

在這個假設的基礎上，我把《明史》中所有的平反清算的案例
過了一遍，最後果然確認了一個反覆得到驗證的有事實依據的規
律，於是就寫了一篇文章叫〈平反清算週期律〉。這個模型就建立
了：一種繞開權勢的公正恢復機制。

建立這類模型，需要大膽假設、小心求證。

新官墮落定律：理論推導

做另一類模型不用這麼吃力，不用找那麼多案例證實或證偽。
我看到朱元璋說的一句話：我當年任命的那些官一個個的都很好，
幹了幾年全都墮落了。「全都墮落了」，他明明向你表述了一種規
律性的東西。我就把這個規律性的東西稱為「新官墮落定律」。這
個定律，從我們看到的情景判斷，大體應該是對的，對歷史和現實
都有不錯的解釋力。至於解釋力能達到多少，85%還是95%，你要
去驗證，去證偽，反而不容易，但是它可以從社會學角度得到理論
上的支持。

社會學認為，每個人都要經歷一個社會化的過程。我們所受的
教育就是我們經歷的社會化，讀聖賢書就是社會化。進入社會，社
會現實還要教育我們，再完成一次社會化。這兩次社會化是不一樣

的。聖賢書社會化的成果是滿嘴的仁義道德，社會生活中的潛規則體系對我們的社會化，成果是一肚子男盜女娼。「新官墮落定律」，順著這個邏輯就可以講明白。

只要用一兩個案例表示出來，這個定律或者叫模型創造——至少是一個假說——就完成了。這又是一種製造方式：有理論和邏輯支撐的推論和展開。

血酬定律：將具體案例一般化

「血酬定律」的創造過程比較複雜，有比較長的逐步擴展的過程。我先創造了「血酬」這個詞，表示暴力集團的收益，然後就反覆掂量這個，上班下班走在路上都在想，這個收益是怎麼計算的，成本又是什麼。其實每一個玩命者、每一個強盜都知道，他付出的是一定的生命風險，比如說死亡概率是多少，對收益他也有預估：可能搶來多少。

比如說饑民搶糧食，如果他不搶糧食，一週之內餓死的概率假設為50%。如果搶糧食，成功率假定是50%。一旦搶成了，背出來五六十斤，活一兩個月沒問題；搶不成，可能被人暴打一頓，說不定就打死了。這就完成了一個計算。被人打死了，比如說50%的死亡概率，那就是他付出的代價。他搶來的東西叫「血酬」，暴力掠奪的收益。被打死了，那是付出的風險。五六十斤糧食及其所支持的一兩個月的生命，是暴力掠奪的收益。他內心完成了一個成本和收益的計算。結果很明白，一週內死亡率相等，都是50%，收益卻大不一樣。

有了血酬這個概念之後，就比較容易描述他如何做暴力掠奪與暴力收益的計算。比如說，在某道底線之下——我稱之為「血線」——到了那道線之下，所謂身外之物，不管是糧食是衣服，其實已經成

為我們生命的一部分了。你少了一個單位的身外之物，例如少了一碗飯，就意味著你體重得降低一兩，你的身體自噬就會指向心肝肺等要害器官。你已經缺不起這碗飯了。你少了這杯水，就意味著你血液粘稠度提高多少，死亡率增加了多少。那時候，身外之物就是身內之物。

我心中有這麼一個隱隱約約的計算，後來經過了挺長時間的一般化、普遍化的整理，把它整理成了一個更明確無誤的表達方式：當「血酬」——也就是暴力掠奪的收益，大於成本時，暴力掠奪必定發生。類似在一個大氣壓的條件下，攝氏100度，水沸騰，從液態轉為氣態。我把血酬定律整理成這麼一種經典的規律表達的格式。

這個規律肯定正確，無非是你怎麼定義成本。剛才我說的那個成本，生命付出，已經包括進去了，還可能包括良心，包括其他機會成本——打工還是搶劫等等，全都整理進去，就成了一個比較嚴整的格式。

整理成為這種嚴整的定律格式之後，我才意識到，「血酬定律」所表達的意思非常簡單，無非是說：暴力掠奪這種行為，與「血酬」即暴力掠奪的收益正相關，與成本負相關。這種觀點有什麼新鮮的？士農工商，狩獵採集，種種行為，都是如此吧？難道會有什麼例外嗎？真所謂卑之無甚高論。最初我之所以感覺很難，不容易想清楚，因為我的第一步，突破口，選擇了比較複雜的一項成本和收益的計算，也就是生命與生存資源的換算。雖然這是「血酬定律」的核心計算，卻不是最簡明的起步之處。

順著上述思路說下去，舉一反三，推而廣之，「某行為與收益正相關，與成本負相關」，或許就是各種生物行為的基本定律。不知行為科學或其它學科是否早就說過了。無論各學科是否說過，純粹從推理的角度看，進化論所謂的適者生存、優勝劣汰，已經隱含

了這個定律：哪種生存策略的適應度高，優越，也就是收益高，成本低，那麼，這種生存策略就會走紅，否則衰亡。這是從環境與主體關係角度作出的表述，「血酬定律」的表述角度是暴力掠奪主體的行為與成本收益的關係。

　　更簡明地說，上述觀點所表達的，不就是「生物皆趨利避害」嗎？這就更簡單了。當然，這些趨利避害的個體行為如何構成一個整體，一種社會秩序，本身又成為一個新問題。我對這個問題的回答是：「得付比均衡」。後邊再解釋。總之，這是一個規律或者模式創造的不斷推進、逐步往前走、走向一般化的過程。

岳飛之死：不同方向的擴展和再擴展

　　再說一個我現在憋著勁還沒做好的。我寫了一篇文章討論岳飛之死。我覺得他的死是可以計算出來的，要害是背後的暴力均衡。岳飛一方面可以抵抗金國的入侵，保護皇帝；另一方面，他作為有濃重私人色彩的岳家軍的首領，本身對皇帝也構成威脅。皇帝必定要權衡輕重：究竟他對我的保護作用強，還是他對我的威脅大。

　　一旦金和宋達成了一種暴力均衡，誰也吃不掉誰了，格局確定了，可以裁軍了，岳飛的防衛作用就開始下降。所謂「狡兔死，走狗烹」，他的威脅就上升到第一位。宋朝特別在意部下將領的威脅，趙匡胤就是這麼上臺的，他在這方面防範極嚴。有人說岳飛戰勝了金國要把二帝迎回來，也是對當時皇帝的威脅，但實際達到這個目標的概率不高，在武力大體均衡的條件下，還不如反過來說，金國能以此要脅宋朝皇帝做出某些讓步，不合意就把二帝送回去。總之，一旦岳飛的威脅大於他的防衛作用的時候，滅他就是一個合理選擇。無非是找一個什麼理由、讓誰背這個黑鍋而已。

　　這個東西算清楚了，我就寫了一篇〈岳飛之死與暴力均衡〉，

用暴力均衡的變化來解釋皇帝在岳飛生死問題上的利害考量。但是走到這一步，還不能說創造了一個模型或者找到了一個規律，只是說這個案例裡好像有點東西，還有擴展的餘地，還有一般化的可能。

後來，我在這個基礎上擴展閱讀，去考察歷代軍閥式將領的命運，就能發現一個更具普遍性和規律性的東西。這個規律性的東西就是：一旦財政出現困難，國企嚴重虧損，怎麼辦呢？大包乾。企業承包，一包就靈。企業的積極性、廠長的積極性調動起來了，企業就從虧損走向盈利。一旦日子過得很好，經常另一種考慮——加強控制的考慮，就會增強：收歸國有，強化管理。不搞承包了，收回承包權。

軍隊組織跟企業組織差不多，軍隊是一個暴力企業。一旦社會安定，就要控制它的威脅，加強管理，把這個暴力企業國有化，變成「官軍」。官軍通常戰鬥力比較低下，因為代理人通常不如私人老闆盡心盡力，也不如創始人那麼有才幹。一旦外邊打進來，官軍一塌糊塗的時候，就開始承包，例如藩鎮割據。軍權承包給你，相應的財權、人權都包給你，於是戰鬥力增強。很多有私人色彩的軍隊也可能自發冒出來，逐步發展壯大，晚清就有曾國藩的湘軍和李鴻章的淮軍。

這些軍隊的私人色彩、軍隊主管的權勢範圍，與暴力的威脅、外敵的威脅，有一種正比關係。一旦外部暴力威脅下降，它就走向官軍、中央軍；一旦提高，它就走向私家軍。不管是岳家軍、趙家軍還是吳家軍。

再擴展一點說，中國歷史上有所謂的「分久必合，合久必分」。在四面受敵、外部暴力威脅強烈的條件下，中國社會有一個走向封建化的過程，走向「分」，獨立的暴力集團增加。在大體平穩了之後，有一個走向「合」的過程，由放轉向收，走向官家化。這就是

中國歷史上反覆出現的一個模型，它與外敵入侵的壓力有很密切的關係。甚至我們用這個方式可以解釋歐洲為什麼老是分、老是統不起來。順著這個邏輯想下去，一個模型就隱隱約約地出現了——解釋中國歷史分合的模型。

這套想法有點大。即使在私家軍存亡的層面，我也沒找到一個好概念把它表達出來。我只是想到，比如「岳飛常例」、「岳飛常規」，好像都不好，還不夠抽象化。這個模型還沒做好。

這個過程雖然還沒有完成，但和「血酬定律」一樣，都有一個逐步擴展的過程。模型是可以從小往大做的，從不清楚走向清楚，伴隨著走向一般化和普遍化的過程，而這個過程也需要不斷投入精力去擴展閱讀。而且，這種擴展可能還是多重指向的，岳飛之死的案例，可以指向私家軍的存亡，指向封建制和郡縣制的交替，分分合合，也可以簡單地指向「狡兔死走狗烹」——我稱之為「韓信定律」，韓信喊出並體現的定律。我覺得後者比較簡單，不肯走到那裡止步，現在就困在半路上了。

新視角帶來新問題

關於模型創造，已經說了大膽假設小心求證的路子，說了理論推論的路子，說了案例一般化和逐步擴展的路子，下邊再說一個新角度導致新問題的路子。如果找到了一個獨特的角度，比如說暴力、「血酬」這個角度，一旦進入這個新角度，後面自然就會有很多新關係引來的新問題。

比如說血汗關係。同樣掙一筆錢，我是流血還是流汗？我是玩命搶劫還是到工地踏踏實實打工，掙這麼一筆平安錢？我是貪污受賄冒險一把，還是就掙我這點工資過小康的日子？對很多人來說，流血、流汗都是一個常規選擇，歷史悠久的選擇。我就開始算這兩

個選擇之間究竟有什麼比例關係，根據一堆資料算出來，叫「血汗替換率」，是1比1.83。這個1指的是生命年，你在你的生命簿上勾掉一年，預期70歲改成69歲，給你多少錢你幹？或者，這個代價如果用苦工來表達的話，多長時間的苦工，頂一年的壽命？多少呢？1.83年的苦工，頂一個生命年的價值。為了不吃1.83年的苦，人們願意少活一年。我就不說詳細的計算過程了。

我根據幾百萬中國農民工的選擇算出來的1:1.83，根據美國的資料算出來的選擇是1:1.78，非常接近，在1.8上下。剛才說的這個1:1.78或1:1.83，這兩個數值間的誤差可以忽略不計，只有不足0.3%的誤差。所以我只能猜想，不同的民族，不同的時代，不同的經濟條件下，人們對怕苦和怕死的態度基本是相當的。毛澤東說一不怕苦二不怕死，事實上人們是第一怕死第二怕苦，怕死的強度是怕苦的強度的1.83倍。

總之，一旦你形成了一個獨特的視角，自然就會生成獨特的新問題，追究下去就會發現一些獨特的定律，比如說「血汗替換率」。從這個視角繼續往前探究，搶劫將面對良心問題，良心又值多少錢？如何估算良心與死亡或痛苦的關係？這裡還有一個「管子定律」，不展開說了。

再舉個例子。從血酬或暴力掠奪的視角觀察，很多經濟制度也會呈現出另外一種模樣。我在《財經》發過一篇文章，叫「宮市模型」。我們用西方經濟學的眼光去看中國的歷史，看中國的經濟，也會發現，市場這類的概念放在中國是不完全對勁的。比如說白居易在〈賣炭翁〉中描寫的「宮市」：「賣炭翁，伐薪燒炭南山中」，然後兩個宮使來了，「翩翩兩騎來是誰？黃衣使者白衫兒」，「一車炭，千餘斤，宮使驅將惜不得。半匹紅紗一丈綾，繫向牛頭充炭直」。

　　「半匹紅紗一丈綾」值多少錢？「一車炭，千餘斤」值多少錢？
這個我們很容易考證出來。實際付款是打了四折，只付給他不足一
半的錢，40%的價。

　　我們可以就從這個說起，去考證當時的市價是多少，「宮市」
的價又是多少。韓愈對於市場收購價，還有官家的「宮市」的收購
價，有一系列的描述。剛才我說的這個數是其中的一個中等水準的
掠奪率，還有更狠的掠奪。我們就以這個掠奪率為標準，再考察我
們熟悉的統購統銷，統購就很像這個「宮市」，在官家規定的市場
上，以它指定的價格完成交易。

　　「宮市」，統購統銷，這些東西都不是西方經典的經濟學所描
繪的市場，是中國特色的市場。我們得給它起個名，比如說可以叫
「官市」，也可以用白居易的說法，就叫「宮市」。〈賣炭翁〉這
首詩的副標題就是「苦宮市也」，有的版本寫作「苦官市也」。這
個「宮市」中的供求是怎麼形成的？它的均衡點在哪兒？

　　順著這個追查下去，我就寫了一篇「宮市模型」，這又是一種
獨特的市場上的供求均衡如何形成的過程。它們背後的關係，關係
到「宮市」本身的生存或被取消的均衡，由此決定了官市存亡或存
在規模，又是在一個更大的利害考量之中計算的，這又是一番計算，
於是又有一個模型出現。

創造模型需要哪些條件

　　首先有一個主觀條件。創造模型或發現規律所需要的主觀條件
是：有強烈的探究欲和好奇心，經常問這種問題：這是個規律麼？
是個模型麼？是個普遍性的東西麼？有了這樣的疑問，才有隨後的
創新。創造概念，要問眼前這東西到底是什麼。創造模型要問的是：
這種關係是不是一種規律性的關係，是不是一個常見的關係，它的

存在條件是什麼。

其次需要客觀條件。我們滿腦袋裝的都是西方理論。中國傳統和儒家沒有這些理論，我們就用西方理論裝了一腦袋。可是，我們看到的淨是中國的現象，很多現象還是中國特有的，這就注定你會創造出一堆模型來，找出一堆中國特有的規律來。我們現在就有這個客觀條件，或者歷史條件。我們通過一套外來的理論看到了一個既陌生又熟悉的環境，表述不好，不對勁，不認識，你只好去創造比較對勁的概念。說不清各種存在之間的關係，你只好去創造模型。這是我們的客觀條件。

再往下一步，要創造模型，有了這些主客觀條件之後，還要有一個過程的條件，就是反覆出現。你看了五六次還看不見，那看了十幾次，你還不覺得這是個規律性的東西？這就是機遇，有足夠的閱讀量，有足夠的社會生活閱歷，不斷地衝擊你，一次一次地提示你，提示二三十次，有一次你心情好，就可能閃過一絲疑惑，這是不是一個規律？是不是一種普遍存在的聯繫？這「大膽假設」就出來了，然後你再去小心求證。

在求證的過程之中，一旦有了大膽假設，要擴展閱讀，讓社會歷史現象反覆出現，尋找能夠反對你或者能夠支持你的東西，調整你的模型，調整你的假說，確認它出現的條件，然後把它抽象化、簡化，提煉為一個一般化的東西，這個模型就誕生了。

最後，就是剛才說的，一旦有了一個獨特的角度，你就會有一個主動去尋找模型的想法。至少我覺得，這是一個挺好玩的過程，不必那麼認真，可以像做遊戲一樣。別覺得這是一個可怕的負擔，別那麼鄭重其事地懷疑「我們能承受得了嗎？我也能創造出一個模型，也能發現一條規律嗎？」

應該說，創造和發現的條件非常好，客觀條件非常好，我們的

歷史條件也非常好。你覺得可能是那麼回事，你就滿懷興趣地去追蹤一下，試試看，別把它當作一件高不可攀的事。就像咱們媒體人做一個標題，寫一篇報導一樣，做幾次可能就做順手了，就覺得這事其實不難，甚至還挺容易的。

這是關於模型的創造，或者叫規律的發現。

第三個層次：理論體系的創造

構件準備

我很晚才想到理論體系的創造。我沒那麼大的野心創造去一個理論體系。但是，有了剛才說的那些磚頭瓦塊，那些新的概念，那些新的視角，那些新的模型或者定律，又想把這些東西整合成一個系統性的東西，理論創造就呼之欲出了。

這是一個條件，就是要有一些構件做基礎。如果想憑空創造一個理論，那只是一個願望、一個野心。有了一些構件，你就可以想，我是不是可以考慮建樓房了。這是在以前的基礎上走了好幾步之後，才會出現的一個想法，就是理論體系的創造。但是真要創造起來，還需要一個條件，除了這些準備之外，就是對現有理論的嚴重不滿。

對現有理論不滿

我對唯物史觀不滿。我覺得，它解釋中國歷史簡直是顛倒的。比如說生產力決定生產關係、經濟基礎決定上層建築，這麼兩個決定，可是我們一總結改革開放的歷史經驗，就是粉碎四人幫，鄧小平出山，「實踐是檢驗真理標準」的討論，這全是上層建築的事。先動槍桿子，再動筆桿子。解放思想之後，開始調整農村政策。農

村政策一調，生產關係動了，生產關係一改，大包乾了，農民積極性調動起來了，連年大豐收。這個過程，明明是上層建築決定經濟基礎，生產關係決定生產力。唯物史觀的解釋跟我們的生活經驗是不一樣的。這就會產生對現有理論的不滿。

讀《中國通史》，或者讀范文瀾他們那套東西，像中藥鋪那一排排抽屜似的，生產力、生產關係、階級關係、政治、文化，就那麼一系列地裝進去，讀得我們這些晚輩學生早早就倒了胃口。這一系列的不滿，全面積累起來，卻沒有一個突破口，不能轉化為建設性。一旦形成了一個新想法，比如說暴力掠奪，我就應該想，把這個要素引進來之後，是不是可以成為更好的理論視角甚至理論基石。

當然開始不會想這個。一開始想的是：是不是別人早已有了更好的理論，早就解決了我的問題。我的問題是孤陋寡聞造成的。於是就找西方馬克思主義，找存在主義，找各派社會學理論，找心理學理論，找經濟學理論。找經濟學理論的時候，碰到了一個特別大的宏觀理論，我覺得似乎是唯物史觀的一個替代方案，就是一般均衡理論。一般均衡把各個要素都放進去，算出一個涵蓋整個社會的均衡。但是稍微深入一點就發現，這個一般均衡不包括暴力，說的都是市場。而中國一定要有暴力，沒有暴力，缺了打天下坐江山的主宰者，這個社會是不可思議的。但西方經濟學裡沒有土匪，也沒有江湖，政府也是一個提供公共物品的組織，全是一個純市場，只有交易，沒有搶劫。經濟學的一般均衡雖然有很好的解釋力，但是，它只局限在經濟上，另外，它是一個平面的、缺乏制度演進過程的均衡。於是我就對一般均衡理論不滿，但又覺得它很有啟發性。

從上大學到另起爐灶，我斷斷續續找了十多年，將近二十年，淺嘗輒止溜過一眼的各種解釋現狀和歷史的理論不少，但淺嘗過的東西都不解渴。我還可以繼續找，我仍有強烈的孤陋寡聞之感，但

什麼時候是個頭啊？知識無涯，人生有限，耗不起了，乾脆另起爐灶，直接描述我看到的有中國特色的東西，杜撰幾個潛規則或合法傷害權之類的小概念。有了一些新概念和新模型的積累之後，好像創造新理論體系的念頭就冒出來了。我就開始尋找一個我創造的理論體系的基點。

確認基點，另起爐灶

首先，不管是針對一般均衡理論還是針對唯物史觀，我都引進了一個新的要素——暴力。對應生產力的就是破壞力，對應生產要素的就是破壞要素或者叫暴力要素。不管是什麼，引進了一個新東西，擴大了以前的解釋體系的基礎。

然後，給這個東西清晰的命名，我杜撰了血酬及其定律，再把它引入整個體系之中。一旦引入，就發現一個新問題：你用什麼作為方法論的基礎？用辯證唯物主義的三大規律——矛盾的對立統一規律、量變引起質變規律、否定之否定規律？我覺得捉襟見肘，不好使。要是用經濟學的概念，缺乏歷史感，沒有縱深感。我就想用進化論。後來我又看到了行為生態學，裡面有一個生存對策的演化均衡，進化穩定對策（ESS），我就覺得找到這個方法論基礎了。在進化論基礎上的行為生態學理論，進化穩定對策理論，就以這個為方法論基礎。在經濟學和行為生態學之間，還存在一個博弈論和制度經濟學環節，有助於擴展深化這個基礎。在此基礎上，就可以接著各個物種的演化故事，講述人類社會演化的故事。

再往後，就需要調整修訂一些有關人類社會的概念。比如說什麼叫生存策略？務農是一種生存策略，務工、經商、採集、狩獵、偷盜搶劫、當醫生、當記者都是一種生存策略。這個生存策略集團，跟傳統的階級有什麼關係？有些靠土地生活的，你可以說他是地主

階級，靠資本生活的，你可以說是資本家，靠勞動生活的，你可以說是無產階級、工人階級。你可以這麼去套，提供部分解釋。但是還有很多，比如土匪，階級論中就沒有他的位置。靠暴力打天下坐江山的，也沒有合適的概念。這就意味著，階級的概念和階級分析的方法應該擴展。怎麼擴展？

首先，這個暴力要素系列就應該擴展進來，於是我就稱其為「階群」——這也是我杜撰的一個詞、一個概念。有一個承載了各種生產要素的生產階群，還有一個承載了暴力要素的暴力階群。暴力階群之中又包括不同的階級：土匪，底下有小偷，強盜，上邊有軍閥，最高層是控制著合法的暴力組織的皇帝，暴力組織的大股東。生產階群裡，有佃戶，有地主，有工人，有資本家，也有那麼一套。

其次，這兩個階群還有互動關係，階群內部這些階級階層也在互動。我們可以把它們看作不同的生存策略的載體，就是階群。階群之中還有子概念，就好像物種的概念：界、門、綱、目、科、屬、種。階級就是某種生存策略的載體，好比牛羊這些物種是食草這種生存策略的載體一樣。這些生存策略的載體，這些社會集團，他們在社會上互動，就好像動物在生態環境中的互動一樣，形成一種生態平衡——在人類歷史上應該叫做「世態平衡」——這種平衡我們是可以通過進化穩定對策體系大體不差地計算出來的。例如，羊群和牧人可以穩定下來的均衡關係大體是可以確定的，十羊九牧是無法長期持續的。狼和羊的關係亦然。有了這樣的方法論基礎，有了這樣的一般均衡的概念，又調整了我們熟悉的常用的階級、階層這些概念，一套我認為有更深厚的歷史根基的理論體系的輪廓就開始浮現了。

深化細化和系統化

　　這個理論體系的輪廓浮現之後，為了自身的深化細化和系統化，就逼著你去尋找並填補一些新的空白的東西。比如說，這套理論的根基在哪兒？它那個均衡是怎麼形成的？我們用經濟學概念可以說，邊際成本和邊際收益相等了，就能達到一個均衡。當土匪的成本收益和當工人成本收益平衡的時候，各個社會集團的規模大概就固定下來了，各個生存策略集團的規模就固定下來了。那時候，仍然會這個人跑這兒，那個人跑那兒，但大致是平的，大結構是穩定的。各種人跑來跑去，他們通用的演算法是什麼？老鼠和蟑螂它們通用的演算法是什麼？再用成本和收益這個概念就不合適了，蟑螂肯定不作成本收益計算，土匪也不是這個演算法，這是經濟學的演算法。於是又被迫創造新詞，叫「得」和「付」。誰都有，土匪有得也有付，蟑螂有得也有付，它也要冒一些風險。包括體內都有得和付，我們的新陳代謝的效率，我們進化出來的一些器官，都在解決這個問題。得和付有個比例——「得付比」，「得付比」一旦均衡，剛才說的那個演進的對策均衡就能夠形成。

　　這樣一來，我就可能追究到單細胞的「得付比」是怎麼計算的。比如說這是糖水，這是一隻草履蟲，草履蟲餓了，它會移向糖水。如果在這條路上像攔路虎似地弄一滴硫酸進去，它會不會游向糖水呢？這路上有風險，它的行為跟它的饑餓程度有什麼關係？它的利害計算或者得付比計算是怎麼形成的？我被迫創造對於細胞也適用的這麼一個原始概念：「得付比」。我們就可以用「得付比」的概念，在單細胞的基礎上，建立一個綜合性的理論框架。

　　「得付比」體現在法律領域，就是權利與義務的平衡。體現在經濟學領域，就是成本和收益之比。體現在軍事領域，就是戰損比，

敵我傷亡之比。不管叫什麼，它都是最原始的得付比在不同領域的
展開。於是我們也可以說，所有的社會科學其實都有一個共同的根
基，它的原始根基就是「得付比」計算，不同的社會科學門類，其
實是在它的門類裡，用它的概念，去計算「得付比。這就迫使這個
新體系向其他門類擴展，向最原始的生命的最初狀態去探尋。一個
有了根基、有了歷史感、有了覆蓋廣度的歷史理論，就在我心目中
逐漸成型。

以上說了理論創造的過程。簡明地總結一下。

第一，既有理論不完整，對歷史和現實的解釋力不足，我們有
嚴重的不滿；

第二，有了一些構建準備，有了獨特的角度，這就有可能發生
理論創造；

第三，在這個過程之中，確認新的基點，開始嘔心瀝血的去建
構體系，尋找空白，補上這個空白。這就是理論體系的創造條件和
過程。

答問

我已經說完了概念的創造，模型的創造和理論體系的創造。說
的都是我「下蛋」的體會。各位有什麼問題儘管提，我盡力回答。

問：這個理論體系叫什麼名字？

答：我最開始想到的名字叫「血酬史觀」，這是章立凡先生給
我安上的，我覺得挺合適。後來發現，「血酬史觀」只是一種特型
史觀，它是指暴力集團主導的那段歷史的一種歷史觀。如果再廣闊
一些，我們能把這個理論一直向上追溯到動物的進化，向下延伸到
生產集團控制暴力集團之後的歷史以及相應的「自由史觀」。上下

擴展之後,我就想把它換成一種更廣泛的名字,叫「造化史觀」。這是我想像的它將來的命名。

問:有沒有打算把整個體系,像康德的三大批判一樣,做完整的清晰的表達?

答:我現在沒時間,老給雜誌社幹活。我現在做的是,這個體系的主體部分,比如我寫了三萬字覺得能大致說明白,我就先寫出來。但是,寫了幾次總覺得不夠好,我就先放下,回過頭來,繼續做那一個個的模型。

我現在主要還是看史書,帶著問題或假說看,看多了就做一個模型出來,一路追著問題看下去做下去。等做的足夠多了,我再把它拼起來。先完成我下一本書,叫《官家主義》。等那個書完了以後,我再一門心思去做這個大模型。

問:你這是不是「社會達爾文主義」?

答:「社會達爾文主義」的根基是種族,種族是相當於物種的基本單位,是有血緣特徵的一個族群。我這套理論的根基,適應環境、優勝劣汰的基本單位是生存策略集團,不是種族。不管你是黑人是白人,你都可以當記者,但你必須適應市場,在媒體市場上通過作品優勝劣汰,不是憑藉種族特徵,也不是在戰爭中優勝劣汰。即便是戰爭,也不是種族滅絕式的戰爭,而是與某種文化特徵如政治經濟政策、制度或意識形態有關的戰爭。而且,在生存策略方面,你可以模仿,可以學習,可以改革,可以創新,誰都不是天生的記者,好像魚天生就會游泳一樣。所以它不是種族歧視的基礎,而是文化方面繼承創新——相當於物種的遺傳變異——的基礎。總之,與社會達爾文主義有一個重大的差別,就是它的核心概念,它的基本選擇單位是生存策略集團。

問:你整個治學的過程中最大的疑惑是什麼?

　　答：我最大的疑惑，或者說迷惑，其實發生在大包乾之後。我原來裝了滿腦袋毛澤東思想，特別教條，讀馬列和毛選都特認真，把書上或者報紙上寫的一切作為事實來看待。後來，插隊之後，我發現現實社會和書上說的不是一回事，理論上應該成功的學大寨運動推行不下去，疑惑便出現了，而且越來越重。

　　大包乾的成功，從反面證明我信奉的那一套錯了，原來的世界觀整個崩潰了，人就迷惑了。這是我治學的起點。崩潰之後我試圖重建世界觀，重新找到一套理論來把握世界、理解歷史。如果說治學有一個核心問題的話，對我來說，跟我自身密切相關的問題就是重建世界觀。所有這一切努力都是我重建世界觀的過程。

根據2011年12月「財新傳媒媒體領導者短訓班」

演講記錄稿整理修訂

　　吳思，歷史學者。著有《潛規則：中國歷史中的真實遊戲》、《血酬定律：中國歷史中的生存遊戲》，《陳永貴：毛澤東的農民》等書。曾任《炎黃春秋》雜誌社常務社長兼總編輯，天則經濟研究所理事長。現已退休，仍然關注中國社會的性質及轉型問題。

觀念的勢力：
以1911年前後史事為例的討論*

王汎森

21世紀西方史學有一種傾向，好像研究的題目離思想愈遠愈好。史學界對於物質史、器械史的愛好，便是其中一個例子。但是，人們仍然不能不承認，歷史中許多重大的發展與思想有密不可分的關係。

本文之所以以「觀念的勢力」為名，是想強調思想和觀念塑造、改變現實的力量。往往在最初只是幾個人物的想法，後來卻成為燎原之勢。譬如《明夷待訪錄》〈學校〉篇中一句「學宮以外，凡在城在野寺觀庵堂，大者改為書院，經師領之，小者改為小學，蒙師領之，以分處諸生受業。」[1]引發晚清康有為（1858-1927）、張之洞（1837-1909）分別提倡「毀廟興學」運動，結果全國寺、觀由七

---

* 辛亥革命百年時，我受邀在若干大學（新加坡國立大學、香港城市大學等）演講「觀念的勢力」，但始終未曾寫成定稿發表。這次撰寫重點與原先的講述略有不同：為了呼應《思想》的主題「思想的力量」，我儘量扣緊「思想」如何成為「力量」的實際機轉這個問題進行發揮。另外，本文中的部分內容曾見於〈啟蒙是連續的嗎？──從晚清到五四〉，收於拙著《啟蒙是連續的嗎？》（香港：香港城市大學，2020），敬請鑑察。

1 黃宗羲，《明夷待訪錄》，《黎洲遺著彙刊》（台北：隆言出版社，1969）（下），頁6。

百餘萬家劇減為萬餘家，大量寺院財產被沒收，影響之大、紛端之多，真是筆墨所難以形容。晚清以來，共和、民主、議院、立憲等政治思想，在此之前罕為人知，可是一旦它們透過各種傳播形成「觀念的勢力」，便硬拉著人們非緊跟著走不可，不跟著走便是「反動」，而「反動」是錯的。

　　在這裡我想強調：生活在21世紀的我們深受「後見之明」的影響，每每誤以為古往今來歷史中新思想的提出是很容易的，是理所當然的。但是仔細觀察歷史，便會發現在思想或理念上轉開一扇門，說不定需要五十或一百年之久。而新「思想」一旦產生，它在現實生活中發生實際作用的「機轉」相當複雜。有時候新思想的提出，是像打開一瓶濃郁的香水，人們馬上聞到它的香氣並受其影響。正如柏格森（1859-1941）在《道德與宗教的兩個來源》中所說的「由於基督教浸潤了整個西方文明，人們像吸進香氣一樣吸受這一文明所帶來的每種東西」。[2]「思想」確實有風行草偃、不一定需要太多助緣便可成為力量的時候。但是從歷史上看，也有很多時候在「思想」產生「力量」的過程中，它與現實有種種複雜的交涉。即以「宗教改革」為例，顯然不全像柏格森所說的如花香一般，聞到香氣的人都要受其影響，依據昆丁‧史金納（1940-）的研究，路德發起宗教改革的過程，如果不是若干王侯的保護與支持，新教不可能立足傳播。而諸王侯之所以保護、支持他，跟他們與羅馬教廷的緊張對立是分不開關係的。[3]從這一點看，「思想」與現實政治格局之間又有著千絲萬縷的關係。

2　柏格森，王作虹、成窮譯，《道德與宗教的兩個來源》（南京：譯
　　林出版社，2011），頁169。

3　Quentin Skinner, *The Foundation of Modern Political Thought*
　　（Cambridge: Cambridge University Press, 1978），Vol. 2, pp. 20-113.

一

　　本文的關心延續著去年10月，我在中研院史語所95週年的主題演講「由下而上的思想史」中的旨趣。[4]在該演講中我提到，如果要從歷史的角度來考量「思想」成為「勢力」的過程，應該要注意三種可能的陷阱。

　　我當時藉著反思將近四十年前入所之初的一篇未刊稿，討論以戴震（1724-1777）為中心所形成的一種寬容、寬讓的哲學，檢討我對思想史看法的改變。在四十年前，我深受胡適（1891-1962）、錢穆（1895-1990）等先輩的影響，隱隱然以為思想一旦生發，即如射出的箭自然飛向遠方，成為歷史「實際」的一部分。但事實不然，人們關心戴震的主要還是他考證學方面的著作，至於「欲當即理」的思想，在當時並沒有引起很大的反響。所以它並不像柏格森所說的人們像吸進香氛一樣，立即受這個突破性思想影響。

　　因此在那篇演講中，我主張如果要從歷史的角度來考量思想的力量，應該把思想世界視為充滿張力、不停地循環上下、往復周流、來回激盪的世界。所以不只「由上而下」地看其影響如何擴散，也要「由下而上」地歷覽不同層次的思想狀態。故在「由下而上」這個口號下有幾層意義。一、思想由下而上擴散的情形。二、由下而上歷觀某時代不同層次的思想狀態。三、在看出不同層次的思想狀態時，可以發現有時表層上雖仍然是儒家正統意識形態，但下層早已蝕空、早已被各種秘密宗教席捲而去。四、從不同層次看，則事物的性質也可能有所不同。如日本的神道，當年美國占領軍由上而

4　〈由下而上的思想史〉將由中央研究院歷史語言研究所出版。

下將之定義為「宗教」,但由下而上看,人們卻認為它是一種「祭政一體」的體制。

諸層次並不是一個物理的,或簡單的空間概念,而只是一個大致的區分。我以為在歷史書寫或進行歷史判斷時,應對此問題有相當的關照,並隨時放在心中。此外,歷史工作者還應辨別不同史料的層次性,盡量發掘較具公約數性質,較能反映日常性的概念思想文本,以方便了解一個時期中思想或概念的主色調,並瞭解到某一種新思想的提出到某種程度,以某種方式落實到日常生活世界時的種種「機轉」。如果不是以前述的角度入手,則常常會出現三種謬誤:「混淆不同層次的謬誤」、「時代錯置的謬誤」、「數目計算的謬誤」。我認為思想、概念與它們時代的社會往往存在層次之別,而且「理想的」與「實際的」這兩個層次之間往往存在著「時間差」。

有許多思想,從開始生發到站在歷史舞台上成為主流思想之一往往需要經過幾百年的時間,而史家通常忽略了這一個問題,將提出某種思想的時間與成為主流的時間錯置,誤以前者為後者。譬如王夫之(1619-1692)的《黃書》、《讀通鑑論》等激烈種族思想的文本以及黃宗羲(1610-1695)《明夷待訪錄》等,雖然成書於十七世紀,但真正發揮重大影響則要到19世紀末。那麼,如果把它們當成17世紀歷史的主幹,而忽略了它們在當時的真正地位,便犯了「時代錯置的謬誤」。

歷史中的思想/概念不一定要下及草根才能左右世運。事實上有許多時候,一般人民或者什麼多不關心,或者是「新舊未定家」(傅斯年),故新思想往往影響了在當時的政經或文化環境中能起作用的「歷史團體」──如五四初期北京幾十個新人物,逐漸掀起旋風,即能逐漸轉動一世。所以,歷史上雖然有許多時候,思潮確實能下及草根層次,但也有許多時候,它們是透過「歷史團體」而

轉動一世，或透過「歷史團體」漸次以各種方式（包括成為制度或
影響立法），而漸漸擴及街頭層次。因此，簡單地計算數目並不一
定能解釋歷史的變動。

　　一旦我們的研究是涉及思想或其他學問對日常生活的影響時，
則必須考慮到其影響的方式與學院中學理的探討方式有所不同。在
日常生活層次中，思想文本往往像一瓶打開的香水，聞到了便可能
受到某種薰陶，所以不一定是從特定思想文本的授受之中才能找出
影響的痕跡。不過香氣還是有一個範圍，譬如說一公里外，就可能
聞不到這個香氣了。就像一個人含著糖果，或是把兩杯溶液倒在一
起，總之，思想史書寫應考慮「歷史的不同層次」（layers of history），
以免犯了「混淆不同層次的謬誤」、「時代錯置的謬誤」、「數目
計算的謬誤」。

　　在那篇講稿中，我談到「思想」或「概念」與「社會」之間的
關係時，提到兩種型式，一是在平常時候，思想、概念往往是透過
逐漸醞染而擴散開來。第二種形式則是在大變革時期，概念／思想
強拉著人走，不跟著它們走的人甚至可能無法立足於社會中。在本
文中我還將提到「思想」與「社會」之間的另一種「機轉」。

　　本文即想以1911年革命前後「思想」與「政治體制」之間的動
態關係為例，探討「思想」成為「勢力」的各種「機轉」中的一種，
即「思想」與「政治體制」之間如何形成一種「互緣」或「轉轍器」
的關係。佛經《攝大乘論》中有一段話：「如是二識，更互為緣」。
它的大意是說，有阿賴耶識才有受用識，有受用識才有阿賴耶識，
兩者相互為緣。而這種思想與現實「互緣」的關係，形式非常之多。
本文是藉1911年辛亥革命前後的思潮與政制之間的關係，說明一種
「轉轍器」般的關係。韋伯（1864-1920）在《新教倫理與資本主義
精神》中曾經提到「轉轍器」的觀念，就是火車在跑的時候，將轉

轍器一拉，火車本來要往革命方向跑的就變往另一方向跑了。

　　在這裡我是取動態的「相互為緣」的意思。也就是說「思想」產生「力量」的過程中有一種現象：往往是藉由一群人的鼓吹，引起社會各界的觀瞻，形成一種震動，而這種震動在積累到相當程度之後，往往打開一道閘口，由思想落實為制度，以國家的力量來保證它的實行。譬如五四新文化運動之後，新文化運動的許多主張在後來成為制度，以白話文為國語，形成政策頒行全國。而每個制度又回過頭帶出更廣闊或不同性質的思想改變。有兩個重點值得在這裡特別提到，我們因為受線性歷史觀的暗示，所以每每以為只有一種思想力量在左右著時局，其實在歷史的關鍵時刻，往往有幾股勢力在競逐，而其中有較強而具說服力的，它可能具有壓倒性優勢，也可能只是比其他幾條競爭的線索高出一點而已。但是，就這極小的一點差異，也可能因為衝向前打開水庫的閘門，建立新政治體制，又好像是一股相對較高伏特的電流，將電燈點亮，而一旦點亮，整個暗室便頓時光亮起來，但另外幾股相差較大的力量，卻成為了「反動派」。也就是說互相競逐的幾種思想勢力之間，不管是勢力懸殊或可能只有極小的差距，但因為得到勝利，便牽動整個制度格局的改變，正如威靈頓公爵（1814-1852）在回憶錄中說的，滑鐵盧戰役中，拿破崙（1769-1821）部隊與聯軍的力量相差其實是非常微小的，可是從這個微小的差異逐漸擴大，最後導致法方失敗，拿破崙退位、放逐，全歐洲新的政治格局形成，徹底改變歐洲的命運。

　　如果我們考慮思想的現實影響，則"scale"本身便是一個重要的主題。[5]一個思想力量的"scale"如果大到了撥動「轉轍器」，而「轉

5　《美國歷史評論》曾經專門為歷史中的"scale"問題做了一個專號。
　　Sebouh David Aslanian, Joyce E. Chaplin, Ann McGrath, Kristin Mann,

轍器」決定了火車的方向之後,便帶著全部的馬力往前衝。而因為
思想勢力的增大,可能扭開了另一個轉轍器。當然這並不是一個始
終不停的「轆轤劫」,往往在某些情勢、條件下,一個新思想勢力
的出現形構了另一個新思想格局。前面提到,在本文中,我想探討
1911年前後的重大思想動盪與政治體制之間的「更互為緣」或互為
「轉轍器」的現象。

二

　　晚清以來,思想界經歷了翻天覆地的變化,不過對於這個變化
的時間序列必須要區辨清楚。為此,我曾經將1820年代以來成書的
政論,排出一個時間序列,發現1850-60年之前的政書,其基本方向
是一方面阻擋西方新式思潮的進入,另一方面是「眼前無路想回頭」,
不斷回到所謂更純粹的古代並加以改造以適應現實變局。譬如道光年
間畢子筠的《衡論》,便用盡力氣倡導一種「宗法烏托邦」。[6]

　　但從1860年左右開始,新思想開始不很系統地出現在《校邠廬
抗議》、《資政新編》,薛福成(1838-1894)的《籌洋芻議》等書。
一路下來,我們所比較熟悉的近代啟蒙的思路逐漸成為各種政書中
重要的部分。但是整個轉換的過程還是比較緩慢的,整個思想歷程
的「年輪」相當清楚。大體而言,1880-90年代的政書又有一次大變,
出現《弢園文錄外編》(1882)、《佐治芻言》(1885)、《盛世

(續)───────────────────────────

　　"AHR Conversation How Size Matters: The Question of Scale in
　　History," *The American Historical Review*, Volume 118, Issue 5,
　　December 2013, pp. 1431-1472.

6　王汎森,〈嘉道咸的政論〉,2021年政大「羅家倫國際漢學講座」
　　《中國思想的新傳統時代》第三章,書稿出版中。

危言》（1893）等書。至於戊戌前後，則批判封建，提倡民權、自由的思想開始流行。但時人主張將「民權」與「民主」加以區分，認同「民權」，卻拒絕「民主」。大體而言，此時變法，民權、自由等方面的思想開始擴散。接著辛亥革命前十年是重要的轉變期。在1900年之後不久，國家思想、國民觀念勃興，鼓吹國家與朝廷的對立，又如「帝國主義」的觀念取代「列強」等。此外，民族主義高張，尤其是漢族種族主義之熾烈，對社會主義的謳歌、無政府主義的宣傳等等，成為一個待爆的火藥庫。[7]我們可以說清末最後十年，是另一個思想變局，是醞釀革命思想的重要時刻。1960年代編輯的《辛亥革命前十年時論選輯》，想來在時間序列上是經過一番斟酌的。大抵而言，1890年之前，人們是慢慢地忖度著是不是跟著新思潮走，但從1890年代開始，尤其是甲午戰爭（1895）之後，便進入「觀念」強拉著時代走，而且到了後來是不緊跟著走不行的地步。

　　細釋1860年代以來二、三十種發揮重大影響的政書（至於單篇文章當然不在此限），看書中思想元素的變化，可以發現許多新元素是從各種翻譯或介紹的西文材料而來。不管是清末的立憲派還是革命派都是如此，《革命史譚》的作者陸丹林（1896-1972）（引馮自由之說）：「廣州雙門底……聖教書樓，即以販賣廣學會出版書報為營業，孫總理及康有為之倡導維新，大都得力於是。」[8]正如康有為在《康南海自編年譜》中所說的，他的思想啟蒙得力於「大購

7　有關這方面簡要的論述可參考：劉志琴主編，《近代中國社會文化變遷錄》（杭州：浙江人民出版社，1998）第三卷，頁167-172、212-214、278-279。

8　陸丹林、丁士源，《革命史譚·梅楞章京筆記》（北京：中華書局，2007），頁150。

西書」。[9]

　　從1860年代以來的各種新思維，有的從本土傳統中滋生，但也有不少是輸入西學的。這些新思潮每每由零碎、邊緣而慢慢積累、發酵，最後變成沛然莫之能禦的力量，在這裡我用「觀念的勢力」一詞來加以形容。

　　「觀念的勢力」（power of ideas）一詞來自梁啓超（1873-1929）的〈論時代之思潮〉，他說：「此種觀念之勢力，初時本甚微弱，愈運動則欲擴大，久之則成為一種權威。」[10]「勢力」二字有其時代意味，我認為梁啓超選用它，也不是偶然的。1920年杜威（1859-1952）在華演講〈新人生觀〉時，根據中文的紀錄，他還特地解釋了「勢力」二字說：「勢力的觀念是由科學方法中發生出來的，是一種活動的、主動的、發展的、開闢未來的觀念」，[11]足見「勢力」是主觀的、能動的，有一特定的意思。我覺得「觀念的勢力」一詞很能告訴我們，在特殊的時空裡面，某些不一定是從本地土壤所生出的、漂浮在空中的觀念的勢力，可以由星星之火到形成燎原之勢。

　　托克維爾（1805-1859）的《舊制度與法國大革命》，指出法國大革命時期，寫書、編書、抄書，出版各種小冊子或宣傳品的人，幾乎都是一些出身不高、從不捲入日常政治、沒有絲毫權力，也不擔任公職的人。他們靠著一些想法，一些原來被認為不切實際的普

9　康有為，《康南海自編年譜》（北京：中華書局，1992），頁11。

10　梁啟超，〈論時代思潮〉，《清代學術概論》（台北：臺灣中華書局，1978），頁1。

11　杜威，〈新人生觀〉，收於袁剛、孫家祥、任丙強編，《民治主義與現代社會：杜威在華講演集》（北京：北京大學出版社，2004），頁266。

遍抽象的觀念，最後構成了一套新的政治思想。每種公眾激情都喬裝成哲學，政治生活被強烈地推入文學之中，作家控制了輿論的領導，一時間占據了在自由國家裡通常由政黨領袖占有的位置，進而對法國大革命產生如此深遠的影響。當時有些人可能認為這些觀念不過是一些無聊的發想，卻沒想到它們攫住青年，並且強而有力地改變了歷史的命運。對法國大革命來說，文人以及他們的觀念是多麼重要。所以托克維爾不禁要問：到18世紀中葉，文人何以變為國家首要政治家？[12]

我用「觀念的勢力」，一方面也是受到托克維爾著作的啟發，就像梁啓超在《戊戌政變記》所說，晚清出現了一大批年齡在二、三十歲之間，既無官職，也沒有功名的人（「無科第、無官階」），[13]這些人形成了自由流動的資源（free floating resources）。他們中間一些人基於時代的局勢，寫了各式各樣的小冊子。[14]這些書的作者，有些原來有低階的功名，但後來就不再追求了，有些根本就沒有功名，或許有些許功名但沒有任何官職，他們的想法、觀念成為辛亥革命的重要資源。

---

12 Alexis de Tocqueville, *The Old Régime and the French Revolution*, translated by Stuart Gilbert (New York: Doubleday & Company, 1955), pp. 138-148.

13 見李澤厚，《中國近代思想史》（北京：人民出版社，1979），頁289。

14 《十種影響中華民國建立的書刊》由中研院近代史研究所黃克武所長與潘光哲副研究員主編，這十種書分別是：譚嗣同《仁學》、梁啓超《新民說》、孫中山《三民主義》、《《民報》《新民叢報》論戰選編》、鄒容與陳天華的《《革命軍》《猛回頭》《獅子吼》合輯》、章太炎《太炎革命政論選》、嚴復的《天演論》、劉光漢（師培）與林獬合作完成的《中國民約精義》、金松岑《女界鐘》、宮崎滔天原著，章士釗「譯錄」的《大革命家孫逸仙》。

　　辛亥之前這些書冊大約可歸納為幾類。第一類是反滿的，反滿是晚清的「觀念的勢力」裡最大的一個課題。譬如，李六如（1887-1973）以自傳式寫成的歷史小說《六十年變遷》中的一個角色葉得勝，你跟他講亡國，他不在乎，他說：「亡國，亡不到我們頭上，一個月不寄錢回家就會餓死」，可是你跟他說揚州十日、嘉定三屠，說到滿人以前大殺漢人，他整個人就振奮起來了。[15]亡國已經夠嚴重了吧，但對有些人來說亡國還不夠刺激，反而是種族仇恨才能激勵他們。由此可見，像《揚州十日記》、《嘉定屠城記略》這類的書籍在清末是有很大影響力的。這類書其實大多在17世紀中葉，滿清入關後就已經寫成，但後來因為忌諱，只有少許抄本在义人手上偷偷流傳，到了道光年間才被印出，但真正產生重大的影響力，都已經又過了六、七十年。

　　其實，這類書很早就已有人在讀了，清朝末期的若干讀書筆記中都提到過《揚州十日記》等書，但是當時人讀後往往說天地不仁，以萬物為芻狗，人可以被屠戮得這麼慘，天卻毫不憐惜，讀書筆記裡面並沒有強烈的種族的聯想。當然對屠戮之慘的感慨，在內心中也可能產生了很大的震撼，但這種震撼未必即與「種族」、「革命」聯在一起。甚至於很多在明末清初清楚記載漢人如何對抗清朝、如何遭到屠戮的書，在清朝後期也被拿來做為提倡「忠義」精神的文獻，希望人們模仿幾百年前忠義的精神來對抗流寇與西方帝國主義的入侵。

　　這些文獻與排滿革命連在一起的想法，大部分都出現在清末最後的十幾、二十年間。清朝後期的對外的屈辱和內政的弊病使得它

15　李六如，《六十年來的變遷》第一卷（北京：北京人民文學出版社），頁164-165。

跟種族思想之間形成一個很特殊微妙的關係，很多人認為如果不再反滿的話就會成為亡國奴，所以必須要反滿。於是發生在17世紀的悲慘屠戮，以及那些英勇對抗外族入侵的忠臣義士，到了清朝最後一、二十年，慢慢由甜變酸，由補藥變成毒藥，成為反滿、反清的重要材料。曾有一位滿族學者寫文章說《揚州十日記》是假造的，是辛亥革命之後所虛構出來的書，[16]但是我個人發現日本圖書館中收藏著寬政或其他年間的《揚州十日記》翻印本，可見它們不可能是偽造的。由於這些書長期處於敏感的環境，在不斷抄錄、移寫的過程中，內容可能出現很多變動，所以有人會誤以為是後人偽造的。

晚清新的「讀者社群」與時代環境，使得人們閱讀這些文獻時產生了極為不同的意義。這類書籍的讀法及它們所產生的意義，必須配合著晚清的時代屈辱感去了解。近代中國的屈辱感，不是其他革命國家能形容的，俄國雖然也產生大革命，但俄國沒有失去過領事裁判權，也沒有租界；日本有明治維新，可是日本不論是明治維新之前，還是之後，國家的力量始終都還是控制在日本人自己手裡。所以中國跟其他很多近代革命國家所產生的屈辱是不太一樣的，。這種屈辱感才會使得這些17世紀的帶有民族仇恨的文獻，突然像火柴點燃火藥庫一樣爆炸開來。所以「觀念的勢力」還需要與時代的政治、社會現實配搭，正如火柴丟入火藥庫，才可能產生爆炸性的影響。

晚清批判傳統、批判君權的思想非常厲害，在清朝最後十幾二十年已經出現，其中譚嗣同（1865-1898）的《仁學》提倡一種「衝

---

16 金寶森，〈《揚州十日記》證訛〉中引謝國楨《清稗類鈔》第一冊的前言說：「又因史料尚未大量發現，但憑個人信筆出之，這也難怪」，《滿族研究》第四期，1989，頁29。

決網羅」的思想。這個世界就像被蜘蛛絲網住了，動彈不得，我們
要衝破這些蜘蛛絲，如家庭、政府、君王、國家等等各式各樣的束
縛所結成的網子。清朝最後十年，即1900到1911年這段時間，影響
時代變動最大的不是考證學家或桐城派的文章，而是各式各樣的小
冊子。這些小冊子往往宣傳衝決網羅、推翻君權的傳統，指責「兩
千年來之政，秦政也，皆大盜也」。《仁學》的下半卷裡面，由批
判君權進而批判滿清王朝，譚嗣同的這些言論對後來反滿革命有很
大的影響。[17]

　　對反滿有重大影響的，還有幾個重要人物的著作及重要刊物，
如章太炎（1869-1936）的《訄書》，以及《民報》等刊物，這些著
述及刊物很多都是推動反滿思潮非常重要的媒介。章太炎《訄書》
中的「訄」字，是緊急的意思，《訄書》即緊急的書，為甚麼緊急？
因為一切都不行了，再不把這個政權推翻，國家都沒有了。「共和」
是18世紀西方最流行的理論，可是誰也說不清楚「共和」究竟是甚
麼，「共和」主要是指立憲、議院等，當時的人除了立憲、議院之
外，還常把它與君主制相反的東西，譬如反對等級制、家長制、從
屬制、效忠君王等不平等關係，把關於個人、家庭、國家等一系列
新思想觀念都統統塞進「共和」這個乾坤袋裡。這種情形恐怕也不
是獨一無二的，便有史學家指出美國革命時期人們對「共和」想法
一樣莫衷一是。[18]不過晚清士人的「共和」思想中有一點是很清楚
的，他們大多傾向於組成代議議會和立憲，並反對當時的君權，這
是一股很重要的思想力量。

---

17 參見拙著〈「心力」與「破對待」〉，收於王汎森，《執拗的低音：
　　一些歷史思考方式的反思》（台北：允晨實業出版公司，2014）。
18 Gordan Wood著，傅國英譯，《美國革命的激進主義》（北京：北
　　京大學出版社，1997），頁95。

　　另外一股觀念的力量是社會主義，談及社會主義在中國的流播，Martin Bernal（1937-2013）的《1907年以前中國的社會主義思潮》，[19]告訴我們1907年之前的中國知識分子，尤其是指在日本的留學生充斥著各種社會主義的思想。當時留學生的刊物，包括《民報》和《新民叢報》等，都是以日本東京為總部。雖然在中國，有一些人偷偷的讀，也有人在偷偷的翻印。當時上海更有一位外號叫「野雞大王」的人，專門兜售革命刊物，[20]當時這些刊物裡面的社會主義思想已經非常興盛。國民黨裡面最左翼的部分即是吸收了馬克思的思想，所以《民報》經常鼓吹社會主義思想，這對1911年建立的中華民國也有一些影響，孫中山（1866-1925）的「平均地權」就反映了這一點。

　　此外，無政府主義在19世紀末20世紀初的東亞很有影響力，後來隨著革命成功而慢慢退位。當時在日本的革命分子與日本的無政府主義者互相激盪，產生非常大的影響。事實上中國共產黨早期的建立者，有一些人認為最理想的不是建立共產主義世界，而是無政府主義世界，但是希望先到達共產主義世界，然後再達到無政府主義世界。周恩來有一首詩整個想法都是無政府主義，毛澤東（1893-1976）早期也有這個想法，無政府主義對當時的革命產生很大影響：全部破壞，全部政府都不要，貨幣也不要，警察也不要，軍隊全部都不要，滿清政府當然也不要了。清末的思想界充斥著各

19　Martin Bernal, *Chinese Socialism to 1907* （New York: Cornell University Press, 1976）.

20　蔣夢麟，《西潮》（台中：晨星出版有限公司，1994），頁86；馮自由《革命逸史》特別記述了這位「野雞大王」徐敬吾的故事，馮自由，《革命逸史》，集1（台北：臺灣商務印書館，1969〔台1版〕），頁179-180。

種不同的想法與觀念，如社會契約論、女權論等等，不一而足，有很多是歪打正著，有很多是直接的針對。

孫中山的「三民主義」理念雖然在1905年左右便已確定，但在1920年代才進行公開系統的演講，事實上也還沒有講完，陳炯明（1878-1933）叛變時，許多材料都因戰爭而銷毀了。辛亥革命之前，孫中山雖曾在《民報》或演講中談到「三民主義」，但當時並未系統成文。《民報》上由孫中山本人執筆的文章也很少，很多都是演講稿，還有很多人傳揚他的想法。雖然當時「三民主義」尚未成書，但是民族、民權、民生對當時人已經產生很大的影響，尤其是「民族主義」。民國成立以後，「民生主義」，尤其裡面的社會主義的層面，產生很大的影響。三民主義反對極端的社會主義，《三民主義》中有一段大意是你不能為了能有機會穿上漂亮的皮大衣而天天祈禱老天下雪。我們不能要求整個社會改變去附和共產主義，正如不能為了穿皮大衣而希望廣東下雪一般。[21]但它吸收社會主義中的某些成分，以致於民國建立之後，經常有人得要出面寫文章論證「民生主義不是共產主義」。

誠如比利時史學家亨利·皮雷納（Henri Pirenne, 1862-1935）的比喻，他說，歷史發展像海洋的波浪，先是一滴一滴匯成波浪，波浪愈堆愈高，然後到了最高的浪頭，再逐步退去，在這中間，又隨岸邊地形的不同而拍打出不同的浪花。在大略交代了1911年之前的種種思想潮流之後，我要再回到「互緣」或「轉轍器」上來。也就是說我們在考慮這一段思想歷史時，絕不能輕易放過實際的政治、

---

21 孫文，〈民生主義第二講〉（民國十三年八月十日），《三民主義》，收於中國國民黨中央委員會黨史委員會編訂：《國父全集》（台北：中國國民黨中央委員會黨史委員會，1973），第一冊，頁190。

社會狀況，觀念、思想可以說是騎在這樣的浪頭上而步步拔高。單單只有「觀念的勢力」還不足以自行，這些思想觀念像海洋的波浪打在黑暗惡劣的政治、風俗、社會，形成了各式各樣的浪花。也就是說晚清觀念的勢力與黑暗的社會互相激盪，才導致了重大革命。

李伯元（1867-1906）描寫晚清縣府衙門黑暗面的譴責小說——《活地獄》，被阿英稱之為「一部非常重要的社會史料書，中國監獄史」，[22]觸目所及，全是悲苦世界。當時內外政治的失敗、官場的昏濁、習俗的窳陋，以及人民流離失所，或許人們不一定注意到，在宣統年間，已經有許多官員放棄他們的官職回鄉。名畫家黃賓虹在晚清時是積極的革命分子，他後來即曾回憶說：「前清末造，風俗頹敗，局賭窩娼之事，到處有之。舉世滔滔，恬不為怪，沈迷莫返，振作無由，伊戚自貽，而惟都會之地為尤甚」。[23]

三

在這裡我要對辛亥後思想與政治體制的關係，提出三點觀察。第一是清末流行的政治思想，往往成為民初各種大小政黨政綱中的元素。即使它們只是為了妝點門面，但是一旦成為政綱，它就多少起了規範的作用。

清末最後十年，主宰時局的一套概念，如「立憲帝國」、「軍國民教育」、「地方自治能力」、「振興實業」、「整理財政」，很快地風行各方。[24]到了辛亥前後，從一些帶有綜覽性或調查性的

22 阿英，《晚清小說史》（北京：人民出版社，1980），頁146。
23 浙江省博物館編，《黃賓虹文集·雜著編》（上海：上海書畫出版社，1999），頁30。
24 參見宗方小太郎著，馮正寶譯，《壬申日記　一九一二年中國之政

文本中可以看出，當時居「大數」的「概念層」，如《革命史譚》
中所列出的，「平等、民主、自由、民權、共和、國民、中華」、
「國民之公意、團體」等思想概念，[25]成了隨處可見的思想概念。
民國初建時，一位日本特務調查了當時旋起旋滅的百餘個政黨，[26]從
各政黨的政綱中可以看出前述那一批概念已經不只是「理想的」，
而是「實際上」落實到政黨政綱的概念：「民主、自由、共和、民
意、國家、國民、自治、競爭、進步」，或是「統一、共和、自治、
種族、社會政策」。[27]除了上述之外，如「富強」、「鞏固共和國
體」、「全國統一」、「完全共和政治」、「永遠泯除私見」、「組
織一大團體」、「國家應以民為本」，甚至「天民」一詞亦常出現。
人們在構想政黨的政綱時，好像隨便可以任意拿這些「奶粉」泡一
杯牛奶，譬如當時一個稱為「自由黨」的，政綱是「維護社會自由，
驅除共和之障礙，故鼓吹絕對之自由。」[28]宗方小太郎（1864-1923）
說，民初那一百多個政黨大多很快的消失了。政綱就像食譜，人們
不一定完全照著食譜烹調，但是政綱這些「理想」往往微妙地牽動
「實際上」，使得人們不管是不是真心信從，但至少表面上仍要像

(續)────────────────

　　黨結社》（北京：中華書局，2007），頁127。

25　陸丹林、丁士源，《革命史譚 梅楞章京筆記》（北京：中華書局，
　　2007），頁45、49。

26　宗方小太郎的《一九一二年中國之政黨結社》中提到，大體而言它
　　們以傾向同盟會居多，但舊官員多同情共和黨。但在1920、30年代
　　幾本我們比較熟知的政黨史中，這些小黨派便消失得無影無蹤了。
　　宗方小太郎著，馮正寶譯，《一九一二年中國之政黨結社》，頁247。

27　其中當然也有反對民國、反對革命，如由道學派所組的「政益會」
　　等。宗方小太郎著，馮正寶譯，《一九一二年中國之政黨結社》，
　　頁176。

28　宗方小太郎著，馮正寶譯，《一九一二年中國之政黨結社》，頁165。

魚兒們般向著餌移動，長期下來便可能產生一些「假作真時假亦真」的效應。

民主憲政的調子一旦定了，就很難回到舊的帝制時代，雖然日後不斷有人說以前的時代比較好，應該回到君主制度，但如果仔細看後來張勳復辟時的相關文獻，就會發現復辟這件事是連許多軍閥都反對的。韋伯在《新教倫理與資本主義精神》一書中最後的比喻，資本主義一開始像一件輕紗罩上，後來則變成了鐵籠，它一旦罩上去，你就不能輕輕的把它移開了。

第二，是因為共和體制的確立，頒布了許多法令，在當時或許只是一些門面，實際上也面臨許多反對的聲浪，但是這些法令規章把「轉轍器」轉到另一個方向，使得西方民主政治的思潮——不管是否當真，正式成為官方要求人民遵守的條文，必要時還有國家的力量撐腰。

辛亥革命成功以後，民國政府在南京雖然只有九十天，但它用體制性力量在民元的最初一個月間公布了許多符合西方潮流的政策，三十幾通除舊布新的文告，原是晚清革命宣傳之思想，現在以法令、政策頒行全國，那麼它們的影響力最初也宛如一件輕紗罩在身上，最後是有可能性變成鐵籠的。

舉例而言，《中華民國臨時約法》（等於當時的憲法），將天賦人權、自由、博愛、平等的思想條文化、法典化。這個憲法體現了晚清民主共和、啟蒙、改革、平等的思想，並用法條確定下來。譬如：第一，中華民國為中華人民組織之。中華民國之主權屬於國民全體。還有如：「第五條 中華民國人民一律平等，無種族、階級、宗教之區別。第六條 人民得享有左列各項之自由權。一人民之身體非依法律，不得逮捕、拘禁、審問、處罰。二人民之家宅非依法律不得侵入或搜索。三人民有保有財產及營業之自由。四人民有言論、

著作、刊行及集會結社之自由。五人民有書信秘密之自由。六人民
有居住遷徙之自由。七人民有信教之自由。」這些條文將思想文化
上的主張得以藉建制性的（institutional）力量推行下去。

又如中華民國第一任教育部長蔡元培（1868-1940），在1912
年1月頒布《普通教育暫行辦法》，其中有幾點如：改學堂爲學校、
小學可男女同校、小學廢止讀經科、各種教科書必須符合共和國國
民的宗旨等。蔡元培又在別的地方宣布廢止尊孔，所以晚清以來所
風起雲湧的思想多在教育法規等命令中落實了。[29]此外，教育部還
命令廢跪拜之禮，改三鞠躬，祭服改爲便服等，課本裡面有任何與
共和國抵觸的通通要刪掉。

在此類法令規章之後，同一件事的意義亦有所不同。就像講美
國總統湯瑪斯·傑弗遜（1743-1826）本來就蓄黑奴，還跟其中一個
黑奴生了小孩，革命之後他一樣蓄黑奴，但革命前與革命之後意義
不一樣，革命之前蓄黑奴是天經地義的，革命之後卻被認爲是不義
的。

第三，在文化領域，因為革命將「轉轍器」轉向「新」的一方，
便出現了民國政府以官方力量打擊或壓制舊傳統的現象。周作人
（1885-1967）在他的《知堂回想錄》裡講，辛亥革命以後有兩件事
情，一件是停止祭孔，另一件是北大廢經科為文科，「這兩件事在
中國的影響極大，是絕不可估計得太低的」。[30]這兩件事代表整個
傳統文化從此以後頓失所依，這是以制度力量推行全國，跟晚清時
零零星星作宣傳是不一樣的。劉大鵬（1857-1942）在他的日記中記

---

29 見王世儒編纂，《蔡元培先生年譜》（北京：北京大學出版社，1998）
    上冊，頁116-117。
30 周作人，《知堂回想錄·中》（台北：龍文出版社，1989），頁424。

載了他對省視學視察學校的觀察，他說：「省視學到縣一日，今日來晉祠查學校，僅許辦理新學，不許誦讀經書」[31]。過去主張不讀四書五經的是異端邪說，但原來天經地義的現在變成異端；又如民初安徽都督柏文蔚（1876-1947）下令將城隍廟充公，撤毀偶像，是派警察廳長負責執行的。以上兩個例子說明了，革命前不容於當道的狂舉，革命後都是由官方動手執行。

鄭超麟（1901-1998）在他的回憶錄裡有句話說：「皇帝的城牆怎麼可以拆去呢？」，[32]王權、傳統就像一道原本矗立的城牆，辛亥革命的成功象徵著那道原本的牆被拆了、推垮了，但這並不是說舊的、專制的東西從此都消失了，而是新的和舊的全部都衝過去了，但它們所居的相對地位產生了劇烈變化。晚清時宣傳這些東西在當時的體制下是大逆不道，可是現在它跟原來最正統的東西都衝過這道牆，成為可以被感受到的，甚至慢慢成為領導性的思維。

這造成了法國洪席耶（Jacques Ranciere, 1940- ）所說的 "regime of aesthetics" 的變化，有些東西在某一時代才會被感知，在很多時代它只是邊緣，或被人民視而不見。正如梁巨川（1858-1918）所說：「今人為新說所震，喪失自己權威。自光宣之末，新說謂敬君戀主為奴性，一般吃俸祿者靡然從之，望其自己生平主義」，以前稱頌忠君愛國，如今同樣的行為變成是奴性不改；他又說：「昔所目為不肖者，今或以為當行」，[33]以前的叛徒，現在成為革命英雄，這就是革命。革命不單是消滅那些不相容的東西，而是重新排列它們之間的價值，原來核心的變為邊緣，如劉大鵬說：「自變亂以後，

31　劉大鵬著，喬志強標注，《退想齋日記》（太原：山西人民出版社，1990），頁184。

32　鄭超麟，《鄭超麟回憶錄》（北京：東方出版社，2004），頁22。

33　梁濟，《梁巨川遺書》（上海：華東師範大學，2008），頁55、66。

學堂之內禁讀經書，只令學生讀教科書，則聖賢之道將由世而泯焉」，新式學堂不再念四書五經，改念教科書。[34]這是一個大的翻轉變化，如果沒有辛亥革命這個變化，許多事情都不會發生。

在社會菁英的鑑別與篩選上，「轉轍器」把從前基本上以科舉為主的「仕學合一」體制扳到新的方向。革命消滅了王權以後，與王權相關的很多機構也都消失了，這些機構所蘊含的思想或其他意義也隨著消失了。鄭超麟認為辛亥革命到五四運動的地方社會，有種「紳士大換班」的現象。[35]

「轉轍器」的作用發生在各個角落，以1905年的廢科考來說，過去熟讀四書五經、擅長八股的舊菁英突然被掃到邊緣，而在舊軌道中不被看好的邊緣人，有的卻翻身一變成為新菁英。蔣夢麟（1886-1964）《西潮》裡說，小時候在私塾裡那些成績最好，老師認為他將來是最有成就的學生，後來卻因為無法適應日新月異的環境而落伍了。反而像他這種四書五經念不好的，後來反而因禍得福。[36]科舉廢除後，八股文沒有了市場，四書五經也不用再考了，[37]從此以後晉身社會精英的渠道完全改變了，如同胡適所說，假使科舉

34 劉大鵬，《退想齋日記》，頁179。

35 鄭超麟，《鄭超麟回憶錄》，頁115、119。

36 蔣夢麟，《西潮》，頁43。

37 這裡應該稍加說明的是新舊制度之變，並不一定立即造成完全的影響，譬如戊戌變法、廢除科舉，推廣新式學校，但學校與科舉有一段重疊並行的日子。但當時很多人是買雙重保險的，一方面上新學堂，另一方面還準備科舉，因為在1905年廢掉科舉之前曾有過一次動盪，宣稱要廢了又沒有廢，使很多人產生買雙重保險的心理。很多人以為科舉還會回來，但辛亥革命成功則明示它永遠不會再恢復了。那些以前白天要上學堂，晚上要去書塾補習的人，從此完全死心。

制度至今還在、八股文依然當今，白話文學的運動絕不會有這樣容易的勝利，可見廢除科舉的影響是非常深遠而且關鍵的。另一方面，原來那些阻撓新思想的一些地方士紳也被推到一邊，地方上所謂的「道德鎮守使」也失去了權威。《六十年的變遷》裡面有一段說男主角參加革命成功以後，原來壓迫他們的叔叔伯伯，也要到他家來巴結他，因為他已成為新的精英了。[38]辛亥革命以後，紳士換成別人做了，到北伐時，紳士又換成奉行主義的黨人做。葉聖陶有一本小說叫《倪煥之》，北伐勢起時，有辦法的人要填一張申請表，弄一張中國國民黨黨證，有這張黨證就變成新的地方紳士。[39]「紳士大換班」使得地方菁英換了一批人。

林毓生（1934-2022）先生說，中國傳統的王權是政治、文化、道德、宗教、心靈的一個叢聚（cluster），[40]而辛亥革命使得政治、宇宙論跟倫理秩序、道德、政治，這些原來綁在一起的叢聚體散開，就像木桶散開一樣，不再能裝水了。皇帝一方面是以治國安民為奉祀神明的要道，一方面祭祀神祇及教導道德為統帥國民之要義，這種思想一直維持至清代。所以當王權消失，這個凝合所有東西的力量就散掉了。

《呂氏春秋》說：「亂莫大於無天子」，董仲舒（179B.C.-104B.C.）在《春秋繁露》的〈原道〉中說：「道之大原出於天」，王權作為「天」在地上的代表，既是政治的，也是道德倫常的。回到秦漢時

---

38 李六如，《六十年的變遷》，頁333。

39 葉聖陶，《倪煥之》（北京：人民文學出版社，1953），頁220。

40 詳見林毓生，〈「五四」式反傳統思想與中國意識的危機──兼論「五四」精神、「五四」目標與「五四」思想〉，《中國傳統的創造性轉化（增訂本）》（北京：生活‧讀書‧新知三聯書店，2011），頁178-179。

代的政治思想，儒家文獻中像《春秋繁露》以及《白虎通》，對「普遍王權」（universal kingship）的特殊地位都有很好的描述。《白虎通》裡面按照宇宙秩序，連飛鳥走獸都列入王權的範圍裡面，所有動物的名字都有原因，譬如飛禽走獸的「禽」，是指可以擒來為用的意思，每一個字音都可以變成有意義的道德解釋，整個宇宙都屬於一個無所不包的系統，而這個系統在人間的中心就是皇帝。王權的消失像是一面牆倒了，但不表示原來舊的事物都消滅了，而是像前面所說的，新的和舊的事物全部衝過去，只是它們的主從位置顛倒了。

過去，我們在思考王權崩潰時，大部分想的都是經書、先秦諸子或者其他文獻中對王權（kingship）的看法。事實上在1911年之前，人們對於王權的想像，有很大一部分是來自於小說戲曲、通俗文學，或是胡亂的猜測。譬如小說《乾隆皇帝下江南》裡，皇帝幾乎就是天地鬼神的總主宰者，譬如乾隆有難的時候，城隍神會出現，然後調兵幫他解圍。皇帝不是我們一般想像中的「王權」而已，它是包含一切的整體。所有東西都假皇帝之名來宣稱，甚麼東西都要加一個「王」字，皇帝是一切事物的最終統領者。中國人一談到皇帝，就有一種莫名奇妙的感動，「皇帝」、「王權」這兩個詞語是很難用言語去表達清楚的。

日本即不如此，日本天皇仍在，隨時可以發布《教育敕語》之類的文件。《教育敕語》是對於明治以來過度崇拜歐美新潮，忽略日本固有之道德的一個大反逆。《教育敕語》說：「爾臣民，孝于父母，友于兄弟，夫婦相和，朋友相信，恭儉持己，博愛及眾」、「一旦緩急，則義勇奉公，以扶翼天壤無窮之皇運。」

「王權」在1911年的突然消失、崩潰，它所產生的影響絕對不只在政治層面，而是非常廣泛的。中國的王權制度維持了兩千多年

的歷史，中間沒有中斷過，多少改朝換代，也都沒有要取消皇帝的想法。清末劉大鵬說：「草野人民皆謂上既無君，吾等皆可橫行矣。」[41] 這句話顯示出王權就是最大的統領者，總管所有的事情，人們都按照風俗習慣而不為非行事，萬事萬物當中都假設上有天，下有皇帝，皇帝統領一切事情，這都是普遍王權所帶來的變化。

在這裡我要再引《鄭超麟回憶錄》中有關下層社會中的幾段觀察：「皇帝沒有了這一點，漳平縣老百姓無論如何想不通。世界怎麼可以沒有皇帝呢？自從盤古開天地就有皇帝」、「但『老爹』背後沒有皇帝，畢竟減損了威風」，[42]當王權突然在1911年消滅掉，就好像人們突然從銀行或自動提款機中領不到錢了。

四

概括地說，這是一個來回往復的過程。先是觀念的力量打開了政治的水龍頭，然後政治的水龍頭（如辛亥革命）一旦打開，思想的大潮往前衝，可能又打開了別的水龍頭。

先是觀念的力量使得政治朝向種族革命，朝向推倒王權追求憲政共和的方向邁進；接著辛亥革命成了一個思潮的轉轍器，它使得原來最核心的變成邊緣，原來邊緣的變成核心，清朝末年在日本東京等地，以一群「離經叛道」的留學生為主的文章，此後變成全國性的制度，而且要以政府的力量推行下去。原來只是文人腦內所思考的東西，現在變成是日常生活裡的實際，而且制定成為國家的政策。

41　劉大鵬，《退想齋日記》，頁179。
42　鄭超麟，《鄭超麟回憶錄》，頁7。

　　這個「轉轍器」的變化非常重要，所以我想多引一些材料佐證。
梁巨川說：「今開國時大倡反道敗德之事」、「想像從前中國，本
係仁禮德義最為著名之國。自民國肇興，特開奢淫縱恣之惡風」、
「信以為共和之國，但取人生行樂，無須檢束準繩，於是舉國若狂，
小人無復忌憚」、「昔所目為不肖者，今或以為當行」。[43]或如劉
大鵬日記中所說：「叛逆多居要津」、「辛亥大變以來，倫常全行
破壞，風氣亦更奢靡。禮義廉恥望誰講究，孝悌忠信，何人實行，
世變日亟，岌岌乎其可危」、「學變為新，吾道非特不行，而且為
之大晦耳。親聞有毀謗勝人者，謂聖人毒害世人，歷久遠近，乃不
以聖人為準則方為大幸事」，[44]使得新思想價值被定在最核心的位
置，舊東西或者消失了，或者退到邊緣。

　　辛亥革命那一年胡適剛好在美國念書，當時大部分美國留學生
是反對辛亥革命的，尤其是學理工科的人，稍微贊成的大多是學文
科的，胡適是其中很少數的一位，而且很快就看出辛亥革命的重要
意義。[45]甚至稍後袁世凱當政的時候，美國有很多後來成為民國時
期重要人物的留學生也是支持袁世凱的，他們都認為中國需要一個
實力的政府，不然會大亂，而胡適依然反對他們。胡適有一篇講辛
亥革命的文章說，連皇帝都得走了，哪麼還有什麼事情可以再安然
地被認為是神聖的呢？[46]所有東西都要拿出來掂一掂才放下去。胡
適後來在新文化運動時期引用了尼采（1844-1900）的「重估一切價

43　梁巨川，《梁巨川遺書》，頁66、71、75-76。

44　劉大鵬，《退想齋日記》，頁177、182。

45　參考：周質平，〈胡適論辛亥革命與孫中山〉，《現代中文學刊》，
　　2011年期6（上海：2011年12月），頁14-17。

46　Hu Shih, "The Memory of October Tenth"，收入周質平主編，《胡適
　　英文文存》（台北：遠流出版公司，1995）第二卷，頁786。

值」作為口號，他並未主張打倒所有舊的東西，但提出要「重估」，這個口號與他先前所說的，既然兩千多年的皇帝制度都打倒了，還有什麼可以視為當然、視為神聖是一脈相承的，假以時日，這個改變的影響可以無孔不入。

以學術方面的影響為例，辛亥革命前後流行「國粹主義」、「國學」等觀念，「國學」這個詞從沒有人能定義得非常清楚，因為它的內容一直在變，晚清的許多刊物如《國粹學報》、《民報》等，裡面都有一個重要主題：討論「國學」跟「君學」的差別。這個討論徹底重整了甚麼是有價值的學術這個問題，它重整了傳統學術的系譜，這個重整運動一直影響到今天。現在我們讀近三百年學術史這方面的書籍會發現，清朝人所編的《國史儒林傳》裡面有二分之一以上的人，現在的學術史都不重視了。也就是說經過清末革命的大變動，經過清末提倡「國學」跟「君學」相對抗之後，學術傳統被大幅翻修了，尤其是對中國傳統學問中涉及專制政治的，幾乎整個清洗和重整。因為對抗專制或正統思想而長期被壓抑的思想與學術，亦在「國學」的大帽子下得到重估，這個重整國學或重整國故的運動產生了異常深遠的影響。

中華民國作為亞洲第一個民主共和國，這個新的「國體」一旦確定下來，與後來新文化運動的興起，是有密切關係的。如前所述，我們從復辟時代很多相關文獻可以看出當時不少軍閥都反對回到原來的君主制，表示民主共和這頂帽子已經戴上了，所以即使後來有無數的來回動盪，但是一個大致方向已隱然在那裡。因為這頂帽子已經戴定了，但北京的官場風氣依舊，尤其是受了張勳復辟的刺激，使很多人覺得文化上並沒有相應的改變，於是人們呼籲在這樣的國體之下，思想文化上要有一個相應的變化。我曾經撰寫一篇題為〈思

潮與社會條件〉的論文，[47]當中就談及五四新文化運動與辛亥革命
的關係。在新文化運動的相關文獻中，可以一再看到許多人批評民
國是一個掛了假的招牌的「民國」，名為民主共和，其實文化跟思
想都還在君主時代。所以新文化運動時期人們才會說：「要想在思
想文藝上替中國政治建築一個革新的基礎」。[48]如果不從文化上徹
底改變，永遠都會有另一個張勳、另一個復辟。所以新文化運動有
一個很重要的源頭，來自於辛亥革命所定下的國體。兩者之間的關
係是密切的，但不是簡單的因果關係。

　　思潮觀念與政治互相影響，辛亥革命前後形成的思潮與觀念，
不僅支配了後來的政局，也反過來受到政治革命力量的衝擊與引
導。到底是政治力量引導了觀念的形成，還是觀念促進中國的政治
變革？我認為這是兩個界面之間不斷地互為關係、互為決定。

　　最後我想以魯迅的話作結。魯迅（1881-1936）在《阿Q正傳》裡
講到，「（阿Q）知道革命黨雖然進了城，倒還沒有什麼大異樣」，[49]
在經歷了辛亥革命之後，實際上阿Q生活的「未莊」似乎沒什麼改
變。我在前面提到過，革命把「牆」推倒之後，新的舊的都衝過去
了。舊的力量仍以其原狀或各種變體存在著，雖然表面上「未莊」
沒有什麼改變，但很多東西事實上已經悄悄改變了，總統都已經是
選出來，人們心裡雖然都不想這個東西，但口裡都說要民主自由。

47　王汎森，〈思潮與社會條件——新文化運動中的兩個例子〉，收入
　　余英時等著，《五四新論：既非文藝復興，亦非啟蒙運動》（台北：
　　聯經出版事業公司，1999），頁103-144。
48　胡適，〈我的歧路〉，《我們的政治主張》原收於《胡適文存》第
　　二集卷三（台北：遠流出版公司，1986），頁65。
49　魯迅，〈阿Q正傳〉，《魯迅全集》第一卷（北京：人民文學出版
　　社，1981），頁517。

袁世凱當選總統時的誓詞：「世凱深願竭其能力，發揚共和之精神，
滌蕩專治之瑕穢」。當籌安會大起時，許多輿論痛斥它是與原來國
體相反，實屬大逆不道。袁世凱宣誓時口口聲聲說要維護共和憲制，
軍閥曹錕想當總統也得要透過賄選，證明表面上沒有變，但事實上
已經變了。成為哲學家奧斯汀（1911-1960）所謂的 "Illocutionary act"
（「做言」或「話語施事行為」），革命所定下的種種形成一個又
一個「施事話語」（performative utterance），[50]人們奮力向它們趨
近。所以即使一時之間是假革命，一時之間沒有什麼實質改變，但
變化的可能性存在著，它有造成一次又一次微妙變化的可能性。雖
然這些變化歸根結底不可能是徹底的，而且這些變化也可能與原初
的方向不同。且讓我們看一下鄭超麟在回憶錄中是怎麼說的：「以
後徹底的革命，就是從那次不徹底的革命發展下來的。形式上、稱
謂上的改變，孕育著後來實質上的改變」。[51]

　　如果讓我們參考John Dunn（1940-）的《近代革命》（*Modern
Revolution*）一書，可以發現並不是所有的革命都是邁向激進、開放
的。墨西哥的革命是邁向保守、內向的（inward、backward）；相
對而言中國革命所追求的方向與美國革命比較接近。美國革命帶有
濃厚的以羅馬共和為師的色彩，[52]美國首任總統華盛頓在功成之後
退隱到農莊，就是師法古羅馬大將功成之後退職莊園的精神。[53]美

50 J. L.奧斯汀（J. L. Austin），《如何以言行事：1955年哈佛大學威
　　廉·詹姆斯講座》（北京：商務印書館，2012），尤其是第一、八、
　　九講。

51 鄭超麟，《鄭超麟回憶錄》，頁6。

52 John Dunn, *Modern Revolutions: An Introduction to the Analysis of a
　　Political Phenomenon* （Cambridge: New York : Cambridge University
　　Press, 1989），pp. 47-71.

53 Gordon Wood, "The Legacy of Rome in the American Revolution," *The*

國革命之後，在思想、文化及社會方面的影響非常廣泛：如敵視任
何階級，不願屬於任何人之下，不願為僕人，社會看重自己成材之
人；不再為固定人生產，主人變成雇傭人，教育大興，人們努力使
得思想與舉止符合共和政府之理想；各種學會、刊物興起、印刷氾
濫等等。[54]

　　辛亥革命儘管曾經假途於一種返古的熱情，故錢玄同在辛亥革
命成功後，穿著古代的深衣去政府上班，但很快地發現其不合時宜。
因為整個時代的思潮是朝向共和憲政、自由、民主、平等、開放的
方向。

　　辛亥之後，另一次思想變化是五四。以五四後的思想圖景為例，
在五四前後還只是一群又一群青年學生的理想主張，到了1930年
代，居然成了各階層共享的思想質素。在這裡我仍想以一份民調性
質的文件為例。1933年的《東方雜誌》向全國各階層發出兩百多份
調查，從140份回函發表了244個夢想，便可看到十多年前「理想的」
主張已經成為十多年後思想界的主流，甚至建立新中國的政綱。[55]雖
然當時《東方雜誌》的主編胡愈之（1896-1986）是左傾人士，但回
答的人士基本上包括各種政治色彩，我以為從中可以看出當時各層

（續）

　　Idea of America: Reflections on the Birth of the United States （New
　　York: Penguin Press, 2011）, pp. 71-73.

54　Gordoan Wood, *The American Revolution*（New York: Modern Library,
　　2002）, pp. 117-129與劉志琴主編的《近代中國社會文化變遷錄》
　　第三冊中所描述的辛亥革命之後的各種文化現象相比，可以看出兩
　　者之間的相似性。劉志琴主編，《近代中國社會文化變遷錄》（杭
　　州：浙江人民出版社，1998）。

55　1932年11月1日，上海《東方雜誌》策畫了一次徵求「新年的夢想」，
　　向全國各階層人士發出徵稿函四百份，最後140餘位人士發表了244
　　個夢想。這份調查是受九一八、一二八、淞滬戰役的刺激而起的。

人士大致的政治思想圖像。其中較常出現的「夢想」，有高度交集性，譬如希望「辯證唯物主義」勝利。而上述夢想，其實是從五四前後開駛的各種新思想，過了十多年，便在1930年駛在一起，成為當時政治思想的公約數，並進而在1940年代後期決定了中國的命運，此後原先與馬列並駛的其他火車被曳入廢棄廠了。

以中華教育文化基金會為例，北伐前的基金會組織一直都是由親北洋政府的學者主理其事，直到北伐之後胡適才有機會成為中華教育文化基金會的董事，所以基金會後來跟近代新學術的發展變得非常密切。[56]如果不是北伐，它的董事組成結構可能不會改變，這個基金會也就不大可能與新學術的建立如此相關。所以「政治」作為一個介面，它的轉動會改變很多思想和文化的現象。辛亥革命、北伐、五卅慘案、九一八事變、1949年國共政權輪替等都是如此，不只在政治上重要，在思想上也都具有重要的意涵。反過來說，「觀念的勢力」有時也對政治事件產生了樞紐性作用。

結論

本文強調思潮與革命、革命與思潮，在時代的發展過程中交互成為對方的轉轍器。清代最後幾十年，新思想愈堆愈高，好像水箱積貯了愈來愈多的水，終於有人轉開水龍頭，思想的大潮遂造成政治上重大的改變——變法、革命都是。過去我們之所以忽略了上述重大政治體制革命在思想上的重要性，主要是因為一種「後見之

---

56 中華教育文化基金會的資金，總數約達總計約美金1250萬元，相當於一個銀行的規模，近代很多高等學術機構、大學都曾接受過它的資助。

明」，認為清末以來，許多思想元素是一氣相連的，它們在清季已經出現苗頭並慢慢擴張，在民國初年接續發展。所以認為一切都是線性積累的成果，而忽略了政治體制與思想運動兩個介面互相轉接的現象；忽略了同一脈絡的新思想在「轉轍」之前可能是零星的、邊緣的，甚至是「大逆不道」的，經過新政治體制的「轉軌」，藉著官方的制度和機制去落實、擴散、顛倒正面，成為領導性的論述。

從另一方面看，思想運動如果沒有產生「建制性遺產」（institutional legacy）（不管是形成社團或政制），那麼某種思潮也可能因為沒有制度性的保證而旋起倏滅。上述幾個方面，都是我們從史學的角度討論思想如何產生現實力量時所不能忽視的。

王汎森，中央研究院院士。曾任中央研究院副院長、歷史語言研究所所長，現為中央研究院歷史語言研究所特聘研究員。研究領域以十五世紀以降到近代中國的思想、文化史為主，近年來將研究觸角延伸到中國的「新傳統時代」，包括宋代以下理學思想的政治意涵等問題。著有《權力的毛細管作用》、《中國近代思想史的轉型時代》、《中國近代思想與學術的系譜》、《傅斯年：中國近代歷史與政治中的個體生命》、《思想是生活的一種方式》等書。

情感的力量：

啓蒙與年輕一代

許紀霖

年前，《思想》編者向我邀稿，今年聯經雙喜臨門：公司創辦50周年、《思想》雜誌50期喜慶。雜誌將以「思想的力量」為主題，出版專輯。我注意到。聯經公司的生日是5月4日，這恐怕並非偶然，五四是近代中國的啟蒙運動，這正是聯經這半個世紀所肩負的使命所在。

五四過去一百多年了，承繼啟蒙大業的聯經年過半百，而中國大陸的第二次啟蒙，也接近半個世紀了。然而，啟蒙在中國究竟是成功，還是失敗？啟蒙在公眾心中是否還有「思想的力量」？假如日漸式微，那麼癥結何在，有何新的路徑能夠跟上時代，繼續未盡的啟蒙事業？

剛剛過去的年歲之交，台海兩岸分別了發生了兩年大事，大陸一邊是上海的萬聖節，年輕一代以cosplay的另類文化展示，震撼了全國和全球；台灣一邊是年輕選民跳出藍綠的政治二分，投票給民眾黨，形成前所未有的三足鼎立格局。誰贏得了年輕人，誰就擁有未來。無論是選票還是文化，皆是顛撲不破的永恆邏輯。那麼，啟蒙大業何嘗不是如此呢？

思想啟蒙與學術研究不同，其不僅發生在學術共同體內部，而且啟蒙的誕生，就是現代公共領域的產物。啟蒙本身就是一個現代

事件，哈貝馬斯所描述的以沙龍、報紙、雜誌為媒介的公共領域，是啟蒙賴以運作的社會文化建制。公共傳媒的每一步發展、每一次技術進化，都會同步地改變啟蒙的傳播方式，受眾群體、乃至啟蒙的內容本身。

現代媒體的發展，經歷了印刷媒體、視聽媒體和網路媒體三大階段。古騰堡的現代印刷術，使得現代的報紙、雜誌和流通的書籍，在技術上成為了可能，因而也造就了17世紀的新教改革和18世紀的啟蒙運動，現代知識分子的誕生，正是印刷革命的產物。到了20世紀，隨著廣播與電視的出現，知識分子不僅以間接的文字，而且以直接的視聽形象，出現在公眾面前，擁有了更直觀的感覺衝擊力。而到了20世紀末，網路媒體的橫空出世，既是對傳統知識分子的挑戰，又提供了知識／真理生產與傳播的新的空間。

當代中國大陸的思想啟蒙，從1978年改革開放開始，大略而言，經歷了兩個大的階段，第一階段，是從70年代末到90年代末這20年，以報紙、雜誌和書籍為核心的印刷媒介。80年代最有影響的啟蒙媒介是《讀書》雜誌（如今是碩果僅存）、《世界經濟導報》、《文匯月刊》、《青年論壇》、《走向未來》叢書、《文化：中國與世界》等等。90年代以後除了《讀書》之外，還有《東方雜誌》、《炎黃春秋》、《南方週末》、《南方都市報》、《新京報》、《東方早報》、《財經雜誌》、《財新雜誌》、《經濟觀察報》等等。第二階段是從2000年延續至今的網路媒體的崛起，先是印刷媒介的副產品，隨後與後者並駕齊驅，這十年來其社會影響已經碾壓印刷媒體。

新的網路技術的湧現，讓新媒體每隔3-5年，就發生一次新的更新迭代，這二十年網路媒體的變化，遠超過去的二百年。新媒體的更新反覆迭代，以中國大陸為例，大致經歷了四個時代：BBS時代、

微博時代、自媒體時代和短視頻／社交媒體時代。這四個時代，既
相互反覆迭代，又彼此交叉。啟蒙知識分子在這四個時代所扮演的
角色和位置，是非常不同的，簡單地說，呈現出一條從中心到邊緣
的下降路線。 BBS時代是印刷媒介向網路媒體的過渡期，依然是公
共知識分子唱主角；到了微博時代，以演藝圈和企業家明星為核心
的網路意見領袖（大V）開始替代知識分子，占據了舞台的中心；
在自媒體時代，各種知道分子和追求流量的公眾號在資訊的生產和
傳播、其對社會公眾的影響力，全面勝出啟蒙知識分子；而到了近
五年的短視頻和社交媒體時代，以文字為中心的印刷媒介，不再是
以形象和圖像為中心的短視頻對手，各種視頻博主、直播網紅爭相
鬥豔，啟蒙知識分子徹底退出了公共傳媒的C位。

　　何為啟蒙？幾十年來的中國知識分子普遍相信康德的那句名
言：「有勇氣公開運用自己的理性」。啟蒙就是以理性化解愚昧，
啟蒙就是思想的力量。民眾之所以陷入愚昧而不知，乃是因為缺乏
現代的知識和思想的智慧。假如國民擁有了更多的現代觀念和思維
方法，那麼專制制度的思想基礎便土崩瓦解。我思故我在，現代人
的本質就是一個理性的存在。到了90年代，大陸的啟蒙知識分子內
部圍繞著人文精神與世俗主義、自由主義與新左翼等重大問題，發
生了尖銳的分裂與衝突，然而對立的雙方依然在啟蒙的延長線上：
相信自己是理性的、明智的，對方則是愚蠢的、不智的。前文所述
的第一階段，是印刷媒體為媒介的公共場域，知識分子們主要以公
共寫作作為論述的方式，儘管在論戰當中雙方都帶有某些意氣的成
分，但基本上依然是說理的，儘管各自有各自的理，互不通約、雞
同鴨講。

　　在社交媒體的最初時期BBS時代，由於BBS技術形式和展示方
式依然具有印刷媒體的特點（只是多了一層即時的交互性），擅長

說理的公眾知識分子依然是BBS之中設定議程、掌控主題、叱吒風雲的英雄。

然而，從微博的誕生到自媒體的湧現，公眾知識分子一步步讓位於公共意見領袖和無所不知、無所不議的「知道分子」，有限的字數（微博140個字）和博取流量的壓力，讓更多的網路公眾人物和職業寫手明白，與其說理、以理性的論證說服公眾，不如以更簡單粗暴的煽情或者譁眾取寵的「標題黨」策略，吸引大眾的眼球，收割更多的流量。於是在公共領域，煽情代替了說理，情感的力量開始挑戰理性的權威。

近五年來，隨著視頻、特別是抖音（Tik Tok）、視頻號、小紅書、嗶哩嗶哩等的流行，社交媒體的主流從文字轉向了圖像，因而塑造了年輕一代新的閱讀習慣和思維方式。啟蒙原來是借助思想的力量，通過抽象的價值符號輸出，訴諸於受眾的大腦，從而改變他們的思維和觀念。然而，以圖像為中心的短視頻時代，徹底顛覆了傳統啟蒙賴以存在的生理與心理基礎，圖像以直觀、即時的最短路徑，繞過大腦皮層，直接訴諸於受眾的心靈，刺激他們的情緒，無須理性思考，看到即得到，聽到即獲得，有一種直接的、交互感染力的廣場效應。

對於啟蒙來說，難道理性的時代終結了，一個全新的情感時代已經到來？

假如情感時代的命題是準確的話，那麼至少對年輕一代是有效的。我將活躍在當代中國大陸的人群，按照生理、心理和文化年齡，分為三代人：啟蒙一代（1950、1960年代生人）、過渡一代（1970、1980年代生人）和年輕一代（1990、2000年代生人）。啟蒙和過渡兩代人的價值觀和思維方式，無論好壞，早已固化，不再是啟蒙的對象，而年齡在15-25歲的年輕一代人，其心理年齡和價值觀，正處

於形成期或初步成熟期，有很大的可塑空間，即使是步入社會的90後，因為虛無主義的普遍流行，內心也是一片荒蕪，不少年輕人又不甘陷入虛無，苦苦尋求安身立命的寄託所在。啟蒙的事業如果要繼續發揚光大，不僅要繼續以理性改變年輕一代，而且要適應年輕一代的代際文化特徵，主動調整啟蒙的姿態。

這個調整，就是除了堅守理性的力量，更要相信情感的力量。這是一個屬於年輕人的情感時代。

當代中國大陸的年輕一代，內心所信奉的，一是自我中心主義，二是多巴胺中心主義。最近在中國大陸非常流行的王家衛執導的電視劇《繁花》，過渡一代的中年人喜歡玲子，而年輕一代更愛汪小姐，因為汪小姐不要寶總的照顧，自豪地宣佈：「我是我自己的碼頭」，活出一個真實的自己，這正是90後、00後年輕人的共同價值觀，不要與我談論什麼「家國天下」，家事國事天下事，關我屁事！他們即使在街頭站出來，也並非出自一個公民的責任，更不會為自由、民主這些抽象的價值符號奮鬥獻身。所有的勇敢，僅僅是為了捍衛一己之個人權利、守護從小就擁有的任性與自由。不管妨礙其個人自由的權力來自何方，家長、老師還是政府，皆在反抗之列，只是反抗的方式不同而已：平時是內心的腹議，「態度誠懇，堅決不改」，到了關鍵時刻，會快閃式地見諸集體行動。年輕一代像古希臘的伊比鳩魯主義者那樣，相信社會生活皆以利己為原則，如果要正直，只是因為正直對自己有利。50後、60後的老一代人，多少是亞里斯多德式的參與城邦生活的政治動物，但他們的孩子一輩，基本沒有經歷過公共生活，也不習慣政治參與，即使偶爾在街頭有表現，更多地是文化性的，而非政治性的；是自我個性的展示，而非集體的政治意識驅使。

年輕一代多是一些伊壁鳩魯主義者，自我中心意味著個人的快

樂至高無上，也是最高的善，無論吃喝玩樂，還是追劇戀愛、追求的就是一個身心的爽快。生活是否快樂，要看能夠分泌多巴胺，他們的快樂觀就是身體性的多巴胺中心主義。誠如伊壁鳩魯所說：「快樂是幸福生活的起點和目標，一切善的根源來自口腹之樂，就是智慧和文化也與此相關」。古希臘城邦晚期的伊壁鳩魯與春秋戰國亂世的道家哲學有相似之處，儒家的德性之樂與淑世精神不再有意義，唯有楊朱的身體之樂與莊子的個人精神自由才是安身立命所在。這幾年中國大陸經濟下滑、消費降級，人們普遍有一種末世來臨的心態。在不確定的亂世之中唯一值得珍惜的，不再是對未來的憧憬和追求，也非對過去美好時光的緬懷，而是對當下瞬間性快樂的把握，是對多巴胺分泌的快樂追求。吃喝與交友，唯一要看的，是對方能否為自己輸出情緒價值。

情緒價值意味著什麼？乃是一個情感時代的到來。啟蒙的第一代人經歷過火熱的1980年代，他們是城邦的政治動物，至死懷有無可改變的家國天下情懷；過渡的第二代人經歷過啟蒙的思想洗禮，也最早擁抱世俗化的市場經濟，他們相信人是理性的動物，通過精準的理性計算和人生設計，再加上努力奮鬥，以實現社會階層的往上流動。然而，年輕的90後、00後，生不逢時，不斷走下坡路的時代讓他們斷絕了對未來的期待和往上流動的念想，躺平、擺爛成為了他們新的人生姿態。正因為如此，年輕一代反而更在乎當下的即刻快樂，重視個人內心的感覺體驗。愉悅性消費代替了身分性消費。購物不再追求名牌，只要給自己帶來獨特的身心愉悅，就是好的。淄博燒烤、川味火鍋、小酒館的流行，成為大陸餐飲的主流，便與這種新的消費心理有關。老的一代人講究性價比，以計算理性導引購物，而年輕一代在乎的是「對上眼」，只要看顏值高、看上了，能夠為自己帶來情緒價值的，就會下單帶回家。

　　「對上眼」，跟著偶像走，不僅是商業的消費現象，也是政壇的精神現象。老的一代的選票，取決於政治立場與意識形態，但年輕一代不再是政治動物，也不重視利益的關聯，他們沒有太多的意識形態，最在乎的是政治人物是否「對得上眼」，就像購物一樣，能否給自己帶來情緒價值。2024年的台灣總統大選，第三黨的柯文哲贏得了26%的選票，大部分是年輕的投票族，並非偶然。年輕一代看不慣老氣橫秋的國民黨，也不滿腐敗的民進黨，而柯文哲亦正亦邪的新潮風格最對得上年輕人的口味。至於他的政見如何、德性高低，反而是退而其次、甚至忽略不計的考量了。今年的另一場更重磅的美國大選，決定勝負的將是一個上了去年《時代週刊》年度封面人物的當紅巨星泰勒‧斯威夫特，她的年輕粉絲有2.8億，能夠決定美國18%選民的投票取向。

　　無論是文化，還是政治，最基本的選擇邏輯是對人性的理解。老一代將人理解為是城邦的政治動物，是意識形態的考量；中年一代將人闡釋為是理性的動物，在乎的是利益的計算；而年輕一代將人視為激情的動物，更重視情感的互動。在亞里斯多德、霍布斯和休謨之間，三代人有各自的選擇。而蘇格蘭啟蒙哲學家休謨對人性、利益和道德的觀點，在當代年輕一代那裡得到了完全的印證。休謨在《人性論》中說：「理性是並且應當僅僅是情感的奴隸，它除了服務和服從於情感外，決不能自命還有什麼別的功能」。年輕一代固然有自己的理性計算，然而，這些計算不具有優先性，他們是情感的動物，在激情面前，理性只是工具性的奴隸而已。無論是衝動性購物，還是尋找偶像或愛人，或者投票給不同的政治家，驅使他們的，與其說是理性，不如說是激情。正如休謨所認為的那樣，利益是一種激情，而非理性。決定利益的不是理性計算，而是激情的情感。

　　那麼，年輕一代有沒有道德感？關於這個問題，社會有各種不同的爭議。不少老一代人經常抱怨子女一代缺乏道德，不講人情。而我的觀察發現：兩代人的道德感和表現場域是不同的，簡單地說，老一代人更有私德而缺乏公德，而年輕一代不在乎私德而傾向公德。父母一代在熟人圈子非常重視人情，照顧親友的面子和利益，但置身於陌生人的公共空間，常常於公德而不顧。比如在中國大陸廣泛流行的廣場大媽舞，高分貝的音樂擾民引來年輕人的不滿。而年輕一代，不在乎熟人之間的人情，即使是有血緣關係的親戚，只要沒有經歷過共同的情感生活，即使有難也不願出手相助。但在公共場域，年輕人會表現出更多公德，相比較父母一輩，更願意讓座、幫助陌生人，只要情境化地被打動，激起了內心的惻隱之心。哪怕是遠在天邊的非洲饑餓、敘利亞難民，只要一張圖片、一段視頻，都能讓年輕人衝動之下傾囊捐款。

　　這就是年輕一代經常掛在嘴邊的共情。這種**共情**，絕非理性思考的結果，也非個人利益的驅使，僅僅是瞬間與對象之間發生了情感的共頻，激發了內心的同情與憐憫。休謨認為，人雖然是利己和自愛的動物，但這種自私是一種有限的自私，人與動物不同，他還具有孟子所說的源自人性本能的惻隱之心、同情之心，與他人發生溝通的共通感。當然，這一同情和憐憫與有限的自私一樣，也是有限的、相對的，取決於具體的場景，往往是瞬間的爆發。要成為持久的習慣，還需要有理性的道德自覺。然而，不管如何，有限的共情，依然是道德感的源頭。休謨在《道德原則研究》中說：驅使人們做出道德選擇的，不是理性的利益考量，而僅僅是情感。「這種情感不可能是別的，只能是一種對人類的幸福的同情和對人類的苦難的憤恨」。這幾年大陸直播帶貨最成功的董宇輝，所運用的行銷策略與上一代的頭部帶貨直播薇婭、李佳琦不同，他所訴諸的不是

後者那樣理性的計算，宣稱這是「錯過會後悔一輩子」的全場最低價。董宇輝運作的是一段段溫情的小作業，這些故事激起了年輕消費者的童年溫馨記憶，在共情的爆發瞬間，不由自主地激情下單。同樣地，在2022年大陸年輕一代最青睞的嗶哩嗶哩網站，一個UP主的自拍視頻《回村三天治好了我的精神內耗》，博主也是巧妙地形塑了一個身殘志堅的「二舅」人設，激發了眾多年輕人的情感同頻，不經意間成為了全網最火熱的爆款。

滕尼斯有一個眾所周知的著名觀點：現代化的變遷，是從血緣、地緣和宗教為紐帶的共同體，轉型為由普遍的契約、法律為紐帶的現代社會。這一觀點固然不錯，然而，以契約為核心的現代陌生人社會當中，小共同體不僅沒有消解，而且以各種不自覺的模式在復活、重建。如果說老一代人更注重傳統的、固態化的血緣和地緣網路的話，那麼，年輕一代則更願意加入自願性的趣緣小共同體：讀書會、私董會、俱樂部、文化社團、公益組織等等。之所以當今網路最活躍的是社交媒體，也與此相關，連結這些小共同體的，與其說是共同的利益，不如說是共通的情感。每一個可以自願加入和退出的小團體，經過長期的共同的生活實踐，成員之間有相當緊密的情感互動和一定的信任感。這些情感共同體因為沒有直接的利益關聯，反而更純粹、更情感化，比較起以契約為紐帶的利益共同體，反而有更持久的生命力。

不少研究者將年輕一代視為與社會隔絕的原子化個人，但這只是一個面向，忽視了越是孤獨的原子化個人，越是與世隔絕的網路鍵盤俠，越是渴望面對面的直接交往。年輕人的社會交往，通過兩種形式得以實現：一是大型場域的匿名狂歡。疫情結束之後，雖然消費降級，但大型演唱會依然票價高企，在年輕人那裡一票難求，不少貧困大學生寧願餓幾餐，也要從黃牛那裡買高價票，身臨演唱

會現場，這一現象為許多老一代人所無法理喻。個中原因除了年輕人崇拜偶像之外，另一因素是他們一旦沉浸於廣場式集體狂歡，那種情感上的共鳴所產生的強大氣場，能夠暫時治癒宅男宅女們的孤獨感和精神內耗，獲得瞬間的強烈快感，讓一個個孤立的「我」融合為一個既虛幻想像而又真實在場的「我們」。

年輕人的第二種社會交往，乃是各種亞文化的小群體。這種小群體，具有半開放、半封閉的性質，不管源自何種共同的愛好和情趣，皆共用一個共通的情感。年輕一代的原子化個人，依然有他們的社會性，一種以情感為紐帶的社會性。這種情感共同體誠如休謨所分析的那樣，具有前道德的自然屬性，然而，正如市場有一隻看不見的手，社會同樣也有一隻看不見的手，通過「共通的情感」自我調節，協調不同的利益、有差異的價值，形成以「共通的情感」為樞紐的自然擴展秩序，進而發展為道德和正義的合宜社會（decent society）。

努斯鮑姆在談到自由民主制度的情感基礎時指出：「所有社會都充滿情感，自由民主的社會也不例外」，「所有的政治原則都需要情感的支援，以確保它隨著時間推移的穩定性；並且所有合宜的社會都需要培養同情與愛的適當情感」。羅爾斯論證了一個正義秩序如何可能，努斯鮑姆相信，如果羅爾斯的良序社會都需要愛，那麼一個渴望正義的不完美的社會對愛的需要就更為迫切。不錯，在中國崛起大環境下出生、成長的中國大陸年輕人，被認為是「天然紅」，是充滿了民族主義的一代人。與老一代人的民族主義帶有理性的成分（什麼是自己理想的民族國家、理想的政治制度），年輕一代的民族主義更多地是情感的認同，是對文化、歷史、土地的情感依戀和熱愛。這有點類似赫爾德的文化民族主義，努斯鮑姆說，赫爾德式的民族主義是陰性的，不像男性那般具有侵略性，而是帶

有女性的溫柔情感。她甚至說：「如果公民之愛要產生真正的幸福，那麼就需要將男性總想勝人一籌的文化女性化」。且不論努斯鮑姆的女性主義立場是否正確，有一點她是說對了，愛國的公共情感不是工具性的存在，而是具有內在的價值。

是的，啟蒙不僅是普世價值的理性認同，也是特殊主義的情感認同。為什麼啟蒙的事業歷經半個世紀，卻與年輕一代漸行漸遠？是否與過於迷信理性的力量，而忽略情感的認同有關？自由、民主、正義難道真的與愛、同情、憐憫這些情感無涉？對普世價值的理性追求是否應該與民族主義的特殊認同內在融合，成為一種情感的力量？啟蒙的話語是否能夠像當年的梁任公那樣「筆鋒常帶情感」，成為一種直擊心靈的「動情的理性」？這些關於啟蒙的新的問題，在一個已經降臨的情感時代，正考驗著啟蒙知識分子的智慧。

捕獲年輕一代的心靈，就贏得了未來；而打開心靈的金鑰匙，正是情感。

啟蒙死了，啟蒙萬歲！

理性的力量萬歲，情感的力量萬萬歲！

許紀霖，華東師範大學歷史學系教授。

沒有思想，便沒有自由與未來：
關於「思想的力量」的散記以賀《思想》刊發50期

張 倫

　　迄今，專家們也未能給出一個令人滿意的解釋：150到170萬年前，在非洲大陸那些早期的直立猿人們是在怎樣的一種衝動下，用何種方式，掌握了火的使用，並嘗試著用各種燧石、花崗岩或火山石製造最初的工具的。那意味著，在他們的腦海裡，具有一種有關活動的後果，最終產品的圖景；他們選擇石料，放棄不能使用的，耐心打磨，直至工具成型。從他們遮蔽風雨的住所到石料的採集之處，狩獵場域，他們踏過往返的路徑，然後，或再因各種緣由與欲求，走向遠方。……，直立猿人鍛造他們的記憶，計畫著他們的行動。一如法國已故的著名民俗學者、史前史學者 André Leroi-Gourhan 所言，採集石器原料與食物，打造工具及往返，那不僅是一種「行動的鏈條」，更是鑲嵌於一種時間順序中，具有一種「時空觀」的活動。[1]想像的翅膀開始煽動，人類靠著思想演化為智人，從那時到今日，人腦在演化，農業的出現，城市的構建，飛機、航船、人工智慧、哲學、藝術，……，文明在累積、消亡、更新，見證著人類

1　André Leroi-Gourhan, *Le Geste et la Parole,* vol. 2, le mémoire et les rythmes, Paris, Albin Michel. 1965. 這部分討論參考了《人文科學》雜誌2024年關於思想傳播特刊（L'historie mondiale de la pensée）的相關討論。

思想的力量，鍛造未來的能力。

　　文化的世界就是一個思想的世界，現代性的世界尤其如此，完全藉思想而達成、建構。這不僅是指其物質面向，也是指其制度與文化。人們以自己為尺度與目的，以思想展開發明，確定價值，創設制度。在《悲慘世界》中，那個登上街頭壁壘中彈倒下的小男孩唱著「我倒在地上，是因伏爾泰；鼻子浸到水溪，是因盧梭」（Je suis tombé par terre, c'est la faute de Voltaire ; le net dans les ruisseaux, c'est la faute à Rousseau），一首法國大革命後復辟時代既已出現被維克多‧雨果在小說中改寫的歌曲——[2]意指法國大革命以及其傳統來源於伏爾泰、盧梭等人的思想。整個19世紀，主流歷史學家們如泰因（Hippolyte Taine）等都如此確信無疑。當然，今日人們已不再這樣簡單地在那個巨大的歷史事件的產生與18世紀啟蒙思想的傳播之間，畫上一種直線的因果關係；在解釋那事件的產生及演變過程中，還必須納入更多的歷史性的政治、社會、經濟、文化包括國際政治的因素。

　　但無人能否認的是：伏爾泰、盧梭、狄德羅、孟德斯鳩等人的思想，還是提供了新的政治與社會的理論解釋，參與了那個時代舊制度、舊文化的權威合法性被侵蝕甚至最終被顛覆的過程，為那場巨變做了精神上的準備，鋪墊了人類政治理念上的一種根本性變革。不過，在普林斯頓大學以研究啟蒙思想聞名於世的歷史學家Jonathan I. Israel看來，那種按法、英、德等國家畫分流派的多重複合的啟蒙大家庭說法，並沒有很好地展示啟蒙思想的真正分野，伏

2　見*L'expression qui accuse : C'est la faute à Voltaire.* https://actualitte. com/article/95645/scolarite/l-expression-qui-accuse-c-est-la-faute-a-vol taire_

爾泰、孟德斯鳩等人的思想屬於他稱之為「溫和啟蒙派」（Moderate
Enlightenment），有別於「激進啟蒙派」（Radical Enlightenment）。
後者嚴厲地批判宗教教義，君主制度，貴族世襲，迷信等現象，將
人的平等與自由的權利作為新的文明的基礎；如狄德羅、霍爾巴赫
等人，即便是盧梭也只在激烈地反對社會等級這一點上屬於他稱之
的激進派，相反倒是在許多其他方面屬於溫和啟蒙派。而就「溫和
啟蒙派」來講，以伏爾泰為例，儘管他批判教會，卻終其一生仍是
信仰者，有神論者；他誓死捍衛思想的自由，但一直是一個開明君
主的贊成者。激進啟蒙者思想的傳承是來自斯賓諾莎，從淵源、哲
學的基本原則來講，斯賓諾莎的哲學對法國大革命才是至關重要
的。[3]

　　就強調思想在法國大革命的起源，在社會與政治變革中所起的
決定性作用來講，Jonathan I. Israel可謂是一個當代的重要代表，他
與持類似觀點的同行們打破了一些以往的習慣認定，以此重劃歐洲
啟蒙時代英、法、德、義各思想家溫和或激進啟蒙的陣營歸屬，確
定不同思想在造就大革命上所起到的作用，也因此引發眾多爭論。
他的觀點提供了審視啟蒙時代思想及其與大革命關係的新視角，豐
富了人們的認識。無論我們是否接受他的這些結論，我們還是可以
承認他強調的這一基本看法的合理性：**要嚴肅地對待思想在歷史變
革中的力量與作用！**在他看來，許多歷史學家、研究者將大眾暴動
與革命相混淆；兩者的本質區別在於前者的成因或是經濟的或是社
會的憤懣，只是一種宣洩的反抗，但對後者來講，卻是一種制度的
改變。將內戰或暴動轉化為一種真正稱得上是革命的關鍵，在於藉

3　Jonathan I. Israel, *Radical Enlightenment: Philosophy and the Making of
　　Modernity*（1650-1750），Oxford University Press, 2001.

此掌握權力的精英們是否具有一種新的有關社會秩序的理念,一種
新的社會文明願景。——這讓我們想起1789年7月14夜路易十六與前
來報告他巴士底發生的事件消息的De La Rochefoucauld-Liancourt
公爵的著名對話:「發生了暴動?」「不是,陛下,是革命」(*c'est
une révolte ? — Non, Sire, c'est une révolution !*)。活在舊觀念世界裡
的路易十六就此丟掉世界,而這位喜好新的技術進步,贊同一個政
治上相對開放的軍人公爵部長已意識到新時代的來臨,後享壽八
十,足跡遍及歐美大陸;創立的高等技術院校迄今依然是法國培養
工程師精英的最重要的搖籃。[4]

　　這裡,可稍涉及近些年一些學者所喜好談論的一個話題:以所
謂英法啟蒙思想的不同來解釋許多英法歷史上重大事件的發生及演
變。顯然,這其中是有需要注意的東西,以避免過度簡單化和標籤
化的危險。事實上,且不論種種影響歷史的政治、經濟、社會的因
由,僅就思想角度來看,大陸與英倫的思想交流互動一向也是深刻
和廣泛的,一直在相互激盪,彼此影響、刺激中而發展的。英國思
想是複調多重的,法國思想也是多彩的,過度的化約是無法瞭解其
脈絡及豐富性的。在這點上,Jonathan I. Israel的研究給我們提供了
新的啟發:在啟蒙思想這個問題上,各國家之間有思想相近的思想
者,而各國家內部也有分屬不同陣營的啟蒙者。法國大革命之前的
時代乃至後來直到今日,英國思想對法國思想家的思想、法國的政
治社會實踐都有重大影響,而反之亦然。我們知曉培根、牛頓與洛
克對1726到1729年流亡英國的伏爾泰思想上的影響;今日的法國人

4　見維基辭條: François XII DE LA ROCHEFOUCAULD-LIANCOURT
　　https://fr.wikipedia.org/wiki/Fran%C3%A7ois_XII_de_La_Rochefouca
　　uld.

在個人權益問題上很難說絕大多數不是洛克的信徒；而同時，以歷史上被某些人詬病的與法國大革命相連的「人民主權」觀念來看，美國獨立戰爭及法國大革命兩個多世紀之後，到了我們生活的時代，至少理論上，這種觀念漸已成為全世界公認的政權合法性來源，即便是在當年批評法國大革命最激烈的英國艾德蒙‧伯克的祖國，現代保守主義思想誕生的故鄉，這種觀念也實際上成了某種最高政治合法性憲政原則。最新的脫歐公投顯示了這一點，儘管英國人還在繼續唱著「上帝保佑吾王」的國歌，決定英國民族命運的，已不再是白金漢宮主人的意願，而是通過公投展示的全民意志。……談及這個話題也是要引申出一個一般性問題：在處理分析思想的議題上，少些整體主義式的認定，多注意其內在脈絡的複雜性與外部各種思想與環境的關聯，互動，總會是一種更恰當的方式。

　　某種意義上講，美利堅合眾國與法蘭西共和國都是一種觀念，一種思想的產物。可見：思想的力量是強大的，具有改變塑造世界的潛能。但思想是否是決定性地左右歷史走向，形塑社會與歷史的因素；或是反之，像那些庸俗馬克思主義者主張的，只是一種經濟與社會因素的認識上的反應，經濟與社會因素對歷史進程才至關重要？這仍是一個恆久的爭論課題，也很難有一個確定被各方接受的釐清方式。不同的研究者面對歷史會有不同的解釋側重。此外，正如近幾十年那些研究法國大革命時代的觀念傳播手段，社會接受思想的途徑等「文化研究」「精神史」研究所揭示的，思想與政治、社會、經濟的互動的過程也是多重面向相當複雜的。[5]正如我們看到

5　Roger Chartier, *Les Origines culturelles de la Révolution française,* Paris, Editions du Seuil, 1990；Michel Vovelle, *La Mentalité révolutionnaire : société et mentalité sous la Révolution française*, Paris, Editions sociales, 1985.

的對法國大革命的思潮以及其歷史實踐的各種不斷的評價、讚揚與批評一樣，思想的產生、演變過程及其社會與政治影響的效果，也是思想長久檢視的對象。思想會審視檢省自身及其後果，這或許就是思想這種活動區別於人類自身其他活動以及其他物種的活動的一個本質特性，也許恰是其力量的所在之一。從這個角度看，我們或許可以理解為什麼現代性如此具有動能（dynamique），又為何思想的自由表達及其制度性保障成為現代性重要的組成部分、價值及制度選擇。因為，與傳統時代那些對思想的自由活動或多或少都具有某種文化與制度的束縛，思想活動常戴著鐐銬，側重思想的重複、傳承不同，這是一種激勵並賦予思想活動最大的合法性的文化與制度設定；現代性的思想是一種指向未來、未來指向的思想。在人類歷史上，從未有過，思想與自由、未來如此緊密地相連。

其實，思想的本質就是指向未來的，即便有些思想命題是永恆的。那些以過去的名義進行的思想，作為活動的思想及作為思想活動的積澱的思想，也都是面對當下及未來的，是活的思想，想像的思想，被詮釋的思想。面對過去的思想往往只是一種假扮，實質上依然是面對未來的思想。思想從不缺也不能缺少過去的面向，常常要藉助思考過去而思考當下，想像未來。研究歷史對希臘人來講不是簡單的事實呈現，而是Historia，一種探索研究，一種對未來可能出現的對過往的遺忘的抗拒；而中國人也是要求「通古今之變」。作為思想的一種，對過去的記憶不是服務過去，而是未來。人類在久遠的洪荒年代，就發展出一種超越的意識，一種虛構的能力，一種推演的本領，偉大的宗教由此而誕生，各種精彩的文學，精妙的理論因此得以面世。這些當然離不開思想的自由，關於自由的思想；是思想為自由開闢了廣袤的土地。最初的書寫與管理密不可分，物理知識源於建築營造，幾何出於丈量土地，計算得益於商業需求，

天文與曆法相連……，除這些實用性的思想，因實用成就的思想外，人類的思想從起始就具有為思想而思想，為藝術而藝術的面向，有著尋找意義與真相的衝動。人對自然與自身的認識逐漸掙脫其當下的實用目的與具象感官感知的限制，掙脫時空的羈絆，向一個廣袤無邊的、抽象的思想太空飛去。思想的力量體現在其自由，超越性，穿越時空，超脫實用，開拓種種未知及未來。

　　有時，許多思想學說與藝術創作被人們忽視，在邊緣與排斥中沉默地走過時光、社會，文化與政治的隧道，被遺棄，或有一天閃電般奇蹟地劃過暗夜，照耀大地，向人們呈現另一般宇宙、精神與社會的圖景。當1900年開耳文勳爵在英國皇家高等科學協會自信滿滿地宣稱「物理學已經沒新的東西可發現」的時候，他根本想像不到，幾年後，1905年，因愛因斯坦發表的四篇論文，成就一個被視為物理學界的「奇蹟之年」。[6]那時人們也渾然不知，人類將要就此重新審視時間，空間，品質與能量，文明的諸多面向將會由此改變。愛因斯坦其時依舊還是專利局的一位小職員，榮譽要很久才姍姍遲來。「20世紀初，法國與德國的社會學之父涂爾幹和韋伯被大眾完全忽視，只在一個極小的學者圈子中被人知曉。那個時代只有達德（Gabrile Tarde）和勒朋（Gustave le Bon）、斯賓塞（Herbert Spencer）才享大名。我們時代也將無法擺脫當下造成的這種扭曲的影響」。[7]是的，思想的命運是奇詭的，是無法全然預見的。只有未來才會提供一種成熟的尺度來衡測思想，掩埋種種思想，又挖掘某類思想。生活的複雜，認知主體的社會心理的遷變，甚至某些機緣，都可能

6　Walter Isaacson, *Einstein, His Life and Unverse*, Chap. 5, "The Miracle Year: Quanta and Molecules, 1905", New York, London, Toronto, Sydney: Simon & Schuster, p. 90.
7　見思想傳播特刊，頁107，註12。

讓思想史得以重寫。這尤其體現在不同於自然科學與技術認知上的一些社會與文化的思想的命運上，有些會隨著時代的風潮而不斷被遺忘，又不斷被拾起詮釋借用。

思想的力量如此強大，能驚天動地，一改江山；但有時卻是弱如輕風，寂寥無聲。帕斯卡（Pascal）常被引用的那句名言謂：「人是蘆葦，大自然中所最弱者，但卻是一枝會思考的蘆葦。無需整個宇宙加身來摧毀他，一點空氣，一滴水都足以將其斃命。但即便宇宙將其摧毀，人也比摧毀他的力量高貴，因他知其將死，宇宙相較他之強勢。可宇宙就此卻渾然一無所知」。[8] 這幾乎是關於人、人之思想及自由最強大與美好的禮讚，儘管它依舊殘酷地直面人的脆弱及有限性。這幾句話詮釋了他所說：「思想成就人之偉大」（Pensée fait la grandeur de l'homme）。[9]

> 自啟蒙時代以來，我們經歷與見證了一個思想尤其是啟蒙思想的高歌猛進，輝煌凱旋的歷程，但我們也時時聽聞到這過程中不斷的懷疑的異議之聲。從十九世紀，二十世紀的一戰到二戰，乃至今日，在西方，在世界各地，各種有關思想及文化的危機的警呼此起彼伏，不絕於耳。在西方呈現不同的形式：自我批判，遺憾，戀舊，排外，力主更新等；在非西方世界，則是以反西方，抗拒啟蒙，守舊，或是召喚改造傳統，擁抱現代，再造文明為不同的表現，這都曾引發爭議反思，也造就了各地區進步主義或是相反的不同結果。從保羅・瓦萊裡（Paul Valérie）的《精神的危機》（1919）到斯蒂芬・茨威格的《昨日的世界：

8　Pascal, *Pensées*, *le livre de Poche*, Paris, 1991, p. 171.
9　同上，頁407。

一個歐洲人的回憶》（1942）直到80年代美國哲學家阿蘭·布魯姆（Allan Bloom）的《美國精神的封閉》（1987），法國哲學家阿蘭·芬基柯羅（Alain Finkielkraut）那引發眾多爭議的論著《思想的潰敗》（1986）……這些關於文化的衰頹，思想的危機的論述折射著一種西方的反思傳統，也透露出其思想的焦慮與不安。

宣告思想世界崩塌的那隻狼雖沒來，喊狼要來的羊倌在更替交換；歷史的進程證偽了他們的部分看法，卻也時時不乏為其提供諸多難以辯駁的現實論據。《歷史的終結》式的理念勝利凱歌時常響起，但《文明的衝突》、《我們是誰：國家認同危機》式的驚人之論也持續不斷。沒有任何時候與今日相比，戰後的世界存續如此眾多且深刻的對現代性理念的懷疑，但同時，這些理念又如此傳播廣泛，被以不同的詮釋方式接受，且滲入人們的各種生活。在尊重多元的同時，如何不讓一種廉價的後現代價值相對主義，對真理的懷疑發展到虛無，以排擠掉我們對普世價值與原則的追求與捍衛？在野蠻與以各種神聖傳統的名義依然在許多地區肆虐，踐踏人的尊嚴的時代，如何不讓一種對理性主義的檢討成為某種奢侈，另類的傲慢與虛妄，而堅持理性的精神？同時，在原子、資訊與生物等技術的創新為人類帶來前所未有的福祉卻也能帶來諸多巨大的災難甚至是毀滅的可能的悖論面前，怎樣以理性的態度確定理性的位置，規範科技的用途？在去除對進步主義的迷信的同時，又如何重新定義文明的進步？在啟蒙的世界裡，如何允許人們合理重新安頓各種神祇、上帝的位置，以便不讓一種Gilles Kepel稱之為《神祇的報復》

^{10}毀壞掉啟蒙之光照亮的世界？在理性與信仰，自由與責任，權威和民主之間如何找到新的動態的、人道的平衡，檢討啟蒙，繼承與捍衛啟蒙？……，我們該何以自處？怎樣思想？

1724，迄今整整三百年前，在東普魯士，一個數萬居民以今日視角看完全是一個小城的柯尼斯堡，誕生了一位影響整個人類的偉大哲人。世不出康德，灰暗迷蒙的思想天空將不會亮出革命的曙色。懷疑是思想的酵母，由此具有強大深沉的運思概念與合理性；哲學從此成為對知識與權力的不斷的批判。知識與自由有了新的思想基石。今天，戰爭，各種價值與政治的混亂，困惑，迷茫，極端的話語比比皆是，戰後營造的國際秩序的架構崩塌的吱呀之聲清晰可聞，環境與氣候造成的人類存續的威脅日漸凸顯……，所有跡象都在顯示，我們正面臨某種文明範式的重大調整，我們在告別一個思想範式確定的文明陸地，啟航駛向一個未名的大陸，在這個注定是充滿懷疑，風浪，不確定有時或許是黯淡的航程中，漸遠的舊大陸的燈光只是一種懷戀的慰藉，卻無法提供未來的方向。我們只有藉助思想，航向未來。沒有思想提供的想像及道德的勇氣，理性的精神，我們將葬身汪洋，無法登上未來之陸。而在這追尋自由的航程中，康德將像一位無可替代，不可或缺的老船長，在甲板上提著一盞批判的燈光，以助我們的思考，眺望遠方。

---

10 吉爾‧卡貝爾這本現已成為經典的《神的復仇：基督徒，猶太教徒及穆斯林重新征服世界》，自30多年前出版以來，影響廣泛，亨廷頓在其1996年出版的《文明的衝突》一書第四章，也引用到其觀點（見註19），至於其1993年秋季首在《外交季刊》首發其立論文章時是否受其啟發，因手邊無雜誌查證，不得而知。Gilles Kepel, *La Vengeance de Dieu, les Chrétiens, juifs et musulmans à la reconquête du monde*, Paris, Seuil, 1991.

　　沒有思想，便不會有自由與未來，人人如此，中國人亦然。

　　張倫，法國塞爾・奇鵬多瓦茲大學教授。研究興趣在現代性、知識分子，中國的轉型、地緣政治等問題。有法、中文學術及評論著作、文章多種。

思想作為一種志業：
至暗時刻的知識人省思

唐小兵

韋伯曾在〈政治作為一種志業〉中感慨道：

真正能讓人無限感動的，是一個成熟的人（無論年紀大小），
真誠而全心地對後果感到責任，按照責任倫理行事，然後在某
一情況來臨時說：「我再無旁顧；這就是我的立場。」這才是
人性的極致表現，使人為之動容。只要我們的心尚未死，我們
中間每一個人，都會在某時某刻，處身在這種情況中。[1]

在這個二戰結束以來整個世界處於最分裂、無序和混亂的至暗
時刻，人類社會究竟何去何從；理性的聲音是否還可以成為不同文
明、族群和國家之間對話的重疊共識；民族國家之上是否還可以找
到更開闊的世界主義精神來抑制狹隘、極端的民族主義情緒……？
這些都需要心智成熟的思想者按照責任倫理行事，去勇敢地介入這
個時代，審視這個時代的病灶，甚至包括自身所存在的心理、人格
和思想上的缺漏和痼疾，同時又能適當地抽離，與這個時代保持一

---

1 韋伯，《學術與政治》，錢永祥等譯（桂林：廣西師範大學出版社，
2004年5月），頁272。

點「隔離的智慧」。沒有前者，思想者就沒有代入感，也就沒有一種政治思想所必需的「動情的理性」和人文主義的精神，而沒有後者，思想者就無法獲得一種清明的理性來超然地審視這個時代。

如今的我們所面對的時代，好像是一個思想到處彌漫的世界，但究其實質，則是一個用極化政治、輿論宣傳、社交媒體和知識付費等各種形式來精準地拿捏接受者的時代，因為有了技術更高端、精密的傳播工具，無論是國家和政黨的聲音，還是知識分子、大V、商人和網紅等的聲音，都被幾何級數地放大。在一個政治性抑鬱的逆全球化時代，人們尤其是年輕一代特別渴望找到真正的思想和具有引領意義的大師，他們不僅關心政治，更關心安身立命和生命的意義。而在一個宣傳過度和市場氾濫的時代，思想的邊界被有意無意地模糊了，我們似乎每天都在接觸來自四面八方的觀念的傳播，但怎樣的思想才是真正有品質的，能夠幫助我們通透地理解和反省這個時代，而不是僅僅在製造和販賣焦慮，這是需要細細考量的。殷海光先生曾經對文化市場上的叫囂者有著冷靜的審視：「現代的人，在這市場文化中的人，深怕自己不重要，惟恐自己失去價值；深怕自己不為人所知，所以要叫喊。笛卡兒說：『我思故我在』。市場文化中的人卻『我叫故我在』。其實，這種人不知道沉默的偉大，沉默的力量。」[2]面對時代紛爭和歷史巨變，殷海光先生認為真正的思想者應該有一種「隔離的智慧」：「在文化市場上叫囂的那些人，都是時代的蜉蝣。我們要透過時代的霧，看未來。這樣，更能顯現知識的光芒。我們需要隔離的智慧，才能顯現自己的獨特性。」[3]

2　陳鼓應編，《春蠶吐絲：殷海光最後的話語》（北京：中華書局，
　　2019年3月），頁3。
3　同上，頁20。

　　而反觀今日中國之知識界，**一方面**是迅速而不可逆的學院化進程，大量的年輕一代學院知識分子在疲於奔命的量化考核和學術生產中，已經整體性地喪失對接公眾影響時代的公共意識，學術話語越來越成為一套跟這個時代所亟需的思想、文化和智慧無關的黑話，學術界已經喪失了內在的生命力和人文的批判視野，更別提啟蒙主義的立場。而**另一方面**是以知識付費的方式將知識和思想以量身定做的方式投注市場，閱讀公眾迅速轉型為視聽公眾，以小紅書、抖音、小宇宙、喜馬拉雅、B站等為代表的新式社交媒體迅速地壟斷了年輕一代的知識來源。與此同步發生的是這十多年來，中國知識界的公共文化空間極度萎縮，公共知識人迅速邊緣化。陳寅恪所言的獨立之精神、自由之思想已經成為這個時代的稀缺品。思想已經成為一種產業，文化已經成為一種商品，知識者不是權力的幫忙，就是企業家的幫閒，或者就是通過精準迎合面目模糊的廣大線民的喜好和立場而成功套現。曾經獨立的知識人也陷入巨大的影響力焦慮，「害怕被遺忘」成為一種普遍的心理症候，自戀成為一種彌漫性的社會心態，迎合年輕人也變成一種政治正確，粉絲數和點擊量等成為揮之不去的數位夢魘，各種直播沙龍、直播帶貨等泥沙俱下，嚴肅閱讀、嚴肅寫作乃至嚴肅思考，越來越成為這個沉悶而虛無的時代的一種邊緣化存在。[4]可以說，今天的真正知識分子面臨的狀況又類似於1960年代的殷海光先生所描述的那樣：「每一種大的思想氣流都形成各種不同的漩渦，使得置身其中的知識分子目眩神搖，無所適從。在這樣的顛簸之中，每一個追求思想出路的人，陷身於希望與失望、吶喊與徬徨、悲觀與樂觀、嘗試與

4　有興趣的讀者可參考我在《書架上的近代中國：一個人的閱讀史》（北京：東方出版社，2020年3月）對當代中國閱讀狀況的診斷和對嚴肅閱讀這個概念的闡發。

獨斷之中。我個人正是在這樣一個大浪潮中間試著摸索自己道路前進
的人。」⁵

　　對於華人世界一個真正的思想者而言，這種孤獨探索者的感受可
能會越來越強烈，因為曾經滋養和陪伴我們的那些人文主義大師一個
個都離開了這個世界，比如李澤厚、余英時、林毓生、張灝、何兆武
等。這個名單還可以在後面接續諸多的熠熠發光的名字。這些人文學
者的遠去，帶走了一個時代的某種精神和思想的氣質，他們身上所積
澱的人文傳統並沒能在中國的學術界和公共知識界得到有力的傳
承，甚至對他們的紀念也成為某種禁忌。這些人文學者樹立的是典範
知識人的標竿，就像殷海光先生曾經是戰後台灣知識界的標竿一樣。
他們的思想闡發和公共關懷都源自精湛而有原創性的學問，因此這種
思想就是一種具有可持續力的價值觀念。在我看來，思想如果喪失了
學問的依託，缺失了人文和歷史的脈絡，也沒有公共文化空間的滋
養，那就成了漂浮在空中的若有若無的思緒而已，無法形成根植於當
下中國的文化土壤和思想狀況之中的價值觀念。真正的思想者是為了
思想而生的人，而不是靠著思想而活的人，這才是以思想為志業的真
正知識人。在我心目中，王元化先生是思者之典範，他曾針對思想和
學問的關係如此寫道：

　　我不認為學術和思想必將陷入非此即彼的矛盾中。思想可以提
　　高學術，學術也可以深化思想。不可想像，沒有以學術作為內
　　容的思想，將成為怎樣一種思想，而沒有思想的學術，這種學
　　術又有什麼價值？思想和學術它們之間沒有「不是東風壓倒西
　　風，便是西方壓倒東風」那種勢不兩立的關係。而且我也不相

―――――――――
5　陳鼓應編，《春蠶吐絲：殷海光最後的話語》，頁17。

信思想竟如此脆弱，會被救亡所壓倒，被學術所沖淡。[6]

　　思想界曾經在中國社會具有巨大的影響力，而如今伴隨學院化的加劇、文化市場化的虛假繁榮、消費主義的崛起和意識形態的巨大壓力，這個知識分子的文化圈也日益式微。思想者雖然往往是強調特立獨行的，但離開了這些滋養思想和觀念的公共文化空間和知識群體，他們的生命力也會大打折扣。錢永祥先生曾經在台北聯經《思想》創刊號指出：「思想無法在像笛卡兒所想像的一個隔絕孤立心靈的內省冥想（我思）中產生，而是需要在具有特定內容的社會、文化、歷史脈絡裡，才有成形的可能，因為唯有脈絡，才能提供語言、概念，以及較為完整的價值參照系統，讓思想取得樣貌與內容。」[7]從這個意義上來說，思想必須要依託於某種可靠的事實真理和人文傳統，同時也需要歷史記憶作為價值的支撐，更需要作為同道中人的思想者的彼此砥礪和抱團取暖，才可能熬過這個新世紀以來最酷寒的思想嚴冬，也正因為此，公共文化空間的建設就顯得特別重要，我們都需要一張阿倫特意義上的思想圓桌。

　　在今天這個時代，面對眾聲喧嘩的思想噪音，我們如何來評估何為重要和有價值的思想，何為思想的贗品甚至意識形態的話語垃圾，這成為一個特別值得認真對待的議題，尤其是如何區分教育與宣傳、事實與意見、真理與政治之間的關係，都有一種內在的緊迫性，不然我們本來就有限的生命就浪費在每天海量潮湧的資訊之中。在這方面，我認為丸山真男在一篇討論思想史研究方法的文中所提及的如何

6　王元化，《九十年代反思錄》（上海：上海書店出版社，2019年7月），頁134。

7　錢永祥，〈從《思想》到「我們時代的思想狀況」〉（台北：《思想》創刊號，2006）。

評估歷史中哪些思想值得重視和分析的觀點，對我們頗有參考的價值。其一是思想的重量，也就是思想是否對問題做了徹底的解讀，還是止步於敷衍了事的解讀。其二是思想的滲透範圍或流通範圍。其三是思想的幅度，也就是思想囊括了多大範圍內的問題，有重量的思想未必是包羅萬象的，而有幅度的思想未必就有分量。其四是思想的密度，也即是思想在邏輯分析和實證程度上的密度的問題。其五是思想的多產性，即衡量一個思想究竟有多大的生產性的尺度。[8]按照這些尺度，我們就可以對當代中國的思想界有一個診斷性的分析，比如李澤厚的思想幅度寬廣，流通範圍也廣，也具有生產性，而王元化先生的公共寫作極為縝密，顯示出思想的高密度，林毓生和張灝的學術寫作則顯示出思想的重量和密度，對於所討論的近代中國的烏托邦主義、全盤性反傳統主義、中國革命的思想道路等多做了極為通透的解答。余英時先生的作品則在五個方面都有顯現。總而言之，這些思想者都是依託於學術的嚴謹和深厚的積澱，來思考中國從傳統到現代的嬗變、在東西方文化和文明之間的互鑒，展現出了1930年代前後出生學人的人文視野和啟蒙精神。在我看來，這是我們應該傳承的最重要的一個人文傳統。思想不是橫空出世，也不是屠龍術或學究氣，而是真切地介入一個時代面臨的問題之中，完成從學問中人到問題中人的身分疊加。思想不是一個名詞，而是一個正在進行時的動詞。

　　更為重要的是如何區分教育與洗腦、新聞與宣傳？今天作為一個扎根中國大地的思想者（而非離岸知識人），所面臨的一個巨大挑戰就是活在當下的中國面對的是雙重的模糊性。一方面是是非、對錯和善惡的價值標準被有意或無意地模糊化了，圍繞俄烏戰爭、巴以衝突

8　　丸山真男，《忠誠與反叛：日本轉型期的精神史狀況》，路平譯（上
　　海：上海文藝出版社，2021年8月），頁372-373。

或20世紀中國的革命、改革開放四十年的評價等重大問題,我們已經
很難找到一張可以坐下來心平氣和討論的圓桌,也更不可能形成一種
基於事實理解的價值共識。簡體中文網路上彌漫著戾氣和符號暴力,
一言不合就拉黑或網暴,公共理性變得稀缺,每個人就抱持著自己的
定見和偏見,而不願對於論辯對手或者不一樣的立場給予同情性的理
解,善意、誠意和理性在虛擬的網路世界被系統地驅逐或壓抑,每個
人都活得越來越原子化,甚至將網路上的恨意延伸到日常生活之中,
權力支配社會造成的後果就是幾乎所有的領域都極度政治化了。另一
方面是所有的爭論都幾乎沒辦法在一個清楚發掘和呈現的事實世界
之上展開,中小學和大學人文教育的退化、新聞媒體的衰落、知識分
子的邊緣化、媒介素養的匱乏、民間組織的被遏制,導致我們越來越
生活在一個遠離真相的自媒體時代,縈繞周圍的是各種編造、誇張、
虛構、渲染和道聽塗説,核心目標都是為了流量和吸睛,對於事實本
身的嚴肅性討論已經變得微不足道,而事實改變之後,線民也採取熟
視無睹依然故我的態度。不斷累積的負面情緒成為無法在公共生活空
間釋放的內在負擔,而變成網路空間一個個爆炸性的燃點。阿倫特特別
強調公共生活中承認事實的重要性:「即使我們承認每一代人都有權書
寫自己的歷史,我們承認的也只不過是每一代人都有權按照自己的視角
重新編排事實;我們並沒有承認我們有權利去觸動事實本身。」[9]

教育是一種啟發,讓受教育者最終具備獨立思考的批判性思維和
內在自我的人文主義心靈,而宣傳和洗腦是在一個排他性和獨占性的
封閉系統裡,試圖將某套觀念或理論體系強行地灌輸給接受者,讓接
受者不再具有獨立思考的能力,只能對宣傳者採取盲目認同的態度。

---

9 漢娜·阿倫特,〈真理與政治〉,《過去與未來之間》,王寅麗、
   張立立譯(南京:譯林出版社,2011年10月),頁222。

在新媒體時代，宣傳者也經常會採納更為多元活潑的形式來進行價值倒灌和觀念下沉，換句話說，對大眾的精神PUA已經被大資料和高科技賦能。社會學家潘光旦曾經兩次專門撰文，討論教育與宣傳的異同。他指出，

> 教育與宣傳的根本假定便不一樣。因為假定不一樣，於是提倡或施行的方式也就大有分別。教育假定人有內在的智慧，有用智慧來應付環境、解決問題的力量。教育不具備替人應付環境、解決問題，而是要使每個人，因了它的幫助，十足利用自己的智慧，來想法應付、想法解決。教育又承認人的智慧與其他心理的能力雖有根本相同的地方，也有個別與互異的地方，凡屬同似的地方，施教的方式固應大致相同，而互異的地方便須用到所謂個別的待遇。根據這兩層，近代比較最健全的教育理論認為最合理的施教方式是啟發，不是灌輸，遇到個別的所在，還須個別的啟發。宣傳便不然了。他所用的方式和教育的根本不同，而從方式的不同我們便不能不推論到假定的互異。宣傳用的方式顯而易見是灌輸，而不是啟發。它把宣傳者所認為重要的見解理論，編成表面上很現成的、很簡潔了當的一套說法，希望聽眾或讀者全盤接受下來，不懷疑，不發問，不辯難，這不是灌輸麼？[10]

是否容忍甚至鼓勵受教育者的質疑和批評，這是區分教育和宣傳最重要的指標之一。而哲學家陳嘉映曾在北京師範大學的一次演講中專門

10　潘光旦，〈宣傳不是教育〉，呂文浩編，《中國近代思想家文庫：潘光旦卷》（北京：中國人民大學出版社，2015年3月），頁265-266。

討論這個問題，他指出：「從事教育的長輩和老師當然是把他們認為好的東西，把他們認為正確的知識，傳遞給下一代。然而，同樣重要的是，甚至更重要的是，我們希望培養學生的獨立判斷力，培養他的自由人格，希望他成熟起來，能夠在他自己的時代裡，依他自己的性情，去獲得他自己的好，過上一種有充實意義的生活。至於什麼是他的有意義的生活，則並不由教育者決定。依我看，這是教育和洗腦最根本的區別。」[11]

　　在這樣一個政治極化和娛樂至死的世俗時代，宣導嚴肅的人文主義和真誠的思想氣質，毫無疑問是一種與時代總體氛圍格格不入的狀態，但真正的知識分子本來就應該是不合時宜的向權力和資本說真話的人。王小波說，一個真正的知識分子應該首先是思維的精英，而不是道德的精英。思想的原創性和突破力自然重要，而知識人能否道成肉身，化理論為思想，化學術為德性，以自身的言談舉止成就一個大體上言行一致的君子之風，卻是困擾這個明星文化流行而思想者匱乏的時代的根本問題之一。換言之，與思想和學術的增量相比較，人格的力量也同等重要。王元化先生就曾發自肺腑地說過這樣一番話：

> 我最為服膺的就是胡適對自己生平為人所說過的這幾句話：「不降志，不辱身，不追趕時髦，也不迴避危險。」我覺得一個中國知識分子如果真能夠做到這一步，也就無愧於自己的責任與使命了。[12]

11　陳嘉映，〈教育和洗腦〉，《走出唯一真理觀》（上海：上海文藝出版社，2020年5月），頁251。
12　王元化，《九十年代反思錄》，頁127。

一切真正為中國甚至世界的當下和未來展開深邃思考的人，或許都應該好好地品味這段話的意涵。更廣而言之，其實不僅是人文知識人，一切受過良好專業教育的現代人，都應該具有這樣一種人格自覺和文化責任。思想並非職業思想者的專利，而應該是從精英擴散到民眾的一種普遍主義的心智生命狀態。余英時先生生前在一個訪談中就表達過這種觀點：「我們必須調整一下關於知識人的觀念。第一，現代知識人不是『士』，不可能完全出於『人文』一途。人文學科即使邊緣化，也不影響知識人的產生，因為科技專家也受過一定程度的『人文』教育，同樣可以隨時扮演知識人的角色。第二，知識人必須以專業為基礎，在專業上取得成就，受社會尊重，他便更有機會發揮知識人的作用。第三，知識人不是一個特殊的類，因此沒有所謂職業的知識人。我們必須把知識人理解為一種潛在的社會功能，寄託在每一個專業人員的身上。」[13]

2006年，台北《思想》雜誌復刊，迅速成為華人世界最重要的思想文化期刊之一，回應了這十多年來兩岸三地甚至更廣義的華人世界一些核心的公共性議題，也拓展了很多新的頗有價值的思想議題，實現了學術與思想的良性對流。因為特殊的機緣，我也成為這份雜誌的作者和讀者。回顧自己這十多年在公共文化領域的參與，跟《思想》的啟發和滋養有著深遠的淵源。如果沒有《思想》，我難以想像自己在專業研究之外還會對於公共的思想文化議題保持如此強烈而持久的關切，更難得的是《思想》可以討論很多在大陸的報刊無法討論的思想文化和政治社會議題，引入華人學界乃至世界各地的有價值的思想資源，這些都開拓了我的學術和思想視野。正如錢永祥先生在復刊

---

13 陳致，《我走過的路：余英時訪談錄》，（台北：聯經出版公司，2021年11月），頁89。

號的文章〈從「思想」到「我們時代的思想狀況」〉所剖析的那樣，「思想主要涉及了三件工作：意義的提供、自我的界定、以及對於既有的意義、理據和身分認同去做檢討和批判。」[14]回首自己參與和見證這份雜誌成長的這18年，我對於公共知識人身份的自我確認和意義錨定，以及對於從歷史到當下的各種思想文化現象的檢討和批判，無不得益於《思想》的贈予和引領。如今，《思想》即將迎來創刊50期的關鍵時刻，而支持這份刊物的聯經出版公司也迎來了知天命之年的創辦50週年紀念，我願意用同鄉前輩鍾叔河特別喜歡的藹理斯的一段話來表達我的祝賀之意：

> 在一個短時間內，如我們願意，我們可以用了光明去照我們路程的周圍的黑暗。正如在古代火炬競走——這在路克勒丟斯看來，似乎一切生活的象徵——裡一樣：我們手裡持炬，沿著道路奔向前去，不久就要有人從後面來，追上我們，我們所有的技巧，便在怎樣的將那光明固定的炬火遞在他的手內，我們自己就隱沒到黑暗裡去。[15]

　　《思想》的同仁和作者，或者所有致力於中國的公共文化建設的人，以及一切都在嚴肅地操持思想生命和加持心靈建設的知識人，無疑都是在這個至暗時刻的手持和傳遞火炬的人，那曾經閃耀過的光和彌漫過的暖，即便隱沒到了黑暗之中，卻仍舊會長久地慰

14　錢永祥，〈從「思想」到「我們時代的思想狀況」〉，《思想》第1期，2006。

15　黃子平，〈支離破碎的年代，一個完整的靈魂〉，彭小蓮、汪劍，《編輯鍾叔河：紙上的紀錄片》（香港：香港中文大學出版社，2019年10月），序言。

藉曾見證和感受過其光明和溫煦的過客。

　　唐小兵，華東師範大學歷史學系教授，《思想》作者，主要研究領域是晚清民國報刊史與知識分子史、左翼文化與中國革命、回憶錄、口述史與20世紀中國，近著有《北美學蹤：從溫哥華到波士頓》、《書架上的近代中國：一個人的閱讀史》、《與民國相遇》等。

思想的力量與歷史[1]

陳正國

　　在有摩擦力與地心引力的空間，所謂力量就是造成物件與物件之間衝擊或衝撞的原因，換句話說，所謂力量就是造成改變（包括推進、阻擋或毀滅）的原因。很多人在捧閱一本書，觀看一部電影，聽一首樂曲，看一幅畫，讀一首詩之後會有感動，甚至受到震撼，這證明自故事、意象、旋律、顏色布局會在人的感官與意識裡引爆，產生力量，使得我們的人生或人生觀與之前稍有不同。而引爆的真正原因是上述文化創作都蘊含創作者的**思想與情感**，所以思想與情感都會有力量，是再明白不過的道理，俗話說「感染力」、「文字的力量」真正的意思其實就是這些文化表現背後的思想與情感在接受者身上所產生的力量。但是思想的力量並非自然的力量，如果接受者沒有相關知覺，也就是心智，甚至刻意關閉心智，思想的力量就會像是未冒出土面的種子，在土礫下斲喪了生機，沒有發芽的機會。走在路上被強風颮襲，在蘋果樹下被蘋果擊中，被路人踩到腳

1　此處所謂思想不單指理性或思考，而是指經過努力，什至有系統的思考的產物。以深切著明的方式來說明的話，本刊所載各文，就是思想。此外，本文並不提倡思想決定論，以為人類歷史的變遷完全是思想所造成。事實上，人的感情，想像也在人類歷史進程中扮演程度不一的形塑力量。

後跟，我們會立即感覺到力量，無關乎我們的心智是否對它們開放，是否願意接收。相反的，文化的力量必須由我們打開心智之門主動去接受，至少要願意對上頻道，對上線，願意去感受力量的發出站，力量才有可能產生。甚至我們不妨這麼說，**沒有接受者的主動意識，思想的力量就不存在。**除了極少數犬儒，絕大多數人都應該會覺得上述道理淺白而易懂。

　　人們比較會忽略的是，思想的力量必須有其社會意義，才可能成為歷史的力量，改變歷史（的軌道）；而形塑歷史的力量，一定是在長時間中才能被感知，被衡量。思想的力量當然有其源頭或最初的發射站，但人類互動的方式、路徑、幅度是如此的複雜而多樣，但與此複雜的過程相比，人們所能掌握的相關訊息卻又是不成比例的低，因此要真正確認其源頭常常渺不可尋。但誠如前述，思想的力量之顯現與表現，不在源頭，而在傳出與被接受的**過程**。我們可以用電子做為比喻；電子傳導會產生動能，每個電子在接觸前一個電子後，自己儼然就成了源頭，然後再去接觸下一個電子，如此傳遞並擴散出去，形成動能。雖然思想傳遞的方式頗類電子的移動與傳導，但人性的複雜遠非電子可比。人會思考，會使用語言，這一方面使得每個人像電子一樣有能動性，另一方面使得他比電子更像是新的發射站，新的源頭，因為他會透過自己獨特的思考，並且用自己的語言重述一個觀念或價值，這使得在微觀意義上，每個傳遞者都可視為新源頭。思想傳遞的結果不是創造出許多完全相同的觀念或思想載體，而是許多共享同一價值傾向的獨特個體。[2] 所以思

2　價值不是個有形、有限的物體；價值的表達必須透過觀念。觀念的特色是中心定義相對清楚，一旦移出中心，它的界線與定義就開始游移模糊，甚至可能人言人殊。例如「愛」的核心意義是「付出而不求回報」，但如果愛加上了國家、民族、種族等等條件，愛的定

想的力量首先是在傳布過程中改變了接觸者的世界觀，改變了人的思考方式與語言。

思想的力量可以在個人「啟蒙過程」中感受到，但此種力量在個人寂滅之後就跟著消失，無法以超越個人的方式存在。思想力量要能改變歷史軌道，提供社會或人類進程一個轉折點，一定要依存於某種制度之下。無論人們對於自由主義、社會主義、共產主義、資本主義如何解釋，如果沒有一套操作與制度來表現並保障，這些主義就只是一套空言，充其量，它們只會影響個人的世界觀，但不會成為改變歷史的力量。人類近一兩百年花費無數力氣，精力，智力，努力，成本與代價企圖建立各式各樣的制度來實現這些理想，儘管人們對其成就難有絕對共識，甚至對於這些主義所代表的內容也有許多不同看法，但從概念的提出到嚴肅的哲學化論述再到實踐與制度化，這一連串的思想及其實建，構成了思想的歷史力量。換另一種角度講，人類今天的君主共和、民主共和、政黨政治、市場原則、婚姻制度、法律條文、工業化、國際規約等等制度都是思想力量的歷史結穴。

儘管如此，宣稱造成歷史變化的力量來自思想與情感而非物質，或許已經很難在歷史學中激起漣漪，因為在極度的學術專業化情況下，長時間歷史的變革及其成因，已經離學者的研究議程極遠，如果不是已經完全消失在視界之外。近幾十年，歐美以及中文史學界有所謂新文化史與物質文化史的出現與擅場。新文化史與物質文化史研究的主要旨趣在於關注文化的實踐，發掘、描述事物，強調物的自然存在或其創造過程，其生產、運銷以及被使用的方式。從

(續)————————————————
　　義就開始便得寬泛不確定。其他諸如民主、自由、正義、人權莫不
　　是如此，所以我們只能說價值傾向。

最小或微觀的家居生活到跨洲貿易，都可以被歸入這類研究。史學強調對物質與形式的描述，符合了、顯示了近幾十年歷史學研究對於空間與結構的興趣與著迷，以及對時間與變化的忽略。多數新文化史與物質文化史不關心物質與形式的背後是否與觀念、價值、道德或美學有連結，是否牽涉到上述價值的問題與爭議。例如研究藝術品，它們著重於藝術品的材質，生產地，運銷，藝術品的收藏，甚至盜竊、偽造、複製，但不關心設計，藝術家要傳達的理念或美學。它們研究書本，例如《百科全書》的編輯、打印、出版、版本、審查、流傳、行銷，但不及於書中所要傳達的觀念與價值。

在哲學上，物質轉向（the material turn）指涉一種議程，反對現代西方過度世俗化以及過度強調抽象概念、人為虛構乃至喪失真實世界（reality），是對現代與後現代的反省與反動。在史學上，新文化史強調知識生產的實踐（實作）過程，物質文化史（尤其是有關身體史研究）強調知識生產的地方性（限制？），生產者的主觀或個別條件對知識生產的影響，反對或不關注所謂柏拉圖式的客觀或理型世界，不相信笛卡兒式的普世真理。即便新文化史、物質文化史在英語世界與中文世界的流行未必受到上述哲學議程的感召，但肯定有個學術史的因緣，有其道理。例如19世紀以來高舉整體史（total history）的理想既然越來越渺不可攀，歷史學者轉而專注於歷史的某一面向，非但無可厚非，甚至可以視為一種「進步」。新文化史與物質文化史並不宣稱思想（史）在史學工程中占據邊緣地位，但它們的長處在於處理局部、地方、微觀、日常生活、同時性的事件與事件之間的關係，而不是長時段的變化。就如同韋伯所說，「資本主義」形成之後會有自己的生命，其工具理性或許還會存在，但其價值理性卻可能消失或失傳。雖然新文化史與物質文化史在構想之初並無意邊緣化歷史中的思想，但此種學術「實踐」久了，歷

史研究就可能不再關心研究時代變化，分析變化之所由，忘記歷史大變遷的力量則來自思想（與情感），而非物質。然而事實卻是，如果新文化史與物質文化史研究需要將其研究放置於某一時代背景下來彰顯其意義，形成其時代特徵的力量其實是思想，而非物質。

　　馬克思與恩格斯曾經提出上層結構與下層結構之說；上層指法律、政治、藝術，下層指社會生產關係。雖然他們並沒有完全否定政治法律哲學藝術會影響下層結構，但馬克思終究相信，造成歷史變遷（馬克思喜歡用革命來表示）的最終力量來自生產方式的改變，也就是經濟或物質條件。馬克思在《政治經濟學批判》講道：「並不是人的意識決定了他們的存在，而是他們的社會存在決定了他們的意識。在某一發展階段，社會的物質生產力會在它所運作的基本模式中與其生產關係——或其法律用語財產關係——發生衝突。這些〔生產〕關係會從原先的生產力的發展方式，變成他們的束縛。於是開始了社會革命的時期。經濟基礎的改變，早晚會導致整體龐大上層結構的改變。」馬克思這裡說的，當然是有名的經濟階段論與物質主義的歷史觀點——歷史的變化以生產模式及其形成的社會生產關係（階級衝擊）為其動力，從而派生出其它屬於上層結構的觀念、價值與制度。早在1750年代，許多英國作家就發現人類歷史都經過四個經濟生產模式階段，分別是漁獵、游牧、農業與（手）工商業。這是一種自然主義的社會觀點，人類作為個體與群體，都會自然而然成長、繁衍。繁衍到一定程度，人類就會從經驗中學習，想辦法增加生產力以維持總人口的生存需要。人類的政府組織與風俗，都呼應著相對的生產方式所需要的生活樣態與習慣。與馬克思不同的是，這些英國作家不認為生產模式「決定了」法律政治藝術哲學。有意思的是，到了20世紀，最反對社會主義經濟計畫的海耶克提出「自發性秩序」（spontaneous orders）以及「非意圖之結果」

（unintended consequences）的觀點來說明人類理性的有限。根據海耶克，人類各種巨型制度尤其是經濟生產制度並不是由人類的理性所設計而來，而毋寧是人類基於自然的激情，對於自身生命財產的獲取與安全的需要，所「自然而然」發展的。海耶克的意思是說，讓個體以最大的自由追求自己的私利，並受到法律的保護不受他人侵犯，就是最佳的秩序。嚴格說來，海耶克不關注歷史變遷，但如果質之以歷史變遷，自發性秩序與非意圖之結果只能將變遷訴諸人的激情以及自然需求。海耶克的個人主義與自由主義與馬克思的社會主義，其理路相距不啻十萬八千里，但他們與英國18世紀的四階段論者竟然都不約而同，視經濟或物質條件或人性中的激情為歷史變遷的優先變數。

　　雖然古今中外出現過許多精彩而重要的哲學家、思想家，但是在考慮到人類歷史的重大變遷時，或許以經濟與物質為優越原因（動力）者，要比以觀念或思想的作家更加雄辯。[3]本文無法處理從整體史角度或哲學方法談論思想力量在歷史中的關鍵作用，只能透過反省近幾十年史學史的發展，尤其是新文化史，來說明長時間歷史變遷與思想力量的關係。

　　史家沈剛伯（1896-1977）曾經表示，「文化的產生，必須先有思想；具體文化是抽象思想的表現，有不同的思想，始產生不同的文化。」[4]如果沈氏此處所謂文化是專指人類精緻而複雜的菁英文化，他的思想先行論大概可以成立；但其實很多習慣、集體行為是百姓日用而不自知的，例如餐具、家具的使用，未必呼應一套「觀

3　黑格爾應該是少數例外。
4　沈剛伯，〈中國古代思想探源〉，《沈剛伯先生文集》（上）（台北：中央日報出版社，1982年10月），頁273。

念」或理論,也不需要思想做為行動與相關物質文明的基礎。尼安德塔人的遺留物如壁畫,可以視為其文化,但我們很難確認這些六萬年前的壁畫是為了傳達某種理念。考古學家可以嘗試利用河南仰韶(文化)所出土的陶器的分布與家屋關係,台灣的卑南(文化)所出土玉器與其傳布,說明這些早期人類社會的文化實踐,但同樣幾乎不可能確認這些文化活動背後的「思想」。早期人類應該對自然以及與之親近的人群有相當多的觀察,我們也可以猜想,觀察之後他們一定形成的某種感悟與(簡單)觀念,但是因為該社會沒有文字,也就沒有本文所認定的思想——具有反思、問難、詰抗與目的的智識活動。雖然沈剛伯使用思想一詞相當寬泛,但是如果我們幫他把文化一詞限定在精緻與複雜的文化上,那他「文化的產生,必須先有思想」的說法就庶幾可以成立。精緻,尤其是複雜到有一套體系的文化,一定有一套與之相配,支撐其存在意義,幫助它維持甚至繼續茁壯的觀念。例如針灸作為醫療文化中關鍵的一環,其實踐的背後,會有對應的身體觀、氣觀、生死觀,甚至宇宙論,例如陰陽生生不息的理論,以及對包括人在內的大自然的態度。[5]

　　不過,當代歐美以及受其流風影響的中文世界史學所實踐的新文化史,傾向描述庶民文化,這當然是從上世紀下半葉興起的勞工史、社會運動史等所謂由下而上(writing from the bottom-up)的書寫有關。此種文化史與創新思想的關係就比較遠。例如美術史家當然可以研究庶民畫家作品或民間所見「書法」如商店招牌或老闆的告示,這些庶民畫家與寫字者當然有美感力,也會依據其美感能力來作畫寫字,但是這些「畫作」與「書法」背後少見有一套清楚的

5　杜正勝,《從眉壽到長生:醫療文化與中國古代生命觀》(台北:三民書局,2005年4月)。

「美學」原理與之呼應,「創作者」們除了日常的溝通目的與自娛,
很難說有傳達抽象理念的意圖。這意思是說,儘管庶民藝術家有美
感,有想法,也可能有清楚的構圖目的,但他們的想法並不能「大
眾化」。根據定義,大眾化就是某種帶有小眾,也就是菁英的觀念、
品味透過另一種表現方式流行到普羅之間。這當然不是說,下層群
眾只能被動地接受知識。根據羅斯(Jonathan Ross)的研究,英國
工人階級有固定的閱讀品味,例如偏好經典如莎士比亞、狄更斯小
說,顯示他們自己「思考」選擇閱讀文本。[6] 但如果我們將閱讀的能
動性(而不只是被動接受)擴大解釋成一種思想,並以羅斯所暗示的
「工人階級知識分子」(working class intellectuals)來形容這些人,這
就牽涉到複雜的歷史論斷問題,我們認為其實非常難以成立。

       但此處我們所要討論的核心問題不是思想與文化的關係,而是
思想史與新文化史,尤其是代以所謂物質轉向的新文化史研究與寫
作之間的關係。何謂新文化史本身是個複雜的學術問題,並且遠遠
超出本文的宗旨與討論範圍。[7] 此處只能就新文化史與思想史的對立

6　Jonathan Ross, *The Intellectual Life of the British Working Classes*
　　(New Haven: Yale University Press, 2001).這很自然會讓人聯想到
　　李孝悌的下層啟蒙研究。李孝悌,《清末的下層社會啟蒙》(台北:
　　中央研究院近代史研究所,1998)。

7　關於什麼是文化史的討論已經相當豐富。有興趣讀者可以參考
　　Victoria E. Bonnell & Lynn Hunt (eds.), *Beyond the Cultural Turn*:
　　New Directions of Study of Society and Culture (Berkeley: University of
　　California Press, 1999); Lynn Hunt (ed.), *The New Cultural History*
　　(Berkeley: University of California Press, 1989); Robert Darnton, *The
　　Kiss of Lamourette, Reflections in Cultural History* (New York: Norton,
　　1990); Peter Burke, "Cultural History, Ritual and Performance: George
　　L. Mosses in Context," *Journal of Contemporary History*, 56:4 (2021),
　　pp. 864-877. 彼得‧伯克,《什麼是文化史》,蔡玉輝譯(北京:

與可能的互補做一些說明與討論。在許多方面，新文化史倡議者所
標榜的歷史樣貌與研究興趣，與知識分子史或思想史有著明顯的差
距，甚至是對峙。例如新文化史強調地方與庶民社會，而知識分子
的歷史或思想史相對強調中上階級，尤其是知識菁英；新文化史強
調人類造物的形式（forms），例如書籍形式，印刷技術，國王形象
的塑造，藝術品的擺位等等物質形式與空間制約，而思想史會強調
書本或其它形式的文本、文獻內容所要傳達的觀念與價值，國王權
威的法源及其哲理，藝術品所代表的作者意圖或時代價值等「內在
理路」；新文化史強調文化的普遍參與者、接受者、消費者、讀者、
傳布的路徑等等，而思想史強調創造者、作者、及其觀點與歷史議
題之間的關係。大抵而言，新文化史強調物質、形式、行為、儀式、
空間、文化製作、一般群眾、日常生活在文化史中的角色，尤其是
這些文化表徵的形塑過程與變化。達恩頓的《啟蒙之事業》與侯許
的《文人共和國》很能顯示新文化史與思想史之間研究旨趣的差異。
[8] 表面上，達恩頓這本成名作是有關法國啟蒙的研究，但其實書中
對啟蒙哲士的思想與觀念的分析極少，其中最精彩的建構是對傳布
啟蒙哲士思想的重要管道，也就是《百科全書》形成過程的社會史
建構。換言之，達恩頓的著作是啟蒙思想的傳布之研究，但不及於

（續）———————————————————————————

　　　北京大學出版社，2009年9月）。伯克在另一篇文章中認為文化史
　　　與思想史的關係非常密切。但是他舉的例子其實是舊文化史，也就
　　　是布克哈特，以及精神史的寫作。此一判斷其實是時代錯置。參見
　　　Peter Burke, "Cultural History and Its Neighbours," *Culture and History
　　　Digital Journal* 1:1 （2012），p. 3.

　8　Robert Darnton, *The Business of Enlightenment: A Publishing History of
　　　the Encyclopédie,* 1775-1800 （Cambridge, Mass.: Harvard University
　　　Press, 1979）. Daniel Roche, *Les Républicains des lettres: Gens des
　　　culture et Lumiére au XVIIIe siécle* （Paris: Fayard, 1988）.

思想分析與歷史說明，或者用新文化史家傾向使用的語言，達恩頓是研究並呈現了啟蒙（文化）的物質性——言下之意，沒有這些物質性、編纂的討論、網絡就沒有啟蒙文化或啟蒙社會。侯許的著作同樣是有關知識傳播的社會史分析，只是他的方法更強調統計與地理空間的分布及差異。早在二戰之前，啟蒙思想的傳布就已經進到法國史學的視野之中。莫訥的《法國大革命的思想起源》就仔細分析了伏爾泰、孟德斯鳩等人思想如何滲透到地方的過程。從莫訥開始到新文化史或出版史寫作，史家們不再汲汲營營於分析重要概念的傳承、接續、細緻的爭辯以及它們與歷史變化之間的關係，而比較著重在它們如何具象化、如何被操作、如何造成影響。

從整體歷史的角度出發，新文化史與思想史一定是互補的關係。歷史不言自明的終極目標是對人類過往有整體性的理解與掌握；更精確的說，歷史一定是關乎整體。新文化史對思想史研究最大的啟發，應該是提醒思想史工作，觀念與價值只能表現在某種文化物件如書本、書信、圖像、行為儀式之上。而這些文化物件的形式、物質特徵，及其社會生命（它們如何被製作、編纂、抄錄、販賣、閱讀）與觀念本身一樣，都會影響著歷史的發展。今日西方世界與中世紀之所以不同，當然與16世紀甚至14世紀以來，歐洲對於人性、神性、自然、權利、自由、秩序等等觀念的不斷詰問、陳述、修正有關。但在很多重大政治事件中，承載觀念的形式同樣發揮了影響，因為畢竟是這些形式讓觀念傳遞到接受者的面前。對新文化史學者而言，與其說孟德斯鳩、盧梭、伏爾泰的思想造成法國大革命的爆發，不如說是這些思想家的與觀念在特定的空間（例如咖啡館、文人社團、圖書館、街頭）以特定的形式（例如百科全書、口袋本、宣傳單）進入公共領域才具備了社會影響力。

但從另一方面來看，沒有觀念分析的18世紀啟蒙時代或（新）

文化史研究終究不可思議。啟蒙思想的社會史分析當然是以觀念的存在與重要性為前提而發展出來的。但觀念與價值的社會史研究或形式分析不該暗示我們對啟蒙觀念與價值的理解已經很透徹且無須再議—這既非事實，也不符研究的精神。有了文化史，思想史才能走得更廣更遠，但沒有思想史的文化史就像是沒有父母的兒童史一樣不可想像。這自然不是宣稱思想史與文化史之間有從屬關係，而是強調它們之間有時間先後的關係。就如同「道」與「器」不可獨立存在，但道必先於器。自從人類吃了知識樹之果，自從人類發明了文字與歷史記載，人就從此踏上追尋意義的道路，而且須臾不離。即便是不立文字的禪宗，返璞歸真的老莊，都還是（或只能被看作是）追尋意義，闡述意義的一種方式。生死、飲食等最根本、最直接、最無觀念或價值關涉、最生物性的慾念或「意志」，也必然被納入了意義之網，沒有例外。生活得像行屍走肉的個人固然絕無僅有，除卻意義與價值，歷史記載中的文字，必然隨風而落，變成白紙。意義可以透過文字、儀式、行為、眼神、習俗、法規、圖像、遊戲來傳達，也可以鑲嵌在社會結構與政治制度之內，思想史學者的工作就是想辦法去理解這些「文化實踐」背後的意義。如果新文化史家不只發掘、重建、敘述（無論如何之稠密）一地一時的文化實踐，而且試圖闡述這些文化實踐的社會意義，或對參與者的意義，那麼他就是從文化史家進入到思想史工作者的領域。以啟蒙為例，新文化史中的子題如出版史、閱讀史、傳播史等所關注在於書籍的生產過程與人（接觸知識或資訊）的行為。但細究之下我們應該發現，其所生產的真正商品，其實不是書籍，而是（書籍中的）觀念與情思。同理，人集合的目的不是為了理性的創造閱讀社會或文明社會，而是為了交流，交換想法與情感。

　　新文化史的出現彌補或挑戰思想史的歷史解釋。在上世紀6、70

年代許多史家不滿於左派簡單的社會或經濟的歷史解釋,而致力於
美國革命(獨立運動)與法國大命的思想淵源、意識形態基礎的研
究。例如貝克(Keith Baker, 1938-)認為法國大革命的意識形態至
少包括對正義的追求、對理性的信心,以及對意志的嚮往。近年有
史家從共和主義的角度來解釋美國革命與法國大革命的思想起源。
相較於著重在盧梭等激進平等主義者,此一角度更重視貴族對政治
美德、政治責任的堅持,而因此與國王的對立。[9] 新文化史希望挑
戰以觀念為主的歷史解釋。法國新文化史史家夏悌(Roger Chartier)
以研究書籍史、出版史、閱讀史等文化史享譽學界。他在法國大革
命兩百周年前夕寫就《法國大革命的文化起源》(*The Cultural Origins
of the French Revolution*, 1991),企圖以革命前五十年法國,尤其是
巴黎的出版與閱讀實踐,來探討法國大革命出現的原因。夏悌有個
相當有意思的觀察。他認為18世紀中葉出現新的出版與閱讀方式,
舊式小開本或口袋本的出現,使得讀者可以隨時、輕易地攜帶書本,
卻讓讀者對於作者(author/authority)不再有過往那般的敬重。夏悌
的歷史解釋很有想像力,但此一歷史論斷是否有效,卻不容易說。
人們可以簡單的提出質疑道,歷史上不乏推翻領導者或國王的史
事,例如黃巾之亂,李自成造反等等;反抗權威未必需要某種閱讀
習慣的改變或創新。誠如前述,出版史與閱讀史研究的確可以彌補
思想史的不足;(新)思想,(新)觀念究竟產生多大社會影響力,
固然可以從各種文本上來分析得出,但出版史可以提供在數量、地
理、特定族群的影響力的確切且重要的佐證。口袋本就是廉價本,

---

9   John Shovlin, *The Political Economy of Virtue: Luxury, Patriotism, and
     the Origins of the French Revolution* (Ithaca: Cornell University Press,
     2006). Jay M. Smith, *Nobility Reimagined: The Patriotic Nation in
     Eighteenth-Century France* (Ithaca: Cornell University Press, 2005).

它的閱讀人口一定較諸以前的精裝與大開出版成倍數成長。法國史家侯許的法國啟蒙研究，例如《文人共和國、文化人與18世紀啟蒙人士》就是從出版與社會史角度談論啟蒙文化。[10]最經典的例子是美國獨立運動之前，潘恩的《常識》（*Common Sense*, 1776）在出版後三個月內就銷售了12萬冊。截至獨立前共銷售達50萬冊，而當時北美總人口不過約300萬人。因此說當時北美居民人手一冊《常識》，應該不是誇張之詞，這完全是拜簡易而便宜的印刷之賜。當然，承載觀念的書本傳布極廣，不能說明觀念為何被接受，以及如何被理解，但其「影響」的力道卻可以因此蠡測得出。換言之，文化史可以為思想史補上社會面向的歷史發展。[11]

　　文化史家注重書寫、印刷、編輯的形式、載體、象徵、傳遞方式、文化權力所表現的地理與空間等等，透過他們的努力，思想史學者已經更敏感於承載觀念或內容的形式、物質與空間對思想史研究的重要，理解到「道」不可離「器」而行。但反過來說，思想與

10　Daniel Roche, *Les Rèpublicains des Lettres, gens de cutlture et Lumières au XVIIIe siècle*（Paris: Fayard, 1988）

11　夏悌此書雖有零星慧見，卻不易看出夏悌是否長期關注法國大革命的文化原因；致使本書比較像是應景而非扛鼎之作。Roger Chartier, translated by Lynda G. Cochrane, *The Cultural Origins of the French Revolution*（Durham, North Carolina: Duke University Press, 1991）. 多斯（Francois Dosse, 1950-）在1987年出版《碎片史學：從年鑑到新史學》（*L'Histoire en miettes: des Annales á la nouvelle histoire*），提醒讀者法國史學有碎片化傾向。其實碎片化應該是學院化高度發展，以及史學工作者退出公共議題的結果；這現象應該是普遍的，而非只有法國史學為然。我們不確定夏悌嘗試提出對於法國大革命的原因的歷史解釋，是否與多斯的提醒有關，但如果當初夏悌可以成功地以文化史探討法國大革命的起因，多斯應該會對法國史學碎片化的現象稍感樂觀些。

觀念不可能化約成形式。潘恩在北美政治史上固然有極為重要的地位，但如果將美國革命的歷史看成是1760年代初至1780年代末的制憲，甚至更久的新民族國家的建立過程，而不是1776年前後的幾場戰役與獨立宣言的發布等事件，那麼真正造成美國革命，也就是塑造獨立後北美社會的政治文化與憲政體制的原因應該是個人良心、自然權利、共和美德等意識形態與價值理念。也是因為這一層原因，思想史學界對於洛克的研究，要遠比對於潘恩研究更多樣也更精細。畢竟，真正影響人類社會與制度變遷的是書本內容而非書本的形式與流通。也因此，相較於形式與物質，思想史特別看重人、觀念與文字，關心這些分析對象的歷史重量。

歷史是平等的，只是有些思想家，有些文本比其他人或其它文本更平等。從思想史角度著眼，洛克是個行星，潘恩，甚至傑佛遜、亞當斯都是他的衛星，洛克是核心，向外擴延可以涵蓋許多領地，直到他的影響力的邊陲。從出版史角度看，潘恩的著作就是現象級的行星或中心，它連結了其它現象為其衛星與屬地。而從整體歷史角度而言，思想創造、書寫與出版、傳播、耳語同時在一個時空中創造歷史。但以長久歷史來看，思想的力量經常被現代新文化史或物質文化史論者所低估。受到新文化史與物質轉向影響的人不太容易簡單接受，盧梭的社會契約、普遍意志，公民的闡述，伏爾泰對教會的批評，對宗教寬容的呼籲，孟德斯鳩對行政與立法分權的建議等等「思想析論」，「造成了」法國大革命。平情而論，從1780年代到2000年，法國的政治結構、政治文化基本上以契約論、公民權、政教分離、三權分立為基本架構是顯而易見的事實。這些制度呼應甚至應該說是承乘載了上述思想家的想法，但未必呼應某種物質條件或生產關係。當然，從二戰之後，社會主義思想也在法國歷史上鑿下深深的刻痕，儘管從一次大戰結束到二次大戰結束，法國可能

未經歷過任何關鍵的、歷史性的物質條件變化或生產關係的轉變。

　　美國歷史的情況也是一樣。洛克的契約論，人身自由論，寬容論，在英國與北美被普遍接受；在英國，這是政治穩定或政治行動的價值基礎（當然絕對不是唯一的價值）。狄金森（Harry Dickinson, 1939-2024）在《自由與財產》中透過分析大量政論小冊子，將此一歷史現象闡述的非常清楚。他的結論是，政治觀念與價值對歷史有直接的影響，從而反駁了納米爾（Lewis Namier, 1888-1960）風行一時的觀點，認為英國政黨政治的運作原則是利益，而非價值或觀念。狄金森的研究與睿見一樣可以用來商榷以形式、物質為優位的歷史解釋。[12] 我們經常將革命的動機訴諸階級鬥爭或青年的理想，這些解釋都有一定的道理，無論階級的怨懟與恨，或青年的激情與愛都可以激發出宏大的力量，否則無法衝破舊有體制及其捍衛者。但從更長的時間來看，真正改變歷史的是制度的制定與完成。無論對美國憲法第二修正案，也就是人民可以合法擁有槍枝的態度如何，這顯然是從共和思想而來。從長時間來看，如果企圖改變憲法，恐怕只有提出替代思想才能真正有效，說此一憲法是因為生產關係，或描述某種可欲或不可欲的物質文化，都沒有對上焦點。表面上看，思想與觀念是虛弱的，飄渺的，流動的，不確定的，但是從長時間觀點來看，當思想與制度結合，就造成了歷史大廈最穩固的基礎。

　　在前現代社會，人類歷史最大的變化應該就是從游牧到定居，建立政府並制定法律或行為規範。思想在這過程中扮演何種角色，因為欠缺文獻，我們很難蠡測。但是英國四階段論者與馬克思認為，

12　狄金森教授是筆者博士論文的第二指導教授，他不幸於今年（2024）
　　1月24日辭世。此生再無機會聽到他溫和而誠摯的歷史見解。謹以
　　此文紀念對我的老教授的懷念！

因為先有生產方式與社會型態的改變，才有相對應的政治與法律思想，其實也完全欠缺佐證。法律與政治思想有助於改善社會秩序，以資更好的保護社會財富或保護自身群體對抗外敵，這應該是可以理解的。中國周邊遊牧社會崛起（包括對外的軍事征服與對農業定居生活的欣羨）的過程都有或多或少的漢化，這就說明文字化與新思想對大社會結構的變遷有著不容小覷的力量。隨著人類識字率的普遍提升，電子傳媒的速度的驚人成長，思想的力量或許更值得關注。當然，如果人類利用（社交）媒體只是為了寫寫風景與噓寒問暖，歷史並不會有任何改變。

這裡所謂歷史大廈最穩固的基礎不是指不變的條件，正好相反，就如同近代所有國家在最近幾百年的歷史所見證，我們都在朝某種（左中右）理念緩緩前進。上世紀有種宏大的歷史書寫，傾心於描述人類不變的底層（地理環境）與變動的上層（政治事件）。布勞岱（Fernand Braudel, 1902-1985）及其宏著《飛利浦二世時期的地中海及地中海世界》當為代表。根據後人的解說，布勞岱將人類歷史分為三個時間層次，一為地理與物質環境，一為經濟（循環），一為（政治）事件。地理環境，例如地中海，是三五百年不變的歷史條件，所以在布勞岱的歷史中的長時間（longue durèe）所觀察到的不是改變歷史的力量，而是人類生活的不變或穩定的結構因素。在這本皇皇巨作中，人類的活動看似都是受到無思的，直覺的，本能的慾望或野心的驅使。布勞岱的古代同胞孟德斯鳩在其巨著《論法的精神》就提出被稱為環境決定論的命題，認為地理環境本質上決定了該地區居民的政治生活與習俗，例如溫帶國家政治溫和崇尚自由，熱帶國家君主傾向專制，普遍實行一夫多妻。布勞岱的史學表面上沒有宣揚決定論，但對他對地中海世界的描述與對人類集體行為的暗示，與馬克思、四階段論者、海耶克並沒有本質上的不同。

晚布勞岱一輩的法國史家同行們發展出所謂心態史（l'histoire des
mentalités）的研究樣態與歷史學寫作類型。心態史研究就是要去找
出人們日常生活行為或集體信念背後的心理因素，以及（樸素的）
知識與想法（thought），它們不只存在於下層人士的心中，而是凱
薩與騎士兵，哥倫布與其水手共享的心智態度。[13] 換言之，這種思
想（thought）不是個別的、反思性的、創造性的思考與知識，而是
被動接受、既與的、非個人的、社群中共享的知識與想法。[14]

　　勒戈夫（Le Goff）對心態史與觀念史（或智識史）之間的關係
曾經做了個耐人尋味的比喻，他說，「心態史之於觀念史，就如同
物質文化史之於經濟史。」勒戈夫說心態史之於觀念史，猶如物質
文化史之於觀念，應該就是說心態史是研究穩定甚至固定的世界態
度，而觀念有如經濟一樣是流動、變動的。心態史的出現當然與上
世紀二次大戰前後，史學家眼光從上層或精英社會轉而注意到下層
或勞工群體有關；這是廣義馬克思主義的流風。史家的眼光的確決
定了研究的課題與格局。但其實，心態史之所以能起一時之風潮，
關鍵還是因為特殊史料的出現。對史學發展而言，新史料的出現絕
對具有推波助瀾的力量。勒華拉杜里（Emmanuel Le Roy Ladurie,
1929-）利用法國南部蒙大猷地區的教會檔案，尤其是宗教裁判的審
訊資料，完成《蒙大猷》（*Montaillou, village occitan de 1294 à 1324,*

13　Jacques Le Goff, "Mentalités: A History of Ambiguities," in Jacques Le
　　Goff and Pierre Nora （ed） *Constructing the Past: Essays in Historical
　　Methodology*（Cambridge: Cambridge University Press, 1985）, p. 166.

14　Roger Chartier, "Intellectual History or Sociocultural History? The
　　French Trajectories," in *Modern European Intellectual History:
　　Reappraisals and New Perspectives*, ed. Dominick LaCapra and Steven
　　L. Kaplan （Ithaca: Cornell University Press, 1982）, p. 22

1975） 一書，分析蒙大猷這座居住著250位左右的山城中的幾位關
鍵人物，描繪信仰純潔派（Cathars）教義的居民們對於性與信仰的
態度。[15] 可以說，心態史世研究一地區人民長久以來想對穩（固）
定的心靈或信仰世界，就像布勞岱地中海世界裡的山川河流。

　　相對於這種微觀的心態史，阿里耶斯（Philippe Ariès, 1914-1984）
以長時間，也就是跨時代方式研究歐洲人對於死亡的態度。他說中
世紀的人們面對死亡表現出溫馴與接受的態度，因為在中世紀夭折
率高，平均壽命相當低，表示死亡的頻繁。死者埋葬在城中心的教
堂四周，表示人們與死亡的鄰近。到了18世紀，抗拒死亡成為主要
態度，墳墓開始往郊區移，死亡成為被嫌惡的事物。到了19世紀，
人們對死亡的態度表現出個人化，對特定的人加以追念、哀悼、到
所思念的逝者墳前默默獻花。鄰近或熟悉，抗拒或嫌惡，追念或傷
感，看起來是一種普遍人性，不分時代、人種與社會國家都有這些
情緒與態度。阿里耶斯的歷史寫作最精彩的地方在於將這些普遍人
性進行差異化與時代化，而這些時代其實暗合了西方思想史上的流
變，中世紀順從主義與虔敬主義，前現代或啟蒙時代的世俗化與自
然主義（其實就是了解自然、控制自然)，19世紀的個人主義與浪漫
主義。沒有思想史的鋪陳，心態史就是靜止的歷史描述，即便這歷
史可能相當寬廣。

　　思想當然不只表現在對政治領域的深刻思考。人類對經濟生
活、大自然、人類行為或道德都一直不斷的進行深刻而有系統的思
辨。因此思想的力量不只表現在政治制度，也同時表現在經濟與生
產創新，科學的突破。人類是語言的動物，易言之，人是觀念的動

15　Emmanuel Le Roy Ladurie, *Montaillou: The Promised Land of Error and Cathars and Catholics in a French Village.*

物。如果人類的歷史大廈的南基座是馬克思所說的物質,其北基座
應該就是觀念;歷史的樓層,是由物質與觀念不斷攪纏、互持、共
搭而成的結果。歷史的演化與發展沒有必然的路徑與終點,自然也
不會按著知識分子的理想前進。但歷史也絕非漫無目的泛舟,無盡
的意外的組合;歷史不是人類潛意識或無意識的集體活動。希爾
(Christopher Hill, 1912-2003)身為20世紀英國最偉大的左派史學家
之一,可能比任何現在的史家更有資格談論物質對歷史的重要,但
他晚年卻致力於英格蘭內戰的思想原因之探索。他綜合法國觀念史
家莫訥的話道,「如果法國舊體制的威脅只是來自於觀念,那舊體
制就不會有任何危機可言。人民的窮困,政治措施的不當,增加了
觀念的反抗力量。只是人們之所以行動,是因為觀念。」[16]對某些
史家而言,希爾的話或許有些武斷,但重大的歷史事件背後,一定
與當時人們的所談論的觀念,所擁抱的價值,所關心的信念有著密
切的關聯。回看長時間的歷史,人類今天的法律與政治制度,宗教
儀式,對其他物種的態度以及環境公約的發起,無一不是對道德、
生命、大自然所發出的一連串深刻思考與反省的結果與具體化。人
是語言的動物,也是會追問意義的動物。的確,無思無想,全身心
沉浸在大理石雕像的紋路肌理,檀香的薰人裊裊是輕鬆而愉快的,
但這種無思狀態是生活的例外時刻而非常態,更非涅槃。[17]

陳正國,中央研究院歷史語言研究所研究員。

---

16 Christopher Hill, *The Intellectual Origins of the English Revolution*, p. 4.
17 本文有部分文字取自筆者新近出版(簡體字)或即將出版的增訂繁
體字版《什麼是思想史》。

「思想力量」在於「逆反思想」以敞開「共生空間」

賴錫三

　　古希臘界定「人是理性的動物」，巴斯卡強調「人是會思考的蘆葦」，笛卡兒主張「我思故我在」……類似說法，應該還可例舉下去。但對於人之所為人的核心特質，西方哲人大體不外使用「理性」、「思考」來區分人和其它動植物類的差異所在。而中國思想的特質，則大多使用「心」來定界「人之異於禽獸者幾希」的幾希所在，雖然不同哲人對「心」的使用意涵不都一樣。而「心之為心」，當代許多漢學家主張宜用「mind-heart」來翻譯，言之下意，「心」同時包含了理性的認知和情感的覺受。[1]概要來說，用本心、道心、佛心來界定人之為人，大體可以解釋中國思想對人的認識路徑。不問東西，綜而言之，東西方哲學或思想傳統，大體都認同人之獨特性在於擁有心靈意識活動，只是對於心靈意識活動的著重面向，或更偏向純理型的認知，或更偏向情感型的覺受，又或者兼採情理之間的綜合型。

　　然而對於《莊子》而言，理性思考和情感覺受，雖然可以算是

1　參見安樂哲（Roger Ames）著，《道不遠人：比較哲學視域中的老子》（北京：學苑出版社，2004）。

人之為人的顯著特色，但《莊子》卻也會提醒我們：人之為人更在於，人還會再進一步自我反思「人類」（或人類中心）的限制性。又或者說，《莊子》還要提醒我們：理性思考的認知活動（心之知）和情感覺受的感通活動（心之情）的限制性。這裡所謂的「限制性」意指著，人是有限的存在，舉凡生物、生理、風土、歷史、文化、社會……等等自然與人文的情境條件，都會使得我們的認知、感受的心意識活動，被局限在一種有條件下的情境之知、情境之心。沒有人可以脫離這種有限處境下的有限心而去從事思想活動，思想之為思想（與情感之為情感）總是在某時空狀態、某身心狀態、某語言狀態之下，去進行思想活動（與情感活動）。換言之，思想（與情感）為人類帶來的解蔽作用、經驗開顯（有所見，有所感），總是要在特殊視域與前見底下來進行，因此它必然也同時會是有所遮蔽的、有所不開顯的（有所不見，有所不感）。因此對於《莊子》而言，強調人的特殊性在於擁有思考或感情的心意識活動，還是不夠的，因為人更特殊之處更在於要能對自我的「成心」與「偏知」的有限性和遮蔽性，進行「虛—心」和「去—知」的反身性思考。也就是，人不只是理性思考的動物，不只是情意感受的動物，對於《莊子》，人更是「會反思如何思考」、「會反思如何感受」的「反身思考者」。由此，我們可以簡單界義《莊子》可能對思想或思想力量的基本看法：「思想的力量」在於不斷逆向反思我們的思想自身，或者說，退一步地思想我們的思想。一言以蔽之，「思想的力量」並不是帶領我們通向普遍或永恆的真理，而在於引導我們暫時消除一偏之見、一曲之見。思想之為思想，在於不斷消除思想為自己建立的邊界與障礙。而「思想的力量」就在於不斷反身自省人類認識活動和情感活動的誤區和遮蔽，以求通向更多思想的可能性，接納不同立場和意見的多元對話，以開闢共在共生的思想空間。

　　對於《莊子》，先秦諸子百家爭鳴的思想蓬勃發展，乃建立在思想大一統的王官制之崩解，這就像巴赫金（Mikhail Bakhtin）所指出的，當官方或宗教的一言堂威權崩解之後，經常會為思想的文藝復興與眾聲喧嘩，提供了絕佳的生長土壤。[2]這也是中國思想史研究者（如余英時），喜歡將先秦諸子的百家思想蜂起，定位成中國思想的第一個黃金軸心時代（Axial period）。[3]但《莊子・天下》篇卻告訴我們，不要過度樂觀這種表面思想解放的狂飆狀態，因為「天下多得一察焉以自好。譬如耳目鼻口，皆有所明，不能相通。猶百家眾技也，皆有所長，時有所用。雖然，不該不遍，一曲之士也。……道術將為天下裂。」[4]言下之意，諸子各家的思想認知與方案，雖然各有所見也各有立論基礎，各各站在不同視角而提出救治天下的方案，然而諸子對待一家之言的態度，就像是我們的耳目口鼻的特定位置與特殊取向，各自打開了一條和世界打交道的特定通道，而能表現「皆有所長，時有所用」的殊異性。問題在於，這種「皆有所長，時有所用」的諸子思想，在《莊子》看來，卻缺乏一種「反身思考」的自我解蔽能力，以致於只想把自家「不該不遍」的「一偏之見」，普遍化為「又該又遍」的全知全見，於是諸子百家思想遂

2　參見巴赫金著，李兆林、夏忠憲譯，《拉伯雷研究》（石家莊：河北教育出版社，1998）。另可參見劉康，《對話的喧聲：巴赫汀文化理論述評》（台北：麥田，1998）。而筆者亦曾運用巴赫金的眾聲喧嘩觀點來和《莊子》〈天下〉〈齊物論〉思想進行跨文化對話，此文正好就發表在《思想》上：〈大陸新子學與台灣新莊子學的合觀對話——「學術政治、道統解放、現代性回應」〉，《思想》第35期，頁1-41。

3　參見余英時，《論天人之際：中國古代思想起源試探》（台北：聯經出版，2014）。

4　〔先秦〕莊周著，郭慶藩輯，〈天下〉，《莊子集釋》，頁1069。

不免掉入「思想鬥爭」乃至「思想戰爭」的意識型態之爭。其結果就是「天下」的公共空間,被支離破碎的四分五裂。「思想」不但沒有帶來自我解放與心智擴大的啟蒙功能,「思想」反倒成為無窮是非的鬥爭利器,而「天下」也成為了思想討伐思想的爭辯競技場。「道術將為天下裂」,提醒了我們,「思想」有時也能成為災難的幫凶,甚至墮化成製造意識形態的元凶。

這也是《莊子》〈齊物論〉為何要深入反思:諸子百家思想為何掉入「故有儒墨之是非,以是其所非而非其所是。……彼亦一是非,此亦一是非……是亦一無窮,非亦一無窮也。故曰莫若以明。」[5]照理說,擁有比一般人更有思想性和感受力的諸子們,為何將彼與此(你與我)的思想活動,互相逼入了「以是其所非而非其所是」的「自是非他」之鬥爭處境?彼與此(就像儒與墨,左派與右派,中國與美國,台灣與大陸,俄羅斯與烏克蘭,以色列與巴勒斯坦),都只是各自站在自身的地理政治、文化風土、歷史經驗、階層利益的前見前識之下,單向思考、片面感受,因此只能看見和感受自家思考和感受的合理性合法性,卻無法看見和感受他家思考和感受的合理合法性。於是,原本各自擁有的「一偏知見」和「成心之知」的有限性被遺忘了,大家急著把自家的偏見和成心給推擴成為普世價值或絕對是非。如此一來,「思想」不再意識到自身的有限性與遮蔽性,「思想」反倒成為了「偏見」的擁護者,「成心」的推動力。而諸家各自堅持「成心自師」的結果,「思想」反而成為裂解公共空間、加劇天下大亂的鬥爭工具,此時「思想」不但沒有發揮除魅、解咒的解放力量,「思想」自身居然成為了更精微、更難覺察的認識論暴力。可以說,〈齊物論〉對於「儒墨是非」的反思(乃

---

5 〔先秦〕莊周著,郭慶藩輯,〈齊物論〉,《莊子集釋》,頁63。

至對諸子百家無窮是非的反思），就在於想重新找回思想的解放、解蔽之啟蒙力量，以求把蒙蓋在我們認知上、情感上的遮蔽給予掀開。而這種真正的思想力量，《莊子》把它叫做「以明」。

　　「以明」的思想模式，絕不在於主張自身比他人擁有更高明、更絕對的思想高度或真理性格。相反地，《莊子》的「以明」，是徹底承認自身思想的視角限制和不可取消的遮蔽性格。換言之，它是反身思考思想很難逃出成心與偏見的「自是非他」性格，從而展開「和之以是非而休乎天鈞，是之謂兩行」[6]的新思想模式。這裡所謂新思想模式，重點在於培養反思並懸擱自身片面認知判斷的「虛心」能力，以便打開「虛而待物」而能傾聽不同立場甚至相反意見的修養，並嘗試促成不同思想意見能夠進行互相對話，乃至打開彼此能兩行轉化的公共空間。所謂公共空間，主要不只是制度性建立一種合理的對話機制之設置，更要是人人對自身的思想偏知偏見具有高度反身自省的「虛心」能力。透過這種「虛」的逆向思維、反身思考，才更有機會為你我思想的公共空間打開生機。這種思想力量所打開的公共空間，〈齊物論〉又將其稱為「樞始得其環中，以應無窮」的環中隱喻空間。[7]我們每個人的思考位置，就像是座落在無窮是非之轉環上的某個具體位址，因此也不能免於思想位址的視角限制和觀看遮蔽，而《莊子》正是藉由那種空無或虛心的中空軸心，卻能構成圓轉不息的變化隱喻，來提醒我們：想要克服思想一偏一曲的遮蔽限制，最好的方式是：一者保有敞開於輪軸中心的那種虛懷若谷的虛心，二者同時敞開於輪環上不同思想位址的各有所見和各有所明。這種既保持虛心虛懷的態度，又保持傾聽不同意見

6　〔先秦〕莊周著，郭慶藩輯，〈齊物論〉，《莊子集釋》，頁70。
7　〔先秦〕莊周著，郭慶藩輯，〈齊物論〉，《莊子集釋》，頁66。

聲音的容納態度，才比較有機會打開讓不同是非立場「兩行運轉」
的思想空間，而不是「敵我二分」的思想鬥爭。換言之，這種容納
無窮是非，讓無窮是非可以相互照明彼此的視角偏見，以便不斷進
行新思想的再生產，以求為天下的公共空間打開思想的「通道」。
換言之，思想之為思想不在於占有真理的獨一性，而在於永無止盡、
永未完成地掃除遮蔽我們思想活動的通道。思想只能在不斷掃除障
礙思想通道的努力之下，讓我們能繼續通達於思想的道路上。而障
礙思想通道的，絕不只是別人的成心成見，更是我們自家的成心成
見。因為在《莊子》看來，你我都是一曲之士，思想難逃立場下的
一偏之見。倘若不能反身「以明」自身的成心偏見，思想便幾乎難
逃「以是其所非而非其所是」的意識型態之爭。換言之，思想只有
不斷逃逸思想，才能不斷帶來思想空間。而這才是人的思想可貴之
所在，才是思想能發揮「化而不固」的思想力量之所在。

　　《莊子》的這種反身思考的思想解放力量，不再僅止於一家一
派的思想主張，也不僅止於反省先秦諸子戰國時代的特定看法，而
是針對思想總是具有自我封閉性（自我終結性）的慣性本身來做反
省。人的思考離不開語言的活動，而語言模型的重複運作，總是傾
向將「夫道未始有封，言未始有常」，給予朝向「有封」「有常」
的閉鎖化、同一性去循環證成。[8]因此，人若要發揮思想的力量，就
不能只是順著思想的慣性去思想，而要反身或逆向「同一性思考」
去思想。然而人一但順習成心而形成自我成見，是極難逆向思考或
反身自省的。因此，要逆轉「成心自師」成為「虛心若谷」是極其
困難的。那麼思想力量的「以明」作用，要從何處來尋？《莊子》
的答案，或許會認為在生活世界與他人共在共生的處境，自然且必

8　〔先秦〕莊周著，郭慶藩輯，〈齊物論〉，《莊子集釋》，頁83。

然地會遭遇各種立場差異的他者，正是這些他者立場處處提醒了我們成心自師、相刃相靡的思想暴力，以及虛懷敞開與他者相遇的轉化機遇，只有與那麼多不同立場、對立意見「共同戴天」（照之以天），並如實承認偏見的限制、歧見的難免，我們才能突破同一性的思想慣性，而共同發揮思想打開通道的轉化力量，為公共場域搭起兩行對話的共生空間。

　　近年來，美中一分為二的對抗局勢，讓國際政治近乎重返新冷戰格局，而兩岸的敵我對峙也愈演愈烈，這種一分為二的政治、軍事、經濟的利益之戰，居然也讓思想成為了各自捍衛意識形態之爭的馬前卒。各自「以是所非而非其所是」的「自是非他」之偏激言論橫行宣示，這讓思想原本扮演「非此非彼」、「不住一端」的溝通角色，正在逐漸削弱式微當中。換言之，當前國際局勢、兩岸局勢，正在型塑「去思想化」的威權威勢，只想讓極端立場、鞏固立場的言論宣示，成為主流意見，而雙方的主流意見則只會「自是非他」地擁護自身偏見，而去鬥爭對方的偏見。當前美中雙方的媒體人、知識人，乃至台灣藍綠立場的知識人，大體皆不易逃離「各有所明，不能相通。猶百家眾技也，皆有所長，時有所用。……道術將為天下裂」的實況。深度歧見（鄧育仁語）成為了天下思想的泥沼，思想甚至成為深度歧見的來源與幫凶。[9]身處這種思想乏力的虛無感，知識分子的無力無用感受，將愈來愈強烈，大家都成為了意識形態的政治受難戶，因為我們的思想空間被大大壓縮，而思想的力量正在渙散逍逝中。然而正如詩人賀德林所言：「那裡有危險，

9　鄧育仁，《公民哲學》（台北：臺大出版中心，2021）。另參見拙文，〈公民道家與深度歧見——以《莊子》的〈齊物論〉和〈人間世〉為思考〉，《諸子學刊》第二十七輯，頁36-80。

那裡就有拯救！」對於《莊子》，思想的本質就在於偏離成心偏見，因此正是在思想最墮落的成心成見狀態之危機時刻，思想的自我反身、自我拯救的契機，才更加珍貴、更加顯露出黑暗之光的耀眼來。

當前人類正在如火如荼地上演各種意識形態之爭，乃至規模不一的殺傷性戰爭。人類的生存與競爭，雖然有它內屬生物與人性的基源，而我們也不至於簡單相信永恆寧靜的烏托邦，自然界也並不存在著純然和諧沒有競爭的完美演化，但是人類偏執成心成見所形塑的剛強欲望，卻一再將不同觀點的差異與競爭，極端化地推向了零和遊戲。眼下人類局面，已處處呈現思想偏執與剛強欲望的征用景觀：生物滅絕，溫室效應，環境荒蕪，種族衝突，美中相抗、烏俄戰爭、以巴戰爭下的人道危機……而台灣也夾縫在美中大國的對抗中，被視為地理政治局勢下的凶危之地而命運難測。凡此種種，皆讓我們對人類未來，美中未來，東亞未來，兩岸未來，充滿憂患意識而不能不迫切呼籲：思想能否再度發揮澄明晦暗的反思力量？思想力量能否調節鬥爭而打開「共生」餘地？正是緣起於這種「時代感受」與「共生需求」，近年來我們在中山大學文學院發起了「跨文化‧共生‧國際漢學平台」——這一平台的核心精神正是奠基在〈齊物論〉「彼是莫得其偶，謂之道樞。樞始得其環中，以應無窮」的精神上，希望這一「道樞」平台，能夠提供各式各樣走向兩極對立的二分觀點，一個共在共生的對話平台，我們期望平台上的不同思想，一起發揮反身自省的思想「以明」力量，以進行「兩行調中」甚至「兩行轉化」的思想共生運動。我們希望在「中華民國—台灣」這塊自由民主之島共同生活的人們，雖然擁有「各有所明，皆有所用」的不同觀點，但是莫要只是各言爾志，莫要視異如仇，莫要停住在自家思想的舒適圈而黨同伐異，而是一起讓不同的是非知見，皆有機會被傾聽、被思考，進而一起豐富台灣的思想的空間，讓大

家一起為共生共榮的公共空間，獻上彼此各自渺小的一偏之見，進而在互相傾聽與對話的環中虛空中，一齊培植並擴大那永未完成的思想開闊園地。

今年是聯經出版公司成立50週年，恰好《思想》刊物也即將出版第50期。蒙錢永祥先生不棄厚愛，邀我談談「思想的力量」，由於筆者過去曾在《思想》刊出幾篇文章，[10]對《思想》扮演台灣少數思想型、議題性的專業公共論壇的角色，十分受益，由衷敬佩。畢竟當前學者，多有朝向一技一藝的學院專家化傾向，也愈來愈失去時代感受與回應時局的憂患意識與論述能力，無疑這是一種學術專技化卻弱化了思想力量的一大危機，而《思想》正是台灣少數能挺立思想力量、能提供思想空間的環中園地，它為台灣的思想力量所做出見證與貢獻，眾人有目共睹，無需我來多言。在此深深祝福聯經50週年紀念以及《思想》50期的出刊，它的存在已印證了永未完成的思想力量，在此深深期待《思想》繼續成為華人公共意見的共生平台。

2024除夕前於高雄西子灣草筆

賴錫三，中山大學中文系教授。興趣在於重構「當代新道家」與「跨文化莊子學」。目前出版：《莊子靈光的當代詮釋》、《當代新道家》、《道家型知識分子論》、《莊子的跨文化編織》、《道家的倫理關懷與養生哲學》。

---

10 其中一篇正和「共生思想」的推動相關，請參見賴錫三、莫加南合著，〈共生哲學對當前世界、兩岸處境的迫切性——與中島隆博教授的對談〉，《思想》（2022年7月，第45期），頁249-286。

思想
評論

關於目前以阿衝突（阿克薩洪水行動）的基本認知

陸符嘉

　　2023年10月7日，伊斯蘭抵抗運動（哈馬斯）對加薩周邊地區發動了血腥恐怖攻擊（「阿克薩洪水行動」），約1,400名以色列人死亡，從而引發了新一輪以阿衝突，[1] 繼之而來的是以色列政府在將被稱為「地球上最大的露天監獄」[2] 的加薩地區變成世界上「最大的墳場」的叫囂下，對加薩發動的無差別轟炸和地面進攻。一時之間，即便俄羅斯與美國及北約在烏克蘭反攻中的較量仍在鏖戰之中，全世界的注意力都被這一輪以阿衝突的慘烈程度所吸引（截至11月22日，以阿衝突已經導致近1.6萬人死亡，其中加薩的死亡人數

1　本文使用「以阿衝突」，而非「以巴衝突」或「以哈衝突」是基於目前衝突的範圍早已超出「以巴」或「以哈」，甚至已經超出以阿範疇，成為全球性事件。故「以阿衝突」或許還不足以反映事物的全貌，但至少比較接近這場衝突的核心與本質。其次，本文分析中將1948年以色列與阿拉伯國家之間的第一次中東戰爭爆發作為以巴衝突的起點，或者說，「以巴衝突」與「以哈衝突」皆是以阿衝突為歷史背景。換言之，「以巴衝突」從來都是「以阿衝突」的中心，但卻不是故事的全部。

2　「露天監獄」一詞最早出自英國前首相大衛·卡梅倫之口。他在2010年7月談及加薩時稱之為「露天監獄」（open-air prison）。

達到了驚人的14,532人，包括超過6,000名兒童、超過4,000婦女、205名醫務人員、64名記者）。目睹這種慘絕人寰的發展，不僅以美國為首的少數西方國家，跟包括「全球南方」（Global South）和絕大多數穆斯林國家在內的世界其它國家之間，產生了尖銳的立場對立，輿論界似乎也已經陷入了「選邊站」的混戰。和平的再造恐需假以時日，直到以色列和哈馬斯及直接或間接捲入戰事的各方，借血與火和巨大的生命財產損失作為恢復理性、消除對立的清醒劑方有可能。輿論上的尖銳對立只是無煙的戰爭，但如何擺脫偏見，以理性和良知為出發點認知這場衝突，是對人類智力的重大考驗，幾乎可以認定形成普遍共識的可能性為零。故本文的目的，只是尋求對以阿衝突合理認知的出發點和某些重要的區分，同時理解以阿衝突中以某些基本的事件為基礎的歷史邏輯。

兩個基本認知

1. 任何具有良知和理性的人，都不會認同哈馬斯在2023年10月7日對加薩周邊地區採取的血腥恐怖襲擊。但沒有公開譴責這一行徑，不等於認同或支持哈馬斯。沒有公開譴責的原因比較複雜，其中不乏對巴勒斯坦人這些年來飽受以色列的國家恐怖主義之苦與政治經濟被剝奪的同情，以及對以色列在哈馬斯攻擊後採取的毫無節制的血腥報復的強烈不滿。

2. 鑑於10月7日的攻擊，將哈馬斯與巴勒斯坦做一個區分有實際的意義。同樣，將以色列和猶太人做一區隔也有必要。[3] 否

3　這兩個區分的意義是基於下述事實：並非所有的巴勒斯坦人都認同哈馬斯發動的恐怖襲擊，亦非所有的猶太人都支持以色列政府對加

則，人們的認知容易誤入西方國家——特別是美國雙重標準的陷阱。[4] 更重要的是，以無差別的殺戮應對血腥的恐怖攻擊，無助於從根本上解決以阿之間的積怨，只會讓衝突和平民生命財產的損失無休止地延續下去，但卻不可能解決以色列人和巴勒斯坦人如何在同一個星球上和平地共存的現實問題。

哈馬斯生來就是恐怖主義者嗎？

哈馬斯發動的濫殺無辜的攻擊固然罪無可赦，但以色列安全官員所言的「根除哈馬斯」（Unroot Hamas）應被視為一種喪心病狂的政治語言，其荒謬和非理性是顯而易見的。對此可以從概念和事實背後的邏輯等方面看。

首先，如果說「根除哈馬斯」的做法有什麼正當性與合理性的話，那無異於說哈馬斯是天生的恐怖主義者。但這種認知有任何理性與事實基礎嗎？哈馬斯（Hamas）的全名是伊斯蘭抵抗運動（the Islamic Resistance Movement）。世界上還沒有任何軍事或政治強權，可以通過消滅肉體來根除一個運動。[5][6]

（續）

　　薩地區發動的「無差別轟炸」。然而，或由於「資訊爆炸」使然，或因為「取消文化」（Cancel Culture）流行，不少人選擇不加區分地反對巴勒斯坦人，而另一些人則重新加入反猶主義的大合唱。

4　如果這個世界的確是黑白兩色的，那麼雙重標準或許有其存在的合理性。

5　英國陸軍退役中將，國際戰略研究所中東執行主任湯姆・貝克特在一份簡短的分析指出：「無論（以色列）入侵（加薩）多麼成功地擊敗了作為軍事組織的哈馬斯，哈馬斯的政治重要性，以及民眾對抵抗的支持都將繼續下去。」以色列或者為控制加薩重新將其占

　　其次，世界上只有美國和西方少數國家將哈馬斯定義為恐怖組
織。僅就哈馬斯的某些行為而言，這樣定義似乎不無道理。但美國
政府對被聯合國譴責的某些國家近似納粹的瘋狂行為置若罔聞，卻
將某些被認為對自己懷有敵意的組織的行為定義為恐怖主義襲擊，
不也是司空見慣的嗎？[7]事實上。哈馬斯作為一個組織的產生與存
在，以及其行為軌跡的變化，並非一成不變。哈馬斯建立於1987年，
其創始人是穆斯林兄弟會的謝赫·穆罕默德·亞辛，因此被視為穆
斯林兄弟會的分支。[8]作為一個宗教性的政治組織，哈馬斯最初的
宗旨是：解放以色列占領下的巴勒斯坦，在包含今日以色列、約旦
河西岸和加薩地帶的這一地區建立一個伊斯蘭國家。根據台灣學者
邱世卿，[9]亞辛與以色列的軍情機構摩薩德之間有著某種密切聯

(續)

　　　領，或者在入侵後撤軍，將其留給那裡的人民，對這些人來說抵抗
　　　就是存在。」參見Steven Erlanger，〈以色列稱將消滅哈馬斯，但
　　　加薩仍將面臨政治難題〉，《紐約時報》，2023年10月26日。

6　本文不會專注於深入討論作為10月7日恐怖襲擊肇事者之外的哈馬
　　斯，但哈馬斯在過去幾十年的發展已經證明它是一個激進的抵抗運
　　動，而且隨著以阿衝突的發展，哈馬斯得到越來越多的巴勒斯坦
　　人，特別是巴勒斯坦年輕人的支持。不容否認但也不無諷刺的是，
　　以色列為控制巴勒斯坦解放組織而別有用心地對哈馬斯的支持與
　　以阿拉法特為首的巴勒斯坦解放組織在政治上的無能與腐敗對哈
　　馬斯的崛起功不可沒。

7　身後備受西方民主國家領導人推崇的南非黑人領袖納爾遜·曼德拉
　　不是也曾經被美國中央情報局列為恐怖分子嗎？

8　穆斯林兄弟會是一個以伊斯蘭遜尼派傳統為主而形成的相對溫和
　　的宗教與政治團體。具有諷刺意義的是，穆斯林兄弟會在阿拉伯之
　　春後於2012年通過民主選舉在埃及獲得政權，但次年就被與美國關
　　係密切的埃及軍人以政變推翻，並被軍人政權定義為恐怖組織。果
　　真是「桔生淮南則為桔，生於淮北則為枳」嗎？

9　見邱世卿，〈不演了開講〉2023.10.17，https://www.youtube.com/
　　watch?v=GvFUn598_nA。有關以色列最初對其與哈馬斯的關係的設

繫，而以色列最初對哈馬斯的態度並非是反對，而是希望通過亞辛使哈馬斯成為一個與巴勒斯坦解放組織（法塔赫）抗衡的政治組織。[10] 哈馬斯最初也沒有否認以色列的存在，只是希望以1967年的邊界建立一個以東耶路撒冷為首都的獨立巴勒斯坦國。然而，以巴衝突的加劇和以色列對巴勒斯坦抵抗運動的強硬政策，導致了事與願違的發展。值得一提的有兩個關鍵性事件。一是2014年6月發生的以巴衝突造成加薩地區大量平民死傷，引發國際的關注。這一事件導致哈馬斯政治局副主席穆薩・穆罕默德・阿布・瑪律祖克宣稱「哈馬斯將不承認以色列……這是不可逾越的紅線」。另一個是2017年10月12日巴勒斯坦民族解放運動（法塔赫）與哈馬斯在埃及開羅達成和解協定。顯然，這些發展都不是以色列希望看到的。不過這些發展尚不足以說明哈馬斯發動恐怖攻擊的行為邏輯，更不能作為將哈馬斯作為恐怖主義組織的證據。

　　第三，哈馬斯為什麼會在10月7日發動血腥的恐怖攻擊？它這樣

（續）

　　想，亦可參考其它資訊源。比如，參見 Steven Erlanger，〈哈馬斯恐襲打破了多年來界定巴以衝突的一些列假設〉，《紐約時報》，2023年10月24日。以色列的前總理巴拉克在對他的採訪中也對現任以色列總理內塔尼亞胡一直試圖加強哈馬斯的做法直言不諱，參見專欄作家紀思道（Nicholas Kristof）：〈我們為沒有犯下的罪付出了過高的代價〉，《紐約時報》，2023年10月28日。

10　特別值得一提的是以色列總理內塔尼亞胡一直以來對哈馬斯的態度與做法。根據《政客》雜誌（Politico）、《國會山報》（The Hill）（12月10日）等多個新聞管道，美國前駐以色列大使馬丁・英迪克（Martin Indyk）在社交媒體披露，過去幾年中卡達一直在向哈馬斯提供資金上的支持。以色列總理內塔尼亞胡對此瞭若指掌，但他不僅不反對，反而「鼓勵」這樣做。難怪《華盛頓郵報》（The Washington Post）（11月23日）指出，內塔尼亞胡和哈馬斯之間存在著一種「奇怪的共生關係」，並歷經了多年的升級與和解，平靜和混亂。

做有著什麼樣的動機和目的？其社會基礎(或者說能力)又在何處？
對這些問題的回答，對於從根本上理解哈馬斯發動的血腥恐怖襲擊
至關重要，也是能否及如何將哈馬斯定義為恐怖主義組織的重要論
證，但卻被以色列和美國的某些政客以及掌握著話語權的西方主流
媒體別有用心地忽略。其目的難道不是在為以色列所進行的國家恐
怖主義報復行動做掩飾嗎？

　　最後，如果說以上分析旨在說明，美國及少數西方國家將哈馬
斯定義為恐怖主義組織缺乏正當性，以及以色列聲稱「根除哈馬斯」
的荒謬性，那麼這並非是在否定10月7日哈馬斯發動的是血腥的恐怖
攻擊。但同時也不等於說明了這一血腥恐怖攻擊發生的原委。而認
清後者，對於消除產生恐怖主義的根源和溫床是必不可少的。

搜尋與理解哈馬斯「阿克薩洪水行動」相關的歷史軌跡

　　哈馬斯發動的「阿克薩洪水行動」，[11] 或許是第二次世界大戰

11　「阿克薩洪水行動」是巴勒斯坦伊斯蘭抵抗運動（哈馬斯）下屬卡
　　桑旅於2023年10月7日從加薩地帶向以色列發起近年來最大規模火
　　箭彈襲擊軍事行動的代號。此一取名源自2022年4-5月間發生在阿
　　克薩清真寺的阿以民眾衝突及以色列占領軍及員警介入後造成的
　　大量民眾死傷。被稱之為「遠寺」的阿克薩清真寺是一座位於耶路
　　撒冷舊城聖殿山的清真寺。對於穆斯林教徒來說，該寺的神聖地位
　　僅次於麥加禁寺和麥迪那先知寺。2015年10月，約旦曾經和以色列
　　簽訂協定，允許穆斯林前往阿克薩清真寺做禮拜，至於非穆斯林則
　　被允許在特定時間參觀該寺。該寺不僅是穆斯林從事宗教儀式的地
　　方，巴勒斯坦民眾也在此進行建立巴勒斯坦國的訴求，並與進行挑
　　釁的以色列定居者發生衝突。以色列不時以關閉該寺作為懲戒。這
　　些當然是以阿衝突的一部分內容，但真正導致衝突升級的因素乃是
　　以色列占領軍和武裝員警每每以槍彈回擊向他們投擲石頭的示威

以來造成猶太人死傷人數最多的恐怖襲擊。[12] 為了清晰且客觀地呈現這一悲劇事件的直接原委，有必要在這裡從分析的角度做若干概念上的區分。其一是將歷史上的猶太人和今天的以色列做一區分；其二是在猶太人與巴勒斯坦人（猶太教與穆斯林）之間的歷史衝突與第二次世界大戰之後的以阿衝突做一個區隔；其三是在自1948年以色列建國以來的以阿衝突與這一次哈馬斯對以色列發動的「阿克薩洪水行動」的恐怖攻擊做一個區隔。需要說明，這樣做並非是割斷歷史與今天發生的事件之間的聯繫，而是藉此理清這些概念內涵的同異，從而對掌握話語權的西方主流媒體所宣傳的「阿克薩洪水行動」發生的真正邏輯，有更準確的理解。

　　無庸諱言，歷史是連續的。且歷史似乎已經顯示，猶太人不僅是一個優秀的民族，而且是一個命運多舛的民族。也正因為此，歷史上的猶太民族所面臨的生存環境與挑戰與今天不盡相同。

　　由於宗教，文化乃至民族的特性，歷史上的猶太民族和猶太教的確與其它民族和宗教特別是基督教——之間，圍繞著宗教信仰及

（續）─────────────

　　者，造成大量平民與婦女兒童的死傷。正是在2022年4-5月以色列員警衝入清真寺導致衝突加劇之時，耶路撒冷政治分析家馬贊‧賈巴里告訴半島電視臺：「我們正在逐步走向升級——爆炸的條件已經成熟。」也正是在這種氛圍下，負責管理被圍困的加薩地帶的哈馬斯發言人哈齊姆‧凱西姆告訴半島電視臺：「基於當地的事態發展，某些事件可能會爆發」；「如果以色列定居者繼續襲擊阿克薩清真寺，哈馬斯不會袖手旁觀」。馬拉姆‧胡邁德和澤娜‧阿爾‧塔漢：〈「爆炸的時機已經成熟」：齋月期間以色列和巴勒斯坦的緊張局勢加劇〉，《半島電視臺》2022年4月14日。

12 根據《猶太電訊社》（Jewish Telegraphic Agency），2023年10月7日的襲擊是自納粹屠殺猶太人以來一天中造成猶太人死傷數字最多的事件。參見："Was Hamas' attack the bloodiest day for Jews since the Holocaust?," JTA Oct., 8, 2023.

土地等問題發生過諸多衝突，其結果是猶太民族在反抗羅馬人殘暴
統治的起義失敗後，被迫經歷了近1800年的顛沛流離，直到20世紀
中期。在此期間，猶太民族多次因為宗教信仰不同而遭受奴役和殺
戮──在11世紀的十字軍東征時這種殺戮曾達到高峰。猶太人的歷
史告訴我們，無論是羅馬人的征服還是十字軍東征，猶太人都曾經
在是否皈依基督教的選擇上，面臨與漢族在滿族入主中原時經歷的
「留髮不留頭，留頭不留髮」類似的生死抉擇。[13] 而這正是猶太人
被迫選擇流散的重要原因。

　　進一步說，由於宗教信仰上的衝突，歐洲居統治地位的基督教
對猶太人及猶太教的詆毀與迫害，遠遠超出了軍事征服和政治剝
奪，擴展到經濟、社會、思想和文化生活的方方面面。譬如，其在
經商方面展現的才能每每被指責為「猶太人是經濟的攫取者」，「猶
太人是無生產能力的寄生蟲」。[14] 在對猶太人歧視和進行各種無端
攻擊的人中，也不乏宗教改革人士和公認的啟蒙思想家，其中包括
被認為是現代德意志民族之父的馬丁‧路德，法國「百科全書派」
的代表人物伏爾泰和霍爾巴赫等人。社會輿論中反猶太人的明槍暗
箭亦無處不在，甚至出現在文學作品中。[15] 法國存在主義大師薩特

13　事實上，猶太民族在羅馬征服中的命運和選擇更為殘酷。不僅戰敗
　　的猶太人戰俘淪為奴隸，而且他們必須改變宗教信仰，皈依基督
　　教，否則就會被處死。這對於一個有著強烈宗教信仰自豪感的民族
　　而言實在是難以接受的。因此今天人們可以在猶太人歷史中看到一
　　些這個從宗教觀念上非常反對自殺的民族卻被迫選擇集體自殺也
　　誓不皈依基督教的案例。
14　轉引自石競琳，〈歐洲基督教世界反猶主義的歷史原因〉，《歷史
　　教學問題》，2010年第3期。
15　儘管人們沒有證據指證莎士比亞是種族主義者或反猶主義者，但莎
　　氏的著名喜劇《威尼斯商人》（The Merchant of Venice）中的角色，

曾在他的〈反猶太者的畫像〉中對反猶主義做了無情的揭露。他指出，在西方反猶主義者的眼中，猶太人

> ……是根本壞的，他的長處，假如有，也因為是他的長處而變為短處。他的手所完成的工作必然帶有他的汙跡：如果他造橋，這橋就是壞的，因為它從頭到尾每一寸都是猶太的，猶太人和基督徒所作的同樣的事情，無論如何絕不相同。猶太人使得他觸摸過的每一種東西都成為可惡的東西。德國人做的第一件事情就是禁止猶太人到游泳池：對他們來講，一個猶太人身體投入水中就會把水根本弄髒。正確地說，猶太人因為他們的呼吸而汙污染了空氣。[16]

這並非危言聳聽，猶太人似乎成了世界上的萬惡之源。

正是在這樣的歷史延續下，猶太人迎來了其在近代史上最為慘烈的災難。納粹德國在1941-1945年期間屠殺了600萬猶太人，其中包括150萬兒童。不過，今天至少有一部分人——尤其是政客——十分願意「忘記」的是，納粹法西斯並不是這場浩劫的唯一的罪魁禍首。早在第二次世界大戰開始之前，排猶運動在歐洲許多國家已成尾大不掉之勢。在俄羅斯，猶太人從來就沒有獲得過公民權，而且法律還特別對猶太人的居住、經濟發展和婚姻嚴加限制。19世紀80年代，1903-1909年，1917-1921年，俄國還分別發生了三次大規模有組織、有計畫的對猶太人實行集體屠殺的惡性事件，致使在俄國

（續）
高利貸者夏洛克卻常常被用來形容猶太人的貪婪和狡詐。
16　薩特，〈反猶太者的畫像〉，《存在主義》，W・考夫曼等編，陳鼓應等譯（北京：商務印書館，1987年9月），頁292。

和後來的蘇聯有成千上萬的猶太人遭屠殺和被驅逐。[17] 類似的反猶
事件在匈牙利、波蘭、羅馬尼亞、保加利亞等東歐國家也多有發生。
猶太人被看成一切社會弊端最合適的替罪羊，無論出現什麼不測事
件，首當其衝的總是猶太人。即便是在以「自由，平等，博愛」的
理想而自豪且首先給予猶太人平等公民權的法國，1894年發生的「德
雷福斯事件」[18] 也迅速延伸為一場高呼「殺死猶太人！打倒猶太
人！」的反猶政治運動。

持平而論，也正是在這樣的氛圍下，納粹德國早在第二次世界
大戰開始之前就有恃無恐地開始了對猶太人的迫害、剝奪和驅逐，[19]

---

17 徐新，《反猶主義解析》（上海：三聯書店，1996年6月）。轉引
自石競琳，〈歐洲基督教世界反猶主義的歷史原因〉。

18 1894年9月，一名在法國總參謀部任職的猶太裔上尉軍官阿爾弗雷
德·德雷福斯因被指控向德國駐法武官出賣軍事情報而被逮捕，並
在證據不足的情況下於1894年12月24日被判處在法屬圭亞那附近
的魔鬼島終身監禁。此事在當時動盪不安的法國社會產生了巨大連
漪。一方面是反猶主義的躁動，另一方面也激發了自由派人士為捍
衛民主和正義的社會運動。法國著名作家左拉投書法國總理喬治·
克裡孟梭，要求還德雷福斯以清白，結果是左拉本人反被軍方以誹
謗罪指控，判徒刑一年伴之以罰款。左拉本人最後不得已遠走英國
避難。由於強烈的社會輿論抗爭，法國最高法院於1906年重新審理
此案，德雷福斯被宣判無罪並官復原職，獲得晉升。但此事仍舊餘
波未平。德雷福斯在1908年參加左拉遺體的安葬儀式遭到民族主義
者的槍擊。顯然，德雷福斯案件的意義和影響遠超過案件本身。原
本只是一名猶太裔記者，後成為錫安主義創建人的希歐多爾·赫茨
爾（Theodor Herzl）就認為德雷福斯案件不僅是個司法錯誤，它反
映了絕大多數當時法國人的心理。他在其1896年出版的《猶太國》
一書更指出，歐洲的「猶太人問題」不是社會問題或宗教問題，而
是民族問題。其解決方法是建立猶太人的自治國家。

19 1976年好萊塢出產的電影《苦海餘生》（Voyage of the Damned）不
僅反映了納粹在1939年對猶太人的迫害和驅逐，也充分展現了當時

更在戰爭開始後肆無忌憚地舉起了對猶太人的屠刀。如果藉此指控歐洲一些國家是納粹德國殺戮猶太人的共犯或許有些言過其實，但如果說這些國家的反猶主義運動為納粹的反猶暴行起了推波助瀾的作用，則並非毫無道理。

　　從這個意義上說，回顧歷史上發生在猶太民族與基督教、穆斯林等宗教之間圍繞土地歸屬和宗教信仰上的衝突，對於理解今天猶太人為其生存權所作的努力（有別於猶太復國主義）和以阿衝突不無裨益。但若將歷史上的這些衝突用來對由於「阿克薩洪水行動」引發的新一輪的以阿衝突進行判斷，就有些隔靴搔癢，不得要領了。[20] 畢竟猶太民族和猶太教在歷史上與基督教國家在民族和宗教問題上的恩恩怨怨，在1947年聯合國大會通過的巴勒斯坦託管地分割方案（181號決議）中得到了一次清算。只不過這次清算既談不上徹底，更不能說是公正的，而且其產生的後果不僅不是問題的解決，還引發了新的且更為嚴重的猶太民族與穆斯林之間在國家和民族和諧方面的激烈衝突。在說明這一問題之前，作為對照，我們還需要一個扼要的有關猶太民族與穆斯林關係的歷史注釋。

（續）────────────

許多歐洲國家是如何容忍納粹的惡行的。

20 從歷史上的土地歸屬和宗教信仰差異來評判今日以阿衝突的大有人在，其中不乏如秦暉和張平等頗有影響力的學者（秦暉，〈以色列與巴勒斯坦問題的歷史由來！〉、張平，〈以色列強占巴勒斯坦土地了嗎？〉）。這些文章作者的觀點也引發了某些爭論，如王明遠，〈我毫不同情哈馬斯，但也不接受無底線美化以色列：再論巴以問題的幾個謊言和怪論〉。筆者無意對各種不同的觀點做評判。但也感到「歷史的方法」在這裡的運用似有陷入相關分析中以常量對變數之嫌，畢竟當下的以阿衝突及其發展受到諸多歷史上不曾存在的後來因素的影響。本文的分析只是探討今日以阿衝突更直接、更貼切的緣由。

　　眾所周知，基督教、猶太教和伊斯蘭教是同宗同源的三大宗教，由於三大宗教皆遵奉亞伯拉罕，這三大宗教又被稱之為亞伯拉罕一神諸教。這裡需要指出的是，儘管穆斯林教與猶太教之間也存在著信仰上的差異和矛盾，但在歷史上兩教之間的關係要比基督教與猶太教的關係融洽的多。西元7世紀到8世紀初，阿拉伯人建立了橫跨西亞、北非與西班牙的大帝國，那些流散於阿拉伯半島、巴比倫與波斯等地的猶太人就處於阿拉伯帝國的統治下。雖然阿拉伯帝國也曾制定和實施了一些限制非穆斯林的法令，但對猶太人採取了比較寬容的政策，允許猶太人在服從伊斯蘭教統治的前提下信仰自己的宗教，保持猶太人的風俗習慣等。[21] 誠然，這並不表示歷史上穆斯林教和猶太教之間從不曾發生過衝突，但這段歷史至少可以說明兩點。首先，宗教信仰的差異並非必然導致不同宗教永遠處於血與火的緊張關係中，在宗教寬容的基礎上和睦相處並非完全不可能。其次，今天的「阿克薩洪水行動」是以阿關係尖銳對立發展到極致的集中表現，但它與穆斯林和猶太教在歷史上的關係並沒有必然聯繫，甚至可以說，「阿克薩洪水行動」是對歷史的反諷。

　　對於今天以阿衝突的理解應該從兩個並行不悖、緊密相連的方面尋找答案，其一是無視甚至往往粗暴踐踏巴勒斯坦民族生存權的猶太復國主義的產生與發展；其二是第二次世界大戰前後國際政治版圖的變化，老牌殖民主義的衰敗，民族自決與獨立的浪潮在戰後的崛起，以及新的地緣政治利益框架的形成。正是由於這些因素的存在，人們應該警惕，不要把歷史上飽受宗教和種族迫害的猶太民族為獲得民族生存權的努力，與猶太復國主義（錫安主義）完全混為一談。儘管二者無論在概念上還是在實踐中，都有著互相關聯的

21　參見張倩紅，《以色列史》（北京：人民出版社，2007），頁65。

發展過程和密不可分的內在聯繫。

　　在以阿衝突的複雜現實中，對猶太民族為爭取生存權的努力和猶太復國主義的行徑之間加以區分並不容易。如果捨此無法使人們在認知上站在同一基礎之上，或許我們可以這樣說，猶太民族乃至任何民族為其生存權的努力都具有無可非議的正當性，這種努力包括兩個方面，獲得其他民族對本民族生存權的承認與尊重，同時以同樣的承認與尊重作為對其他民族生存權的回報，一種交互的關係（reciprocal relations）。猶太復國主義的核心則是基於歷史上在巴勒斯坦曾經存在過兩個猶太人國家——以色列國和猶太國——的認知，在巴勒斯坦重建猶太人的民族國家，以結束猶太人長達1800年飽受流散和迫害的命運。猶太復國主義當然有著爭取民族生存權的動機，並且認定建立猶太民族國家是實現這一目標的唯一途徑，但猶太復國主義並不必然將民族生存權的相互依賴性納入考量，甚至在為猶太人爭取生存權的過程中，往往將猶太人過去曾經蒙受的迫害和不公正待遇，強加在與其生存權有著利害相關的巴勒斯坦人頭上。進一步說，猶太復國主義在現實國際政治中從未擺脫大國地緣政治博弈的陷阱。1917年出爐的《貝爾福宣言》和1947年聯合國181號決議是這方面的兩個明顯例證。前者對於猶太復國主義的發展有著不可低估的作用，後者表明大國對地緣政治利益的追逐，最初如何利用複雜錯綜的形勢與猶太復國主義合流，從而促成了曠日持久的以阿衝突。

《貝爾福宣言》

　　如果把錫安主義創建人的希歐多爾・赫茨爾（Theodor Herzl）在1896年出版的《猶太國》作為猶太復國主義訴求確立的標誌，那麼1917年出爐的《貝爾福宣言》就是猶太復國主義最初付諸實踐的

一個重要里程碑。之所以這樣說，是因為為猶太民族爭取生存權的
努力與猶太復國主義的合流，二者後來的分道揚鑣，以及今天以阿
衝突的根源，都可以追溯到這份僅僅只有125個英文單詞的歷史文
件。

《貝爾福宣言》原本只是英國外交大臣亞瑟‧貝爾福於1917年
11月2日致英國猶太人領袖羅斯柴爾德的傳人沃爾特‧羅斯柴爾德的
一封信。因其所涉內容被認為是西方主要國家正式支持猶太人回歸
巴勒斯坦的第一個官方檔，得名《貝爾福宣言》。這份檔中只有下
面一段文字有實質意義：

> His Majesty's Government view with favour the establishment in
> Palestine of a national home for the Jewish people, and will use their
> best endeavours to facilitate the achievement of this object, it being
> clearly understood that nothing shall be done which may prejudice
> the civil and religious rights of existing non-Jewish communities in
> Palestine, or the rights and political status enjoyed by Jews in any
> other country.[22]

這段文字大致表達了兩層意思。其一，英國政府（國王陛下）
贊成在巴勒斯坦為猶太人建立一個「民族家園」，並將盡全力實現
這一目標。注意，這裡的客體並非「a nation-state」（民族國家），
而是「民族家園」；後者並非是國際法規範內的表述。這樣的表述，
難道是英國政府在是否建立一個猶太民族國家的問題上故意含混不

---

22 引自維基百科（Wikipedia）。

清嗎？[23] 其後英國政府曾就此澄清，「在巴勒斯坦」建立猶太人的「民族家園」──無論這個家園是否等於民族國家──的意涵是表明這個「家園」不會覆蓋整個巴勒斯坦，換言之，猶太人的「民族家園」只能是巴勒斯坦的一部分。故其二，必須明確，在實現這一目標的過程中，不得有任何傷及巴勒斯坦現有的非猶太人社區的公民和宗教權利的行為，或傷及猶太人在其它國家所享有的權利和政治地位的做法。

持平而論，《貝爾福宣言》並不是一個去殖民主義的宣言，它不過是當時某些對猶太復國主義者抱有某種同情的英國政客的一些並不成熟的想法，[24] 或許可以說，「言簡」但絕對談不上「意賅」。因為這個宣言並沒有解決問題的具體方案，更不曾設想它在現實世界中可能引發的各種矛盾。人們可能由於這是「第一個」這樣的文件，而對它有一定期待。但這種「期待」被後來的事實證明有點過於奢侈。儘管如此，毫無疑問，《貝爾福宣言》對於錫安主義者來說是令人鼓舞的，英裔猶太人、猶太復國主義領袖、作家和記者伊

23　哈佛大學外交史博士邁克爾・馬科夫斯基就明確表示「民族家園」的定義含混不清是有意而為之。參見邁克爾・馬科夫斯基（Michael・Makovsky），《邱吉爾的應許之地：猶太復國主義與治國之道》（*Churchill's Promised Land: Zionism and Statecraft*）（耶魯大學出版社，2007）ISBN 978-0-300-11609-0，頁76。巴勒斯坦皇家委員會（因其是在皮爾勳爵領導之下的委員會，又被稱之為皮爾委員會，Peel Commission）的報告中則認為「民族家園」是英國政府中相信最終將建立猶太人國家與持異議的兩派人妥協的結果。參見《巴勒斯坦皇家委員會報告》（*Palestine Royal Commission*）（1937年），頁24。

24　有證據表明，1916年底成為英國新首相的大衛・勞合・喬治（David Lloyd George）與貝爾福都與錫安主義者有接觸並對後者有著某種同情。

斯雷爾・科恩（Israel Cohen）認為：貝爾福宣言具有無可挑戰的不
朽地位，……貝爾福宣言為猶太人的歷史展開了一個新紀元。[25] 但
這並非意味著沒有不同的看法。同樣是猶太人的匈牙利裔英國作家
亞瑟・庫斯特勒在提及《貝爾福宣言》時就直言不諱地指出，它是
「一個國家正式地向第二個國家許願第三個國家的土地」。[26] 不過，
無論猶太人對於《貝爾福宣言》有何不同觀點，他們的看法和做法
不至於讓該宣言成為今天以阿衝突的唯一原因或者主要原因。更應
該受到譴責的是杜撰和利用這一宣言的西方主要國家的動機和具體
作為。

　　猶太民族為其生存權而進行的長達數百年的抗爭固然對英國外
交大臣有影響力，但《貝爾福宣言》背後更多的卻是英國政府出於
英國自身利益的考量。就英國而言，《貝爾福宣言》有著多重目的：
首先，正當第一次世界大戰協約國與同盟國鏖戰之際，《宣言》旨
在促使世界範圍內的猶太人從經濟上支持以英國為首的協約國一
方；其次，遏制同盟國的德國爭取錫安主義幫助的企圖；第三，鑒
於俄國爆發了十月革命，抑制猶太人占很大比例的俄國布爾什維克
單獨與德國媾和，同時也離間同盟國政府與其治下的猶太群體；最
後，老謀深算的英國政客從地緣政治的角度考慮的是，奧斯曼帝國
解體後巴勒斯坦地區的重要性和猶太人可能扮演的角色,從而將「猶
太人家園」納入了日後巴勒斯坦地區託管的條款中。[27] 而後者如某

25　Cohen, Israel（ed.）, *Speeches on Zionism by the Right Hon. the Earl of Balfour*（London, 1928）, p. 6.
26　亞瑟・庫斯特勒，《承諾與履行》（拉瑪奇出版社，1949），ISBN 978-1-4437-2708-2，https://archive.org/stream/promiseandfulfil006754mbp/promiseandfulfil006754mbp_djvu.txt。
27　當時的英國首相大衛・勞合・喬治後來在回憶錄寫到，由於巴勒斯

些觀察家指出的，「同盟國建立的所謂託管制度是一種幾乎不加掩飾的殖民主義和占領形式」。[28] 由此可見，正是由於炮製《貝爾福宣言》的政客們有著藉此延續其日益衰敗的殖民主義統治的地緣政治考慮，這個宣言沒有可能為猶太民族爭取其生存權的努力起到積極作用。

儘管如此，《貝爾福宣言》並非一紙毫無意義的空文。它對於猶太復國主義和巴勒斯坦人的命運產生了截然不同的影響。《半島電視臺》的記者澤納・阿爾・塔漢在她有關《貝爾福宣言》歷史的專論中做了如下概括：一方面，對於巴勒斯坦人來說，「《貝爾福宣言》被廣泛視為1948年巴勒斯坦浩劫（Palestinian Nakba）[29] 的前奏，在這場災難中，由英國訓練的猶太復國主義武裝團體，強行將

（續）————————

　　坦靠近蘇伊士運河，在巴勒斯坦的土地上有猶太人的存在，將有助於英國掌控蘇伊士運河，從而加強與英屬印度間的水路聯繫。參見詹姆斯・蓋爾文（James Gelvin），《以色列—巴勒斯坦衝突：一百年戰爭》（第三版）（*The Israel-Palestine Conflict: One Hundred Years of War*）（劍橋大學出版社，2014），ISBN 978-0-521-85289-0，頁 82 （https://books.google.com/books?id=wfIFVze1MqQC&pg=PA 83）。

28　Zena Al Tahhan，〈一個多世紀以來：對貝爾福宣言的解釋〉（"More than a century on: The Balfour Declaration explained"），《半島電視臺》，2018年11月2日。

29　"Nakba"在阿拉伯語中意味著「浩劫」。巴勒斯坦浩劫（Palestinian Nakba）指的是1948年因以色列建國而引發的第一次中東戰爭，造成75萬巴勒斯坦人失去了他們世代居住的家園。此後每年的5月15日被命名為巴勒斯坦浩劫日。參見〈巴勒斯坦問題〉，《聯合國官網》〈歷史上的事件〉，https://www.un.org/unispal/about-the-nakba/。包括知名以色列歷史學家和政治學者伊蘭・帕佩（Ilan Pappé）在內的一些學者稱「巴勒斯坦浩劫」為「種族清洗」（ethnic cleansing）。

超過75萬巴勒斯坦人驅逐出他們的家園。」[30] 另一方面，「雖然很難說今天巴勒斯坦的事態發展可以追溯到《貝爾福宣言》，但毫無疑問，英國（對巴勒斯坦）的託管以犧牲巴勒斯坦人的利益為代價，為作為少數群體的猶太人在巴勒斯坦獲得優勢、建立自己的國家創造了條件。……更重要的是，英國允許猶太人（在巴勒斯坦）設立如猶太人代理處之類的自治機構，從而為建立國家做好準備，而巴勒斯坦人卻被禁止這樣做──這一切為1948年對巴勒斯坦人的種族清洗鋪平了道路。」[31]

聯合國巴勒斯坦託管地分割方案（聯合國181號決議）

1945年9月2日，第二次世界大戰以日本法西斯投降，同盟國大獲全勝而落下帷幕。人類在付出了多達數億的人員死傷和不計其數的財產損失後，總算有可能對戰爭進行反思了。儘管血的教訓不可能就此讓人類超凡入聖，但還是有一些積極的發展，在一個無政府的世界上建立了聯合國、世界銀行、國際貨幣基金組織等一系列制度和機構，這些應該被視為人類為重建世界和平和防止戰爭的努力，只不過這些努力未能從根本改變國際政治中大國博弈的邏輯，即使更換了遊戲的主角。聯合國181號決議就是在這一背景下產生的。

分割巴勒斯坦動議的始作俑者是英國。英國世界霸主地位已經被崛起的美國所動搖，而後又在第二次世界大戰中被進一步削弱。如今它提出這一動議的原因是急於結束對巴勒斯坦的託管，故試圖

---

30 Zena Al Tahhan，〈一個多世紀以來：對貝爾福宣言的解釋〉。
31 同上。

以分割案來甩掉這個令其力不從心的熱山芋。[32] 1947年5月15日，聯合國大會應英國政府請求，設立了聯合國巴勒斯坦問題特別調查委員會（United Nations Special Committee on Palestine）。該委員會的成員於1947年6月16日抵達巴勒斯坦，並開始訪問和調查工作。特別委員會的工作得到了以色列猶太事務局和猶太民族理事會的配合，但遭到了阿拉伯高級委員會（The Arab Higher Committee）[33] 的抵制，後者認為特別委員會支持猶太復國主義運動。事實是該委員會的確積極跟蹤並瞭解了納粹大屠殺倖存猶太人的逃亡情況，聽取和搜集了猶太難民的證詞。1947年9月24日，聯合國大會公布了UNSCOP的調查報告。同時，聯合國大會投票組建了一個新的委員會，即巴勒斯坦問題特設委員會（Ad Hoc Committee on the Palestinian Question），承擔後續工作。10月22日，巴勒斯坦問題特設委員會成立了一個小組委員會，負責按照調查報告中多數方支持的兩國分治計畫，擬訂後來的聯合國大會181號決議方案，並於1947年11月29日在聯合國大會表決中以33票贊成、13票反對、棄權與缺席11票的結果通過181號決議。[34]

---

32 英國在聯合國的代表曾經聯合國討論決議案的過程中公開表示，不管該決議是否通過，英國都將於1948年8月1日結束其對巴勒斯坦的託管。

33 阿拉伯高級委員會是一個由包括阿明‧侯賽尼在內的巴勒斯坦當地名門望族和宗教領袖組成，代表阿拉伯人的政治組織。成立於1936年。該組織反對英國託管定居將猶太人遷入巴勒斯坦，因此於1937年被英國託管政府宣布為非法，該組織的某些成員逃離巴勒斯坦。第二次世界大戰期間，該組織的某些成員曾與德國納粹暗通款曲。它的某些成員於1945年返回巴勒斯坦，重建該組織。就社會基礎而言，該組織能夠在多大程度上代表巴勒斯坦人是可以被質疑的。

34 聯合國規定，特殊多數原則適用於該決議的通過，即需要當時聯合國的57個會員國中有三分之二國家投下贊成票（不包括棄權和缺席

　　聯合國181號決議的主要內容是英國將於1948年結束其對巴勒斯坦的託管，而後在巴勒斯坦地區建立兩個臨時國家，一個是以猶太人為主（人數）的猶太國，另一個是以阿拉伯人為主（人數）的阿拉伯國。[35] 至於領土劃分，猶太國國土為14942平方公里，約占巴勒斯坦總面積的57%，總人口約為905,000，其中猶太人為498,000（55%）；阿拉伯國國土11203平方公里，約占巴勒斯坦總面積的43%，總人口約為735,000，其中阿拉伯人為725,000（99%）。同時確定耶路撒冷為由聯合國託管的特別行政區。

　　僅就國土的分割與人口比例而言，181號決議的不公正性似乎是明顯的。但如果沒有深入瞭解這種分割背後的邏輯，僅憑這些數字來評判181號決議是否公正未免有些過於膚淺。進一步說，如果將注意力聚焦在對該決議形成的過程、投票結果和選票分布上，人們還是可以就問題所在察覺出某些端倪的。

　　首先，當時在巴勒斯坦這塊土地上的絕大多數人是已經在此居住了800年左右的巴勒斯坦人，儘管他們從未建立一個巴勒斯坦國。但在聯合國的委員會就決議進行辯論的過程中並沒有真正的巴勒斯坦代表，只有阿拉伯高級委員會和以色列猶太事務局受到邀請參與。令人感到不解的是，181號決議涉及的關鍵利害雙方並沒有在決

（續）————————————————————————

　　的成員國）。原定計畫在11月26日就決議進行投票。但在猶太復國主義代表團的阻撓下，投票被推遲三天。之所以如此是因為如下事實，根據包括《紐約時報》在內的多個消息來源，如果投票在原定日期舉行，雖然可以獲得多數票，但卻低於規定所需的三分之二有效票。這個事實應該作為181號決議產生過程中的人為操弄又一個證據。參見〈聯合國大會有關普利司通的投票被推遲〉（"Assembly Delays Vote on Palestine"），《紐約時報》，1947年11月27日，http://timesmachine.nytimes.com/timesmachine/1947/11/27/issue.html

35　當時在巴勒斯坦的人口中阿拉伯人為63%，猶太人為37%。

議形成的過程中扮演關鍵角色。就民族自決和生存權而言，巴勒斯坦人應該與猶太人享有同等的權利，但巴勒斯坦人的利益缺乏恰當的代表。事實上，英美等西方盟國在分割的提出和方案最終通過的過程中起著決定性作用。當然，猶太人在第二次世界大戰中遭受德國納粹的迫害與屠殺的命運得到了相當的關注。但這種關注是出於基督教國家曾經在政治和宗教上對猶太民族的殘酷迫害的愧疚與負罪感，還是真心希望猶太民族能夠在與其他民族的和平共處中獲得長久的、有保障的生存權呢？如果是後者，那麼為什麼對聯合國有著權威影響力的英美不在當時利用聯合國作為平臺，迫使猶太人和巴勒斯坦人雙方——或許還應該包括周邊的阿拉伯國家——直接進行談判呢？

其次，無論是在投票前的冗長辯論還是在投票後的評論中，人們都可以清晰地看到，在當時聯合國的57個成員國中贊成與反對議案意見的尖銳對立，而且主要的不同觀點所關注的並非是猶太民族的生存權問題。相當多的言論是針對當時掌控聯合國議事進程的西方國家。印度總理尼赫魯對聯合國的投票方式表示憤怒和蔑視。他說，猶太復國主義者試圖用數百萬美元賄賂印度。與此同時，他的妹妹，印度駐聯合國大使維賈亞·拉克希米·潘偉迪（Vijaya Lakshmi Pandit）每天都收到警告，稱除非「投正確的票」，否則她的生命將處於危險之中。[36] 潘偉迪有時也會暗示，某些有利於猶太復國主義者的事情可能會發生。但另一位印度代表團的代表，歷史學家卡瓦拉姆·潘尼卡（Kavallam Pannikar）卻坦誠表示：「你試圖說服

36　赫普圖拉，納吉瑪（Heptulla, Najma），《印度—西亞關係：尼赫魯時代》（*Indo-West Asian Relations: The Nehru Era*）（聯合出版商，1991），ISBN 978-81-7023-340-4，頁158。https://books.google.com/books?id=BXWFlKwemEQC&pg=PA158。

我們，這是沒有意義的。我們知道，猶太人的訴求並非沒有理由，……
但問題的關鍵很簡單，對我們來說，投票支持猶太人就意味著投票
反對穆斯林。這意味著捲入與伊斯蘭教的衝突，……而我們有1300
萬穆斯林，……因此，我們不能這樣做。」[37] 印度最終對181號決議
投了反對票。古巴代表團也投下了反對票並表示，「儘管受到壓力」，
他們仍將投票反對分割，因為他們不想與脅迫巴勒斯坦多數派的一
方為伍。[38] 事實上，由於無法確保獲得通過決議案所需的三分之二
的有效贊同票（不包括棄權與缺席的票數），猶太復國主義團體採
取了阻撓投票的行動，迫使原定於11月26日進行的投票被推遲了三
天，期間發生了大量的辯論和遊說活動，直到他們的計算顯示勝券
在握。[39]

　　最後，不幸但不能不提的是，第二次世界大戰後出現的去殖民
化和民族自決權浪潮也在一定程度為為猶太復國主義的行為起了障
眼法的作用。1945年6月簽訂的《聯合國憲章》中不僅在第一條第二
款規定了「人民平等權利及自決原則」，而且在其它章節條款中陳
述這一原則及其適用。[40] 對於猶太復國主義而言，這股思潮與西方

37　本尼・莫里斯（Benny Morris），《1948年：第一次阿以戰爭的歷
　　史》（耶魯大學出版社，2008），ISBN 978-0-300-12696-9，頁56。
　　（https://books.google.com/books?id=J5jtAAAAMAAJ）。

38　〈巴勒斯坦投票推遲了〉（*Palestine Vote Delayed*），《倫敦時報》
　　（*Times of London*），1947年11月29日。

39　詹姆斯・巴爾（James Barr），《沙中之線：英法和再造中東的鬥
　　爭》（*A Line in the Sand: Britain, France and the Struggle that Shaped
　　the Middle East*（倫敦：西蒙與舒斯特出版社〔Simon & Schuster〕）。
　　〈大會推遲有關巴勒斯坦的投票〉，《紐約時報》，1947年11月27
　　日。

40　參見《聯合國憲章》（全文），https://www.un.org/zh/about-us/un-
　　charter/ full-text。

主要基督教國家為第二次世界大戰中被德國納粹屠殺的600萬猶太人而感到愧疚的心理相得益彰，異曲同工。這也是181號決議能夠獲得多數票的重要原因。但問題是，聯合國的組織形式是否是解決這一類重大爭議的適當機構？除了英美大國對聯合國的議事日程的操控從而可能使任何決議缺乏公正性外，聯合國是否在法律上具有裁決民族國家分割的權威？這多半也是為什麼阿拉伯高級委員會根據對巴勒斯坦歷史的研究得出結論，猶太復國主義關於建立猶太國的主張「既缺乏法律依據也沒有道德基礎」；同時也是在決議表決時所有阿拉伯國家和一些擁有大量穆斯林人口的非阿拉伯國家不約而同地投下反對票的原因。

　　缺乏公正性的協議不僅沒有約束力，而且還會成為進一步衝突的根源。[41] 181號決議尚在討論過程中，以埃及為首的阿拉伯國家就已經發出戰爭的威脅，宣稱猶太人不顧阿拉伯國家和巴勒斯坦人的反對強行建國就意味著戰爭。[42] 181號決議墨跡未乾，以色列領導人

41　阿拉伯國家代表團在181號決議投票後立即宣布不受該決議的約束，他們認為，這個決議違反了《聯合國憲章》中賦予人民決定自己命運的權利的民族自決原則。參見薩米・哈達維，《痛苦的收穫：巴勒斯坦現代史》，橄欖枝出版社（Olive Branch Press）（1989）1991），頁76。根據《紐約時報》，阿拉伯駐聯合國代表團在投票後第二天發表聯合聲明稱：「有關巴勒斯坦分治的投票是在巨大壓力和脅迫下進行的，這使其更加無效。」〈阿拉伯領導人稱有關巴勒斯坦的投票「無效」〉《紐約時報》，1947年11月30日，http://timesmachine.nytimes.com/timesmachine/1947/11/30/87561776.html?pageNumber=54。

42　聯合國巴勒斯坦問題特別調查委員會（UNSCOP）的報告發布幾周後，阿拉伯聯盟秘書長阿紮姆・帕夏對埃及一家報紙表示：「我個人希望猶太人不要強迫我們捲入這場戰爭，因為這將是一場消滅性戰爭，也是一場毀滅性戰爭」。阿紮姆告訴亞歷克・柯克布萊德，「我們將把他們（猶太人）趕進海裡。」敘利亞總統舒克裡・庫瓦

和後來的第一任總理大衛・本・古里安就要求當時猶太人的準軍事組織哈迦納（the Haganah）[43] 制定了一份名為「達賓特計畫」（Plan Dalet）的軍事行動計畫，其目的是在英國託管結束後控制巴勒斯坦，宣布建立一個猶太國家。該計畫於1948年3月10日出爐。

儘管人們認為1948年8月14日以色列宣布建國直接導致了第一次中東戰爭，但早在此之前，猶太人和巴勒斯坦人之間的衝突就已經加劇。1948年4月9日，雖然有著以巴之間的和平協議，來自猶太復國主義中極右的準軍事組織伊爾貢（Irgun）和萊希（Lehi）的約120名成員襲擊了位於耶路撒冷附近的代爾亞辛村，殺害了至少107位當地的村民，其中包括婦女與兒童。[44] 代爾亞辛村大屠殺，應該是極端的猶太復國主義者使用暴力製造的第一樁記錄在案的恐怖事件。當時這一事件顯然加劇了猶太人與巴勒斯坦人之間的緊張對峙，為以色列建國後第二天阿拉伯國家發動第一次中東戰爭埋下了火種。

歷史學家最終將如何評價1947年的聯合國181號決議不得而知。但從理解哈馬斯發動「阿克薩洪水」的恐怖襲擊的根源的角度看，我們似乎可以這樣認為：第二次世界大戰以納粹德國為首的軸心國戰敗，以及戰後聯合國的建立的確為民族獨立的浪潮帶來了動

（續）————————————————————————

　　　特利告訴他的人民：「我們將根除猶太復國主義」。參見本尼・莫里斯，《1948年：第一次阿以戰爭的歷史》（2008），頁187。

43　哈迦納（the Haganah）在以色列建國後成為以色列國防軍的主體。

44　代爾亞辛村位於耶路撒冷附近，居住著約600位信奉穆斯林的村民。得到哈迦納支持的伊爾貢（Irgun）和萊希（Lehi）以解除英國託管當局對耶路撒冷的封鎖為名進入該村，但卻對當地的村民大開殺戒。此後甚至某些猶太復國主義者都譴責了他們的暴行，表示要予以懲處，但最終的結果卻是這兩個組織的成員大多被納入了以色列國防軍。參見本尼・莫里斯《1948年：第一次阿以戰爭的歷史》。

力。然而，181號決議的產生證明，利用聯合國作為平臺，將國土的分割和民族國家建立之類重大問題，交由非當事人的國家通過所謂「民主投票」解決的嘗試是一個敗筆。[45]首先，歷史上飽受宗教與政治迫害的猶太民族當然應該得到民族生存權的保障。但問題解決並不簡單，它不僅涉及到猶太教與基督教在歷史上的恩怨情仇，有能力影響問題解決的大國也都各自心懷鬼胎。與此同時，聯合國本身是否是一個有能力和權威公平解決問題的機構也是問題。其次，181號決議產生過程中代表新老殖民主義的英美等國對過程及議事日程等的操弄，固然有助於得到他們所希望的結果，但卻因此而捨棄了更有可能公平解決爭議的做法，也使最終的決議喪失了公正性。在國際事務中，即便遵循所謂「民主」程序和多數原則，缺乏公正性的決議是難以被貫徹落實的。就181號決議而言，其結果就是從此讓以阿衝突成為常態。最後，如果一定要說181號決議有何積極的影響的話，或許可以說這個決議使此後的「兩國方案」成為最有可能實現的解決問題的途徑。

「阿克薩洪水」是無源之水嗎？

毫無疑問，哈馬斯在10月7日發動的「阿克薩洪水行動」，使近

---

45 討論民主投票機制在國際機構中的運用和被利用不屬於本文的議題。需要指出的是，儘管筆者不是國際關係理論中現實主義學派的信徒，也並不認同現實主義的許多理論論述，但筆者在某種程度上接受現實主義有關國際政治處於無政府狀態（Anarchy）的理論前提假設。捨此恐怕人們難以解釋，為什麼國際政治中存在諸如聯合國中五個常任理事國擁有一票否決權這樣公然違反民主原則的現實。

年來不斷加深的以巴衝突達到了一個新的高度。「冰凍三尺非一日之寒」。如欲理解以巴衝突怎樣達到今天的慘烈程度，瞭解猶太民族和猶太教與其他民族和宗教之間的恩怨情仇當然有幫助，回顧近代史上猶太人為獲得民族生存權而進行的種種努力也必不可少。但「阿克薩洪水行動」的發生畢竟還有著更直接的原因。必須承認，「直接原因」本來就不簡單，且還會因為我們這些身在其中的人所持立場／偏見不同而更加複雜，從而使得達成共識的道路更為漫長。筆者下面的分析並不奢望達成共識，只是希望以對過去若干年發生的一些關鍵性事件的回顧表明：無論就動機還是結果而言，「阿克薩洪水行動」並非僅僅是為了向以色列尋仇報復的恐怖襲擊。

針對以色列為報復哈馬斯的恐怖襲擊而在加薩地區採取的無差別攻擊所造成的巴勒斯坦人——尤其是婦女和兒童——的巨大生命財產損失，聯合國秘書長安東尼奧・古特雷斯2023年10月24日在聯合國大會上指出，「哈馬斯10月7日的襲擊『令人震驚』，但並非憑空發生。」「巴勒斯坦人民遭受了56年令人窒息的占領，」他說：「他們看到自己的土地逐漸被定居點吞噬，並受到暴力的困擾；他們的經濟受到抑制；他們的人民流離失所，家園被拆毀。他們對政治解決困境的希望已經破滅。」[46] 古特雷斯此言一出立刻獲得國際社會的普遍回應，但也讓以色列駐聯合國代表埃爾丹（Gilad Erdan）暴跳如雷，不但對古氏口出穢言，還要求他引咎辭職。埃爾丹之所以如此惱羞成怒，並非因為古特雷斯的話可能會讓世人同情哈馬斯發動的恐怖襲擊，也不僅僅是因為他的話可能引起人們注意到事實

46　參見 "UN's António Guterres calls for immediate ceasefire to end 'epic suffering' in Gaza" By Rory Carroll in Jerusalem, Tue 24 Oct 2023, 英國《衛報》（*The Guardian*）。

的另一面，而是由於他的話是在向全世界昭告哈馬斯的恐怖襲擊背後的因果關係——或者說互為因果的關係。這些因果關係是在已經發生的歷史事件中逐漸形成的，因此我們這裡回顧某些相關的重大歷史進程與事件，以求瞭解「阿克薩洪水行動」的所以然。

　　猶太民族的生存權並非是引發衝突的焦點。但如前所述，英美等西方國家縱容猶太復國主義，卻是基督教國家以犧牲阿拉伯國家的利益為代價為納粹屠殺猶太人的贖罪。事實上，這樣的做法是將猶太民族和猶太教與基督教和基督教國家之間在歷史上形成的積怨，不負責任地轉化成猶太民族與穆斯林和阿拉伯國家的衝突，並且通過對猶太復國主義的支持，將猶太民族世世代代經歷的流散痛苦強加在巴勒斯坦人頭上。聯合國181號決議產生的影響和後果就是無可辯駁的事實。詳盡地陳述和分析這些影響和後果超出本文的能力和範圍，但我們還是可以用這些事實為基礎，從幾個角度分析「阿克薩洪水」之源。

中東的戰爭與和平

　　1948年5月14日，英國正式宣布結束對巴勒斯坦的託管，同一天下午4時許，以色列宣布建國。次日凌晨，阿拉伯國家聯盟（七個成員國）集結了4萬多人的軍隊，向以色列發起進攻，第一次中東戰爭爆發。雖然阿拉伯聯軍在最初的戰事中占據優勢，但以色列利用停火的喘息獲得了來自美英等國的大量支援，扭轉了頹勢。戰爭的結果是阿拉伯聯軍損失15,000人，以色列約6,000人戰死，以色列占領了巴勒斯坦總面積的80%——可見以色列建國之初就沒有遵循181號決議對其領土的劃分，戰爭中有96萬巴勒斯坦人逃離家園，淪為新難民。以色列大獲全勝，稱這場戰爭為「以色列獨立戰爭」，阿拉伯人則稱之為「浩劫」（Nakba）。可以這樣說，以色列建國啟

動之時，就是巴勒斯坦人的災難開始之日。

　　克勞塞維茨曾言：「戰爭是政治的繼續。或者說戰爭是通過暴力手段，實現用和平手段不能實現的政治目的。」[47] 但如果戰爭的目的和結果只是為了殺戮和征服，那麼這樣的戰爭只能成為積累人類仇恨的工具。而導致這類戰爭的政治──無論其說辭如何冠冕堂皇──都應該受到譴責。如果說基督教國家當初希望通過建立一個以色列國來確保猶太民族的生存權的話，那麼十分遺憾，國際政治中大國地緣政治博弈與猶太復國主義的結合證明，這種希望要麼是淺薄且虛偽的，要麼不過是純粹理想主義的奢望。從第一次中東戰爭到1982年6月，以色列與阿拉伯國家之間先後發生了五次被記錄在案的戰爭（統稱「中東戰爭」）。[48] 表面上看，以色列在這五場戰爭中都是贏家，而且以色列也因此確立了中東「小霸王」的地位。但不應被忽略的事實是，以色列至多只是在戰場上獲得了勝利，而且其軍事上的勝利背後都有著西方國家的支持──尤其是第一次和第四次中東戰爭，若無美英等國的鼎力支持，恐怕今日以色列的政治圖版會大不相同。不過，猶太民族並沒有獲得在槍砲保護以外的安全感。戰禍給巴勒斯坦人帶來的痛苦自不待言，戰事失利對阿拉伯國家而言也不僅僅是失去土地，政治、經濟、軍事以及心理上的影響也是巨大的。但更糟糕的問題是，由於美國一味地偏袒以色列的猶太復國主義，並從政治上、軍事上，和經濟上為以色列提供支

47　與通常人們將戰爭與和平視為二元對立的概念不同，從國際衝突的理論角度看，戰爭與和平是連續變數。亦即，事實上人們無法嚴格將戰爭與和平兩種狀態加以區分，但這並不妨礙我們將戰爭作為在政治上實現和平目的的手段。

48　有人認為2023年哈馬斯對以色列的恐怖襲擊應該被視為「第六次中東戰爭」，對此尚無定論。

持，中東戰爭不僅沒有從根本上解決以色列和巴勒斯坦的建國與民族生存權問題，反而在以色列與巴勒斯坦及阿拉伯國家之間積累了仇恨與不信任，與此同時，由於中東的地緣政治戰略地位，以阿衝突也讓中東成為大國地緣政治利益爭奪的一個熱點。

和平的努力：「一國」還是「兩國」

　　圍繞著以巴衝突，並非完全沒有為實現中東「和平」的努力。無論出於什麼樣的動機，這些努力的原動力與過程都擺脫不了兩個因素：是否有對這一地區和平進程有影響力的政治領導人——尤其是第二次世界大戰後成為全球霸權的美國總統；是否有著可供實施的（至少可以能夠讓人們坐下來舉行討論的）方案。遺憾的是，在現實世界中，為和平努力的進程要比和平的理想受到多得多的因素襲擾。由於冷戰和地緣政治利益的角逐，極端猶太復國主義的肆虐，加上缺乏真正有著和平意願和才能且彼此信任的政治領導人，無論就哪一個因素還是二者的共同的作用而言，都不足以保證和平的努力富有成效。

　　歷史以包括諾貝爾和平獎在內的方式，記載了為中東和埃以和平努力過的人和事，但卻沒有留下真正能夠帶來以阿和平的遺產。美國作為全球霸權在中東事務中一向扮演重要的角色，第二次世界大戰後美國歷屆總統所奉行的中東政策及他們各自對中東與以阿和平進程的捲入，都值得注意。就此而論，吉米‧卡特與比爾‧克林頓被公認曾經為中東的區域和平做出了重大貢獻，以下兩個記錄在案的「和平」協定不僅可以作為他們努力的佐證，標示著他們的成敗，也可以讓人們從歷史的實際進程中理解今天以阿衝突中的恩怨情仇。

　　1979年3月26日，在經過了長達16個月的馬拉松式的談判後，埃

及總統薩達特和以色列總理貝京終於在美國華盛頓簽訂了《埃及—
以色列和平條約》。美國總統吉米‧卡特不僅見證了這一事件，而
且其居間調節的努力對埃以和平條約的簽署功不可沒。[49] 這一條約
結束了自第一次中東戰爭以來埃以之間的戰爭狀態，埃以實現了關
係正常化，允許埃以雙方共同對西奈半島地區做出軍事上的安排。
進一步說，該條約的確改變了埃及之間的關係，以色列前國防部長
本雅明‧本—埃里澤（Binyamin Ben-Eliezer）曾言：埃及不僅是我
們在這一地區的最親密朋友，而且我們之間的合作還超出了戰略範
圍。」[50] 儘管如此，「埃以和平條約」帶來的發展絕非都是積極的。
首先，阿拉伯世界自1948年第一次中東戰爭以來一直對以色列採取
的是同仇敵愾的態度。埃及單獨與以色列媾和引發了其它阿拉伯國
家的強烈不滿，從而使埃及失去了其在阿拉伯國家中享有的領袖地
位。巴勒斯坦解放組織的領導人阿拉法特直言：「隨他們喜歡，讓
他們簽字。虛假的和平是不會持久的。」[51] 他斥責薩達特總統背叛
了埃及人民，後者總有一天會除掉他。[52] 就連被稱之為「鐵三角」
之一的敘利亞也憤然斷絕了與埃及的外交關係。[53] 其次，儘管「埃
以和平條約」改變了中東的政治格局，讓美國在尋求其地緣政治利
益上獲得了更大的迴旋餘地，但卻未必真正為中東地區的和平帶來

---

49 埃及總統安瓦爾‧薩達特和以色列總理梅納赫姆‧貝京（1978），
   美國總統吉米‧卡特先後因該條約獲得諾貝爾和平獎（2002）。
50 伊莎貝爾‧克什納，〈以色列不放心和平的夥伴〉（*Israeli concern
   for peace partner*），《信使報》（*The Courier*），2011年1月27日。
51 〈1979：以色列和埃及就和平協定握手言歡〉（"1979: Israel and
   Egypt shake hands on peace deal"），*BBC News*, http://news.bbc.co.uk/
   onthisday/hi/dates/stories/march/26/newsid_2806000/2806245.stm。
52 同上。
53 直到2005年，巴沙爾‧阿薩德接掌政權後才重建與埃及的外交關係。

希望，經常被人們稱之為「冷和平。」[54] 不僅如此，薩達特本人也於1981年10月6日被埃及伊斯蘭聖戰組織成員暗殺。薩達特之後的埃及政治人物雖然表示會遵守所有國際和區域條約，但聲明「與以色列達成和平協議並不是一件神聖的事」。[55] 要求「有審查和平協議的權利」、強調埃及人民「還沒有發表意見」等訴求的不乏人在。[56] 由此可見，與其說《埃及—以色列和平條約》只是在埃以之間脆弱地實現了避免直接戰爭，倒不如說該條約除了造成了阿拉伯國家之間的分裂之外，並未對減低以色列與巴勒斯坦之間的衝突起到積極作用。

　　如果說《埃及—以色列和平條約》主要是埃以兩國之間休戰的條約，並未直接涉及以色列與巴勒斯坦之間的衝突，那麼以《奧斯陸協議》作為以巴之間前後長達近十年但最終失敗的和平努力則是當之無愧的。

　　以聯合國安理會第242號決議（1967年11月22日通過）與388號決議（1976年4月6日通過）作為鋪陳，將「用土地換和平」作為理念，1993年8月20日，以色列總理拉賓與巴勒斯坦解放組織主席阿拉法特，在挪威首都奧斯陸就以巴和平舉行了秘密會談。9月13日，在美國總統克林頓的主持下，雙方在美國華盛頓特區白宮草坪舉行公開儀式，正式簽署奧斯陸和平協定——又稱《奧斯陸第一協議》，

---

54 伊莎貝爾・克什納，〈以色列不放心和平的夥伴〉（"Israeli concern for peace partner"），《信使報》（*The Courier*），2011年1月27日。

55 埃及總理表示與以色列的和平協議並不是什麼神聖的事（"Egypt PM says peace deal with Israel not sacred"），《路透社》（*Reuters*），2011年9月15日。

56 庫里・傑克（Khoury Jack），〈埃及穆斯林兄弟會：以色列和平條約的命運可能由全民公投決定〉（"Egypt's Muslim Brotherhood: Fate of Israel peace treaty may be decided in referendum"），以色列《國土報》，2012年1月1日。

其正式名稱為《關於臨時自治安排的原則宣言》。

　　《奧斯陸第一協議》最重要的意義是以色列與巴勒斯坦承諾，要結束雙方長達幾十年的衝突，其主要內容包括了實現和平的某些原則和設想：確認以色列和巴勒斯坦的兩國解決方案，亦即，建立以色列和巴勒斯坦和平共存的鄰邦；建立巴勒斯坦臨時自治政府（它不是巴勒斯坦權力機構，而是巴勒斯坦的立法委員會）；根據安理會第242號和第338號決議在五年內做出永久性安排。協議承認巴勒斯坦人的「合法和政治權利」，但沒有界定巴勒斯坦自治政府的性質及其權力和責任，也沒有界定其最終管轄領土的邊界；不過，協議原則上同意以色列將從加薩地帶和傑里科（Jericho）地區分階段撤軍。當然，以色列意願這樣做的前提是，巴勒斯坦人停止對以色列占領的武裝反抗。

　　以色列總理拉賓和巴勒斯坦解放組織主席阿拉法特在著名的白宮草坪握手，中間是美國總統克林頓　（美聯社）。

　　《奧斯陸第一協議》的簽訂在當時的確引發了一片讚譽之聲，因為它似乎為苦於戰亂幾十年的中東帶來了一線和平的曙光。儘管克林頓政府公開承認美國對協議的談判過程本身涉入極為有限，但美國和以色列都大肆宣稱該協議是「美國對外關係的里程碑」。[57] 次年，以色列總理拉賓，時任以色列外交部長的西蒙・佩雷斯，以及巴勒斯坦解放組織的領導人阿拉法特共同獲得了1994年的諾貝爾和平獎。[58] 然而，《奧斯陸第一協議》只能被視為是中東和平進程的一個起點；事實上，這恐怕是對協議諸多頌揚中唯一能夠經得起時間考驗的評價了。此後以巴雙方曾繼續做出努力推動和平進程的發展，且又有若干相關的協定簽訂，其中包括1995年9月簽署的《奧斯陸第二協定》，後者「更詳細地討論了和平進程應成立的機構的結構」等問題。[59] 遺憾的是，在經過了近十年的發展之後，《奧斯陸第一協定》開啟的和平進程最終以2002年爆發的巴勒斯坦人反抗以色列占領的「第二次起義」（Second Intifada）——又稱「阿克薩起義」（Al-Aqsa Intifada）——為標誌而灰飛煙滅了。

57　〈美國對外關係的里程碑：奧斯陸協定與阿拉伯—以色列和平進程〉（"U.S. Foreign Relations Milestones: The Oslo Accords and the Arab-Israeli Peace Process"），https://www.jewishvirtuallibrary.org/u-s-policy-regarding-middle-east-peace 。

58　今天，當人們面對以阿衝突不僅繼續，而且造成了近3萬巴勒斯坦平民的死亡，其中70%是婦孺兒童，難道不會因為以下事實而對以宣導和平著稱的諾貝爾和平獎的頒授感到絕大諷刺嗎？以色列有三位領導人因為對中東和平的貢獻獲得諾貝爾和平獎，他們是梅納赫姆・貝京，曾經在1967年戰爭中擔任以色列軍隊總司令並指揮了對埃及、敘利亞和約旦作戰的以色列總理伊紫克・拉賓，以及西蒙・佩雷斯。

59　參見〈以色列和巴勒斯坦之間的《奧斯陸協議》是什麼？〉，《半島電視臺》，2023年9月13日。

　　導致奧斯陸和平進程失敗的原因是複雜錯綜的，其失敗帶來的
後果也是意味深長的。在這裡，我們只能對這一過程中的某些重要
事件的分析中，理解和平進程失敗的必然性。

　　首先，總體而言，儘管以阿之間在巴勒斯坦問題上實現和平是
所有人的期待，但和平的基礎是什麼？是「一國」還是「兩國」？
如果選擇「一國」，那麼是巴勒斯坦國還是以色列國？如果選擇「兩
國」，如何對有爭議的領土進行分割？這些是以阿衝突的最根本的
問題。不難看出，以色列人與巴勒斯坦人對這些關鍵性問題思考的
前提與基礎是截然不同的。即便如本文篇頭所言，不把猶太人與以
色列人混為一談，但對歷史上猶太民族長期受到基督教國家迫害記
憶猶新的以色列人而言，猶太復國主義的訴求在他們考慮這些最根
本問題時是難以缺席的。而對於巴勒斯坦人來說，無論是「一國」
還是「兩國」，在他們世代生存的土地上建立猶太人國家，都讓他
們有著被強迫代人受過之感。正是由於認知前提和基礎上的不同，
《奧斯陸協議》不僅在簽署之初就遭到部分以色列與巴勒斯坦人的
反對，而且此後雙方任何反對勢力對該協議進行攻擊，都不缺乏現
成的政治與社會基礎。[60] 而下面所涉及的某些具體爭議也皆源於這
些基本認知上的差異。

　　其次，以巴雙方都缺乏能夠將和平進程推動到底的政治人物。
儘管以巴的衝突在相當程度上可以說是殖民主義與地緣政治利益角
逐的產物，但衝突的解決的確仰賴於以巴雙方的政治領袖是否具有
締造和平的才能。遺憾的是，以巴雙方都缺乏這樣的政治領導人。

60　已故的巴勒斯坦著名文學評論家和活動家愛德華‧薩義德就是《奧
　　斯陸協定》最直言不諱的批評者之一，他稱該協議為「巴勒斯坦投
　　降的工具，巴勒斯坦的凡爾賽宮」。

不過以巴雙方在這一點上面臨的問題也是不同的。就以色列而言，儘管有著拉賓和佩雷斯這樣兩位曾經真誠地致力於以巴和平協定的人物，但他們的政治生命力都無法支撐他們完成締造和平的使命。[61] 就巴勒斯坦而言，激進的伊斯蘭抵抗運動（哈馬斯）的崛起雖然與以色列的幕後操縱脫不了干係，[62] 但不爭的事實是，以阿拉法特為首的巴勒斯坦解放組織也未能造就一位能夠領導巴勒斯坦推進和平進程的強有力的領導人。鄧尼斯·羅斯在他2005年出版的《失去的

61　拉賓是以色列陸軍退役中將。1964年，拉賓擔任以色列國防軍參謀長，他指揮以色列國防軍在「六日戰爭」中以壓倒性優勢戰勝了埃及，敘利亞和約旦等國的軍隊，成為以色列的英雄。然而，當他簽署了《奧斯陸協定》，開啟了以阿之間實現和平的進程後，他就成了以色列極右派激進分子的敵人。1995年11月4日，拉賓在特拉維夫的以色列國王廣場上參加和平集會之後，極右翼激進猶太主義分子伊蓋爾·阿米爾用一把裝有自製達姆彈的九公釐口徑左輪手槍襲擊了拉賓，他對著拉賓的胸口開了兩槍，再向他的背部上補了兩槍，後拉賓在特拉維夫伊契洛夫醫院的手術臺上不治身亡，享年73歲。拉賓的去世讓奧斯陸和平協議名存實亡。西蒙·佩雷斯在拉賓之後擔任了以色列總理。但在1996年的競選連任時敗給了右翼利庫德集團的本雅明·內塔尼亞胡。儘管此後佩雷斯一直活躍在以色列政壇，但埃以的和平進程已經失去了勢頭。

62　有越來越多的關於以色列扶植哈馬斯以對抗巴勒斯坦解放組織的指控。根據網上雜誌《政客》（Politico）歐洲版報導，2024年1月19日，現任歐盟執委會副主席兼歐盟外交和安全政策高級代表博雷利（Josep Borrell）在西班牙的巴利亞多利德大學發表演講時，公開指責以色列過去曾資助今時今日被他們稱之為「恐怖分子」的哈馬斯，以削弱法塔赫領導的巴勒斯坦民族權力機構，將巴勒斯坦人劃分為對立的政治陣營。參見塞吉拉·阿瑪托維奇（Sejla Ahmatovic），〈歐盟最高外交官指責以色列資助哈馬斯〉（"EU's top diplomat accuses Israel of funding Hamas"），《政客》，2024年1月20日。https://www.politico.eu/article/israel-funded-hamas-claims-eu-top-diplomat-josep-borrell/ 。

和平:為中東和平而戰的內幕》一書對奧斯陸協定開啟的和平進程
進行了總結。他對阿拉法特的評價是後者從未將自己從打游擊的局
外人轉化為那種能建立和治理國家的領導人。巴勒斯坦人「過去肯
定被背叛過,他們也確實遭受了損害」,羅斯寫道:「但他們也幫
助確保了自己作為受害者的地位。當機會呈現給他們時,他們從未
抓住過機會。總是將自己的困境歸咎於他人。把毫無疑問的失敗宣
告為勝利。」63 2000年12月,美國總統克林頓在離開白宮之前邀請
以巴雙方到華盛頓,為以巴之間簽署他的和平提案做了最後努力。
然而,結果未能盡如克林頓之意。《紐約時報》著名評論員大衛·
布魯克則直接將未果的責任歸咎於面對巴拉克為首的「以色列歷史
上最有誠意的政府」卻「從未說不,但也從未說是」的阿拉法特。64
一個如巴勒斯坦這樣多災多難而又面對以色列這樣強敵的民族,卻
無法寄希望於自身產生有能力的政治領導人,的確是讓人感到不勝
悲歎的。

　　第三,除了因領土擴張而大動干戈之外,以色列軍隊對巴勒斯
坦土地的占領和以色列在巴勒斯坦土地上建立的非法定居點,一直
是造成以巴暴力衝突的直接源泉,因而也是任何以巴和平進程必須
面對並加以解決的首要實際問題。然而,事實證明,在實際的和平
進程尚未最終破產之前,以色列對解決撤軍和非法定居點的爭議並
無誠意,其外交辭令與實際行動可以說是南轅北轍。撤軍問題雖然
在一開始有所動作,但1997年後基本上就偃旗息鼓了,以色列軍隊

---

63 轉引自大衛·布魯克(David Brooks),〈巴以之間錯失的和平機
　　會〉,《紐約時報》,2023年10月16日。
64 同上。頗具諷刺意味的是,當阿拉法特最後同克林頓談話時稱後者
　　「是個偉人」,而克林頓的回答是:「我不是偉人。我是個失敗者,
　　是你讓我成了一個失敗者。」

甚至在撤出後又於1998年重新回到了傑里科地區。至於非法定居點
問題，儘管聯合國及包括美國在內許多國家一再重申定居點的非法
性，要求以色列停止新建並退出已經建立的定居點，但事實是，以
色列除了在2005年撤出了加薩的定居點外，從1993年到2014年，在
約旦河西岸，戈蘭高地及東耶路撒冷的非法定居點落戶的以色列人
數由281,800人迅速攀升至721,000-771,000人。[65] 這樣的發展讓以色
列前外交部長，參與華盛頓會談的以方代表什洛莫·本—阿米
（Shlomo Ben-Ami）慨然承認，「奧斯陸進程基本上作為一個外交
欺騙的顯著例子被人銘記。」[66] 更有甚者，以色列議會竟然無視聯
合國的譴責和國際輿論，於2017年2月7日以8票之差通過了定居點合
法化的法案。

　　最後，《奧斯陸協議》基本上是在「兩國」方案的框架下形成
的。由於和平進程受阻，以巴衝突有增無已，其直接結果之一就是
導致了以巴雙方內部反對《奧斯陸協議》的勢力的擴張。在以色列
內部，拉賓被暗殺後，以內塔尼亞胡、沙龍等為代表的利庫德極右
翼集團逐漸在政治上占據了主導地位，在巴勒斯坦內部則是更為激
進的哈馬斯獲得了更多的支持者。[67] 於是乎，以2000年9月28日以色

65　數字來自《維基百科》中文版。

66　參見什洛莫·本—阿米（Shlomo Ben-Ami），〈奧斯陸協定緩慢而
　　悲慘的死亡〉（"Project Syndicate"），2023年9月15日。洛莫·本
　　—阿米是以色列前外交部長，歷史學家。雖然他自稱是猶太復國主
　　義者，但支持以土地換取與巴勒斯坦人的和平。

67　不無諷刺的是，根據巴勒斯坦媒體觀察機構2000年3月29日公布的
　　一份特別報告〈強姦、謀殺與暴力和反對猶太人的聖戰：2000年夏
　　季的巴勒斯坦電視〉（"Rape, Murder, Violence and War for Allah
　　Against the Jews: Summer 2000 on Palestinian Television"），阿拉法
　　特的法塔赫組織從2000年9月13日開始也為《奧斯陸協議》開始對

列反對派領導人阿里爾‧沙龍和一個利庫德代表團參觀被廣泛認為
是伊斯蘭教第三聖地的聖殿山（the Temple Mount）為導火索,「第
二次巴勒斯坦大起義」（Second Intifada）爆發了。以色列與巴勒斯
坦之間的軍事與暴力衝突急劇升級。這場「起義」持續了5-6年,造
成了雙方6,000人以上的死傷,其中大部分死者是平民。其結果不是
以巴之間的對立的消失,而是多數人認為《奧斯陸協議》壽終正寢
了。[68] 更令人憂慮的是,不僅聯合國181號決議設定的「兩國」方案
也在以色列喪失了市場,而且以兩個不同民族為主體分別建立不同
但能夠和平相處的國家的前景也變得岌岌可危了。

美以關係與以巴衝突

美以關係與以巴衝突有著密不可分的關係,但全面探討美以關
係超出了本文的興趣所在。以下分析僅涉及美以關係及其變化與這
一次以巴衝突相關的某些發展與事件,以此揭示美國對猶太復國主
義的縱容如何成為「阿克薩洪水」之源。

自1947年聯合國181號決議認可猶太民族在巴勒斯坦建國以
來,美國與以色列之間可謂「一往情深」,就連「以色列」的國名
也是美國總統杜魯門拍案而定。但美國人對猶太復國主義的認知並
非一成不變。直到第一次世界大戰之前,即便在美國的猶太人中對
猶太復國主義的支持也是微不足道的。而美國政府針對猶太復國主

(續)─────────────
　　以色列軍隊和平民進行了一系列攻擊。
68 2000年5月特拉維夫大學進行的民意調查顯示:39%的以色列人支
　　援奧斯陸協議,32%的人相信該協議在此後數年中會帶來和平。
　　2004年5月的調查顯示只有26%的人支援奧斯陸協定,只有18%的人
　　相信奧斯陸協議在此後數年中會帶來和平,支援奧斯陸協議的人和
　　相信和平的人減少了13%和16%。

義的政策不僅經常與時俱進，而且往往值得玩味。美國總統伍德羅‧
威爾遜同情歐洲猶太人的困境，對猶太復國主義呼籲建立以色列國
的目標表示了認可，但他在1919年多次表示，美國的政策是「默許」
（expressed acquiescence）貝爾福宣言，但不正式支持猶太復國主
義。[69] 可見，或許由於深受自由主義傳統影響且一直為民族自決權
奔走呼籲，威爾遜沒有將以色列建國與猶太復國主義劃等號。

　　的確。歷屆美國政府大多遵循了對猶太復國主義「默許」的態
度，但隨著第二次世界大戰結束，美國取代英國成為世界上的頭號
強權，在這種諱莫如深的態度背後，美國對以政策卻有著與時俱進
的重大實質性變化。對於作為自由主義傳承人威爾遜而言，儘管飽
受流散之苦的猶太民族的建國訴求無可非議，但這種權利不應該與
其它非猶太民族的民族自決權相衝突。但對於已經成為西方世界盟
主的美國領導人來說，只要不與美國在中東乃至全球的地緣政治利
益衝突，以色列的建國訴求是否對其它非猶太民族的相同權利造成
侵犯並不重要。

　　基於地緣政治和霸權的考慮，自1948年5月14日以色列建國以
來，「華盛頓一直是以色列最強大的軍事和外交支持者」。[70] 如前

69　亞瑟‧沃爾沃斯（Arthur Walworth），《威爾遜和他的和平締造者》
　　（Wilson and his Peacemakers）（1986），頁473-483，尤其是頁481；
　　梅爾文‧烏洛夫斯基 （Melvin I. Urofsky），《從赫茨爾到大屠殺
　　的美國猶太復國主義》（American Zionism from Herzl to the
　　Holocaust）（1995），第六章；弗蘭克‧W‧布雷徹（Frank W.
　　Brecher），《不情願的盟友：從威爾遜到羅斯福的美國猶太人外交
　　政策》（Reluctant Ally: United States Foreign Policytoward the Jews
　　from Wilson to Roosevelt）（1991），第一至四章。
70　克里斯‧麥格雷爾（Chris McGreal），〈美國並非總是以色列最強
　　大的盟友——什麼改變了，為什麼？〉（"US wasn't always Israel's

所述，美國在五次中東戰爭[71]都不遺餘力從政治上、軍事上和經濟上支持了以色列。[72] 美國之所以如此重視其與以色列的關係，並與以色列之間建立「前所未有的特殊關係」（約翰‧米爾斯海默語））有著多方面的原因。首先，美國在冷戰期間的外交政策和以色列的「選邊站」，將美以兩國的關係迅速上升到戰略層次。其次，作為英國之後的全球新霸主，美國在第二次世界大戰結束之初與阿拉伯國家之間的關係遠不如後來這樣緊密。美國需要以色列在中東這個重要戰略意義的地區成為代表美國利益的穩定力量。出於雙方彼此的需要，多年以來美以之間關係的密切程度有增無已，且在內容上有著量的擴大和質的提高。除了政治、經濟與外交上的「水乳交融」外，這一點在軍事援助上表現得尤為明顯。鑒於以色列與周邊的阿拉伯國家之間的緊張關係，美國承諾保持以色列相對於其它國家的品質軍事優勢，即科技、戰術和其他優勢，使其能夠威懾數量上占優勢的對手。[73] 而這也正是今天以色列敢於無視周邊阿拉伯國家的

（續）————————————————————————

strongest ally – what changed and why?"），《衛報》，2023年11月23日。

71　第二次中東戰爭例外。這次戰爭通常被稱之為蘇伊士運河戰爭。在這場戰爭中，以色列出於對蘇伊士運河運輸通道的需要，加入英法一方對埃及發動了攻擊。而美國為最終確立其在國際政治中的霸主地位選擇與莫斯科聯手結束危機。

72　例如，1960年代美國平均每年為以色列提供33億軍援。從奧巴馬入主白宮後，美國向以色列提供的軍援增長到每年38億美元。參見雅各‧克努森（Jacob Knutson），〈美國援助以色列須知〉（"What to know about U.S. aid to Israel"），*Axios*，2023年11月4日。

73　親以色列的智庫華盛頓近東政策研究所（The Washington Institute for Near East Policy）在其出版的一份由威廉‧旺德爾和安德列‧布里埃爾（William Wunderle and Andre Briere）撰寫的政策研究報告中就承認：美國致力於維持以色列的軍事品質優勢（QME）是一項長期傳統，自林登‧詹森以來的歷任總統都堅持並重申了這一傳

　　照片中的男孩名叫法裡斯・奧德（Faris Odeh，1985年12月3日-2000年11月8日），是一名來自以色列占領的加薩地帶的巴勒斯坦男孩，他因這張照片而聞名，照片中是他在巴勒斯坦人的第二次起義期間向以色列坦克投擲石塊。他的生命終止於15歲生日之前。[74] 2000年11月8日，當他在卡爾尼過境點附近向以色列軍隊投擲石塊，被以色列軍隊槍殺。這張照片是《美聯社》於2000年10月29日拍攝的。

（續）

　　　統。這一傳統背後的基本道理很簡單：以色列是中東自由代議制政府的堡壘，因此，其持續生存是美國至關重要的國家利益。為了確保這個長期盟友在眾多國家中繼續存在，以色列必須有能力在軍事上保衛自己並遏阻潛在的侵略。在實現這一目標的努力過程中，以色列軍隊所擁有的火炮、坦克和戰鬥機等方面上將永遠無法與其周邊國家抗衡，故以色列只有能夠依靠先進的武器裝備，戰術，訓練，領導，以及其他軍事效力因素，以威懾或擊敗中東地區數量上占優勢的對手。《美國外交政策和以色列的軍事品質優勢》，2008年1月　，https://www.washingtoninstitute.org/policy-analysis/us-foreign-policy-and-israels-qualitative-military-edge-need-common-vision 。

74 這令人回想另一則新聞，「加薩」是一個人均年齡只有18歲的城市，也是全球人口最年輕的城市。為什麼加薩人的年齡會這麼小？因為很多小朋友都長不大，就會死。一名加薩少年在接受媒體採訪時，記者問他：「你長大想幹什麼？」他的回答是：「我們在巴勒斯坦長不大。」https://m.microheadline.com/info/sjp8uaw5aqid9xz4sv3jh85sblhm25c0?v=1569babaf14eb6ad84e4279912952200。

軍事實力和可能反應，不斷使用諸如以槍彈應對以石塊投擲以色列坦克的巴勒斯坦青少年這樣的暴力，從而加劇了其與巴勒斯坦及其它周邊國家的矛盾的重要原因之一。

　　誠然，國際政治中兩國關係究竟是資產還是負債本身就是變數，且並不完全取決於兩國彼此之間的既定「情感」，而是受到兩國與第三國，或者更廣泛的說，與其它各國之間關係的影響，同時也取決於當政的決策者如何從資產與負債的角度評估這些影響。[75]於是我們看到了儘管美以關係如此特殊，但在蘇伊士運河危機中美以兩國還是走向了不同的營壘。同時，從歷屆美國總統的不同黨派色彩、個人特質、以及他們奉行的中東政策中，我們也看到美以關係和以巴關係的變化。[76]不過，真正與「阿克薩洪水」有直接關聯的變化發生在或許可以被認為美國歷史上最富爭議的川普總統任上。

　　眾所周知，自以色列建國以來，美國政府始終都與以色列保持著極為密切的戰略關係。這當然是由於兩國之間在客觀上存在著共同的地緣政治利益，但不可否認的是，以色列也充分利用散落在美

75　與儒家政治文化中以王道和德政贏得天下的傳統不同，盎格魯撒克遜的天下觀似乎頗得「霸道」的真傳。既然王道不可得，無法相容並包，那麼合縱連橫之術就是玩弄地緣政治的策略首選。這方面美國的政客應該說是青出於藍勝於藍。不僅利用全球政治的現有矛盾衝突，只要有需要，挑撥或製造矛盾以求成為「被需要」的仲裁者的例子實在是不勝枚數。

76　其中也不乏對中東和平與以阿衝突做出貢獻的美國總統。如吉米·卡特總統1978年曾經一手促成了埃及與以色列之間結束戰爭狀態，克林頓總統在1993年促成了以色列總理拉賓和巴勒斯坦解放組織的領導人阿拉法特在挪威首都奧斯陸的會談，並簽署了具有里程碑意義但卻短命的《奧斯陸協議》。

國的猶太人深深地滲透、影響，乃至在相當程度上控制了包括政治、經濟和新聞媒體等在內的美國社會。[77] 不過，直到奧巴馬總統，歷屆美國政府對以色列的支持尚未明顯地違反聯合國181號決議等文件對以巴兩國框架的基本設定。這包括對「兩國方案」的設想、對耶路撒冷的地位確認、對以色列定居點的非法性的認定等等。然而，與奧巴馬總統任職期間他本人與內塔尼亞胡之間有些劍拔弩張的關係截然不同，2017年，作為美國極右派代表人物的川普總統入主白宮伊始，就與以色列總理內塔尼亞胡迫不及待相互致意，急於將美以之間的結盟關係「擴展到所有領域」。[78] 美以關係實質地造成以色列推進其在中東地區擴張的政策與步驟，主要表現在以下幾個方面：

1. 耶路撒冷的地位與歸屬：耶路撒冷是亞伯拉罕諸教共尊的宗教聖地。根據聯合國181號決議案，耶路撒冷由國際共管。因此，1948年5月14日，以色列在特拉維夫宣布獨立建國，並將其設為首都。但1949年12月21日，以色列宣布耶路撒冷為它的正式首都，並隨後啟動了遷都計畫。今天以色列政府等所有行政機關都設在耶路撒冷。不過，以色列憑藉其軍事實力的單方面行為並未在國際上得到承認。[79] 因為國際上對於耶路撒冷的歸屬和地位存在很大爭議，且不

77　美國國際關係現實主義學派的代表人物約翰‧米爾斯海默（John Mearsheimer）和哈佛大學甘迺迪學院的教授史蒂芬‧沃爾特（Stephen Walt）在二人合著的《以色列的遊說與美國的外交政策》（*The Israel Lobby and U.S. Foreign Policy*）一書中對猶太人在美國政治的影響力做了入木三分的分析和描述。

78　參見川普總統在2017年2月15日他與內塔尼亞胡總理舉行的第一次聯合新聞發布會上的講話，https://www.jewishvirtuallibrary.org/trump-netanyahu-21517。

79　1988年11月15日，巴勒斯坦解放組織在阿爾及利亞首都阿爾及爾宣布建立巴勒斯坦國，也宣布耶路撒冷是其首都。不無諷刺的是，雖

僅手握石油話語權的阿拉伯國家不承認，巴勒斯坦更不答應，因此各國駐以色列大使館仍然留在特拉維夫，並認為特拉維夫是以色列的首都。對以色列心有所屬的美國政府雖然一直有心袒護以色列的訴求，但在耶路撒冷的地位和歸屬問題上也不敢輕易造次，觸犯眾怒。然而，2017年12月6日，川普總統宣布現在是「正式承認耶路撒冷為以色列首都」的時候了，並表示美國將開始將大使館從特拉維夫遷至耶路撒冷的過程。儘管如此，他還是被要求在同一天簽署一份棄權文書，[80] 故根據《耶路撒冷大使館法》的條款推遲大使館的搬遷。2018年5月14日，美國駐以色列大使館正式在耶路撒冷開張。

2. 進一步縱容以色列對巴勒斯坦土地的鯨吞與蠶食：以色列自1948年建國以來一直通過戰爭和開拓定居點兩種形式來占領和控制

(續)

然以色列聲稱耶路撒冷是其首都，並且實際控制了耶路撒冷，但國際上各國並不承認。而巴勒斯坦對耶路撒冷沒有實際控制權，故只能將其政府機構設立在在約旦河西岸城市拉姆安拉，於是，承認巴勒斯坦的各國也將他們駐巴勒斯坦大使館設在拉姆安拉，但各國卻承認耶路撒冷是巴勒斯坦的首都。

80 1995年10月23日，美國第104屆國會分別以絕對多數通過了《耶路撒冷大使館法》。由於對擬議的法律投贊成票的人數遠超過特別多數原則規定的多數（參議院：93-5；眾議院：374-37），該法案在無須總統簽署的情況下於1995年11月8日成為生效的法律。這個法案的核心內容是承認耶路撒冷作為色列國的首都，並要求保持耶路撒冷作為一個不可分割的城市。這顯然是與聯合國的181號決和世界絕大多數國家的立場相違背的。多半由於這個原因，美國國會的立法者們也擔心公然冒天下之大不韙的後果，於是該法案又規定美國總統享有以「國家安全」為由，6個月為期的不執行該法的「豁免權」。正是由於這一規定，川普總統之前的歷任美國總統都遵循每6個月行使一次「豁免權」的做法，以此避免耶路撒冷地位和歸屬引發的國際政治危機。即便在川普總統宣布承認耶路撒冷為以色列首都之後他還是被要求在同一天簽署一份棄權書，根據《耶路撒冷大使館法》的條款推遲了美國大使館的立即搬遷。

巴勒斯坦及周邊阿拉伯國家領土。今天以色列實際控制的領土達
25,000平方公里以上，比181號決議劃撥給以色列國的領土多出近
70%，但這遠不是以色列曾經通過戰爭鯨吞的巴勒斯坦及周邊阿拉
伯國家的土地的全部。1948年第一次中東戰爭結束時，以色列軍隊
控制了歷史上巴勒斯坦約78%的領土。1967年第四次中東戰爭結束
時，以色列吞併了歷史上屬於巴勒斯坦的全部領土，以及相當於以
色列面積三倍半的埃及和敘利亞領土。其中從埃及手中奪得的西奈
半島的面積就高達61,000平方公里。（參見右圖）一方面，迫於國
際社會的壓力，另一方面，由於以色列政府內部的某些自由派的主
張和極右翼的政治計算與權謀，以色列未能「咽下」其曾經侵占的
所有土地，[81] 當然，這裡更需要指出的是，以色列公然通過戰爭鯨
吞他國領土的行徑遭到了國際社會的普遍譴責。歷屆美國政府雖然
對以色列的侵略行徑有意包庇，甚至不惜在聯合國安理會的投票中
多次使用否決權阻撓譴責以色列的議案通過，但直到川普總統入主
白宮，美國歷屆總統也不敢公然承認以色列對其侵占的他國領土享
有合法權利。1981年12月14日，以色列議會就其在1967年占領的戈
蘭高地通過《戈蘭高地法》，正式宣布將戈蘭高地納入以色列國領
土，並將以以色列法律、司法和行政體系對戈蘭高地舉行管轄。12
月17日，安理會一致通過497號決議——注意，這一次美國也投了贊
成票，宣布以色列的「戈蘭高地法」無效且沒有任何國際法律效力，
並要求以色列廢止該法律。然而，2019年3月25日，川普以總統公告
的方式宣布美國承認以色列對被占領的敘利亞戈蘭高地的主權。這

81　以色列於1982年將西奈半島歸還給埃及。在某種程度上此舉是迫於
　　埃及等國家誓言收復西奈半島，但也與美國及西方一些國家應允以
　　某種形式補償以色列在西奈半島的收益有關。

　　圖中網格陰影部分是1967年戰爭後以色列占領的土地，包括西
奈半島，約旦河西岸，戈蘭高地和加薩地區。[82]

意味著，川普總統讓美國成為全球第一個承認以色列擁有戈蘭高地
主權的第三方國家。[83]
　　另一個與通過戰爭鯨吞他國領土不同，但同樣對以巴衝突有著
重大影響的做法是以色列強行在以色列之外的巴勒斯坦土地上建立
定居點。所謂以色列人定居點（Israeli settlements）今天主要是指自
1967年戰爭後以色列公民在被占領的巴勒斯坦土地上建立的單一由
猶太人組成的社區，但這樣的猶太人社區早在1948年就存在了。據

82　圖取自澤納・阿爾・塔漢（Zena Al Tahhan），〈浩劫：以色列如
　　何在 1967 年占領整個巴勒斯坦〉（"The Naksa: How Israel occupied
　　the whole of Palestine in 1967"），2018年6月4日，《半島電視臺》。
83　參見〈安理會就戈蘭問題舉行會議聯合國強調其立場依據安理會決
　　議保持不變〉，2019年3月27日，《聯合國新聞》，https://news.un.org
　　/zh/story/2019/03/1031071 。

不完全統計，1948年居住在定居點上的猶太人為2,810人，主要集中在東耶路撒冷。到2019年，居住在以色列定居點的猶太人口高達約70,000人以上，[84] 主要分布在約旦河西岸，東耶路撒冷，戈蘭高地和加薩走廊。[85] 以色列利用「猶太人定居點」蠶食巴勒斯坦人的土地的做法同樣引起了國際社會的憤慨。2016年12月23日，聯合國安全理事會以14票支持，0票反對和1票棄權[86]的投票結果通過第2334號決議，要求以色列立即並完全停止在包括東耶路撒冷在內的所有入侵巴勒斯坦領土上的定居點活動。儘管如此，以色列議會居然在2017年2月7日以8票之差通過了定居點合法化法案，公開與國際輿論唱反調。更有甚者，川普總統的國務卿邁克爾・蓬佩奧在2019年11月18日向新聞界發表講話時公開表示，「根據國際法，美國並不認為以色列定居點是非法的」。[87] 川普總統對美國就以色列定居點的政策立場的重大改變對於以巴衝突的加劇有著難以估量的影響。[88]

84　數字來自「維基百科」。

85　以色列在2005年後撤銷了所有在加薩地區的猶太人定居點。

86　在此之前美國一直在同樣議題上的聯合國安理會投票中使用其否決權，但這一次美國以棄權票使得該決議案得以通過。

87　參見：〈國務卿邁克爾・蓬佩奧向新聞界發表的講話〉，《美國國務院》，2019年11月18日。

88　美國同時也是世界最大的新聞機構《美聯社》如是說：美聯社獲得的衛星圖像和資料第一次記錄了時任總統唐納德・川普政策的全面影響，特朗普放棄了美國數十年來所持的對定居點的反對立場，並提出了一項允許以色列保留所有定居點的中東計畫——甚至包括那些深入（約旦河）西岸的定居點。約瑟夫・克勞斯（Joseph Krauss），〈川普時代以色列定居點增長的高峰還只是剛剛開始〉，（"Trump-era spike in Israeli settlement growth has only begun"），《美聯社》（*The Associate Press*），2021年4月14日。

　　3.《亞伯拉罕協議》與使巴勒斯坦問題的邊緣化的努力：如果沒有美國政府對以色列的偏袒，以色列不可能多年來一直肆無忌憚地推行其針對巴勒斯坦民族及其主權實施的政治，經濟與軍事方面的政策。但歷屆美國政府對以色列的縱容並不能消除阿拉伯世界，特別是中東產油國因為以巴衝突而對以色列的敵視態度。這種狀況在川普主政時似乎發生了變化。

　　2020年8月13日，以色列、阿拉伯聯合大公國和美國就以色列與阿聯酋之間關係正常化發表了一份聯合聲明。這份聲明被認為標誌著在經歷了長時期的敵對狀態後，阿拉伯世界與以色列重新實現雙邊關係正常化的努力。該聲明就是《亞伯拉罕協議》（Abraham Accords）最初版本。[89] 以色列隨即分別與阿拉伯聯合大公國簽署了《以阿和平協定》，與巴林簽署了《巴林－以色列和平協定》。此後又有4-5個阿拉伯國家捲入了與以色列雙邊關係正常化的「亞伯拉罕」進程，甚至包括印尼在內的4個非阿拉伯國家也著手在同一模式下實現雙邊關係正常化。

　　一般而論，雙邊和平協定對簽約雙方都是兩國關係的積極發展，它意味著兩個國家可以在有關投資、旅遊、直航、安全、電信、技術、能源、醫療保健、文化等方面進一步簽署互惠互利的協定，也為雙方在外交上相互承認和建立正式外交關係奠定了基礎。但如若涉及以巴衝突與中東和平，這裡至少可以指出兩點不同。首先，捲入中東和平進程的美國總統通常都是直接在以色列和巴勒斯坦（或者其他衝突方）之間進行調節——如《奧斯陸協議》，而川普

89　與以色列、阿拉伯聯合大公國和美國三國聲明有關的協議均以亞伯拉罕的名字命名，被認為是這個協議的一部分。其目的是強調猶太教和伊斯蘭教之間的共同信仰起源，這兩種宗教都屬於亞伯拉罕一神教。

政府的做法卻是將主要衝突方的巴勒斯坦排除在外。其次，並非以調節紛爭，促進和平而聞名遐邇的川普政府不僅積極地介入「亞伯拉罕」進程，而且還慷慨「賞賜」願意與以色列達成雙邊和平協定的國家，[90] 這些的確令人感到有些蹊蹺。不過，如果考慮到川普政府這樣做的歷史背景和可能產生的後果，川普政府的心機也是昭然若揭的。

　　在以巴衝突的歷史上，阿拉伯國家對以色列的侵略行徑基本採取了同仇敵愾的態度。即便是像沙烏地阿拉伯這樣與美國關係十分密切的國家對，以色列的態度上也沒有任何遷就。如果以一句話概括，可以說只要以色列不能公正地解決以巴衝突，阿拉伯國家就不會視以色列為正常國家。這種阿拉伯國家的集體行動凸顯了以巴衝突在國際政治議題中的重要性。毫無疑問，這種局面對於躋身於阿拉伯國家中的以色列來說不僅是一種尷尬，也是一種由於被孤立而不得不承受的巨大壓力。而雙邊《亞伯拉罕協議》的別有用心之處恰恰是，它逐步地破壞了阿拉伯國家在反對以色列猶太復國主義的

90　例如，2020年10月23日，在川普政府的斡旋下，以色列和蘇丹達成協議，同意實現關係正常化。而作為協議的一部分，美國將蘇丹從支持恐怖主義的國家名單中除名，〈在與以色列成交後，蘇丹悄悄地與與以色列簽署了亞伯拉罕協議〉（"Sudan quietly signs Abraham Accords weeks after Israel deal"），路透社，2021年1月7日，https://www.reuters.com/article/uk-sudan-usa-israel-idUSKBN29C0Q5；並向蘇丹提供12億美元貸款，幫助蘇丹政府清償該國欠世界銀行的債務（Lawder, David,〈美國財政部向蘇丹提供12億美元貸款以幫助後者清償世界銀行的債務〉（"U.S. Treasury signs loan deal to clear Sudan's \$1.2 billion World Bank arrears"），《路透社》，2021年1月7日，https://www.reuters.com/article/us-sudan-usa-mnu chin/u-s-treasury-signs-loan-deal-to-clear-sudans-1-2-billion-world-bank-arrears-idUSKBN2 9B2J3。

擴張中採取的一致立場。不難想像，由於巴勒斯坦的主權尚有爭議
且未達到普遍承認，以色列可以在未來的以巴衝突中以內部事務為
由，要求雙邊和平協定的簽約國免開尊口。而某些原本已經對以巴
衝突感到不耐煩的阿拉伯國家當然也會感到，雙邊協議讓他們解除
了對巴勒斯坦人的道德義務。由此可見，不同於《奧斯陸協定》、
《亞伯拉罕協定》所導致的後果不是以阿和平，而是巴勒斯坦問題
的被邊緣化。川普總統和以色列的猶太復國主義者看到了這一點，
不幸的是，哈馬斯和巴勒斯坦人也看到了這個發展。

　　綜上所述，可以看出，儘管過去幾十年中美國政府一直在中東
政策上偏向於作為其在該地區代理人的以色列，出於對聚集著中東
產油國的阿拉伯國家在美國地緣政治利益重要性上的考慮，還是有
若干美國總統試圖推進以巴衝突的和平解決進程。但川普總統進入
白宮後採取了明顯有違於此前美國中東政策的做法。上述三個方面
的發展不僅讓國際輿論和許多國家的政府感到錯愕，而且讓巴勒斯
坦人深深地感到政治上的被遺棄，民族尊嚴的被踐踏，以及對以巴
衝突前景的悲觀。此外，多年來由於戰亂和經濟上的被剝奪，巴勒
斯坦人的經濟生活也陷入了無盡無休的困境。下面的一些數字可以
為前面所引聯合國秘書長安東尼奧·古特雷斯對巴勒斯坦人數十年
來因為以巴衝突而遭受的苦難提供佐證：2022年以色列人均GDP為
5.49萬美元，而相鄰的巴勒斯坦人均GDP僅約為3,789美元，至於加
薩走廊，其人均GDP最高時也沒超過1500美元；2023年的統計數字
顯示，加薩地區的失業率在46.1%以上，[91] 其中在從學校畢業的青

91　國際勞工組織（ILO）的統計數字，參見Palestinian unemployment rate
　　year-on-year is set to nearly double as a result of escalation of hostilities
　　in Gaza，《聯合國網站》，https://www.un.org/unispal/document/ 。

年人中，失業率更達到了70%的世界之最。[92]……凡此種種，不一
而足。可以想像的是，過去數十年來承受著這一切乃至更多的巴勒
斯坦人是多麼的悲憤，多麼的無助，多麼的絕望！如果讓任何人置
身於巴勒斯坦人的處境之中，難道他會逆來順受到無視或者忍受這
一切嗎？如果他對此的回答是，"No"，那麼什麼是他可能的理性反
應呢？

　　本文的目的絕非為哈馬斯在2023年10月7日對猶太人發動的恐
怖襲擊，尋求合理性與正當性的解釋。任何針對平民的恐怖襲擊都
罪無可赦。但如果不對發生恐怖襲擊的深層原因加以追究，人類如
何能夠努力杜絕這類行為呢？進一步說，如果把恐怖襲擊定義為不
理性的人類行為，並不等於說不理性的人類行為背後完全沒有理性
的思考。就哈馬斯發動的「阿克薩洪水」行動而言，人們沒有理由
否認哈馬斯有著利用這一行動來使以巴衝突重新回到國際政治視野
中心的企圖。如果哈馬斯的行動的確有著這樣的算計，那麼人們也
沒有理由否認哈馬斯的計畫獲得了相當的成功。不僅慘烈的加薩之
戰成為以聯合國為首的國際社會的聚焦，而且阿拉伯世界再一次展
示了其在以巴衝突中空前團結一致的立場。[93] 就此而論，「阿克薩

92　馬拉姆・胡邁德（Maram Humaid），"Gaza graduates demand UNRWA solutions for high unemployment rate"，《半島電視臺新聞》，2023年9月27日。

93　從某種意義上說，川普開啟的《亞伯拉罕協議》因當下的以巴衝突而將功虧一簣。拜登總統主政的美國政府並未放棄《亞伯拉罕協議》。拜登總統於2022年7月第一次訪問以色列和巴勒斯坦時，他並未就川普政府對以色列的承諾做絲毫修改，而他也的確冷落了巴勒斯坦人向他提出的五項訴求。然而，隨著加薩戰事的發展，阿拉伯各國眾口一致地對以色列的殘暴行為進行了譴責。雙邊協議形同廢紙。儘管美國國務卿布林肯四處遊說，但沙烏地阿拉伯還是2月7

洪水」行動值得後世的歷史學家重新評價。

在結束本文之前，筆者流覽了一下《半島電視臺》對這場以巴衝突死傷人數的即時更新（2024年2月8日），其統計表明，自2023年10月7日以來，以色列對加薩的襲擊已造成至少27,840巴勒斯坦人的死亡，67,317人受傷。而10月7日哈馬斯襲擊造成以色列死亡人數為1,139人[94][95]。與此同時，以色列政府拒絕接受哈馬斯的停火協議，且仍舊以以色列有權行使自衛權為由，對世界各國強烈要求停止對平民殺戮的呼聲置之不理。如此之殘忍讓人難以置信，也讓筆者忍不住再多說幾句。

1956年4月的一個晴朗的日子，曾經先後擔任過以色列國防軍（IDF）參謀長、國防部長及外交部長的獨眼將軍摩西·達揚（Moshe Dayan）驅車到納哈爾·奧茲（Nahal Oz）參加21歲的羅伊·羅特伯格（Roi Rotberg）的葬禮，後者是以色列國防部的一位信使，前一天騎馬巡邏時被巴勒斯坦人殺害。兇手將羅特伯格的屍體拖到邊境的另一邊，人們發現他的屍體已被肢解，場面十分血腥。這一事件引起以色列舉國的震驚和痛苦。達揚為死者致悼詞，他當然應該譴

（續）

日向美國政府表明了其堅定立場，亦即，即除非美方承認以1967年邊界為基礎，以東耶路撒冷為首都的獨立的巴勒斯坦國，並且以色列停止對加薩地帶的侵略，以色列軍隊全部撤出加薩，否則沙烏地將不與以色列建立外交關係。

94 值得注意的是，以色列人的死亡數字大幅度減少，由最初宣布的近1,400人下降到現在的1,139人。這個數字是以色列官方公布的，對於死亡人數減少的解釋是當初將一些哈馬斯死者誤算為以色列人了。如此精益求精的以色列人也會犯如此低劣的「錯誤」嗎？

95 尼爾斯·阿德勒、麗娜·阿爾薩芬、阿爾瑪·米利西克和泰咪拉·瓦爾沙洛米澤（Nils Adler, Linah Alsaafin, Alma Milisic and Tamila Varshalomidze），〈以色列加薩戰爭直播：死亡人數飛速上升〉，《半島電視臺》，2024年2月8日。

責殺害羅特伯格的兇手的可怕殘忍行為。但如以色列《國土報》
（Haaretz）的主編阿魯夫・本（Aluf Benn）所言，可能是20世紀50
年代的風格，達揚在講話對肇事者表現出極大的同情。「我們不要
把責任歸咎於兇手」，達揚說：「八年來，他們一直坐在加薩的難
民營裡，在他們眼前，我們正在將他們和他們的父親居住的土地和
村莊變成我們的莊園。」他在講話中達揚暗指的是以色列在1948年
獨立戰爭中的勝利對大多數巴勒斯坦人而言是造成後者流亡他鄉的
「大劫難」（Nakba）。[96] 當年一位馳騁疆場的將軍尚能夠在譴責
恐怖襲擊的同時對引發恐怖行為原因有所反思，對加害者表示某種
理解，難道文明倒退真的發生在今天極右猶太復國主義者當政的以
色列嗎？如果以色列極右政府不願意承認他們對巴勒斯坦人的殺戮
是對人類文明的踐踏，那麼他們是否有勇氣承認他們這樣做的目的
就是要迫使巴勒斯坦人離開他們世代居住的土地，從而為在中東建
立一個猶太人獨尊的以色列國鋪平道路呢？進一步說，難道以色列
的政客們對他們在世人眼中正在成為「種族清洗」的新納粹形象完
全無所顧及嗎？

　　面對以色列軍隊在加薩地區對巴勒斯坦人的殺戮，另一個讓人
毛骨悚然的事實是，儘管已經死亡的近28,000巴勒斯坦人中有近
70%是婦女和兒童，拜登總統旗下的美國政府除了虛偽地「請求」
以色列政府注意死亡人數外，仍舊使用其部署在地中海的航空母艦
與空軍為以色列能夠順利進行其在加薩的軍事行動保駕護航，同時
利用其掌控的媒體話語權和國際影響力為以色列的國家恐怖主義行

96　參見阿魯夫・本（Aluf Benn），〈以色列的自我毀滅〉（"Israel's
　　Self-Destruction"），《外交事務》（*Foreign Affairs*），2024年2月7
　　日。

為辯解。

　　至於前者，人們看到的是美國的保駕護航起到的作用似乎是適得其反。雖然多數阿拉伯（和穆斯林）國家的政府懾於美國的海空軍事力量，不願意直接與其對壘，但包括葉門的胡塞組織在內的一些非政府武裝對美國在這個地區的駐軍基地的襲擊和紅海的航運造成的威脅，也讓美軍感到無所措手足。換言之，美國使用其軍事力量在該地區的捲入無助於加薩的停火與和平再造，反而讓其自身陷入了進退維谷的困境。[97] 儘管美國自恃擁有獨步全球的軍事實力，但以美國的空中優勢和航空母艦對付胡塞等民兵組織顯得力不從心。不僅如此，美國深知自己並不具備從陸地上進攻並占領伊朗[98]和葉門等國家的能力。而後者卻有能力對紅海與霍爾姆斯海峽等戰略通道實施全面封鎖。如果讓中東的緊張局勢發展到那一步，美國的霸權將完全失控。這或許是拜登政府目前針對一些阿拉伯國家的民兵組織的襲擊不敢大規模報復，而只是強調「足夠強硬」（tough enough）即可的做法。問題在於，就以色列對加薩的入侵和殺戮而言，美國的做法連揚湯止沸都說不上，更無需談釜底抽薪了。如此下去，巴勒斯坦人的苦難將持續到何時？

97　就於美國在中東地區能夠扮演的角色而言，或許正如托比・馬蒂森所言：「通過對民兵目標發動精確打擊來維護其軍事實力可能是一個不錯的選擇。但越來越明顯的事實是，除非華盛頓能夠確保加薩停火，結束（以色列）占領並最終建立一個可行的巴勒斯坦國，否則華盛頓不可能阻止地區衝突的升級。」參見托比・馬蒂森（Toby Matthiesen），〈加薩是如何讓中東團結一致的〉（"How Gaza Reunited the Middle East"），*Foreign Affairs*，2024年2月9日。

98　伊朗並非阿拉伯國家，伊朗在以阿衝突中的捲入在某種程度上可以說是身不由己。或者說是美國在中東與伊朗的較量迫使伊朗與某些涉入以阿衝突的阿拉伯國家為伍。

　　至於後者，人們對於美國對以色列在加薩的暴行所採取的雙重標準和虛偽態度，應該有清醒的認識。美國在聯合國安理會就以色列問題的提案使用其否決權的做法，已經是司空見慣，這裡涉及的是南非於2023年12月29日向聯合國國際法院提出的一份指控以色列違反聯合國《防止及懲治滅絕種族罪公約》的訴訟。2024年1月26日，位於荷蘭的國際法院做出以下裁決：認定國際法院對該案具有管轄權，南非有資格向以色列提出種族滅絕指控，巴勒斯坦人是《防止及懲治滅絕種族罪公約》下受保護的群體。法院認為，針對以色列的指控符合《防止及懲治滅絕種族罪公約》的規定，南非尋求的部分權利是合理的。然而，國際法院的裁決只是要求以色列在其權力範圍內採取一切措施防止（prevent）種族滅絕，必須採取措施改善人道主義狀況。撇開法律裁決前的法官辯論等不提，筆者至少可以提出與裁決有關的兩點質疑。

　　第一、這裡法院使用"prevent"一詞是頗值得玩味的。"prevent"的中文譯文可以是「預防」、「避免」、「阻止」等等。其共同的意涵是指向未來，至於過去是否已經發生不在考慮之中。然而，有一個事實是不可能被否認的。南非的訴訟顯然是基於大量無辜的巴勒斯坦平民——其中絕大多數是婦孺兒童——死於以色列所使用的武器。[99] 這些武器包括被國際人道法限制使用無色化學武器—白磷彈、地堡破壞炸彈、聯合直接攻擊炸彈（JDAM）、被稱之為「笨炸彈」的大量非導引炸彈等。如果說這些武器的使用在過去不曾導

99　人們還不應該忽略另一個事實，以色列國防部長約阿夫・加蘭特曾經說過：「我們正在與人形動物作戰，我們正在採取相應的行動。」所幸的是認同這位部長說法的人極為有限，否則即便以色列軍隊在加薩使用任何武器將所有巴勒斯坦人都殺光，也不存在種族滅絕的問題。

致「種族滅絕」式的屠殺,那麼它們今後也不應該在被禁止使用之例。如此一來,只要小心使用,不管這些武器的使用在今後導致多少巴勒斯坦人的死亡,「種族滅絕」絕不會發生。

第二,另一個無法否認的事實是,自以色列決定入侵加薩開始,美國政府就不斷向以色列提供大量軍事援助——為此甚至怠慢了正在與俄羅斯軍隊作戰的烏克蘭軍隊。其中包括各種精準和非制導炸彈、炮彈。這裡僅以BLU-109炸彈為例。BLU-109炸彈是一種地堡破壞炸彈,其攜帶炸藥的當量超過900公斤(1984磅),這種炸彈的設計目的是在爆炸前穿透堅固的結構,從而造成人員傷亡。此前美國曾經在阿富汗等地使用過這種炸彈,但多是在開闊地區。如果在人口稠密的地區使用這種炸彈只會導致一件事:大量人員傷亡。[100]現在美國政府「慷慨地」將它提供給以色列。試問,美國政府難道不知道加薩是一個擁有220萬人口的高密度且多為婦女與兒童的狹長地區嗎?如果知道,難道在針對以色列軍隊犯下戰爭的審判席上美國政府不應該作為同案犯嗎?

毋庸諱言,美國政府在當下加薩戰爭中的所作所為絕不僅限於軍事上的保駕護航和武器的支援。華盛頓人權觀察組織主任莎拉·耶格爾最近在《外交事務》上撰文批判美國政府在加薩戰爭中的虛偽與雙重標準。她指出,有大量資訊顯示,以色列阻撓國際社會對巴勒斯坦人的人道主義救援。人權組織和媒體也發表了有關以色列對巴勒斯坦人進行非法集體懲罰,利用饑餓作為戰爭武器,以及進行空襲和炮擊的報導。……[101] 而人們看到美國政府對此的作為僅限

---

100 參見〈超越馬加齊:以色列在加薩戰爭中使用了哪些有爭議的武器?〉("Beyond Maghazi: What controversial weapons has Israel used in Gaza war?"),《半島電視臺新聞》,2023年12月29日。

101 莎拉·耶格爾(Sarah Yager),〈如何終止美國在加薩的虛偽〉("How

於「提醒」以色列平民死亡人數「非常之高」。甚至在拜登總統於去年12月就「無差別轟炸」向以色列發出無關痛癢的警告後，美國政府發言人還因為以色列官員做反唇相譏的抨擊而收回了拜登的評論。[102]

對於耶格爾而言，她只是苦口婆心地建議美國政府要根據以色列的行為重新評估美國針對以色列的政策，以免以色列的作為對美國的「聲譽」造成不良影響。但筆者希望以《紐約時報》專欄作家紀思道（Nicholas Kristof）的話作為本文的結束語：「如果我們對以色列兒童負有道義責任，那麼我們對巴勒斯坦兒童也負有同樣的道義責任。他們的生命同等重要。如果你只關心以色列或加薩的人的生命，那麼你實際上並不關心人命。……如果你的道德指南針只適用於一方的痛苦，那麼你的指南針已經失靈，你的人性亦然。」[103]筆者並不奢望有興趣閱讀本文的讀者能夠贊同筆者觀點。如果人們能夠認同在認知和評判以巴衝突時使用同一的道德標準，已經足夠令人欣慰了。

附錄　有關「一國」、「兩國」概念及內容變化的說明

以阿衝突中有關「一國」與「兩國」的概念不僅重要而且十分複雜，往往令人感到困惑。詳細分析和說明這兩個概念超出本文論述的範圍，但正確理解這兩個概念在不同場景下的不同意涵不僅對

（續）

to End America's Hypocrisy on Gaza"），《外交事務》，2024年2月8日。

102 同上。

103 紀思道，〈在巴以戰爭中尋找道德指南針〉，《紐約時報中文網》，2023年10月13日。

讀者，而且對本文的分析也是必不可少的，故這裡以附錄形式對這兩個概念加以說明與澄清。

　　首先，作為以巴衝突的政治解決方案之一，今天人們所說的「一國」方案通常指以以色列，約旦河西岸及加薩走廊為疆域組成一個單一國家。這種以以色列／猶太人為主體的一國方案的認知顯然是猶太復國主義者訴求。但人們不禁要問，既然以色列與巴勒斯坦在人口數量上相差無幾，為什麼一國不可以是不分猶太人或巴勒斯坦人誰為主體，或者說民族平等的雙民族國家一國方案呢？進一步說，雖然巴勒斯坦人在歷史上從未建立過其自己的國家，但他們在1948年以前已經在這塊土地上生活了上千年，當年他們中絕大多數人之所以拒絕聯合國181號決議，難道不是因為在他們看來這塊土地上的一國應該是屬於他們的嗎？

　　第二，「兩國」方案的最早藍本可以追溯朔到英國皮爾勳爵領導下的英國皇家調查委員會（正式名稱為巴勒斯坦皇家委員會Palestine Royal Commission）1937年提出的一份報告（Rogan, Eugene，《阿拉伯人：歷史》第三版（*The Arabs: A History*），（企鵝出版社，2012年），頁257），1947年通過的聯合國181號決議只是讓「兩國」方案具體化。但今天人們所說的「兩國」方案中領土劃分的邊界已經與181號決議無關了。雖然世界上絕大多數國家仍舊支持「兩國」方案，他們主張以巴通過談判解決的兩國劃界卻是以1967年戰爭後的分界線為基礎的。

　　第三，毫無疑問，「一國」還是「兩國」方案的內容關乎猶太與巴勒斯坦兩個民族共同的生存權，但聯合國主張的民族自決權從來不是主導這兩個方案的形成與發展的真正主導力量。對自1948年以來以巴衝突歷史過程的近距離細緻觀察可以讓人們注意到，無論是在發展過程中還是在每一個衝突激化的關鍵時刻，大國對地緣政

治利益的角逐與猶太復國主義者的訴求都對事態的演變與轉折有著舉足輕重的影響。一方面，由於以巴衝突導致的雙方實際實力的巨大差距，以巴雙方的政府和民眾對「一國」還是「兩國」的態度和希望已經發生了巨大變化。但另一方面，聯合國和美國等大國仍舊在連篇累牘地堅持「兩國」方案。然而，正如前聯合國官員克雷格・莫希貝爾（Craig Mokhiber）所言：「是的，這種情況已經持續了很長一段時間了，如果你向某些人詢問其有關兩國方案的官方立場，他們會一遍又一遍地重複這是聯合國的官方立場。的確，這也是美國的官方立場。但無論是從政治方面還是從人權方面關注這些情況，都沒有人相信兩國解決方案是可能的。」（〈參見前聯合國官員克雷格・莫希貝爾就加薩，以色列和種族滅絕問題的問答〉（"Q&A: Former UN official Craig Mokhiber on Gaza, Israel and genocide"），《半島電視臺》，2023年11月2日）。

　　以色列對哈馬斯10月7日的報復戰爭至今，美國總統拜登還在不斷強調，一旦戰爭結束，仍舊要回到「兩國」方案。但早在2016年4月，當時的美國副總統拜登曾經表示：「由於以色列總理本傑明・內塔尼亞胡穩步擴大定居點的政策，最終出現的結果可能是一個以色列猶太人不再居多數的『一國現實』」。（喬什・萊德曼，〈拜登：對以色列政府「極度沮喪」〉，《丹佛郵報》，2016年4月19日）嚴酷的事實是，隨著以色列政治與軍事實力的增長，在約旦河和地中海之間的土地上建立一個猶太人的民族國家一直是以色列政府心照不宣的目標。對以色列有著極大影響的美國政府對此了然於胸，但除了口頭上堅持「兩國」方案，並未試圖對以色列的猶太復國主義行為加以阻止。不僅如此，川普總統入主白宮後公開背離美國傳統的對以政策，不顧國際輿論與巴勒斯坦人的反對，支持以色列對耶路撒冷和定居點等的擴張政策。這一切進一步鼓勵了極右翼

的內塔尼亞胡政府。2018年7月19日，以色列議會以62票對55票通過一項法案，將該國定義為猶太人的民族國家，希伯來語為該國的民族語言，取消了阿拉伯語作為官方語言的地位，並定義猶太社區的建立為符合國家利益。總理內塔尼亞胡在投票後對議會說，「這是猶太復國主義史冊和以色列國歷史上的決定性時刻。」毫無疑問，這一發展應該視為以色列正式將其「一國」方案提到了檯面。

最後，「阿克薩洪水」攻擊和隨之而來的以色列大規模且無節制的軍事行動使得「兩國」變得基本「不可行了」（no longer viable，約翰・米爾斯海默語）。但如果把以色列殘暴的殺戮看成是與哈馬斯的血腥攻擊的以牙還牙，以眼還眼，那也未免太過於幼稚了。儘管目前尚無證據顯示以色列是否捲入「阿克薩洪水」行動，但以色列利用哈馬斯的攻擊，不失時機地以鐵與火和以巴勒斯坦人的生命財產損失為其「一國」方案的實現服務，這一點絕不是無跡可尋的。英國《中東之眼》（*Middle East Eye*）的創始人之一兼該刊主編大衛・赫斯特在其〈以色列—巴勒斯之間的坦戰爭：拜登失去了對內塔尼亞胡的控制嗎？〉（"Israel-Palestine war: Has Biden lost control of Netanyahu?"）一文中揭示了以色列敢冒天下之大不韙，對巴勒斯坦的婦孺兒童大開殺戒背後的邏輯。對於以色列而言，「兩國」方案不再可行並不等於其「一國」方案就唾手可得。以色列國必須面對的挑戰是，「生活在約旦河和地中海之間的猶太人和巴勒斯坦人數量大致相當，」如果再考慮出生率和移民，那麼非猶太人極有可能成為多數。避免以色列成為猶太人少數群體統治的唯一方法是「驅逐一百萬以上的巴勒斯坦人」。但如果巴勒斯坦人不管生活多麼困苦拒絕離開這塊土地，那麼他們就有占上風的可能。戰爭可能成為導致加薩230萬巴勒斯坦人大部分人口流失的機會，而這樣的機會如麟毛鳳角（not come along often）。因此，就目前對加薩進行的軍事

行動而言，「以色列在這場衝突中獲勝的努力與公正或談判解決方案無關。更與分享共同的土地毫不相干。至於美國和歐洲繼續堅持根本沒有機會實現的兩國解決方案，其目的只是為了掩蓋（camouflage）當前的真正任務——種族清洗（ethnic cleansing）。

　　最近以色列總理內塔尼亞胡不斷公開反對「兩國」方案，以色列的政府高級官員紛紛強調巴勒斯坦人離開加薩是道德之舉，等等。這些難道不是對上述邏輯的最好佐證嗎？進一步說，如果包括美國，中國和歐盟在內的大國只是在口頭上堅持「兩國」方案，既無具體解決方案，又不去強迫以色列立即停止其在加薩的殺戮，那麼這些官樣文章不僅於事無補，而且還會成為以色列為建立其所希望的猶太民族國家的妝點。

　　陸符嘉，政治學博士。已退休。曾經就中國的官僚腐敗，美國的種族問題，國際關係中的「軟實力」等多個議題撰文。並翻譯了《憲制民主》、《財政聯邦主義》、《解析政治學》、《憲法的社會與政治基礎》等書。

離岸文化財中心：[1]
香港，台灣

丁學良

上篇：流轉的文化財

「離岸」譯自 offshore,，意思是離開本土遷移到他處運營，如台灣的廠商到東南亞設廠作業。筆者把這個術語轉用於廣義的文化領域，討論漢語／華文世界的離岸現象。文化財既指文化界的人力資源，也指他們創造的文化財富。

筆者聚焦離岸文化財中心的變異，主要是受了最近幾件事態的刺激。第一件是媒體報導：「黃精甫導演，阮經天主演的電影《周處除三害》近日於中國大陸上映，至3月12日票房已破4億人民幣（約17.4億台幣）……，不少大陸網友恭喜他主演作品取得票房佳績，呼喚他也到大陸參加活動，露面一下。阮經天的演技及外貌狀態也因《周處除三害》在大陸熱映，覺得阮經天保養也太好，網友還貼出各種「陳桂林」表情包，讚演得好。而《周處除三害》於串流平

1　在1997 - 2016年間，作者發表了多篇評論，探討香港和台灣作為大中華圈裡最早啟動現代化的兩個先進地區，在當代可能起到的更多進步作用。這些評論主要發表于《FT 中文網》，香港《信報月刊》，台灣《聯合報》，廣州《南方週末》。

台Netflix上線，不僅在台灣、香港持續排名第一，在新加坡、馬來西亞、南韓、印尼、越南也衝進前十」（《聯合報》2024年3月13日）。有報導特別強調黃精甫原為香港導演，不久前移民到台灣，他的這部電影還是典型的港片風格。BBC也因此用了「香港出生，台灣製造，大陸大賣」的標題。

第二件是2024年春節期間，法國國際廣播電台報導香港文化人移民在台北開辦的飛地書店，突出以張潔平為首的店主們雖然人離香港，卻立志要把開放、流動、包容的香港精神在他鄉延伸下去：「在離散的時代，重建家園，重逢你我」（書店的網上自述）。該書店出售的書籍涵蓋了目前香港和中國大陸無法公開議論的諸多主題。張潔平在成為香港《端傳媒》主編之前，曾在中國內地媒體工作，2008年奧運前夕她在北京採訪過筆者，後來在香港也一起參加過有關中國文革的研討會。

第三件是從2023年秋開始，筆者常被中國內地高校新近的畢業生詢問如何申請香港優才計畫，拿到香港身分？筆者請教了幾位香港媒體人，知道了大概：近來香港專業人士移民出走的數量大增，港府推出優才計畫，用內地高校畢業生對沖香港人力資源的流失。2024年2月中旬某知名媒體編輯傳給筆者一則順口溜：「所有瘋狂都散了，所有風光都退了，所有反對都逃了，所有牛逼都掛了，所有優才都來了」。移民出去的是離岸，統統走向自由發達世界；移民進來的是近岸（nearshore），絕大多數來自中國內地。順口溜調侃地道盡了香港近期的翻天覆地脫胎換骨，隱隱透出痛心疾首之情。

就在這期間，筆者1997年6月中旬應邀在北京天則經濟研究所作的報告〈香港迄今的繁榮歸功於什麼？〉，被一位律師做成電子版在諸多微信群裡轉發（即本文的下篇）。由於十多天後英中兩國就要舉行香港的主權轉交儀式，該報告吸引了許多洋人參加，多半是

駐北京的使館人員和外國留學生。他們大概預料會聽到我對英國治理香港的完全玫瑰色評論，因為主辦方茅于軾教授等對我的介紹是前任香港科技大學助教授，現任澳大利亞國立大學研究員，哈佛大學博士。然而他們越聽下去面部表情越顯凝重，體察我對殖民主義制度是批評的（但並非全盤否定）。我前此在香港工作三年獲得的經驗觀察，令報告會出席者聽出來我的評論基本客觀，有別於中國官方在香港問題上對英國的聲討。

　　我在報告結尾表達了最佳的期望：主權轉交後，一方面，中國決策層應該正面對待香港社會的公平正義訴求，讓香港制度朝著歐洲式民主社會主義方向演變。另一方面，北京應該允許中國沿海大城市（至少是上海廣州）能夠像香港一樣融入全球資本主義經貿體系，穩步建立個人自由、私有產權、司法獨立的現代社會經濟架構。若此，二十多年後，中國主權下就有三個香港，全國邁向現代文明主流的速度將會遞增。旁觀這樣一個現實的成功樣板，台灣各界不會拒絕與中國大陸和平化解兩岸之間的重大差異，最後共存於一個中華聯邦的框架之下。

　　以上的期待，筆者一直耐心地觀察事態演變是否提供了事實的支撐。抱著親身參與這個正向大轉型的願景，筆者辭去了澳大利亞國立大學的職位，1999年返回香港科技大學。在1997年7月以後的十幾年裡，筆者對這個前景儘量持樂觀態度，幾次為北京治理香港的某些強硬做法作善意的辯解。這樣一路走到2010年左右，筆者的悲觀預測開始上升。毋庸諱言，目前對香港的未來和台灣海峽兩邊的關係，是毫無理由樂觀了。

　　在筆者1997年6月的上述報告裡，完全沒有討論香港的文化領域，這是一個大缺失，因為香港的繁榮離不開文化要素。筆者1993年初剛從波士頓到這個殖民地就職，對本地文化瞭解膚淺乃至有嚴

重的曲解和抵觸。隨後二十多年的觀察和反思，體會到面積微小的香港在文化領域堪稱深厚豐沛。這又要大部分歸功於英國長期治理的理性、適度、持平、寬容。在一個半世紀裡，殖民主義政府並沒有對中華文化以及多國移民帶來的少數族群文化作強制的管控，沒有推行文化整合政策（cultural engineering）。由中國內地遷移到香港的各類文化人，都能在這個寬鬆包容的治理體系裡活躍於自己的文化空間。特別是1949年前後，大陸巨變導致一批批文化人落腳於香港，使得這個彈丸之地變成中華文化財的一個離岸中心，我們都能如數家珍地列出大量知名文人包括藝術界人士。香港這個離岸文化財中心，在大陸政治運動層出不窮的幾十年裡，為中華文化及其多彩分支保存了巨量的遺產。得益於這種文化滋養，再加上由全球幾大文化圈傳進來的元素，香港在一個半世紀裡人才輩出，刺激了這個國際大都市的精神和物質生活繁榮強勁。1997年後大陸人訪問香港，極少不被它的文化表達——包括政治文化、校園文化、通俗文化、宗教文化、演藝時尚、飲食文化等等——的多姿多彩所感染。在生命力旺盛的文化領域背後，是法治保障的多元寬容的自主市民社會。

　　作為過去的中華文化財離岸中心的香港，近來它的一些熱愛自由、追求個性和稟賦開放式發展的居民（也即人力資本更高的群體），大批遷移出去，其中一部分走入近代以來中華文化財的另一個、並且是更大的離岸中心——台灣。早先台灣接納的大陸文化，主體是民間習俗。1948年以後的幾年，台灣猛然接納了中華文化的大量精英，他們帶來的文化財（包括故宮博物院文物）在台灣幾十年的社會演變中，成果豐沛。即便有政治上的白色恐怖和黨化宣傳的干擾，民主化之前在台灣，中華文化也沒有被破損。兩蔣政權出於對抗馬列主義意識形態指導的中共，盡力要彰顯中華民國在台灣才是幾千年中華文化的保存基地。所以，筆者稱台灣為離岸中華文

化財的頭號中心，一點都不誇張。隨著香港近年來的脫胎換骨，它作為150年積累的離岸中華文化財中心的急劇衰落，台灣作為頭號中心的地位更顯耀眼。從今以後的很多年裡，任何對中華文化心儀者，不論其來自世界何方，欲要學習體驗正宗的華夏傳統，首選之地唯有台灣。就像散落世界各處的猶太人，若探尋該文化的源與流，必親身來到「應許之地」一樣。

近年來的另一個文化趨勢，對當今和未來的台灣綜合「溢價」多多。該趨勢在2019年前已經湧現，因大疫情而加速。大疫情之前的數年，中共黨政體系步步築牆，盡力在廣義文化領域與發達世界脫鉤。海外人士進入中國大陸處處感到受監控，與身邊的人交流提心吊膽，與他們在海外的親友通訊困難。大疫情三年多中國完全自閉，期間發展施行的監控技術和手段精益求精。這樣一來，發達國家人士尤其是媒體和教育界的，越來越無把握保證駐大陸雇員的安全，難以操辦與中國機構的長期專案。但他們又不能完全放棄對中國的理解包括語言訓練，所以開始把媒體分局和長期交流專案轉移到台灣；連以前在香港的分局和交流專案也步步撤退。近年裡我們目擊，很多西方記者報導中國包括香港事務，本人卻駐在台灣；越來越多的西方教育機構包括知名大學開設在台灣的辦事處，即便交流課程許多是關注中國的。這一趨勢正合乎俗語「三十年河東變河西」！在1949年後的約三十年裡，美中交往主體是美國台灣交往，因為正式外交關係是如此確定的，這廣泛影響到各界。那以後的三十多年裡，西方與中國的交往越來越脫離台灣而移到中國大陸，同樣因為正式外交關係是如此確定的。台灣在國際社會越來越被忽視，筆者多次親歷，台灣媒體人連重要的國際事務場合都難以涉足。

最近以來的逆向趨勢卻讓台灣重新凸顯於國際社會，由此帶來的綜合「溢價」遠超出文化領域，延伸至安全、政治、經濟、技術

領域。駐地台灣的西方媒體人不會不注意台灣本身的重要事務，報導兩岸關係不可能聽不到台灣的自主聲張；台灣社會的多種軟實力要素不會不被細密關注和描述；長期的交流專案培育一代代西方學生對台灣的感情和認知包括人際關係，這些青年裡有的會在台灣找到經貿和技術合作的機會。一旦台海局勢緊張，在台的西方記者和交流人員一定會用各種通訊手段向世界各個角落現場報導危機苗頭和發展；若是戰火燃起，西方各國政府不能忽視本國眾多在台公民的安全，啟用各種措施預防衝突升級的壓力日增。所有這些「溢價」，僅靠台灣朝野過去多年的努力難以達成，只有大國競爭的國際格局方能促成大趨勢愈發助力台灣。

在2020年之前，華人社會的寬鬆包容度，以香港和台灣為標竿。這也是它們成為離岸文化財中心的基本土壤，它們是來自四面八方的代代移民建設起來的。以華人為主的台灣，三十多年來在保護原住民文化、女權、多元宗教、弱勢群體等方面的進步成果，令它在亞洲領先。台灣越來越穩健的民主憲政，保障了這類社會文明開化進步的大方向不會被扭轉。而缺失民主憲政保障的香港，前此的社會文明開化進步的大方向急速轉偏。一個離岸文化財中心的流失，是另一個中心的輸入，台灣幸運也！容納了中華文化、南島文化、東洋文化、西洋文化的台灣，廣義文化的魅力和創造力只會與時俱進。

　　　　　　　　　　　　　　　寫於2024年寒春三月的前中心香港

下篇：香港迄今的繁榮歸功於什麼？

（此文為作者1997年6月從澳洲返中國大陸，在北京天則經濟研究所報告的提綱）

隨著1997年香港主權轉換時刻的逼近，國內近幾年來不斷派遣
人員赴港考察，力圖弄清楚這塊殖民地繁榮興旺的秘密，以便為中
國治港作參考。這些考察團來自中央機構的各方面，黨政、財經、
文教、科技，乃至司法、軍隊各部門都有。但遺憾的是，這些考察
團返京以後的總結報告，大部分見解平平，言論空泛，甚至含有嚴重
曲解的成分。究其原因，主要是由於考察團成員們大多數缺乏在不同
社會制度下工作和生活的親身經驗，滯港的時間短促，又居住在中資
機構裡，受著社會主義式的出差接待，進入不了本地人生活和工作的
氛圍中。有些考察者來港前已有種種定見在胸，到港後不過是有意識
或下意識地用零碎膚淺的印象來論證原有的定見。毋庸置疑，這類考
察報告很難對中國中央機構的香港決策起到有益的參考作用。

香港的成功有制度方面的原因，也有其他的原因，一篇短文不
可能涵括各方面。下文簡要回答的，是這個問題：英國主權對香港
的繁榮有無功勞？若有，為什麼？弄清楚了這個問題，才能夠在以
後的續論中回答一個相關的問題：中國主權替代英國主權後，能否
同樣奏效？英國在香港實行的，是古典的自由資本主義市場制度，
特點就是讓市場力量在經濟生活中發揮最大的作用，而把政府對經
濟的干預減至最少。把這一抽象的經濟哲學譯成日常語言，就是讓
市場競爭的弱肉強食原則肆行無阻，那些在競爭中因實力、計謀、
運氣而取勝者得以斂巨富，而那些在這三方面身處劣勢者，則孤立
無助，自生自滅。香港的制度在資本家和勞工之間，工商界和消費
者之間、權勢者和平民之間，堅決地維護前者，漠視後者。香港的
整套法規，均是為維護這一弱肉強食的經濟制度而設。所以香港在
當今的資本主義世界，是最突出的富者、強者、幸運者和年輕者得
逞的戰場，而是老、弱、病、殘、貧者的地獄。有機會目擊香港社
會多層面的西方來訪者，很少有人不被這個社會貧富間的驚人差別

所震撼，更是被這兒的貧困階層竟然不抗爭的怪現象所震撼！香港的制度把社會福利壓到最低限度，從而迫使失業者分秒不敢延誤去自謀生路，迫使年老退休的勞工早出夜歸拾賣垃圾以補貼生計。不是香港人天生比別的社會的人更勤奮，而是香港的制度比別的資本主義國家的制度更嚴酷無情。無情出效率，溫情養懶惰。

然而，在任何社會裡，能人、強人、富人以及年輕人都是少數，即便這些人，也有失利和生病之時，變成貧弱者，甚至病殘者。而人人皆有衰老之日。所以，一旦實行普選制，選民的大多數一定會用民主的力量迫使政府建立社會福利，縮小貧富間差別。在英國本土如同在其他西方國家一樣，香港式的自由資本主義經濟制度早已被勞工運動和民主政治驅出舞台。英國在香港仍可維持這套古典制度，是因為香港的殖民政府不是民選產生。在今日世界，古典的自由資本主義經濟制度，必須在專制的政治制度的保障下方可生存。這裡必須回答：為什麼香港沒有出現象英國那樣強大的勞工運動，迫使殖民統治者像倫敦政府那樣，變貧富懸殊的自由資本主義制度為分配較平等的福利資本主義制度？

根本原因是：在香港，任何反抗政府的運動，都必然帶有反殖民主義即民族主義的色彩。而任何民族主義的運動，都涉及在英國治港或回歸中國間作非此即彼的選擇。遺憾的是，在這一點上，香港邊界的那一邊即中國，卻提供不了什麼對香港民眾具吸引力的東西。殖民統治不民主，中國過去的政治更令人畏懼。在英國統治下作二等公民並非絕大多數港人最理想的狀態，但在中國以往的政治環境裡，個人生命和財產的安全、經濟和社會生活的自由（包括出境旅遊的自由）、法律的穩定可靠程度，都相差很多。兩害相較取其輕。香港居民中很多是過去中國戰亂和政治動盪的受害者和他們的第一代子女，這種逃難者的心態使他們較少愛國主義，較多功利主義。

　　概言之，英國在20世紀下半葉殖民主義已經在地球上絕大多數地區壽終正寢之時，仍能夠在香港維持殖民統治而不遭到本地華人的有力反抗，主要就是沾了「比較」的便宜：「你不喜歡我們英國人的殖民統治，但你更怕回到中國去。既然你怕那邊，就老老實實服我管。」香港百姓的「聽話」，表面上看是殖民政府的治理之功，說到底是中國政府的威懾使然。殖民政府經常巧妙地借中國政府這個「鍾馗」來嚇「鬼」，白沾了多少便宜，白搭了多少便車！

　　以上只是說明了周邊政府大環境何以使英國在港的相對溫和的專制統治安定穩固，及在此條件下能夠實施在西方民主制度下難以實施的一套經濟制度。這些只是香港繁榮的可能，把這種可能變為現實的，乃是中國幾十年裡實行的中央指令經濟制度與世界市場經濟的不相容，它使中國難以發展出同國際經貿接軌的相容的體制和技能。於是小小的香港成為龐大的中國與外界經濟溝通的唯一跳板，獨享其利。換言之，中國過去的經濟體制和政策把本國沿海各省市不許做的生意之利，都讓香港搶去。香港能搶到，是因為它具有經貿體制和經驗上的比較優勢。中國沿海城市開始是不許做，漸漸地也就變得不會做和不能做了。

　　綜上所述，香港迄今達到的繁榮，是英國的殖民主義制度和中國的社會主義制度交互作用的結果，缺任何一方都難成此局面。若香港的繁榮全歸功於英國，則無法解釋，為什麼大英帝國有過那麼多殖民地，無一曾在經濟發展上超過英國本身，唯獨香港這個「奴才」富過了「主子」。若香港的繁榮全歸功於中國，則無法解釋，為什麼中國境內無一城市達到香港的水準。英中兩種制度在香港繁榮上的交互作用，絕非任何一方的有意合作。無論感情上或政治上，中英都不願為對方幫此大忙。這種交互作用實乃巧合。在世界現代史上，這種巧合並不多見。很多評論家把香港的成功歸於它的法律

制度和公務員制度。這兩者均有功勞，但不應誇大。二者均是英國人從本地移植而來，若它們那麼有效，為什麼英國本身卻衰落了？沒有理由相信，英國人偏偏把好東西送給香港，而把壞東西留給自己。該法律制度和公務員制度于香港的繁榮奏效，是因為香港的周邊環境和自身條件特殊。

港英政府官員整體的素質並非名列世界前茅，然而與世界上大多數政府相比，他們的工作尤顯推展順利和有成效，這在很大程度上，一是由於香港的規模小，越小越易治理；二是由於過去中國大陸的客觀政治經濟社會狀況已經為殖民政府的施政創造了最重要的條件——民眾的順從服貼。甚至不妨說，香港數十年來的繁榮興旺，很少是因為殖民政府的發展戰略特別明智，而多半是因為中國過去政治上和經濟上一系列政策和做法的相對不明智，導致了眾多發展的資源、條件和機會流向了香港。

在非殖民化的前提下，那些使香港迄今繁榮的條件能否繼續下去？若在主權回歸中國之後，香港不可能全盤保有殖民主義時代的外部和內容環境，那麼，中國有什麼替代的方法來促使香港持續繁榮？

丁學良，1984年8月由中國社科院馬列主義研究所派遣至美國留學。1992年起在美國、澳洲、香港等地高校教學，曾任卡內基基金會駐北京的全球化合作專案主任。1989年冬首次訪問台灣，觀察選舉和考察社會經濟發展；以後多次來台作學術交流和觀摩台灣的各屆選情。目前正撰寫一部比較政治社會學著作，把毛時代、鄧時代、鄧後時代的中國，在轉捩點上與1917年前後的蘇俄、兩次世界大戰之間的德國與日本作比較。

致讀者

　　《思想》出到了第50期，我們規劃推出「思想的力量：俯仰50」做為本期的專輯。一份刊物的第50期，算不上什麼值得一提的成就；何況從2006年至今，歷時18年只出了50期，這樣的效率應該感到慚愧才是。但是無論如何，我們的編委們勉力編出這份刊物，支撐至今，必須借此機會感謝無數的作者提供精彩的文章，各地的讀者提供精神支援，以及聯經出版公司（特別是編輯部的幾位同仁）不計成本的熱心支持。《思想》是一份跨越幾個華人社會的文化事業，也只有靠著大家的共同努力，才成就了這份微小的過渡性成果。

　　關於「思想的力量」專輯，已經寫有序言，大致介紹了該專輯的用意。本期另有幾篇文章，都有突出的分量和意義，請讀者不要錯過。首先要提到榮劍先生用長文回顧戰後日本的「近代之超克」的論述史。「近代之超克」原本是二戰期間一些日本知識分子，為了賦予日本所發動的大東亞戰爭和太平洋戰爭某種「世界史哲學」的意義，所營造出來的一套東洋文明特殊主義。到了戰後，竹內好、溝口雄三等學者先後「火中取栗」，推陳出新，繼續發展這套主題。適逢中國崛起，亟需尋找自己的獨特而非西方的發展道路，建立一套不受西方支配的世界秩序。這時候，「近代之超克」顯然有參考的價值。在中國大陸，孫歌教授以鮮明的問題意識「尋找亞洲」，積極引介竹內好和溝口雄三，影響所及，在大陸和台灣都有學者沿著這個方向努力。

　　榮劍的文章詳細整理了這套論述的曲折歷程，對讀者會很有幫

助。他在敘述之外多有批評，相信觀點迥異的讀者們也可以包容。不過這篇文章所提出來的種種問題，在今天是有當下的現實意義的。當年一批日本知識人，為了爭奪「誰的近代性」，竟然熱情支持日本發動戰爭，帶給周邊國家人民包括日本自身慘烈的死傷犧牲，終結於廣島和長崎的非人道毀滅，最後盟軍軍事占領日本本土，給日本強加了西方體制。回顧之下，「世界史的哲學」竟是這樣捉弄知識人的輕佻的嗎？

　　本期另一篇長文，就是陸符嘉先生探討以色列與巴勒斯坦的血腥悲劇之成因。以巴衝突是眼前世界關注的國際事件，加薩的人間慘劇尤其令人悲憤。我們考慮到時效性，不惜篇幅，趕在本期發表此文。標題中用的是「以阿衝突」而非「以巴衝突」，對此作者有所說明，請讀者注意。

　　丁學良先生用「離岸文化財」的觀點，比較香港的昔日光彩與台灣今天的條件。隨著香港近年的「脫胎換骨」，他稱台灣為「離岸中華文化財的頭號中心」。這篇文章的有趣之處，正是它在大陸、香港，以及台灣讀者的心裡會引起的反響可能大異其趣。台灣人面對這樣的美譽如何反應，是避之不及？受之有愧？還是願意承擔相應的責任？那就只能任人選擇了。

　　最後，本期副標題用了「俯仰50」，意思並不明朗，在此需要做一點說明。編輯這50期刊物，甘苦的感受都有。但是在漫長的過程中，我們始終可以按照自己的想法規劃專輯，安排內容，無論政治上還是財務上，不曾受過外來的壓力和干涉。這種出版和發表的自由，在中文世界完全不能視之為當然，所以我們非常珍視。但在享受這種自由的同時，我們更意識到自己的責任重大。我們要向誰負責呢？說到最後，我們願意套用「仰不負於天，俯不怍於人」這樣的傳統（因而含意深厚）的意象來要求自己。「俯仰」的用意，

主要是自惕和自勉。

　　另一方面，「俯仰」也有時光須臾消逝的含意。確實，《思想》出刊50期，積累了超過千萬字的珍貴文字，想起諸位作者們投注心力寫作，編者以莊重的心情編輯每一期，如是之間居然將近20年時光已經消逝。俯仰之間，我們留下了這個時代的思想紀錄。即使時光飛逝，這一層意義，我們不敢或忘。

編者

2024年春夏之交

思想50

思想的力量：俯仰50

2024年5月初版　　　　　　　　　　　　　　　　　定價：新臺幣380元

編　　　著	思　想　編　委　會
叢 書 主 編	沙　　淑　　芬
校　　　對	劉　　佳　　奇
封 面 設 計	蔡　　婕　　岑

出　　版　　者	聯經出版事業股份有限公司	副 總 編 輯	陳　　逸　　華
地　　　　　址	新北市汐止區大同路一段369號1樓	總 編 輯	涂　　豐　　恩
叢書主編電話	(02)86925588轉5310	總 經 理	陳　　芝　　宇
台北聯經書房	台 北 市 新 生 南 路 三 段 9 4 號	社　　　長	羅　　國　　俊
電　　　　　話	(0 2) 2 3 6 2 0 3 0 8	發 行 人	林　　載　　爵
郵 政 劃 撥 帳 戶 第 0 1 0 0 5 5 9 - 3 號			
郵 撥 電 話	(0 2) 2 3 6 2 0 3 0 8		
印　刷　者	世 和 印 製 企 業 有 限 公 司		
總　經　銷	聯 合 發 行 股 份 有 限 公 司		
發　行　所	新北市新店區寶橋路235巷6弄6號2樓		
電　　　　　話	(0 2) 2 9 1 7 8 0 2 2		

行政院新聞局出版事業登記證局版臺業字第0130號

國家圖書館出版品預行編目資料

思想的力量：俯仰50/思想編委會編著 . 初版 . 新北市 .
聯經 . 2024年5月 . 424面 . 14.8×21公分（思想：50）
ISBN　978-957-08-7355-9（平裝）

1.CST：學術思想　2.CST：文集

110.7　　　　　　　　　　　　　　　　　　113004923